編著者 秋松鶴

風水地理
特殊秘錄

風水秘訣

圖書出版
生活文化社

編著者 秋 松 鶴
　　　　（順植）

書頭 言

지리비법이란 산과 들(野) 또는 吉山과 凶山을 論하는 것이며 人生이 生에서 死에 까지의 삶을 영위 하라가 結末에 가는 곳은 山이며 結果은 흙으로 變化되는 것이 人生의 眞理라 하겠다

그러나 사람이 하나의 무덤이 되어서라도 吉地 吉山의 흙이 된다면 그 子孫에게 마음의 부담 없이 吉할 것이며 물이 나고 자갈이 나오는 구렁창에 父母의 屍身을 장사 지낸다면 子孫의 마음 또한 후할 것이며 不孝 또한 큰 것이며 穴의 영향력을 받아서 死亡 敗家 子孫凶산등을 당하는 것이 있으니 누구나 이 地理學을 어찌 무시 하겠는가? 그러므로 누구나 상식적으로 이해할 수 있고 터득할 수 있고 공부할 수 있도록 著述하였으며

地理學이란 누구나 광범위하고 마여할 정도로 完全하게 結論을 내릴

수 없는 것이라 말할 수 있을 정도로 독특한 學術이므로 누구나 새로운 정신자세와 깊은 관심을 갖이고 연구하지 않으면 地理學을 터득하기란 매우 어렵다고 말하고 싶으며 또한 地理學에 관한 古書는 많이 있으나 古書의 內容이 모두가 구구각각이며 地理正宗·地理五訣·玉天經 등의 冊은 數法을 基準한 것이며 九星學으로 吉山·凶山 吉地·凶地를 判斷하는 冊이 수없이 많다

筆者는 各 地理書에서 特別한 法과 十餘年間의 經驗을 土台로 本 秘法集을 編輯하게 되었으며 主로 救貪進神水法(楊公)을 參酌하여 누구나 알기 쉽고 理解하기 쉽도록 하는데 心血을 기우렸으며 앞으로 後孫들에게 전하고자 이 책을 펴내게 되었으니 江湖諸賢에게 多少나마 도움이 되다면 하는 간절한 마음으로 書劈(?)들에 代하는 바이다

一九八二年 盛夏

著者 秋 松 鶴 (順植) 識

目次

第一編 地理學의 基礎

第一章 干支와 合局

一、天干斗 五行 ―― 9
二、地支斗 五行 ―― 9
三、天干合 ―― 9
四、地支合 ―― 10
五、相生 ―― 10
六、相剋 ―― 11
七、三合 ―― 12
八、五行斗 陰陽 ―― 12
九、四經 ―― 13
十、雙山五行 ―― 14
十一、三合五行 ―― 14
十二、十二運星法 ―― 15
十三、十二運星 坐向見法 ―― 16
十四、元空五行 ―― 19
十五、向上五行 ―― 19
十六、八方天馬方位 ―― 20
十七、四局馬例 ―― 21
十八、貴人 ―― 22
十九、正祿 ―― 23
二十、三吉六秀催官貴人 ―― 24

― 4 ―

三、貴人方位 —— 25
三、九宮出法歌（九宮見法）—— 27
三、九宮水法（補充秘術）—— 35
四、羅針盤 使用法（現圖古圖）—— 37
五、雙山五行二十四分金法 —— 49
六、分金尺數貴人方 —— 52
七、八山論 —— 54
七、風水論 —— 57

第二編 地理鑑定順序
第一章 地理鑑定法 —— 62
第二章 舊塋을 鑑評하는法 —— 62
第三章 看大地法(물매당기) —— 65
第四章 看小地法 —— 67
    68

第五章 三綱五倫（富龍과貴龍）—— 69
第六章 五 常 —— 73
第七章 四 美 —— 75
第八章 十惡不善 —— 77
第九章 水方의 옷 —— 80
第十章 水口方位 見法 —— 81
    一、艮丙辛 寅午戌向 —— 81
    二、水局 坤壬乙 申子辰向 —— 88
    三、斗牛丁庚의氣 金局 —— 93
    四、木局炎龍生旺死絶圖 —— 98
第十一章 騎龍訣 —— 103
第十二章 五行局의 吉山方 —— 105
    一、火局 龍水 生旺四格 —— 105

二、水局龍水　生旺四格 ················ 106
三、木局龍水　生旺四格 ················ 107
四、金局龍水　生旺四格 ················ 107
第十三章　地理名稱與山水吉凶圖 ········ 108
第十四章　明堂의 型局 ················ 113
第十五章　五行貴人 ··················· 113
第十六章　各山形與峰流水圖 ··········· 117

第三編　水旺衰吉凶早見表

第一章　各向水口秘訣 ················· 135
一、壬坐丙向子坐午向水口吉凶 ········· 135
二、癸丑坐丁未向水口吉凶 ············· 150
三、艮寅坐坤申向水口吉凶 ············· 164
四、甲卯坐庚酉向水口吉凶 ············· 178

五、乙辰坐辛戌向水口吉凶 ············· 192
六、巽坐乾向巳坐亥向水口吉凶 ········· 206
七、丙午坐壬子向水口吉凶 ············· 220
八、丁未坐癸丑向水口吉凶 ············· 234
九、坤申坐艮寅向水口吉凶 ············· 248
十、庚酉坐甲卯向水口吉凶 ············· 262
十一、辛戌坐乙辰向水口吉凶 ··········· 277
十二、乾亥坐巽巳向水口吉凶 ··········· 291

第四編　墓地坐向作法

第一章　水流出去와　墓地向作法 ······· 305
第二章　大山坐見法 ··················· 309
第三章　二十四干支山의物名과
　　　　墓封填坐向法 ················· 311

— 6 —

一. 干支二十四山 物名 ――― 311
二. 墓封墳의 坐向을 定하는法 ――― 312
三. 年別坐向作法 ――― 318
第四章 葬禮日및 下棺時作法 ――― 319
第五章 四方山및 吉砂와 出山砂 ――― 323
一. 四方山의 吉凶 ――― 323
二. 吉砂와 山砂 ――― 326
第六章 覗山을 멋보는 法 ――― 331
第七章 岩石으로 吉凶見法 ――― 332
第八章 見峰砂 吉凶 ――― 334
第九章 八方風 出入 吉凶 ――― 335
第十章 殺風侵入으로 因한 被害 ――― 336
第十一章 舊墳의 吉凶 ――― 338
第十二章 水流의 形態로 보는 吉凶 ――― 348
第十三章 舊墓에 물이 들어있음을 아는 법 ――― 350
第十四章 屍身이 썩지 않고있는 坐向 및 骨消坐 ――― 351
第十五章 墓속에 뱀이 들어 있는 坐 ――― 352
第十六章 시체 도망간 墓地坐 ――― 353
第十七章 養子를 두는 墓地 ――― 354
第五編 墓葬地 吉凶作法
第一章 綜合見法 ――― 355
第二章 山과 坐의 吉凶見法 ――― 355
一. 子山 일때 ――― 356
二. 丑山 일때 ――― 357
三. 寅山 일때 ――― 357

― 7 ―

四、卯山일때 —————————— 358
五、辰山일때 —————————— 358
六、巳山일때 —————————— 359
七、午山일때 —————————— 359
八、未山일때 —————————— 360
九、申山일때 —————————— 360
十、酉山일때 —————————— 361
十一、戌山일때 ————————— 361
十二、亥山일때 ————————— 362
十三、乾山일때 ————————— 362
第四章 明堂이란 무엇인가? ——— 362
第三章 葬地方位見法
一、作穴法 —————————— 370

二、不葬地 —————————— 371
第五章 墓向見法 吉凶判斷 ——— 373
第六章 踏山歌 ———————— 442
第七章 墓坐水去秘法 —————— 444
一、五行配屬陰陽 ——————— 444
二、九星脆胎五行 ——————— 445
三、墓安葬坐 ————————— 446
第八章 山의 區別 ——————— 451
第九章 五行山形과 吉凶墓地 —— 453

— 8 —

第一編 地理學의 基礎

第一章 干支의 合局

一、天干과 五行

天干	甲	乙	丙	丁	戊	己	庚	辛	壬	癸
五行	木	木	火	火	土	土	金	金	水	水

二、地支와 五行

地支	子	丑	寅	卯	辰	巳	午	未	申	酉	戌	亥
五行	水	土	木	木	土	火	火	土	金	金	土	水

三、天干合

甲己合 土、乙庚合 金、丙辛合 水、丁壬合 木、戊癸合 火

— 9 —

로 天干合이 되며서 五行도 變化되어 다른 하나의 五行이 생긴다

四. 地支合

子丑合 土、寅亥合 木、卯戌合 火、辰酉合 金、巳申合 水、午未는 合局五行이 發生하지 않는다

五. 相生

木生火、火生土、土生金、金生水、水生木、하여 木은 火를 生하여 준다는 뜻이 된다

그러나 相生이란 진실한 原理를 해석하여야 한다 다시 말해서 내가 남에게 봉사를 한다는 것은 도와준다는 뜻이며 도와준다는 것이 生해주는 것이다 그러므로 生이란 진실로 좋은 것이다

四柱秘典이나 四柱總鑑에 보면 六親法이 있다. 六親法에 보면 偏財

正財란 것이 있는데 正財란 日干이 剋하는 五行을 말하며 財産이라고도 말하는데 日干이 木日이라면 木이 生하는 것은 火이며 火生土하는 것은 「火生土」하여 土를 生한다 내 몸이 木이라면 나의 財産은 土가 되므로 나의 財産을 生하여 오니 德을 본다는 理致이다

六. 相剋

木剋土·土剋水·水剋火·火剋金·金剋木 하여 木은 土를 剋하여 해를 끼친다는 뜻이다

앞에서 相生이란 것을 알았을 것이다 그렇다면 相剋이란 相剋이란 것이 내가 남을 해롭게 하는 것이며 같은 比肩은 협조를 하는 것이데 木이라면 土를 剋하는 것이 相剋인 것이며 가령 내가 木이라면 土를 剋하는 것이 相剋인 것이며 것이 되지만 어떤 殺이 될 때에는 財産에 損害를 끼친다 甲日 天干이라면 甲木이 剋하는 것은 戌인 土가 되다고 볼때 나의 正財는

未土가 될 것이다

財産이 되는 未年 내가 剋하여 나에게 害를 當하니 상대방은 나의 財産과 破殺이 되어서 나를 亡하게 하는 것이 인지상정이라고 하는 것이며 맛시 나에게 德을 본 사람은 나에게도 德을 주며 害를 본 사람은 반드시 害를 준다는 것을 명심하고 역학 연구에 臨하도록 하여야 할 것이다

七. 三合

寅午戌 三合 火局、亥卯未 三合 木局、巳酉丑 三合 金局、申子辰 三合 水局이 되는데 三合을 三元이라고도 말한다

八. 五行과 陰陽

五行이란 木 火 土 金 水를 말하는데 東을 木方이라 하고 南方은

火에 해당된다 하여 火方이라 하며 北方을 水方이라 하고 西方을 金方이라 하였고 中央을 (中宮) 土方이라 한다

陰과 陽을 淨陽、淨陰이라고 하는데 淨陰은 艮丙 震庚亥未 巽辛 兊丁巳丑을 말하며 淨陽은 乾甲 坎癸申辰 坤乙 离 壬寅戌을 말하며

九. 四經 (四行이라고도 함)

四經(四行)이란 木 火 土 金 水의 五行을 말 하는데 墓를 쓴다더가 新築(家)을 할때에 그 장소가 中央이 된후에 東西南北의 方位를 찾아서 坐向이 정해지는 것이다

무슨 坐 무슨 向하는 單語는 地理學에서는 重要한 것으로 中央은 五·十 土方이니 이 土方은 現場所의 中心이니 木火金水만으로 方向을 살피기 때문에 木火金水의 四個方向을 四行이라 하지 않고 四經이라 하는 것이다 즉 四經五行이다

十. 雙山 五行

天干字가 있는 곳에 地支字가 같이 있는 것을 말 하는데 羅針盤을 보면서 연구하기 바란다

· 艮 丙辛이 寅午戌과 合이 되어 廉貞火가 되며
· 巽 庚癸는 巳酉丑과 合이 되어 武曲金이 되며
· 坤 壬乙은 申子辰과 合이 되어 文曲水가 되며
· 乾 甲丁은 亥卯未와 合이 되어 貪狼木이 된다

二字가 合이 되어 一宮이 되므로 雙山五行이라 名稱을 붙인 것이데 壬子 癸丑 艮寅 甲卯 乙辰 巽巳 丙午 丁未 坤申 庚酉 辛戌 乾亥 二十四字가 二字씩 열에 있는 것을 合하여 말하는 것을 雙山 五行 이라 하다

十一. 三合 五行

十三. 十二運星法

十二運星은 生·浴·帶·冠·旺·衰·病·死·葬·胞·胎·養 하니 十二個의 地支에 配屬되는 것을 말 하는데 다음 表와 같다

- 乾甲丁 亥卯未가 貪狼一路行 木局이 되며
- 寅午戌 艮丙辛은 位位廉貞 火局이 되며
- 巳酉丑 巽庚癸는 盡是武曲 金局이 되며
- 申子辰 坤壬乙은 從頭出 水局이 된다

一路行 位位 盡是 從頭라고 붙인 單語는 局에 이름을 붙인 것이지 特別한 理致가 없는 것임을 말해 둔다

十二運星	生	浴	帶	冠	旺	衰	病	死	葬	胞	胎	養
甲	亥	子	丑	寅	卯	辰	巳	午	未	申	酉	戌

— 15 —

十三、十二運星 坐向 見法

乙	丙	丁	戊	己	庚	辛	壬	癸
午	寅	酉	寅	酉	巳	子	申	卯
巳	卯	申	卯	申	午	亥	酉	寅
辰	辰	未	辰	未	未	戌	戌	丑
卯	巳	午	巳	午	申	酉	亥	子
寅	午	巳	午	巳	酉	申	子	亥
丑	未	辰	未	辰	戌	未	丑	戌
子	申	卯	申	卯	亥	午	寅	酉
亥	酉	寅	酉	寅	子	巳	卯	申
戌	戌	丑	戌	丑	丑	辰	辰	未
酉	亥	子	亥	子	寅	卯	巳	午
申	子	亥	子	亥	卯	寅	午	巳
未	丑	戌	丑	戌	辰	丑	未	辰

甲은 亥가 生이 되고 子가 浴 丑이 帶가 된다

※ 浴은 沐浴이라 하며 葬은 墓라고도 하며 脆는 絕이라고도 한다

가령 乾甲丁 亥卯未의 向으로 逢墓의 向을 놓았다면 木局이 된다

木局이란 乾甲丁이란 甲字를 主動하여서 生을 찾으면 된다 亥가

生이 되며 子가 浴이 되고 丑이 帶가 되어서 순서대로 찾는다 그리

므로 生方은 乾亥方이 된다

또 艮丙辛 寅午戌向으로 놓고 十二運星을 붙이면 火局이 되는데 艮

字 밑에 있는 丙火를 主動하여 十二運星을 보다면 寅이 生이 되고

卯가 浴이 된다 그러므로 艮寅方이 生方이 된다

또 坤壬乙 申子辰向으로 놓았다면 水局이 되어서 壬

水를 主動해서 十二運星을 찾으니 申이 生이 되고 酉가 浴이 되어서

坤申方이 生方이 된다

또 巽庚癸 巳酉丑向으로 墓를 썼다면 金局이 된다 巽字 밑에 庚

金을 主動하여서 十二運星을 찾으니 巳가 生이 되고 午가 浴이 된다

그러므로 巽巳方이 生方이 된다

지금까지는 陽干만 갓이고 說明하였으나 陰干에서 乙은 木이니 丙午에 生이 되고 丁은 庚酉에 生이 되고 辛은 金이니 壬子에 生이 되고 癸는 水이니 甲卯에 生이 되다

지금까지의 總括説明은 일의 圖表 十二運星에서 十二運星의 吉凶을 그대로 適用은 되지만 陰干은 逆行하여서 계산하여야 된다 그러므로 乙은 木이니 丙午가 長生이 되면서 巳가 浴이 帶가 되다 丁은 火이니 庚酉에 生이 되고 辛은 金이니 壬子가 生이 되고 癸는 水이니 甲卯가 長生이 되어서 逆行으로 十二支를 나열하면 된다

山이란 글자를 地家書에서는 龍이라고 말을 바꾸어 설명한 것이며 山이 좋다 나쁘다 (左青龍 右白虎)하는 것은 生에 해당하는가 十二運星 의 死에 해당하는 가를 살피는 것이다

○ 生은 = 生 浴 帶 冠 旺을 말 하며

○ 死亡 = 衰 病 死 葬 胞 胎를 말한다

十四. 元空五行

○ 丙丁 乙酉는 原屬火　○ 乾坤 卯午는 同倫金

○ 亥癸 艮甲은 是木神　○ 戌庚 丑未는 土爲眞

○ 子寅 巽辰은 廉巳에 해당 한다 申壬은 水星이다

十五. 向上五行

○ 寅申巳亥는 스스로 十二運星에 生向이 되고

○ 子午卯酉는 스스로 十二運星을 보면 子를 癸로 생각하여 卯가 生

　이 되니 自旺生이 되다

○ 辰戌丑未는 庫葬이라 하여 向上五行에는 해당하지 않는다

十六. 八方天馬方位

○ 東方은 震宮이 되며 青聰馬라 稱하며

○ 南方은 離宮이 되며 赤兎胭脂馬라 稱하며

○ 西方은 兌宮이 되며 白馬또는 金馬라 稱하며

○ 北方은 坎宮이 되는데 烏騅馬라 稱하며

○ 乾宮은 御史가 되며 또는 天馬라 稱하며

○ 艮宮은 壯元馬라 稱하며

○ 坤宮은 宰相馬라 稱하며

○ 巽宮은 撫按馬라 稱한다

馬라 하는 것은 山의 이름을 變化시켜서 山을 대변하는 명칭이며

○ 東쪽에 있는 山이라면 青聰馬라 부르면 된다

○ 甲은 備馬가 艮寅方에 있으며

○ 丙은 備馬가 巽巳方에 있으며
○ 庚은 備馬가 坤申方에 있으며
○ 壬은 備馬가 乾亥方에 있는 것도 알아야 할것이며
戊는 土이므로 庫라 하여 論하지 않는다 또한 馬方이면 速發富貴된다 하여 自生自旺法에 正局으로 보아서 以上의 馬方을 吉로 한다 陰天干은 不用하다

十七. 四局馬例

○ 三合 申子辰局에는 馬가 寅方에 있고
亥卯未局에는 馬가 巳方에 있고
寅午戌局에는 馬가 申方에 있고
巳酉丑局에는 馬가 亥方에 있고
生旺墓養亚自生自旺에 먼저 馬가 있다

○ 馬가 없는 곳에서 葬을 쌍패에는 馬山이 되는 위치에 吉山한 것을 따지위 吉方에 馬山이 있으며 凶方에 馬가 있으면 財産이 速敗한다.

○ 木局에 馬가 있으면 備馬法에도 吉山地는 十三運星吉山凶을 본다. 者는 乾離馬가 最速하게 吉山이 나타난다. 速發 速富되다 墓 自体가 貴馬

十八. 貴人

甲戊 兼牛羊 (丑未) 丙丁 鶏豚 (酉亥) 乙巳 鼠候鄕 (子申)
壬癸 蛇兎藏 (巳卯) 庚辛逢馬虎 比貴人方이다 (午寅)

・説明 = 甲戊 兼牛羊이란 甲向에는 貴人이 丑未方에 있으며 乙巳 向에는 貴人이 子申方에 있고. 壬癸向이 될 때에는 巳卯 方에 貴人이 있고 庚辛向에는 午寅方에 貴人이 있고 丙 丁向에는 酉亥方에 貴人이 있다

十九. 正祿

正祿이란 아주 좋은 吉方을 말 하는데

- 壬向에는 正祿이 亥方에 있고
- 甲向에는 正祿이 寅方에 있고
- 丙向에는 正祿이 辰方에 있고
- 戊向에는 正祿이 午方에 있고
- 庚向에는 正祿이 申方에 있고
- 癸向에는 正祿이 子方에 있고
- 乙向에는 正祿이 卯方에 있고
- 丁向에는 正祿이 巳方에 있고
- 己向에는 正祿이 未方에 있고
- 辛向에는 正祿이 酉方에 있다

그런데 戊向과 己向은 中央 五十 土宮이라 해서 土는 中央方이므로 항상 사용하지 않는다

解說 = 祿이란 自己가 타고난 福이라고 할수 있고 또 國家的으로 말할때에는 名譽的으로 高位職에 자리잡게 되고 사람을 官祿이 좋은 사람이라고 하듯이 福과 같은 뜻을 지닌 것이 祿이다

- 祿方에 墓를 作峯한다는 것은 즉시 官祿으로 出世하는 子孫이 있게 된다는 것이며 自身도 財祿의 德을 받아서 速發富者가 되고 官職도 吉하게 되다는 뜻이다

- 祿向을 찾는 方法은 어떤 山이라도 그 山 中央 또는 最高峯에 가서 東西南北을 살핀후 그 山을 地理學的으로 墓所의 位置를 살핀 후 좋은 위치가 되는 곳인데 祿이 되는 方이라면 더 말할나위 없이 大吉方의 판구(묘를쓸자리)이 되는 것이다

二十. 三吉六秀 催官貴人

- 三吉方이란 方位를 따지지 않고 좋은 方이라 한다
- 亥方 震方 庚方이 三吉方이 된다
- 艮 丙 巽 辛 兌 丁方은 무조건 좋은 방이라 하여 六秀吉方이라 稱한다

- 辛 丙 丁 庚 四山은 陽催官貴人方이며
- 癸 兌 艮 震 四山은 陰催官貴人方이라 한다

以上의 方에서 어떤 目的地에 오는 것은 三吉 六秀 催官貴龍에서 온 것이라 하여 吉方이라 한다

二十一. 貴人方位

貴人方位란? (三吉 六秀貴人山이라고도 말한다)

- 甲山에는 丑未가 貴人山이 되며
- 丙丁山에는 酉方이 貴人山
- 庚辛山에는 寅이 貴人山이 되며
- 乾山에는 丑未巳卯가 貴人山
- 艮山에는 酉方이 貴人山
- 子山에는 卯巳가 貴人山

- 乙山에는 子申이 貴人山
- 戊己에는 貴人이 없으며
- 壬癸山에는 巳卯가 貴人山
- 坤山에는 申巳卯가 貴人山
- 巽山에는 寅午가 貴人山
- 丑山에는 寅卯가 貴人山

・寅山에는 丑未酉亥가 貴人山
・卯山에는 子申이 貴人山
・辰山에는 子申巳가 貴人山
・午山에는 亥酉가 貴人山
・申山에는 午寅巳卯가 貴人山
・戌山에는 午寅方이 貴人山
・亥山에는 丑未巳卯가 貴人山
・酉山에는 午寅方이 貴人山
・未山에는 子申亥酉가 貴人山
・巳山에는 午寅亥酉가 貴人山
・子山에는 丑未巳卯가 貴人山

・貴人山이란 吉한 사람을 만난다는 等의 方에다 어떠한 일을 한다는 것은 좋은 일이 생기는 것을 말 하는데 貴人 사람을 만나는 것과 같이 每事 하는 일이 成功한다는 뜻이 되며 또 祿方에 어떠한 일(墓 이장·家屋新築등)을 한다는 것은 祿馬가 薦福하는 것이 如電追速으로 富者가 된다고 한다

그런데 艮丙方에 다른 峰이 있으면 交應하다고 하며 交應이 되며

天祿貴人峰이라 이름하여 速發하고 科甲(官職으로 成功하는것) 하며

生旺이 되는 峰은 官祿으로 出世하고 文學으로 成功하는 峰이 되며

名稱은 六秀天原峰이라 하며 大吉 成功하는 方이라 한다

二十二, 九宮水法歌 (개울물이 흐르는 것으로 아는 法)

十二運星을 九星과 같이 배합하여 說明하기로 한다

一, 破軍 二, 祿存 三, 貪狼 四, 巨文 五, 文曲 六, 廉貞
七, 武曲 八, 伏吟

以上은 九星 名稱이 되다

◎ 九星圖表見法

乾山坐나 甲山坐일때 兌丁巳丑方에는 破軍이 되고 震庚亥未方은 祿存이며 坤乙方은 貪狼이며 坎癸申辰方은 巨文이 되고 巽辛方은 廉貞이며 離壬寅戌方은 武曲이 되고 乾方이나 甲方은 伏吟이 된다

以上과 같이 다른坐도 같은 方法으로 본다

九星早見表

兌丁巳丑山	巽辛山	震亥未庚山	艮丙山	離壬戌山	坎申辰癸山	坤乙山	乾甲山	生山＼九星
乾甲	申坎辰癸	寅離戌壬	坤乙	亥震未庚	巽辛	艮丙	兌丁巳丑	破軍
寅離戌壬	坤乙	乾甲	申坎辰癸	巳兌丁丑	艮丙	巽辛	亥震未庚	祿存 吉
艮丙	亥震未庚	巽辛	巳兌丁丑	申坎辰癸	寅離戌壬	坤乙	乾甲	貪狼 吉
巽辛	巳兌丁丑	艮丙	亥震未庚	坤乙	乾甲	寅離戌壬	申坎辰癸	巨文 吉
申坎辰癸	乾甲	坤乙	寅離戌壬	艮丙	巳兌丁丑	亥震未庚	巽辛	文曲 凶
坤乙	寅離戌壬	申坎辰癸	乾甲	巽辛	亥震未庚	巳兌丁	艮丙	廉貞 凶
亥震未庚	艮丙	巳兌丁丑	巽辛	乾甲	坤乙	申坎辰癸	寅離戌壬	武曲 吉
巳兌丁丑	巽辛	亥震未庚	艮丙	寅離戌壬	申坎辰癸	坤乙	乾甲	伏吟

- 貪狼 巨文 武曲은 吉方이라 하고 그밖의 局은 凶方인데 吉方에
  得水나 破水가 되든지 得破가 되면 모두 吉하다

○ 첫째로 生養은 貪狼이라 한다

· 養生方에 개울물이나 江물이 墓 앞으로 오는 물줄기가 보이면 貪狼星이 비춰 文章家가 탄생하며 長子 長孫等이 모두 富貴한다
개울이나 河川물이 養生方으로 흘러갈 때에는 반대로 子孫이 끊어 져서 망하며 靑春에 寡婦되며 家庭이 멸망한다
그러므로 墓所를 作成할 때는 반드시 水流의 方向을 보고 신중을 기해야 한다
그 까닭은 宇宙萬物이 물과 인연을 끊고는 生命을 유지할 수 없다 드시 死後에도 영혼이 존재한다고 생각할 때 영혼 역시 물과 인 연을 끊을수 없는 理致에서 물로 因한 吉凶 禍福의 심오한 진리 인 것이기 때문이다

○ 둘째로 沐浴(十二運星으로 보는것)은 文曲이라 한다

· 沐浴方에서 沐浴 물(개울) 이 墓를 向해 오는 모양으로 될때에는 女子

가 음난하여 다른 男子를 즐기며 自己 나전을 무시하고 家庭을 망치게 되고 或은 물에 빠져 죽거나 목을 매어 자살 하거나 피질에 걸리는 등 재앙이 따라와 망하게 된다.

또한 子方이나 午方에서 물이 흘러서 臺쪽으로 오는 것이 있을 때는 하고 있던 직업이 망하여 財難을 당하고 卯方이나 酉方에서 물이 흘러 들어는 것이 보이면 도박·사치·酒色으로 財産을 탕진 하게 되고 生方이 되는 곳을 물이 흘러서 破하게 되면 亦是 財産의 失敗 家産을 탕진한다

○ 셋째로 冠帶는 武曲이라 한다

冠帶方에서 물이 흘러 臺쪽으로 오는것 같이 보이면 子女들이 총명하며 主人은 風遊를 좋아하며 子女는 學文으로 成功하고 家庭이 和平하여 富貴榮華를 겸비하게 된다

・冠帶方으로 물이 急流去 하는 형국이 될때는 大凶한 것으로 子

· 女의 急死 或은 보이지 않음은 災厄이 따라붙어 번성하지 못한다

冠帶方에 물이 흘러 들어갈때 發生하는 大凶厄을 예방하는 方法은 예방비법冊 百七十五페이지에 수록되어 있는 부작을 작성하여 冠帶方에 묻고 흙이나 돌로 담을 쌓아서 墓峯에서 冠帶方으로 흘러 急流出하는 물이 보이지 않도록 하면 凶厄을 면한다

○ 빗째로 官星도 武曲이라 한다 (臨官이라고도 한다)

官方에서 물의 흐름이 墓를 向해 흘러 들어오는 때(비가 내려 빗물이 墓로 흘러 들어오는 것도 같은 효력을 발생한다) 官祿을 얻어서 國家의 宰相이 되고 子女中에서도 高官職에 오른다

官方에서 급하다는 것은 官祿으로 因하여 慶事가 온다는 것이며 물이 흘러서 官星方으로 들어가는 것으로 보일 때는 男子가 死亡하며 子孫이 早死하여 과부가 생긴다. 또한 損財도 막대하여

결국 집안이 망하게 된다

○ 다섯째로 帝旺은 巨文이라 한다

巨文이란 큰 글이란 뜻이고 帝旺이란 皇帝가 旺盛하다는 뜻이 되니 學堂이라고도 稱한다

旺方에서 물이 흘러서 墓가 있는 쪽으로 흘러 들어오는 것같이 보일 때는 子孫의 德이 있고 子孫들은 天才的이고 총명으로 小年登科(高等考試合格)를 하는등 크게 成功하고 文章家도 배출 되며 長壽하고 家産이 繁盛하여 不足함이 없으니 安樂한 生活을 한다

다른곳에서 물이 흘러서 旺方을 뒤덮고 휩쓸고 가는 것처럼 보일때라도 旺方은 吉한 十二運星의 星方이 된다

○ 여섯째로 衰方은 巨文이라 한다

衰方에서 물의 흐름이 墓를 向해 흐르는 것처럼 보일 때 巨文에 해당하므로 旺과 같은 뜻을 갖이고 있으며 子孫은 총명하여

— 32 —

官公職으로 크게 出世하며 長官도 배출되고 長壽하며 威名 顯達하고 富貴, 功名을 같이 하게 된다

他方에서 물이 흘러 衰方을 휩쓸고 가는 것 같이 흐르는 물이 보일 때는 衰方을 消滅해 버리는 格이므로 이 역시 富貴 功名을 같이 하게 된다

○일곱째로 病死는 廉貞이라 한다

病과 死星은 凶星이므로 이 凶方으로 부터 물이 흘러 들어오는 것 같이 보일때는 소나비가 쏟아지듯이 災厄이 몰아쳐 妻子의 횡사 下體不具 或은 無子孫 等 大凶事가 겹치게 된다

反對로 물이 病死方을 쓸어버리듯 흘러가 보일때는 家主가 短命 無子孫 財産失敗 病身等의 災厄을 當하게 된다

○여덟째로 墓는 破軍이라 한다

墓方에서 물줄기가 墓塚을 向해 흘러들어오는 것처럼 보일때는

子孫들 出世가 정지 되며 家主가 官職에 있으면 罷免 當하고 無職으로 망하게 되다

그와 反對로 墓方을 휩쓸어가는 물줄기가 보일때는 子孫이 武官으로 大成하게 되고 大吉向이 되고 여기에 연못이나 湖水가 견드러 비칠때는 富와 貴를 兼하게 되어 家內가 和平하게 된다

○ 아홉째로 絕胎는 祿存이라 한다

絕(胞)方이나 胎方에서 墓所를 向해 물이 흘러 들어오는 것처럼 보일때는 子孫을 出産하기 어렵고 잉태하는 하여도 낙태하거나 養育中에 사망하여 後嗣가 없고 부부이별도 하는데 흘러들어오는 물이 江물이나 湖水등의 大水라면 家主 夫婦가 음난하여 敗家亡身하고 子孫들도 음난해 진다

絕胎方의 水는 水口라 하는데 水口는 무엇이든 흘려버리는 곳이

란 뜻으로 財物은 있다 해도 흐터지고 流失된다는 뜻이 된다 他處에서 絶胎方을 휩쓸어 버리는 물줄기가 보일때도 역시 凶事는 如前하다. 伏吟이란 夫婦이면 財敗하는 등 凶方이 된다

二十三. 九宮水法 (補充秘術)

○ 生養方에 水가 있는 것은 吉水라 하며 向으로 물이 흘러 들어 向方의 地支를 덮으면서 흐르면 長子는 死子하고 次子는 財敗하는 뜻으로 財物은 있다

○ 沐浴水는 安靜水라 하여 財産은 넉넉하여 잘 살수 있다 하드라도 妻는 淫乱하여 家庭破綻이 생긴다

○ 冠帶水는 根本的으로 吉水라 하여 病死水와 충돌하는 것을 두려워 하며 萬若 충돌이 된다면 酒色을 좋아 하며 淫蕩하며 老來平生을 獨守空房 외로운 餘生을 보내다가 終身하는 子息하나 없이 世上을 떠나게 되다

○ 臨官水는 吉水임에 틀림이 없지만 病死方에 물이 또 있어서 衝笑을 하게 되면 피를 吐하고 제사를 받드는 長子 및 孼의 제주는 子息을 다 잃어버리며 家內가 不吉하게 된다

○ 帝旺水는 甲 庚 丙 壬方에서 助來하면 吉한 곳이 되어 萬事所願成 就 되지만 地支와 衝笑하면 反對로 運勢가 大凶하게 된다

○ 衰水는 斜流하게 사치하기를 좋아하며 淫亂한 事件이 不絕하며 他鄕 에서 生活하게 되며 財損이 많아 無財하니 도둑이나 詐欺하는 氣質 이 濃厚하다

○ 墓水는 橫財를 부르는 吉水이면서 富貴興隆하며 萬若 地支冲射하면 凶하다

○ 病死水는 根本的으로 凶水인데 墓方으로 흐를 때는 無害하게 된다

○ 絕胎水는 放水라고 하는데 助來하면 不祥하고 地支를 怕하면 다같이 家主와 子孫들 모두가 笑殃을 만나게 될 것이다

二十四. 羅經(羅針盤) 使用法

羅針盤이란 어떠한 곳에서라도 南과 北을 가리키는 特徵을 갖이고 있는데 發明한 사람은 中國의 名人 周公이며 地支 十二支字를 만들어서 記入하여 使用하였는데 後賢이 또 補充 開發하여 四維八干을 만들어 二十四字를 만들어 넣었고 子字 左側에 癸字를 偏作하여 廖公(유공)이란 사람이 縫針을 만들어 使用하였으며 子字 右側에 壬字를 넣어 偏作 하였고 楊公은 縫針을 만들어 使用하였다 한다

또다시 弟子가 되는 後賢이 三十餘層의 干支를 더 補充하여 使用하였다고 한다

그런데 요즈음 陰陽見法에서는 十層 以上 또는 十五層만 갓이고도 모두 설명이 되므로 그 以上의 것은 省略하기로 한다

現代羅針盤 原型圖

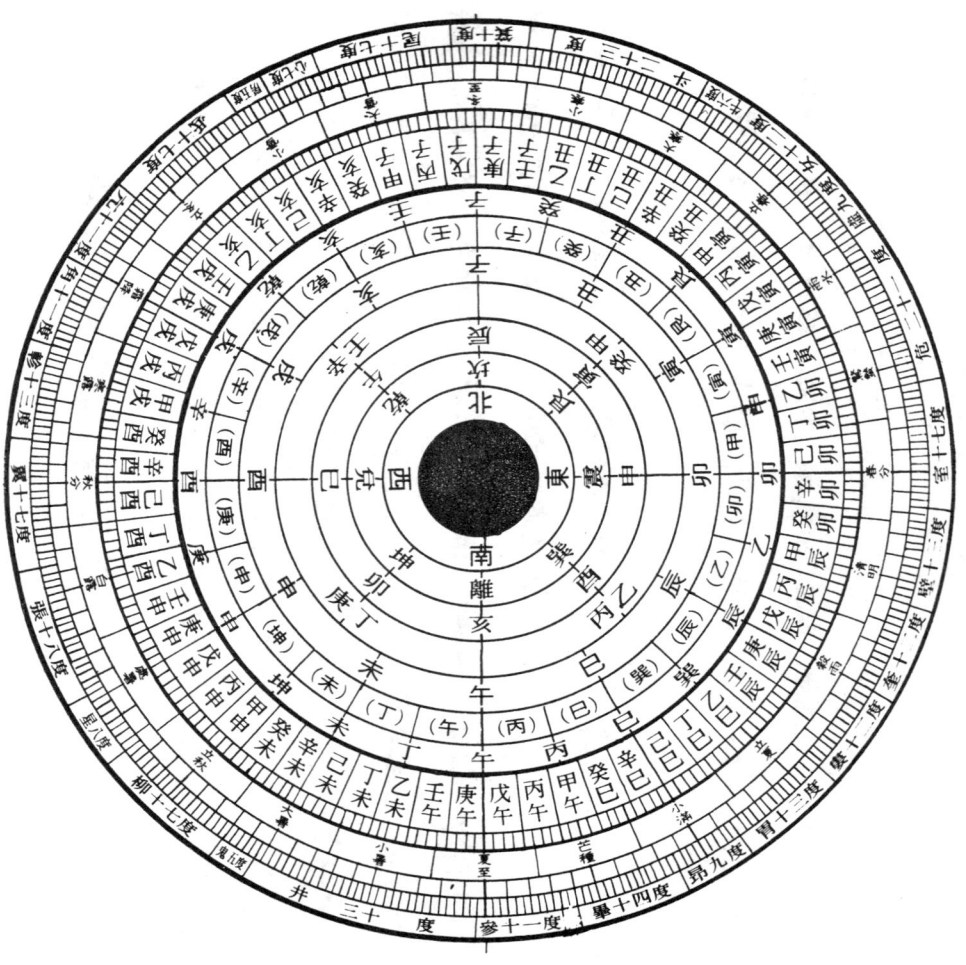

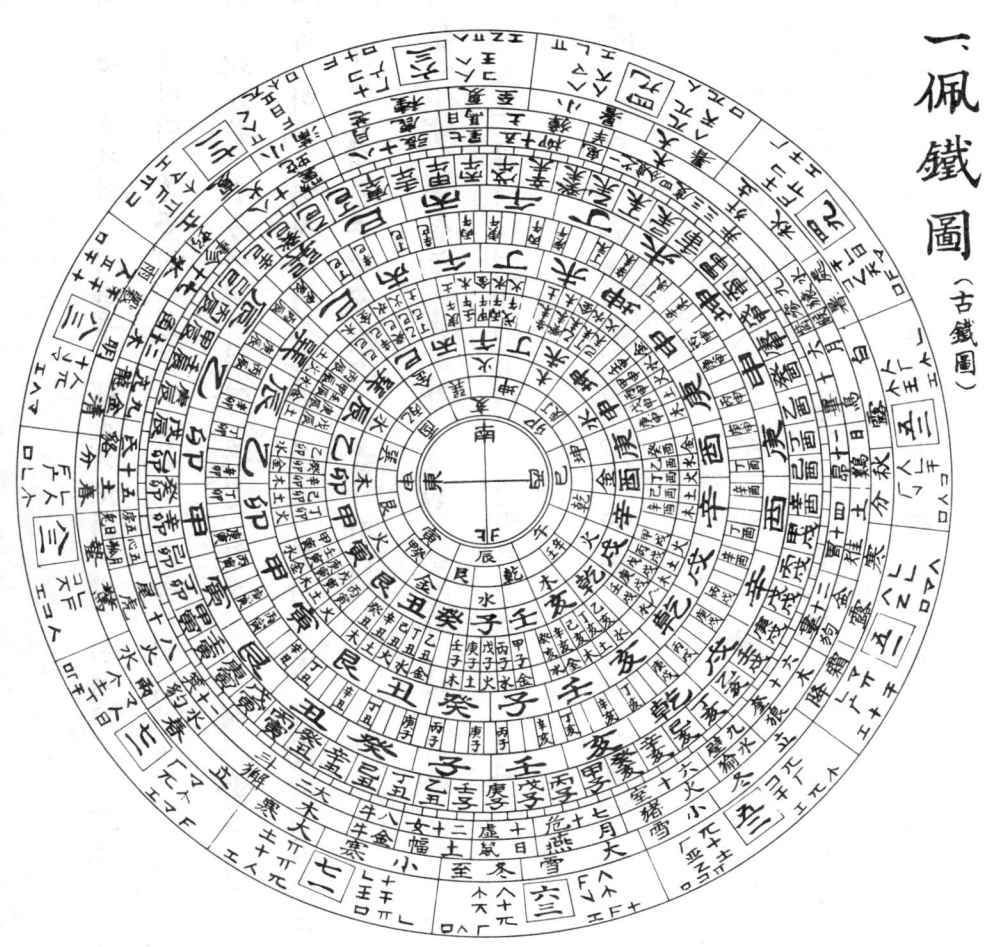

一佩鐵圖（古鐵圖）

- 羅針盤의 正 中央의 이름을 謂之天地針이라 하였다 紅頭는 南方을 가리키는 것이며 黑点이 있는 곳은 北方을 가리키는 것이며 南方은 午向이며 北方은 水方이라 하여 붉은 침이 된 羅針盤의 中央針을 南쪽에 가도록 하고 항상 羅針板을 보는 것이므로 指南針이라고도 말한다. 항상 남과 北쪽으로 中央針을 가도록 한다.

- 여기 페철(佩鐵)圖表는 층대가 다음 설명과 다르지만 현재는 古代 佩鐵을 爲主로 하여 說明하였다 (페철의 층은 모두 다르다)

○ 第一層 八路黃泉殺 (東·西·南·北은 中央層)

向	忌水來 風來
壬申	乾
艮	甲癸
甲癸	艮
乙丙	巽
巽	乙丙
坤	庚丁
庚丁	坤
乾	壬申

壬向이나 辛向이 될때 乾方에서 水來 或은 風來하면 凶殺方이 되다

向	忌水來,風來
子丑寅卯	艮
卯辰巳午	巽
午未申酉	坤
酉戌亥子	乾

子向이듯지 丑向일때 艮方에서 水來 或은 風來하면 凶하다

坐向	忌水來
乾甲癸 寅午戌	丁未
申子辰 壬	亥
亥卯未 庚	申
巳酉丑 丁	艮丙
巽辛	乙辰
坤乙	丙丁
子丑	

○ 雙山五行

雙山	五行
艮丙辛、寅午戌	火
乾甲丁、亥卯未	木
坤壬乙、申子辰	水
巽庚癸、巳酉丑	金

〇 二十四山斗首五行

斗首五行	土	火	木	水	金
二四山	壬辛巽	癸乾丙	艮丁甲庚	寅未卯申	辰酉
	子戌巳	丑亥午			

※ 壬方辛方巽方山이 있을때 土斗首山이라 한다

〇 第二層 八曜黃泉殺

坐	坎	艮	震	巽	离	坤	兌	乾
向	辰戌	寅	申	酉	亥	卯	巳	午

黃泉殺은 八殺이 아니라 九個의 方位에 殺이 있으므로 九殺이 된다 이 坐向이 되면 向이 되는 山을 剋하여 葬後 必是 大凶하여 家庭이 亡한다

— 42 —

坐 坎坐 戌向이 凶方인 것과 같이 戌方이나 辰方에서 水來하여도
凶하여 黃泉水殺이 된다 또 艮坐 寅向도 凶하고 寅向이 되
는데 巳方에서 오는 水路는 역시 凶하다 다른 震巽 离 坤 兌
乾도 同一하다

解說॥ 坎龍이란 辰이 있는 坎이 있는 것이며 또한 辰이 있는

· 坎은 龍이며 坤은 兎이며 震은 山猴이며 巽은 鷄이며 乾은 馬이
며 兌는 蛇頭이며 艮은 虎이며 離는 猪가 해당하여 煞曜하니 煞曜
되면 塚宅을 逢하여 一但 休하는 것이 된다

곳으로 墓의 向을 (前面) 세우면 凶하며 卯字 있는 곳은 坤字가 있
는 것과 같으며 申字가 있는 곳은 震의 坐所이며 酉가 있는 곳은
巽의 坐所이며 午가 있는 곳은 乾의 坐所이며 巳가 있는 곳은 兌
의 坐所이며 寅이 있는 곳은 艮의 坐所이며 亥가 있는 곳은 離가
있는 坐所인데 离向으로 墓向을 세우면 不吉하다

그 理由는 八卦法에 我의 官鬼星을 交剋하기 때문에 凶이 되며 龍上 八熬이 닿으면 一朝一夕에 滅亡하는 大凶方이라고 한다

○第三層 八卦層

十二陰龍 또는 十二陽龍이 있는 곳이 第三層이며 八卦層이라고도 한다

○第四層 內盤이라 한다

二十四山格龍이라 하며 또 陽宅正針이라고도 하며 八曜水層 이라고도 한다

○第五層은?

去하고 來하는 것이 殺人도 되고 救貪도 되는 곳이라 하여 黃泉 水法層이라고도 한다

甲 庚 丙 壬向을 세워 乾 坤 艮 巽이 臨하여 官水가 오면 救貪黃泉이 되고 向을 따라 左로 乾 坤 艮 巽方으로 따라 臨하여

官方위로 放出되면 殺人黃泉이라고 이름을 붙이며 吉凶의 變動도 따라서 명칭되는 것이다

다시 말하면 臨官水라는 것은 甲庚丙壬向에 脫胎를 일으켜서 官方이 되는 것을 臨官方이라고 말한 것인데 九宮水法歌에 臨官方으로 물이 흘러가면 成婚한 사람이 죽고 집안에서는 과부가 항상 온다고 하였다

• 乙辛丁癸向으로 指南鐵을 놓고서 座向이 墓塵向이 되면 水口를 살핀다 左側의 水口가 右側으로 흘러서 乾坤艮巽 四絶方으로 나가면 救貧黃泉이 되고 乙辛丁癸向일때 右水가 흘러서 左側으로 가면 絶水墓庫를 冲하는 것을 墓庫殺人黃泉이라고 한다

다시 말해서 乙辛丁癸向에 乾·坤艮巽方으로 水口가 出하면

救貧黃泉이란 뜻인데 乙向이면 乙祿은 在卯며 辛祿은

在寅이라 하여 三折하여 三折祿馬上御가 되기 때문에 救貪이 되는 것이며 墓庫黃泉이란 乙 辛 丁 癸向에 右水가 흘러서 도좌 하면 養向이 되는 것이다 그러므로 病死 絶水가 와서 養方과 生 方을 冲하면서 흘러가면 黃泉墓庫殺이 된다

○ 第六層은

十二度層 또는 十二方層이라고 하는데 乙 辛 丁 癸 辰 戌 未向은 右水倒 하여서 甲庚丙壬子午卯酉向으로 左側을 冲祿 小黃泉이란 例를 들면 乙向이면 乙祿은 在卯이며 辛祿은 在西 出去하는 것을 冲祿 또는 小黃泉이 된다 하고 癸祿은 在子이며 丁向이면 丁祿은 在午方하니 祿을 冲破 하기 때문에 祿이 冲하다 해서 冲祿이라 이름한 것이다

○ 第七層은

縫針 二十四山層이라고 하는데 辰 戌 丑 未方에서 辰戌丑未方으로

흐르는 것이 되다면 冲動地支가 되어서 凶殺인데 冲이 되는 凶名을
黃泉이라고 別名하여서 犯來黃泉이니 또는 犯靜聚黃泉이니 하여서 이
름을 붙인 것이다 例를 들면

• 殺人黃泉이란 壬子坐에 丙午向이 되면서 巽巳破가 되면 凶方이 되고
　　　　　　　丙午坐에 壬子向이면 乾亥破되어 凶하고
　　　　　　　庚酉坐에 甲卯向이면 艮寅破되어 凶하고
　　　　　　　甲卯坐에 庚酉向이면 坤申破되어 凶하다

• 冲祿小黃泉이란 乙辰坐에 辛戌向에는 庚酉破冲祿小黃泉이 되며
　　　　　　　　辛戌坐에 乙辰向에는 甲卯破冲祿小黃泉이 되고
　　　　　　　　癸丑坐에 丁未向에는 丙午破冲祿小黃泉이 되고
　　　　　　　　丁未坐에 癸丑向에는 壬子破冲祿小黃泉이 되다

○ 第八層은 (古鐵에서는 四종)

正針 二十四 山層이라고 하는데 外盤縫針立向을 볼때 使用하고 물줄기가

흘러오는 것인지 흘러가는 것인지를 볼때 主로 使用한다

○第九層은 (古鐵圖에서는 八층)

分金層 또는 胎骨龍의 行이라고 하는데 縫針分金을 볼때 使用하지 않은 干

縫針分金에 辛花 甲子에 甲乙 戊 己 壬 癸의 使用하지 않은 干

을 除하고 子午向 癸丁向에는 庚子 庚午 丙子 丙午 丁丑 辛丑 丁

未 辛未로 分金 하는데 使用한다

○第十層은 (古鐵圖에서는 十一층)

二百四十 分金層인데 方位가 확실한 것인지를 再調査할때 必要하며

또 木火土金水五行이 合局이 되었는지 안되었는지를 보는 곳인데 合

局이 되면 吉할 것이며 合局이 되어도 凶五行이 되면 凶方이 되는

것이다

○第十一層은 二十四節候를 보는 層이다. (고철도에서는 十四층)

○第十二層은 正針 百貳拾分金層이다

— 48 —

○ 第十三層은 三百六十度를 判別하는 層이다.(고정도에서는 十三층)

○ 第十四層은 二十八宿 分度層이다.(고정도에서는 十三층)

二十五、雙山五行二十四分金法

立巽巳向 ― 丁巳 丁亥 辛巳 辛亥 分金 吉

立丙午向 ― 丙午 丙子 庚午 庚子 分金 吉

立丁未向 ― 丁未 丁丑 辛未 辛丑 分金 吉

立坤申向 ― 丙申 丙寅 庚申 庚寅 分金 吉

立庚酉向 ― 丁酉 丁卯 辛酉 辛卯 分金 吉

立辛戌向 ― 丙戌 丙辰 庚戌 庚辰 分金 吉

立乾亥向 ― 丁亥 丁巳 辛亥 辛巳 分金 吉

立壬子向 ― 丙子 丙午 庚子 庚午 分金 吉

立艮寅向 ― 丙寅 丙申 庚寅 庚申 分金 吉

立 乙辰向ー丙戌 丙戌 分金 吉
立 癸丑向ー丁未 丁未 分金 吉
立 甲卯向ー丁酉 辛酉 分金 吉
立 庚丙 壬 乙辛 丁 癸의 八干은 迎祿分金
甲庚은 借祿分金이니 無祿하여 可借하고 可迎하면 陰借陽하고 陽借陰
四維는 借祿分金이니 無祿하여 可借하고 可迎하면 陰借陽하고 陽借陰
한다

〇第十五層 作穴立向 收水式

四維八干十二支 記號를 略解하되 文字인데 옛날 册에 있는 것이다

單子	甲	乙	丙	丁	庚	辛	壬	癸	乾	坤	艮	巽	左旋龍回	右旋龍回
記號	亅	乙	兲	丁	广	Ⅱ	王	天	日	土	〈	亞	工	口

雙子	壬子	癸丑	艮寅	甲卯	乙辰	庚巳	丙午	丁未	坤申	兌庚	辛戌	亥乾
記號	マ	ユ	八	兀	丁	ㄴ	干	小	十	兀	F	人

例를 들어 說明하면

壬子坐 山이 될때

壬子坐 記號	說 明
人小十 人 F	艮艮得辛戌破　壬子坐中大吉地
F 」工 小 」	丁未得甲單破 不犯卯方　次吉地
大三 十F工	右兩吉地가 坤申辛戌廻曲左旋回龍한다
人九 人 小	艮寅得丁未破 壬子坐中第二吉處
小大厂 十 大	坤申得丙單破 不犯午方 次吉地
人 一元	庚合破但 右吉地가 없으며 庚兌破면 吉也
口 厂人口	
大三	

以上의 폐칠을 理解하면 陰宅見法 坐向法에도 必要할 것이니 不斷히 研究를 要하다. 庚酉山에 庚酉坐·艮寅山에 艮寅坐·外同一하다

— 51 —

二十六. 風水論

山의 名을 變化시켜서 龍이라 부른다 龍이란 者는 地의 氣運이며 水의 경계인즉 聚하고 風이 乘한즉 흩어지는 것이 흙가루라 할수 있다. 그러나 水가 있으서 바람에도 날아가지 않고 흙이 쌓여서 山이 되고 또한 가만히 停止해 있으니 水의 調和로 因하여 龍(山)의 吉凶 兩端이 발생하는 것이니 水를 重要視하는 것이다!

• 風이란 어떤 것인가?

風에는 八風이 있는데 前에도 말 했지만 凹風이 있은즉 明堂이 傾卸하여 案砂없고 堂氣가 바람을 불어오지 못하도록 位置가 되어서 소고삐를 쥐에서 당기는 것같이 龍이 생겼다면 主로 貪窘 도는 敗하고 子孫이 絶한다고 보며 龍의(山)뒷면에 凹(오목펜)의 風을 막을 수 있는 풀짜기(谷)가 되어 있으면 어깨가 貪寒하여서 步히 鬼厄等의 惡運

이 와서 夭壽하고 子孫이 귀하고 墓墓地 左에 龍이 凹風이(바람을 막을 山) 있으면 반드시 龍砂가 軟弱하며 無情하며 長房이 零丁孤寡하며 右側에 凹型의 風이 있으면 반드시 이는 白虎가 空絶하여 墓를 護衛하것이 없다. 병풍이 둘러쳐져 있는 것처럼 墓를 울타리하여 있는 山이 없다는 뜻이니 子孫이 亡하고 早死할 것이다

墓地 左側이나 右側 兩肩(어깨가 되는 곳)에 凹風(오목하게 생겨서 바람을 막을 수 있는 山)이 있으면 子孫이 昌盛하고 吉할것 같으나 양쪽 뒷편에 山(龍)이 凹風이 있다면 凹型두개의 中間에 끼어있는 모양이 될 것이다. 이러한 때는 敗地 또는 絶地에 있다고 하여 每事가 凶하게 된다.

또 亡人의 墓地에서 兩쪽 足地에 凹風이 있다면 子孫이 와서 拜禮할 곳이 막히는 것과 같으니 어찌 子孫이 자주 오겠는가? 그러므로 水口가 막히는 것이고 또 冲도 되는 것이 되니 家敗하고 無子息八字

로 愛하는 것이다

그런데 風中에서 가장 나쁜 方位에 있는 山은 艮方에서 凹型의 山(風)이 있으면 大凶하여 風病患者 또는 狂病患者가 생기는 凶方의 風이다

二十七、八山論

乾이란 하늘이다 그러므로 乾方位가 高大하고 肥滿하게 생겨서 穴(墓地) 後에 있으면 主人의 長壽는 必至할 것이며 山의 其 形体가 天馬 같으면 最貴 最速하며 坎方이나 离方에 高大한 山이 가로막고 있으면 陰陽이 始分한 龍이라 하여 吉하며 富貴하고 忠孝 賢良하며 坎方에 山이 낮고 작은 山이면 北方에 寒風이 불어오니 凶하게 되어 多貪 多苦하여 가난하게 살게 되며 또한 墓地(穴) 後面에 작은 山이 있으면 울타리가 작은 것과 같으니 盜賊이 침범할 것이므로 재산이 궁하

게 살고 壽命도 短命하게 된다 또한 辰方에 山이 있으면서 작은 山은 無害하고 큰 山은 無財한 運命이 되고 寅方에 山이 있으면서 큰 山은 고독하게 되며 婦人이 死는 또는 눈의 不 具가 되며 高山이 있으면 眼目患者가 생기며 離方에 艮方에는 큰 山이 있으면 主人이 富者가 되고 人情이 大旺 하게 되고 小兒는 질병을 얻지 않는다 또한 龍이(山)없는 것이 吉하다 면 艮方에는 앞에 거리가 가까운 곳에 龍이(山)없을 震方에 山이 있어서 高大 肥滿하면 男兒가 많이 出産되며 魁小하면 女兒를 女하며 武士가 탄생 되고 主人의 性質은 고지식하고 정직한 사람이 되고 震方에도 작은 山이 있으면 吉하다 巽方에 山이 있으면서 高大하고 秀麗하게 보이면 家主 또는 子孫 모두가 吉方이 되고 名振四海하며 最高의 吉山이 되는데 만약 작은 山이 있어서 山의 바람이 墓를 마주어 줄 정도로 낮은 山이 있다면

主夫婦가 모두 夭死하고 短命하며 遠處에 山이 크고 우아하고 淸秀하게 있으면 子孫에게 孝子 孝女가 생기며 吉하다

坤方에 山이 高大하게 생겨서 우뚝 솟아 있다면 夫婦 모두 長壽하며 家內 子孫이 모두 大旺하며 富貴榮華를 누리며 兄는 小女가 되는

故로 三吉六秀의 方位의 山이 高大하면 文科 武科에 合格하는 子孫이 出生하며 官祿이 많이 있다

坐가 正北이며 前面向이 正南이면 水氣가 乘하니 离宮山이 高大하여 穴을 어누르게 되면 盲人 或은 벙어리 등의 不具者가 생기며 로 坐가 正西方으로 向이 되면 木氣를 乘하니 兄方山이 高大하게 되어 穴을 누르게 되고 水來하는 것으로 보이면 다리병신이 생기며 各種疾病이 發生하고 四維八干山이 肥圓淸秀하고 사람의 소리를 질러 산울림이 크게 들리는 山은 科試에 나방이 되는 것이다

二十八. 分金尺數 貴人方

(一) 壬子土山 = 壬坐丙向에 分金 丁亥 丁巳 辛亥 辛巳 子坐午向에
分金 丙子 丙午 庚子 庚午 穴深六尺三寸 貴人 己卯峰 用事吉
年月日時 甲己 丙辛 寅午戌時 吉

解說 = 壬坐丙向이나 子坐午向으로 坐向이 되면 土山坐라고 본다
坐向이 壬坐丙向이 되면 分金을 丁亥 丁巳 또는 辛亥 辛巳로
(폐철 참조) 놓으면 되고 葬地의 墓身下棺의 깊이는 六尺三寸으로
하는 것이 吉하며 貴人의 方은 己卯方이 되고 葬擇年月日時은
甲己 丙辛 寅午戌時가 吉時가 된다

(二) 癸丑火山 = 癸坐丁向에 分金은 丙子 丙午 庚子 庚午가 吉하고
丑坐未向 分金에는 丁丑 丁未 辛丑 辛未이며 穴深 七尺一寸이
吉하고 貴人 巳卯峰이 되고 未向에는 午寅峰이고 用事는 戊癸亥

卯未時가 吉하다

(三) 艮寅未山 = 艮坐坤向의 分金은 丙寅, 丙申 庚寅이 吉하고 貴人은 艮坐坤向에는 亥酉峰이 되고
穴深은 七尺一寸이 吉하고 貴人은 艮坐坤向에는 亥酉丑未峰이 되고
寅坐申向에는 亥酉丑未峰이 되고 用事 吉時는 甲己 丁壬 申子辰
時가 되다

(四) 甲卯水山 = 甲坐庚向에 分金은 丙寅, 丙申 庚申이 吉하고
卯坐兌向에 分金은 丁卯 丁酉 辛卯 辛酉이며 貴人峰은 子申亥峰
이고 穴深은 八尺三寸이 吉하고 用事는 丙辛 戊癸 巳酉丑年月
日 時가 吉하다

(五) 乙辰金山 = 乙坐申向의 分金은 丁卯 丁酉 辛卯 辛酉이며 辰坐戌
向의 分金에는 丙辰 丙戌 庚辰 庚戌이며 穴深은 八尺三寸이 吉
하고 貴人峰은 乙坐辛向에는 子申峰이고 辰坐戌向에는 卯巳峰이
吉하며 用事는 乙庚丁壬 寅午戌年 月 日 時가 吉하다

(六) 巽巳土山 = 巽坐乾向에 分金은 丙辰 丙戌 庚辰 庚戌이며 巳坐亥向에 分金은 丁巳 丁亥 辛巳 辛亥이며 穴深은 七尺二寸이 吉하고 貴人峰은 巽坐에는 寅午峰이 吉하고 巳坐에는 午寅亥酉峰이 吉하며 用事는 甲己 丙辛 亥卯未時가 吉하다

(七) 丙午火山 = 丙坐壬向에 分金은 丁巳 丁亥 辛巳 辛亥이며 午坐子向에 分金은 丙午 庚午 庚子이며 穴深은 六尺三寸이 吉하며 用事는 乙庚戊癸 申子辰 年 月 日 時가 吉하다

(八) 丁未木山 = 丁坐癸向에 分金은 丙午 丙子 庚午 庚子로 하고 未坐丑向에 分金은 丁未 丁丑 辛未 辛丑이며 穴深은 四尺九寸이 吉하고 貴人峰은 亥酉子辛峰이 吉하며 用事는 甲己 丁壬 巳酉丑 年 月 日 時가 吉하다

(九) 坤申水山 = 坤坐艮向에 分金은 丁未 丁丑 辛未 辛丑이며 申坐寅

(十) 庚兌金山 = 庚坐甲向에 丙申 庚寅 庚申으로하고 穴深은 四尺九寸이 坤坐에 貴人峰은 巳卯子申峰이 되고 申坐는 巳卯午寅方峰 이 吉하고 用事는 丙辛戊癸 寅午戌時 年月日 時가 吉하다

庚坐은 丁酉 丁卯 辛酉 辛卯이며 穴深은 五尺二寸이 兌坐卯 고 貴人峰은 午寅亥峰이 吉하고 用事는 乙庚丁壬 亥卯未 年月 日 時가 吉하다

(十一) 辛戌土山 = 辛坐乙向에 分金은 丙戌 丙辰 庚戌 庚辰이며 穴深은 五尺一寸이 戌坐辰 向의 分金은 丁酉 丁卯 辛酉 辛卯이며 穴深은 五尺一寸이 吉하 고 貴人峰은 辛酉午寅方峰이 吉하고 用事는 甲己 丙辛 申子辰時 의 年月日 時가 吉하다

(十二) 乾亥火山 = 乾坐巽向에 分金은 丁亥 丁巳 庚戌 庚寅이며 亥坐巳 向에 分金은 丁亥 丁巳 辛亥 辛巳이며 穴深은 五尺二寸이 吉하

또 貴人峰은 丑未巳卯方峰이나 또는 乾亥兩方이 吉하고 用事는 乙庚
戊癸 巳酉丑 年 月 日 時가 吉하다

古羅針盤層見法

層	內容	層	內容	層	內容
一	八曜黃泉殺	六	納甲五行	十一	二百四十位三百六十度
二	八路黃泉殺	七	天盤縫針(収水風訣)	十二	星宿(砂水訣)
三	雙山五行(參考)	八	分金(丙丁庚辛旺相訣)	十三	星宿七政五行物象
四	地盤正針(二十四坐山訣)	九	人盤中針(消砂訣)	十四	節氣
五	穿山(七十二龍)訣	十	透地六十龍	十五	龍脉作穴立向収水式

第二篇 地理鑑定順序

第一章 地理鑑定法

사람의 生命은 自己 마음대로 못하는 것이며 더욱이 自己가 죽어서도 自己가 가고싶은 곳으로 못가는 것이 진리가 아닌가 생각 한다

누구나 오래 살다가 죽기를 원할 것이고 또한 죽어서도 좋은 곳에 묻히는 것을 원할 것이다 사람이 태어나서 또 한사람을 출산하니 자손이 번찬 함이며 자손이 번찬 하여야 부모의 시신을 잘 모실 것 언데 자손이 찬성하지 못하였다던지 無學者라 할지라도 地理法을 아는 자라면 오직 효자를 얻은 부모가 될 것이 아니겠는가!

내가 죽어서 잘 되는 것을 원하지 말고 부모의 시신을 좋은 곳에 모시는 것을 연구하며 스스로 自身의 앞날의 영광과 부귀와 또 자손의 영광을 누릴 수 있을 것은 의심할 여지가 없을 것이다

우선 葬事란 父母의 遺體를 땅속에 묻는 일이다 부모가 나를 낳았고 길렀으며 德으로 지금까지 컸으니 父母의 은혜는 하늘보다 높고 바다보다 넓은 것이다 그러므로 그 높고 넓은 은혜를 무엇으로 갚겠는가? 부모가 이승을 떠나는 길에 편안히 시도록 정송하는 것이 도리인 것이다. 그러기에 부모의 尸身(시신)을 조심스럽게 정성을 다하여 長久히 보존이 될수 있도록 준비하여야 할 것이고 堂(墓所)이 깨끗하고 우아하고 물이 없어야 되고 바람이 많이 불어오는 곳이 아니며 先祖의 墓 上位에 가지 말고 또 너무 가까이 葬事하지 말고 墓를 移葬하려 舊地에 쓰지 않을 것이며 또 됩웃곳(학교운동장같이 넓은곳)에 葬事하려 하지 말것이다 明堂터의 위치는 四面이 二尺으로 되어 있으니 넓은곳이라야 좋은 것이 아니다. 堂의 주위는 龍, 脈을 잘 보고 穴을 잘 찾으며 水路의 旺生方을 찾고 座向을 정돈 하여서 明堂의 명소인지 아닌지를 찾아서

— 63 —

장사를 치러야 子孫된 도리를 다 했다고 보는 것이다 地理學이란 모두 文章이 어려운 文字로 되어 있으므로 매우 어렵다고 보는 것이 원칙이다 즉 山을 龍이라 하니 그 누가 알 수 있겠는가? 그러나 지금 이 著書에는 누구나 쉽게 알고 墓의 吉山禍福을 알 수 있도록 하기 위하여 편찬할 때이므로 누구나 쉽게 이해가 갈 것이며 五行法을 記載하며 法을 세밀하게 설명하기로 하겠다

우선 五行 木火土金水가 正五行이 되고 三合五行과 向上五行과 雙山 五行을 일일히 암기해서 四局에 해당하는 生旺 墓養法과 四大水의 吉凶을 알아서 좌단하는 것인데 局方이 合이 되어서 木局이 生旺이 되는 지 또는 水局이 되는 것인지 火局 金局에 旺衰를 판단하여서 混合이 되면 吉方이라고 보며 合局이 되어서 十二運星에서 衰病等의 山星이 되면 山方이란 것을 생각해야 될 것이다

또한 羅針盤의 層々의 見法을 생각해서 살펴보고 龍의 形象이 吉山

인지 凶山인지를 살펴 보고 生旺 또는 陰陽 貴賤과 得位가 되는가 失位가 되는가 水路 行方의 吉凶等을 分別하여서 結論을 내려서 吉凶 判斷을 하는것이 순서라 하겠다 다음은 山의 高小峰을 살피고 旺山인지 旺水인지 官이 되는 方位에 有峰인지 無山峰인지도 살피고 二十四字를 해설하고 十二運星의 吉凶星을 감독 해서 行하다면 千墳萬 塚을 葬事할지라도 不吉하게 되지 않을 것임을 확신하다

第二章 舊塋을 鑑評하는 法

옛 古塚의 吉凶을 判斷할려면 첫째로 左右 前後面을 살펴본후 다시 穴前(基地)에 가서 묘소의 중앙에 앉아서 大水와 小水(흐르는 기)가 어느方에서 어느쪽으로 흘러가는가를 찾아본다 그런 然後에 水口로 찾아가서 높은 나무를 세운후 어느곳에서 또 흘러 오는 물과 같이 交合이 되는지 그렇지 않은지를 살펴본후 水口와 基塚과의 거리

가볼 五里(二키로미터) 정도로 먼곳이면 가볼 필요는 없을 것이나 百미터 以內로 물이 흐른다면 水口에서 줄을 띄워서 묘소까지 와서 犯했는지 을 놓고서 方位를 확실히 알수 있을 것이다 그리고 黃泉을 犯했는지 生旺水일지 또는 凶星 死葬 等에 해당한 向인지를 보며 水와 龍이 配 하였는지 不配하여 通寇했는지도 보며 貴人方이나 生方에 有山일지 無 山인지도 살필혹 旺方에는 有山 無山일지 살펴서 有財 無財 또는 子 孫의 吉凶을 알수 있게 되는 것이다

壽命은 天柱山의 高低를 보고 長壽하는지 短命하는지를 알수 있으며 見法은 舊塋을 판단하는 것이나 新塋을 葬하는 것이나 見法은 同一 하다 그런데 特別히 알아야할 점은 墓地의 座向等이 凶할 때는 이 장하든지 또는 凶方에 답을 찾아서 예방을 하는 것이 좋으니 참고 하기 바란다
堂이 되는 것이다

第三章 看大地法 (큰 명당터)

大富 大貴되는 明堂터란 우선적으로 龍 自体가 좋게 보이는 것이 되어야 되는데 山의 型이 우선적으로 뭉그리는 작고 밀으로는 넓으며 左右에 병풍같은 山이 잘 되어야 吉하고 또한 廉貞이 發祖하고 辭樓와 下殿이 開帳하고 起伏하며 忽大 忽小하여 曲曲히 活動하고 中心이 出脉하여 龍砂와 虎砂가 (左青龍 右白虎) 重々히 環抱하여 外山 外水가 層層이 호위하는 것이 되며 前案이 眼方하고 水가 玉帶를 띄것 같이 물줄기가 돌아가서 金城같이 둥글게 禽星이 水口를 막고 去葬地가 안정같이 들고 有情하게 보여야 하며 前後 左右가 一砂一水가 反對로 背하는 것이 보이지 않고 千里에서 오는 龍이 인연이 있어서 같이 山脉이 이어져 있는 것이 좋고 또한 百里정도의 山脉이나 十里정도의 山脉이 이어져 이어져서 山脉의 힘을 받는 곳이 되어야 큰 明

第四章 看小地法

吉하고 凶한 法을 아는 것은 그 山의 砂土質과 水道의 吉方 凶方의 원리로서 판단하는 것이며 十二運星의 吉凶神과 黃泉殺 冲殺 破旺等으로 판단하는 것인데 財産 子孫 名譽등의 吉凶을 판단하기 위해서는 十二運星의 吉星인 生旺을 재산을 말하는 것이며 生死를 말하며 肥는 絕이라 하여서 子孫이 끊어지는 것이란 秘法을 알고 肥方이 冲을 받는다듯지 肥方에 水가 흘러서 他方에 피해를 주는式으로 水路가 있다두지 할때에는 참고 해서 판단하는 것이 風水地理의 秘法이라 할수 있는 것이다 學者는 第一編에서와 같이 每章을 소홀히 하지말고 충상정하여서 종합적으로 葬地의 吉凶을 判斷하게 되면 一尺의 실수도 없이 大吉한 위치에 葬禮를 完成시킬수 있을 것이다

— 68 —

第五章 三綱五倫 (富龍과 貴龍)

人間生活에 절대적인 법칙으로 생각을 하듯이 地理의 道에도 사람과 같이 三綱과 五常이란 것이 있으며 四美와 十惡이 있다

三綱이란 하늘의 날씨가 밝고 기후가 좋을 때는 萬物이 무성하고 人間의 정신상태도 밝고 좋은 것이다 그러므로 하늘의 日辰으로 그날의 萬物의 분위기를 알수 있드시 山은 (龍) 根本이며 砂水는 枝葉과 같으며 龍의 型으로 富貴를 論할 수 있고 破水의 吉凶으로서 子孫 壽命의 吉凶을 알수 있는 것이다

우리가 살고 있는 땅 (土地) 은 우리의 어머니와 같으며 萬物의 어머니인 것이다 그러므로 土가 있으면 氣運이 있으며 土가 비옥하면 만물이 成長하기에 힘들 것이며 土가 종요한 질이 옥토라면 萬物이 長生 成育할 것이란 누구나 아는 이야기 일것이다

— 69 —

그렇다고 비옥한 土質에 비료를 치면 되지 않는가 하는 말도 있을
것이다 그렇다 사실이라고 말 대답을 할수 있는 것이다. 땅이 좋을
왕을 때는 비로가 必要하다 그러므로 山의 型이 不吉할 때는 어찌
할수 없을 것이나 座向에서 砂水에 장애를 받는다면 바람을 막는 축
담을 친다든지 뚝을 쌓아서 吉하게 하는 수가 있으니 똑같은 말이
된다 그러므로 山의 型으로 人間의 吉凶禍福도 오는 것인데 山의 型
이 貴山에 葬禮墓가 들어 섰다면 貴로 發展될 것이며 富山에 墓를
썼다면 富者가 되며 賤山에 墓를 썼다면, 貪賤하게 가정이 멸망하게
되는 것이다 그렇기 때문에 龍은 根本이라고 하는 것이며 砂水는 枝
葉이라고 하는 것이다
　山을 보는法은 山의 형태를 보는 것인데 山이 土山이며 또는 金山
이다 木山 火山 水山等의 五行이 배속되어서 山名을 모두 부칠수 있
으며 山名을 따라서 吉凶을 말할 수 있는 것인데 우선 山의 山脈이

짧다든지 개미의 허리같이 잘려진것 산이 생긴 山의 형태라든지 학(鶴)의 무릎같이 툭 삐져 나왔다든지 하여 山의 머리와 꼬리가 어떻게 생겼으며 허리는 잘려졌는가 둥둥을 보는 것인데 이것은 많은 山을 다녀 보지 않고서는 알수 없다

특히 옛날 先賢의 墓地를 살펴보고 또한 묶어서 초人없는 墓地를 찾아서 살펴 보라 그럴지 않고는 확실한 법을 학설로는 알수 있으나 사실은 모르기 때문이다

富龍(山)이란 山의 형태가 두렵고 소山으로 된 것이며 靑龍은 山의 형태가 重重하며 싣고 머리와 꼬리가 모두 줄을 이어서 잘 생긴 산이며, 賤龍은 上下가 없이 짤막하게 생기면서 雄雄하지 않은 것을 말할 수 있다

明堂이란 衆砂가 聚會의 場所이며 뒤로는 받쳐주는 형상이 되는 山 이 있어야 되고 앞으로는 朝代하고 左는 龍砂가 있고 右側으로는 右

虎砂가 있는 곳을 明堂이라고 한다

明堂이란 곳은 萬馬가 들어왔다 쉬었다 살수도 있을 정도로 아늑한 곳이 되어야 하며 水口는 밧히 通하지 못하도록 막히는 곳이 있어야 되고 管氣가 (기운이 모인 곳) 있어야 되는 것이며 官廳의 위치도와 같이 王에게 절하는 것과 같은 위치가 明堂이다 例를 들면 도당하여 절을 한다는 것은 왕궁에서 법도가 있을 것이다 왕의 左右에는 밧히 관원들이 도열하여 있으며 문앞에는 문제기 군사가 있을 것인데 중앙에서 왕에게 배례하는 그 장소가 곧 明堂이라 하나 山의 형태를 연구하면 알수 있을 것이다

以上 明堂의 위치는 이책의 처음에서 끝까지 읽어 나가노라면 누구나 쉽게 이해하고 풍수 지리를 통달할 것을 의심하지 않는 바이다

第六章 五常

첫재 龍은 直龍이 되어야 吉한데 山이 直龍이란 山이 곧아야 된다 너무 굴곡이 있고 허리가 굽어진 山(龍)이면 凶하며 쓸모 없는 山이 되다 또한 朋堂터라고 하는 곳은 반듯이 左右로 물이 서로 合이 되는 곳이 좋으며 方向이 凶方이 아닌 곳에서 水口가 있어야 된다

들째 穴이 좋아야 되는데 穴이 좋다는 것은 뒤에 있는 山이 어떻게 되어 있는가를 보는 것인데 古書에서 말하기를 龍眞穴은 便眞이니 龍的하고 便的한 것은 富貴가 休歇하는 것이 없다는 뜻이며 또는 富貴가 龍穴에 있으므로 山은 千金甲이라고 되어 있는데 다시 말하면 龍的하고 便的한 것은 富貴의 잘되고 못생긴 것을 알면 富貴를 안다는 뜻이며 (잘 생긴 山은 土山이며 金山이 되다 金山과 土山의 型은 도표에서 참고 하라)

陰陽의 판단을 숨해서 감정하면 되다 (陽이란 凸型이고 陰이란 凹型

의 山을 말한다.)

다음은 土質을 보는데 土質은 五色이 윤택한 땅이 되어야 吉地가 된다

셋째 砂는 뚜렷이 나타나서 左側에는 旗가 있어야 되고 右側에는 鼓(북)가 있으며 前에는 帳이 있어야 되고 後에는 屛(병풍)이 있어야 되고 峨眉山과 眼方이 있고 案과 軸을 호유하여 花開하여야 金箱과 玉印이 되고 前官이며 後鬼며 左纏이며 右護등이 分明하여야 明堂이 되는 것이다

넷째 水는 水가 水抱가 되어야 되는데 水抱가 되는 것은 上에는 開하는 것 같이 보여야 되고 下에는 合이 있어서 물줄기가 강하게 되어야 되고 물의 버려가는 곳에 水口가 있어야 된다

다섯째 向이 吉하여야 되는데 吉方向이란 어떤 것인가 하는 설명도 앞에서도 말했지만 生旺方이 되어야 되고 富貴는 旺方이며 生方은

長壽를 말하며 또는 子孫의 後事를 爲할때에 必要한 方位가 된다

死墓絶方에서 오는 水口는 凶이 되지만 死絶方으로 물줄기가 가서

돌아 씻어가는 현국은 吉하게 되는 것이데 方位의 水道의 向을 중

요시 하여서 감정하는 것을 잊어서는 아니 될 것이다

第七章 四美

첫째로 羅城이 周密하여야 되는데 羅星이란 十二運星 辰을 말하며 또

는 金木水火土를 보는 것이며 周密이란 八方이 豊滿한 것이며 四維 —

八干을 分한 것이다

다시 말하면 都市란 中央地가 있고 변두리가 있드시 右側에는 右白

虎가 있고 前面에는(方向) 朱雀이 있고 後面에는 玄武가 있는데 다

시 말하면 山이 호위하여 있는 것을 말하며 하나의 명칭을 붙여서

말한 것이다

— 75 —

左右 前後面에 四維八干이 있는데 (페청 참조) 即 四維八干이 되면 吉地라고 하는 것이다

그러나 勿論 水流行方에 따라서 달라지는 것이 사실이다 羅城이란 高聳하는 것인데 高聳(고용) 山이 높게 솟아 있는 것을 말하다

둘째로 環抱하여야 되는데 다시 말하면 墓塚 둘레를 안아야 된다는 뜻이다 左先弓 右先弓이 되고 左單提가 있으며 龍虎가 層層이 호위하여 穴前을 병풍이 둘러쳐 있는 것같이 싸여져 있는 것을 말하는 것이다

셋째로 官旺이 朝堂하여야 하는데 官旺이란 朝堂이란 旺方水나 官方에서 水가 와서 墓塚向 面前에 오는 것같이 되면 旺氣가 發하여 官公祿이 높게 되는 子孫이 出生 되고 財産이 貯畜되어 家内萬福이 發生 하다

넷째로 氣壯하고 土肥하여야 吉한데 氣壯이란 磊磊(뢰뢰)하고 落落

하여 起起하고 伏伏하고 重重하며 疊疊하여 모든 주위의 山이 (馬) 달아날 것 같이 보이며 돌이 많아서 돌산이 되는 것이면 凶하지만 그렇지 않고 반대가 되는데 土가 비대하고 풍부하며 氣는 土質의 氣運이란 뜻이므로 氣壯土肥란 土質이 비대하면 토질의 기운이 좋다는 뜻이다

第八章 十惡不善

첫째 龍(山) 後面에 惡高石이 帶하여 있으면 剋殺이 있는 것이 되는 데 이럴때는 龍이 剋殺에 끔겼다고 하며 가정에 禍를 받고 또 死亡 敗亡 不忠 不孝하여 凶하다

둘째로 龍이 劍脊(절척)과 直硬이 될때는 (山이 마룩터이 칼날 같이 곧고 강열하게 하는 곳인고로 穴을 凶하게 갈날 같은 山 등어리에서 地士가 폐철을 놓으면 地士가 傷한다고 古書에 말 하였으며

얼마나 나쁜 못이란 뜻이 겠는가?

셋째로 穴이 凶砂와 惡水가 보이는 것은 凶한 것이다. 다시 말해서 惡水란 塚墓所 山위에 폭포수가 있어서 물소리가 장판이 되는 곳은 龍매(용규)山이 소리를 부르짖는 것이 되므로 家主가 夭死하며 災殃이 많은 凶山이 된다

넷째로 穴이 風吹하여 氣散한 곳도 凶한 곳이데 바람이 불어와 아기 소리처럼 허허벌판이라면 山의 氣運이 흐트러져서 凶方이 되는데 어떤 곳인가 다시 말하면 山의 穴이 凹型으로 되어 있으면 藏風하고 聚氣가 곳되고 穴後에 바람이 심하게 불어오는 곳이면 主壽夭하고 左側에 風吹가 되면 가정이 망하고 右側에 風吹가 되면 사람이 집안에 오지 않으며 前面에서 바람이 많이 불어 오는 곳은 貪寒하며 고독한 일이 생기므로 不善한 곳이 된다

다섯째로 破敗穴에 探頭山이 있으면 주로 夜行의 子息이 出生 되는데

(도둑) 탐득이란 山의 中間에 걸쳐 있어서 山을 더듬는 것같이 보이는 것을 말하며 喪妻 剋子等의 事가 생기는 凶山이 된다

여섯째로 龍砂가 反對로 보는 것같으며 등을 돌린것 같이 보이는 곳에는 궁궁하고 고독한 곳이며 山이란 언제나 山을 돌을 을 이란 말과 같이 山은 山의 型을 탄것이 吉한 것이 된다

일곱째로 水가 冲射하고 反弓을 犯한 것은 凶하다 左側에서 山을 옹호하지 않는다드지 右側에서 山을 옹호하지 않을 때는 凶하다

여덟째로 水가 黃泉大殺을 犯한때 大凶하데 黃泉大殺이란 丙午向에서 水道가 巽 巳方으로 出하면 黃泉이며 庚酉向에서 水道가 坤申方으로 出하면 黃泉이며 子午向에서 水路가 乾亥方으로 出하면 黃泉殺이며 甲卯向에서 水路가 艮寅方으로 出하면 黃泉殺이 된다

이 方位를 犯할 때는 家中에 과부가 발생하며 財產이 貧寒하여 大凶하게 된다

아홉째로 冲生하고 破旺을 犯하면 凶한데 生하는 方을 冲破하는 것이며 破旺이란 旺位를 流水破한 것을 말한다 (流水破란 水路가 흘러서 出하는 것) 傷者 또는 子孫死亡 敗家외 大山事가 發生한다

열번째로 閉殺하고 退神을 犯하면 凶한데 閉殺이란 水路가 庫에 不歸하는 것이며 退神이란 方向中 다섯가지의 向을 세우지 못한 것인데 主로 敗家亡身의 殺이 된다

第九章 水方의 뜻

地理란 山은 地이며 龍이라·하며 理란 氣와 虎라고도 할수 있으며 먼저 水口가 어디에 있는지 찾은 후 水口의 方向이 十二運星의 어느 方인가를 보는 것이 必要한 것이다

水口가 辛方이나 乾方에 있으면 丁龍이며 乙方에 있고 巽方에 있

으면 이것은 辛龍이라 하며 丁方이나 坤方에 水口가 있으면 癸龍山이라고 한다. 그 이유는 乙龍이라는 것은 午艮方에 入首를 得하는 것이고 辛龍이란 子坤方 入首를 得하는 것이며 癸龍이란 卯乾方 入首를 得하는 까닭이다.

第十章 水口 方位見法

水口가 必要하다 또한 方位를 잘 보라는 等을 앞에서 여러가지로 說明이 되었는데 水方을 아는 法을 圖表를 通하여 설명 하는데 乙의 午方生으로 시작하여 여행하는 도표를 놓고 설명 하겠다.

一. 艮丙辛 寅午戌向

※丙龍火局生旺死絶圖

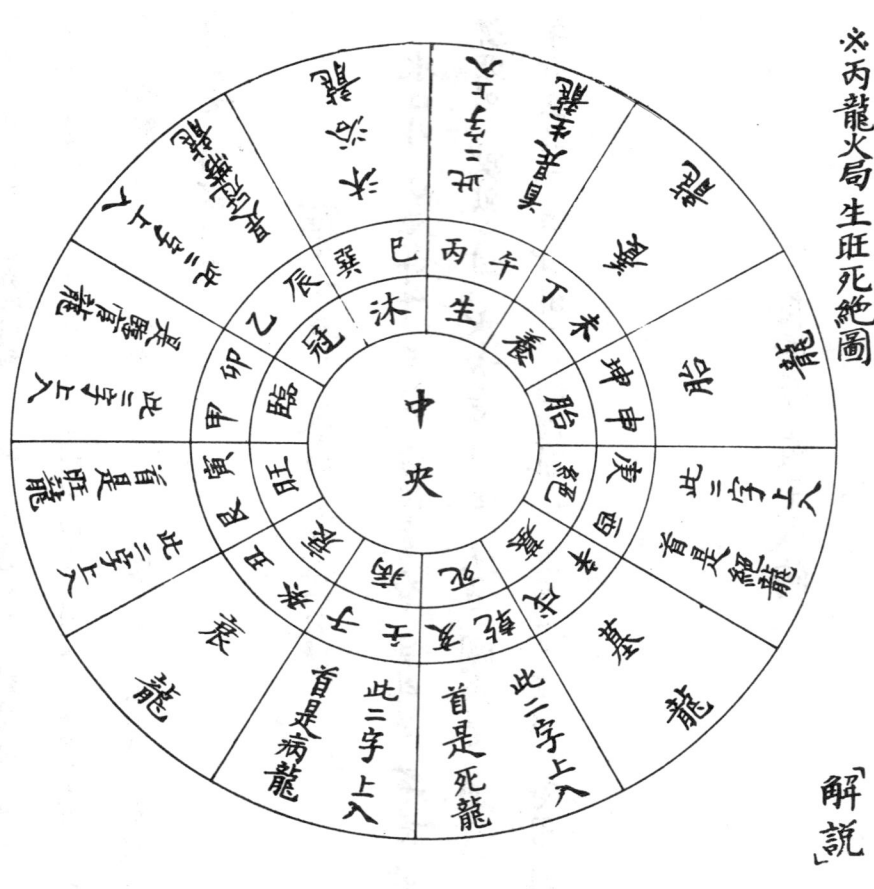

「解說」

艮丙辛 寅午戌向으로 패철을 놓고 入首를 본 것이며 丙火를 主로 하여 午乙日에 午가 生이 되므로 午은 逆行하여 丙龍火 局으로 놓고 水口 를 볼때 乙의 長 生이 丙午이나 丙 午方의 水口는 生 龍方이 되고 또

山이 墓方에서 入首하는가도 보는 것이며 艮 寅方에 山이 있으면 旺龍方으로 入首하여 旺龍이 된다고 보며 또 旺水 入方이라고도 보는 것이다

또 孫子가 되는 方位에서 山머리가 묘총을 향해 오는 것 같이 흘러서 돌아서 가는 山줄기를 病入首가 되어 凶하다고 판단할 것이며 山의 위치도 病方에 있는 山이 될 때는 凶山이 되기도 하지만 病龍이라고도 명칭을 붙인다

이것을 雙山으로 설명한 것이다 또한 入首하는 方이 孫方이나 子方이 되면 病龍入首라고 명칭을 한다

生龍入首圖(火局)

※ 丙午方에 山머리가 되고
山줄기가 辛戌方으로 뻗
어간 형태를 그림으로
그린 것이며 生方에 入
首 되었다 한다

旺龍入首圖

※ 旺龍入首
艮寅方 山과 水路가 辛戌
方으로 山이 뻗어 나가면
旺方이 되니 旺龍入首가
되는 것이다

冠帶入首圖

※ 乙辰方 冠帶가 되고 乙辰方에 山의 머리가 되면 乙辰入首가 된다 끄리는 辛戌方이 될때는 吉方山 入首가 된다

以上의 三個圖表를 보고 참고 해서 吉地方에서 山이 와서 吉方으로 入首되면 吉한 墓地가 되는 것인데 初學者를 위하여 도표를 더 보충하니 참고하기 바란다

火局病龍入首圖

※ 龍이 壬方에서 始作되어
壬戌方으로 出한 것인데
壬子病方으로 入首되면
病方入首山方이 되어 墓
를 써서는 안된다

火局死龍入首圖

※ 死龍入首圖는 龍이 乾亥方에
서 辛戌方으로 出한 것이다
即 死方으로 入首하여 辛戌
方 墓方으로 山이 형성된
것을 말한다

火局 絕龍入首圖

※ 絕龍入首圖는 辛戌方에서 山이 내려와 絕方으로 入首가 되어 있는 것을 말하는 데 凶한 墓地라고 한다

以上 病龍入首(火局) 火局死龍入首 火局絕龍入首 等 三個 入首 圖와 같은 形局은 凶方이며 墓地로는 사용하지 않는다

二. 水局坤壬乙申子辰向

坤壬乙 申子辰向은 水局이 되는데 壬을 主로하여 十二運星을 보며 特히 壬字볼 子字가 生이 되는데 十二運星에 子의 天干은 辛字가 되어서 辛은 子가 生이 되어 辛은 陰이므로 逆行하여 十二運星을 나열하여 子方生 亥方沐 戌方帶 酉方官 申方旺 未方衰 等이 된다

※ 壬龍水局生旺死絶의 圖

辛壬이 會하여 辰에 聚하므로 水局이라 한다 見法은 乙辰 巽巳丙午 의 六個字上에 交會하는 곳 辛壬이 會하여 辰에 聚하는 故로 水局이 라 하다、見法은 辛의 十二運星을 보면 子가 生이 되고 陰(辛)이므로 逆行하므로 亥는 浴이 되고 戌은 冠하여서 十二運星을 붙일 것이며 旺이 坤申에 있고 墓가 乙辰에 있으면 墓龍이 되고 龍이 壬子 二字

壬龍水局生旺死絶圖

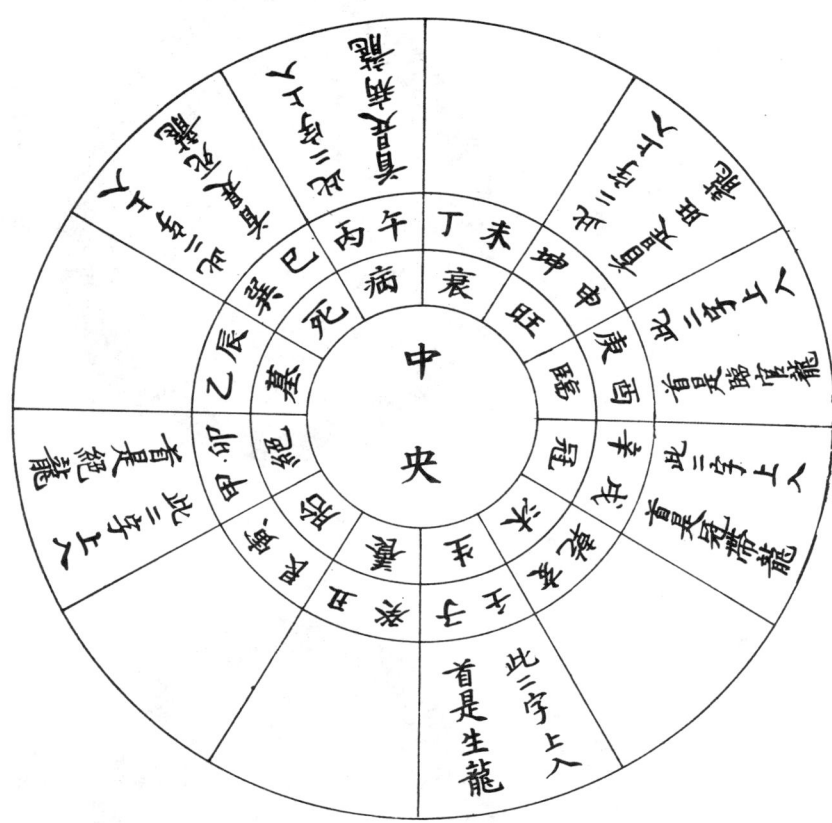

上으로 入首가 되면 生龍이 되며 (도표참조) 辛戌二字上으로 따라서 (入首가 되면) 冠帶龍이라 하며 庚酉二字上으로 따라 서 入首하면 이것 곤 臨官龍이며 坤申二字上으로 入首 하면 旺龍이 된다고 과단한다 (雙山五行 으로 論한 것이다)

— 89 —

※ 水局旺龍入首圖

○ 山이 坤申方으로 와서
乙辰方으로 出하는 것을
말 한다

※ 水局冠龍入首圖

○ 山이 辛戌方으로 와서
乙辰方으로 出去한 것을
말 한다

※ 水局生龍入首圖

※ 山龍穴이 壬子方으로 와서 乙辰方으로 出되고 또 물도 壬子方으로 와서 乙辰方으로 흐르면 生龍入首가 되고 以上 三個圖는 二,三十年間 吉한 후 凶이 되는 수도 있으나 그때에는 이장하는 것이 吉하다

※ 水局絶龍入首圖

※ 山이 甲卯方으로 흘러와서 乙辰方으로 山이 빼어나가 듯지 水路가 빼어나가는 도포이다 絶龍入首가 되고 山은 墓를 쓸수 있다 되고 坐向을 잘 살필것

— 91 —

※ 水局死龍入首圖

※ 山의 水路가 巽巳方으로 와서 乙辰方으로 出山 또는 出水하는 図表이다

※ 水局病龍入首圖

※ 山의 水路가 丙午方으로 와서 乙辰方으로 水路가 되든지 山이 病方入首하여 墓方으로 어나간 것이다

三. 斗牛丁庚의 氣 金局丁龍生旺死絶圖

巽庚癸 巳酉丑向(金局)으로 폐철을 놓고 본다

폐철을 놓고서 癸丑 艮寅 甲卯의 六個 字上에 交會하는 것을
金局이라 하며 라침판의 內盤으로 보고서 龍을 標準한다

丁은 長生이 庚酉에 해당되니 酉에서 生이 시작되어 丁은 陰이므
로 역행하여 十二運星을 헤아리니 申은 沐浴이 되고 丁未는 冠이
되고 丙午方은 帶가 되고 巽巳는 旺이 되며 乙辰은 衰가 되는 것이
된다

이것은 雙山으로 論한 것이니 圖表를 참조하라

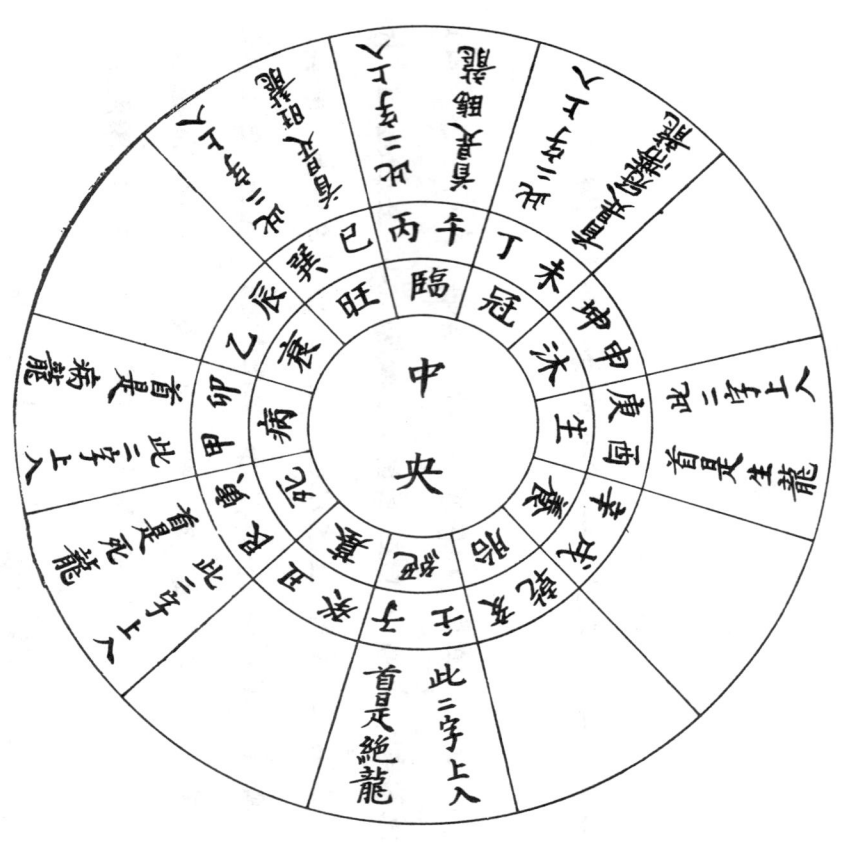

見法은 庚 酉에 生이 되니 生龍方이 되고 辛戌에 養이 되니 養龍方 位라 칭한다

※ 金局冠龍入首圖

○丙午方으로 山의 머리가 와서 癸丑方으로 뻗어나간 것인데 墓坐를 놓고서 方位를 살피는 것이다

※ 金局旺龍入首圖

○巽巳方으로 山줄기가 와서 癸丑方으로 나가면서 끝이 되는 것을 旺龍入首라 한다

※ 金局生龍入首圖

○ 庚酉方으로 山줄기가 와서
癸丑方으로 山줄기가 뻗어나
간 것이며 뻗어나가더라도
山끝이 되는 것을 말한다

※ 金局絕龍入首圖

○ 壬子方으로 山의 맥이 와서
癸丑方으로 山의 맥이 나가서
끝나는 것을 말한다

※ 金局死龍入首圖

○ 艮寅方으로 山穴이 와서
癸丑方으로 山이 뻗어 나
가서 끝나는 것을 말한다

※ 金局病龍入首圖

○ 甲卯方으로 山이 이어져서
癸丑方으로 山脈이 이어진
것을 말한다

— 97 —

四. 木局癸龍 生旺死絕圖

乾甲丁 亥卯未向을 놓고 보는 것이다

木局은 穴의 結處를 보는 것이 중요 하며 패철의 内盤을 사용하여 水口를 보는데 만약 丁未 坤申 庚酉 六個 字上에 交會하는 것이 되면 金羊 癸甲의 靈이라 하며 이것은 木局이 되는 것이다

癸는 卯가 生이 되므로 癸는 陰이므로 역행하여서 卯方이 (生方) 生龍이 되고 艮寅方은 沐浴이 되고 癸丑方은 冠龍이 되고 壬子方은 臨官方이 되여 他方도 이상과 같이 圖表를 土台로 연구하기 바란다

木局癸龍生旺死絕圖

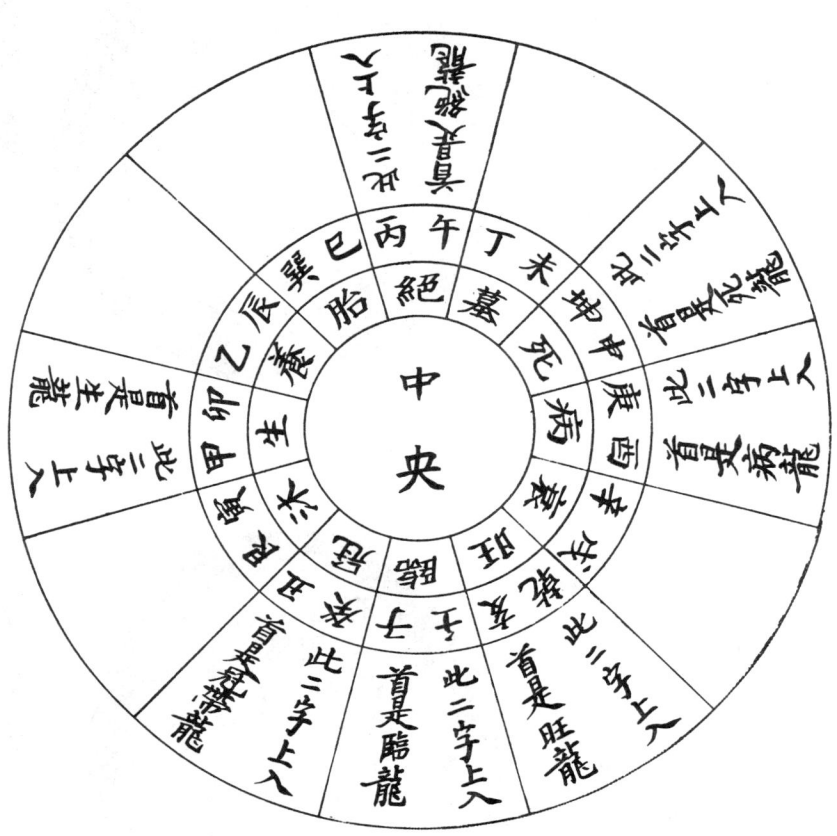

※ 木局冠帶龍入首圖

○ 山의 豚이 癸丑方으로 와서
丁未方으로 山줄기가 나가서
끝지는 山을 말한다

※ 木局旺龍入首圖

○ 乾亥方으로 山이 이어져 와서
丁未方으로 山이 뻗어나간 것
을 말한다

※ 木局生龍入首圖

○ 甲卯方으로 山脈이 와서
丁未方으로 山의 줄기가
이어져서 끝나는 山을
말한다

※ 木局絶龍入首圖

○ 丙午方으로 山의 줄기가
이어져 와서 丁未方으로
흘러간 山을 말한다

※ 木局死龍入首圖

○ 坤申方으로 山의 줄기가
이어져 와서 丁未方으로
흘러간 山을 말한다

※ 木局病龍入首圖

○ 庚酉方으로 山이 이어져 와서
丁未方으로 山이 이어져서 끝나
는 것을 말한다
龍이 死絶方에 있고 向이 合이
되지 않으면 大凶하다

第十二章 騎龍訣

騎 壬子龍 丙午向이면 ⟨右 丁合衰方이며
　　　　　　　　　 左 水出 甲是 祿存이다

騎 癸丑龍에 丁未向이면 ⟨右 坤이면 卯向이 되고
　　　　　　　　　　　 左 水出 巽이면 養向이 된다

騎 乙辰龍에 辛戌向이면 ⟨右 乾이면 絕位이며
　　　　　　　　　　　 左 水出 坤이면 絕方三折祿馬이다

騎 巽巳龍에 乾亥向이면 ⟨右 壬이면 沐浴이며
　　　　　　　　　　　 左 水出 辛이면 借庫이다

騎 丙午龍에 壬子向이면 ⟨右 癸면 衰方이며
　　　　　　　　　　　 左 水出 庚이면 文庫이다

騎 丁未龍에 癸丑向이면 ┌右 水出 艮이면 絕位이며
                        └左 水出 乾이면 絕方이다

騎 坤申龍에 艮寅向이면 ┌右 水出 甲이면 沐浴이며
                        └左 水出 癸이면 備庫이다

騎 庚酉龍에 甲卯向이면 ┌右 水出 乙이면 衰方이며
                        └左 水出 壬이면 文庫이다

騎 辛戌龍에 卯辰向이면 ┌右 水出 巽이면 絕位이며
                        └左 水出 艮이면 絕方이다

騎 乾亥龍에 巽巳向이면 ┌右 水出 丙이면 沐浴이며
                        └左 水出 乙이면 備庫이다

以上의 法을 설명한다면 山이 乾亥坐하여 巽巳向이 되는 山에는 右側으로 물이 흐르면 丙方이 沐浴方이 되고 左側으로 물이 흐르면 乙方은 備庫方이 된다

※ 乾亥 艮寅 坤申 巽巳方은 四隅가 되며 右 壬子 甲卯 丙午 庚酉는 四正方이 되고 乙辰 辛戌 癸丑 丁未는 四墓方이라 한다

第十二章 五行局의 吉凶方

一、火局龍水生旺四格

(一) 丙龍이데 艮向에 水가 辛方으로 흐르고 巽方에 文峰山이 있으면 路庫를 得한다

(二) 墓逢 辛向하고 乙方에 山이 있는데 辛方山과 乙方山이 이어져 있고 水出 乾方이 되면 壽福이 增加된다

(三) 艮方에 山이 있고 巽方에도 山이 있는데 辛方으로 물이 흘러가고 向이 丙午가 되면 福이 大端하다

(四) 癸向에 山이 있고 丙向에도 山이 있으면 多富貴하며 巽方에 水가 乾方으로 흐르면 福이 많다 以外의 向은 凶하다

二. 水局龍水生旺四格

(一) 水流하여 乙方으로 가고 子方에 山의 줄기가 흘문 앞으로 오는 것이 되고 坤向이며 乾方에도 山이 있으면 位置와 環境이 便同 된다

(二) 辛方에 山이 있고 壬方에 水가 巽方으로 흐르고 乙向이 되면 官祿이 大吉하다

(三) 乾宮에서 山을힘 소리가 나며 乙方으로 물이 흐르고 坤方에 山이 있고 壬向이 되면 福多 財蓄 된다

(四) 丁向으로 (塚墓를 쓰고) 向이 되었는데 壬方에 山이 있고 山이 우아하게 생겼으면 乾方에서 물이 흘러서 巽方으로 가면 大官이 된다

三、木局龍水生旺四格

(一) 山이 甲方에 있고 艮方에 山峰이 있고 乾向이며 水가 丁方으로 흐르면 高官、或은 考試에 合格하는 子孫이 생긴다

(二) 癸方에 山이 있고 甲方에서 물이 흘러서 坤方으로 흐르고 丁向으로 된 墓所이면 尊位가 大統領이 輩出되는 大吉地

(三) 艮方에 山峰이 있고 墓所는 甲向이며 乾方에 山이 있으며 左側에 물이 흘러서 丁方으로 가면 財福이 많다

(四) 辛向이 되는 墓所에 甲方山이 있고 艮方에 山이 있으며 艮方水가 坤方으로 흐르면 平吉하다

四、金局龍水生旺四格

(一) 寅方에 山이 있고 癸方이 파였으며 巽方이 東쪽이 되고 坤方도

(一) 高峰이 되어 있으면 國家에 長官級 以上의 官職者가 輩出된다

(二) 丁方에 山이 있고 艮方이 과였고 艮方에 山이 庚方으로 이어져 있으며 山所의 方向이 癸向이 되면 次官級으로 國家의 祿을 받게 된다

(三) 巽方에 山이 있고 坤方은 큰 봉우리의 산소는 庚向으로 되었고 癸方으로 물이 흐르지 않으면 福이 많이 온다

(四) 庚方에 山이 있고 墓所는 乙向이고 坤方에 山이 있으며 坤方에서 물이 艮方으로 흐르면 福多 長壽할 것이다

以上의 秘法式으로 論하면 쉽게 이해할 것으로 믿는다

第十三章 地理名稱

老陽穴은 震에 居하고 老陰穴은 坤方에 居하고 中陽穴은 坎方에 居

— 108 —

이라 하며 西方은 金穴이라 하며 北方은 水穴이라 하며 土穴은 坤方 艮方에 該當한다

※ 葬地를 定할 때 陽年에는 東·西가 吉하고 陰年에는 南·北이 通하며 眞氣를 洩할까 두려우므로 高山에 장례할 때는 깊이 하고 얕은 山에는 얕게 시신을 묻으라

※ 山水流 吉凶圖

(一) 老陽穴 得位 出殺圖

乾坐에 巽巳向이며 右側에서 水가 흘러서 左側 乙辰方으로 出한다

이 方位는 將軍大坐와 같은 坐向이니 子孫들은 富貴 한다

(二) 老陰穴得位 出煞圖

坤坐 艮向이면 右水가 左側으로
흘러서 癸丑方으로 흘러 가는데
이러할 때에는 富貴大旺한다

(三) 太陽穴得位出煞圖

東쪽 卯坐하고 西쪽 酉向이면 左水倒右하여
辛戌方으로 出居하면 蝠形案이라 하며 이
러할 때 흐르는 물이 合拱力하여 층돌이
없고 무난히 유유히 흐르는 것같으면 富
貴 雙全할 것이다

(四)、太陰穴得位 出煞圖

○ 巽方이 坐가 되고 向이 乾亥方이면 右水가 左倒 하여 辛戌方으로 出하면 吉地가 된다

(五)、中陽穴得位 出煞圖

○ 坎坐에 離宮向이고 左水가 右倒하여 丁未方으로 흘러 出하면 旣濟穴이라 하는데 大貴 大吉하다

(六) 中陰穴得位 出殺圖

○ 離坐坎向이며 左水가 右側으로 흘러서 癸方으로 흘러 나가면 吉墓가 된다

(七) 小陰穴得位 出殺圖

○ 坐가 正西며 東이 되면 左水가 右側으로 到達하여 乙辰方으로 出水하면 吉地가 된다

第十四章 明堂의 型局

砂가 高하고 생김새가 秀麗하고 穴이 병풍같이 둘러쳐 있고 물의 흐름이 끝은 개울로 되어 있고 賤穴이 萬若 있다면 明堂地를 옹호하는 것이 吉하며 山의 허리가 잘려지지 않고 起伏이 없어야 되고 土厚하고 土肥하며 穴前에 물이 明堂地를 호위하는 것으로 凶星이 아닌 곳으로 来水하는 것 같아야 되고 龍虎砂가 環抱하여 有情하고 案山이 眼方처럼 생겼으면 眞穴이다

第十五章 五行貴人

一. 木星貴人

木星貴人이란 다음 그림과 같이 生하는 것이나 剋하는 것이 없고

어째나 官方이 貴와 合이 되고 龍山貴 坐山貴 玉堂貴 駟馬貴 三吉六秀貴가 向을 따라서 合이 되면 當貴榮鳥하다

例를 들면

乙木龍入首오 結穴이 正乙坐 辛向이 되면 養向이 되고 水가 坤方에 出하고 龍上玉堂貴에 合하고 坐貴

子方에 木星이 있고 貴人峯이 高大하면 龍上 人과 合이 되면 主人이 科擧及第하여 官職으로 出世한다

二、火星貴人

火星貴人이란 臨官方과 合이 되고 龍上 貴와 駟馬貴와 玉堂貴와 三吉六秀貴가 向이 되고 合이 되면 大發大富한다

火星이 巽巳에 居하면 得地이다. 火星은 壬坐 丙向을 세우고 水가 丁方으로 出하면 向上 臨官貴에 合이 되고 壬龍入首가 龍上 玉堂貴와 坐山貴에 合하고 丙祿은 巳에 있으니 向上祿貴에 合이 된다 그러므로 向祿貴人이 된다

三、土星貴人

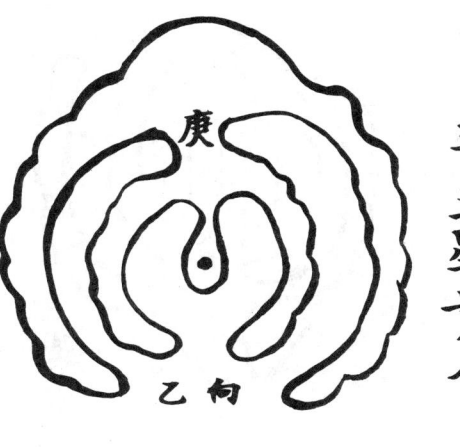

○ 土星의 得地는 坤艮方에 居하고 또 離宮에 居하면 得地가 된다
庚坐 甲向으로 乙辰으로 물줄기가 나가면 艮方이 向上 祿峯貴가 된다

四. 金星貴人

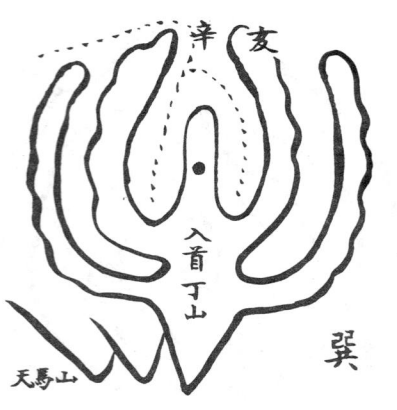

○ 金星貴人은 坤艮에 居하면
得地 또는 得位가 된다
가령 丁向坐하고 辛方으로
出水하면 巽山乾向을 세워야
玉堂貴와 合이 된다

五. 水星貴人

○ 水星貴人이란 乾亥方에 三合
水星이 있으면 得位가 된다
丁龍入首가 되면 結穴에 丙坐壬向을 세우면
三吉催官貴人이 되고 官方과 祿方과 合이 되고
水가 癸丑方으로 出하면 巳酉丑의 馬가 亥에 있으니
駟馬貴가 된다 大發大富 된다

第十六章 各山型및峯流水圖

各 山의 形態를 눈으로 침착하게 보고 다음은 山으로 직접 찾아가서 살펴보는 것이 가장 현명할 것이다 그리고 各 型마다 ○표로되, 표시된 곳은 正穴(葬地)로 大吉地를 표시 하였다

玉帶形

五峰山臥牛形

黄龍渡江形　夷龍弄珠形

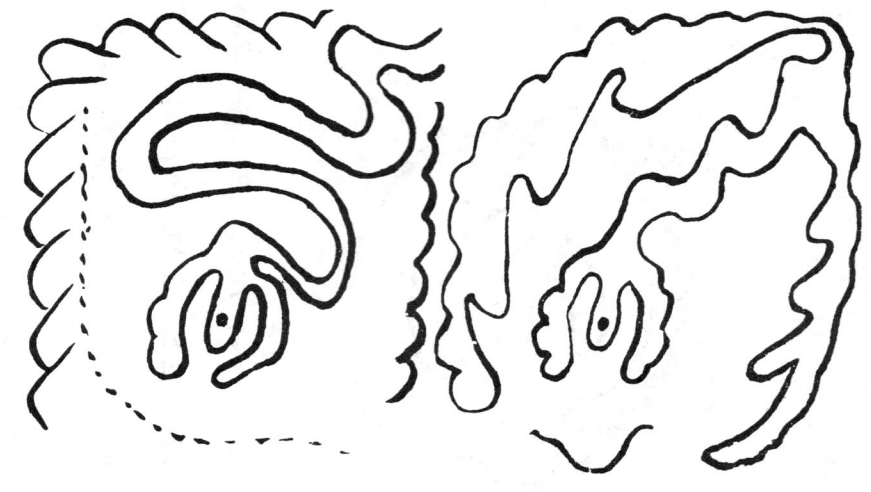

長蛇逐蛙形　草中蟠蛇形

草聽蛇蛙形 饑蛇苔蛙形

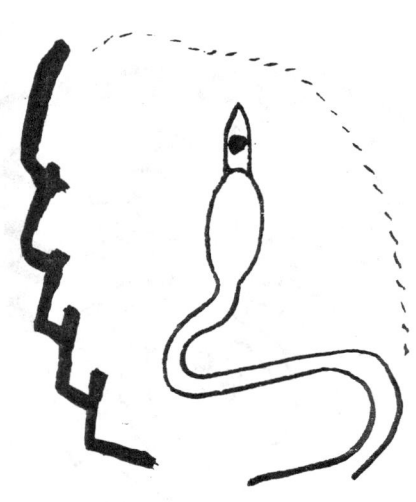

猛猫弄鼠形 老鼠下田形

蜂房形　　　　　飛天蜈蚣形

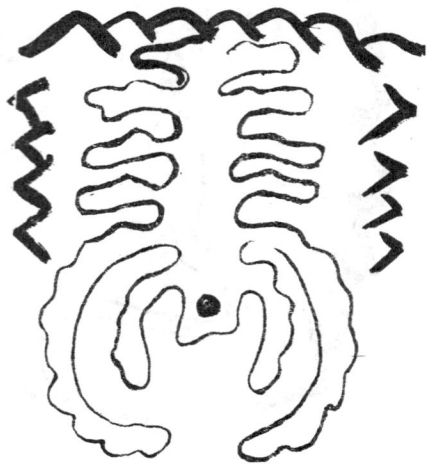

九狗同食形　　　伏狗形

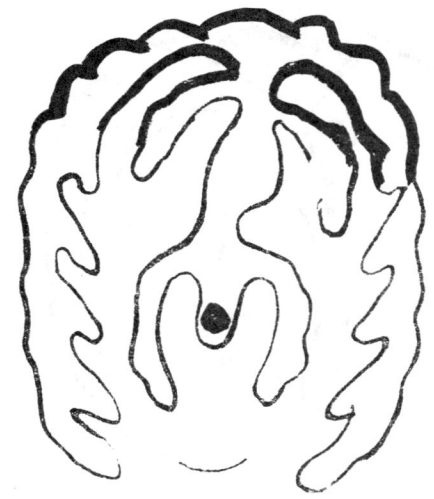

雲中半月形　　　黃犵吠月形

飛蛾接壁形　　　李枝鳴蟬形

仙人望月形　　　　　將軍大坐形

將軍出陣形　　　　　將軍釰舞形

玉女織錦形

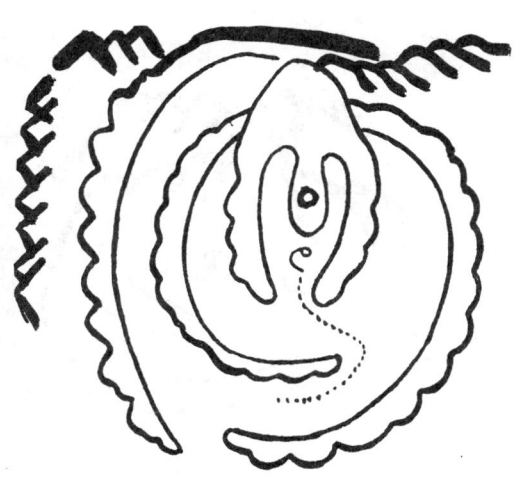

五仙圍碁形

金盤荷葉形

玉女奉盤形

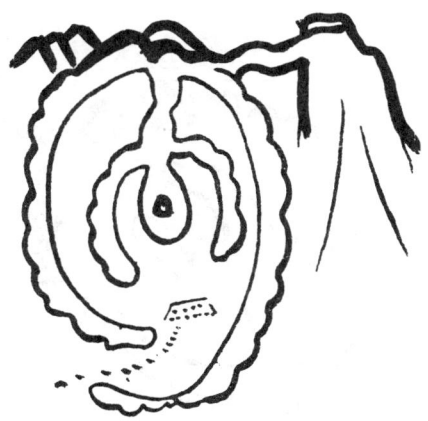

猛虎出林形

山上臥虎形

躍馬赴敵形

渴馬飲水形

祥雲奉日形　　　牧丹半開形

芍藥未發形　　　九星落形

落地形

天馬騰空形

玉女蛤開形

玉女散髮形

葛葉浮水形 　　　　　玉瓶貯水形

 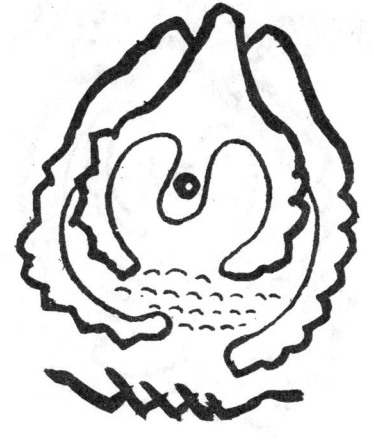

土也字形 　　　　　　也字形

胡僧拜佛形　　　金佛端坐形

倒水形蓮花形　　行舟形

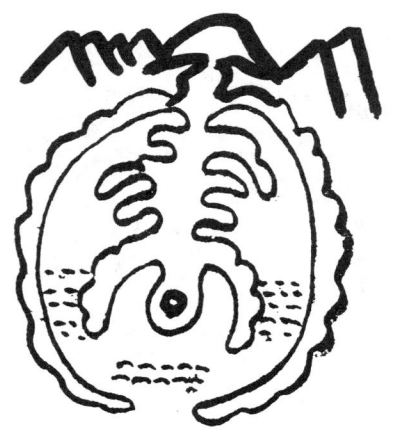

龍馬負圖形　　　鎮岑臥牛形

馬化爲龍形　　　風吹羅帶形

寶釵出匣形　　寶釵藏甲形

吹笛形　　天字形

蟹伏形

老猫睡眠形

遊魚弄波形

渴蟹入水形

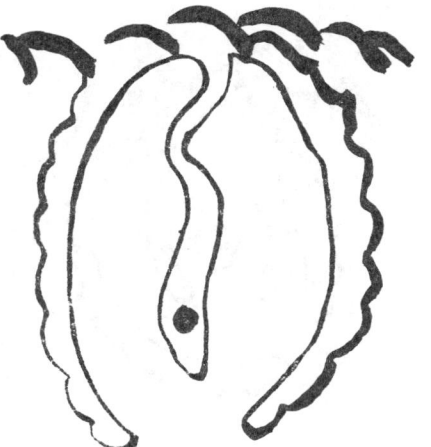

上帝奉朝形 仙人聚會形

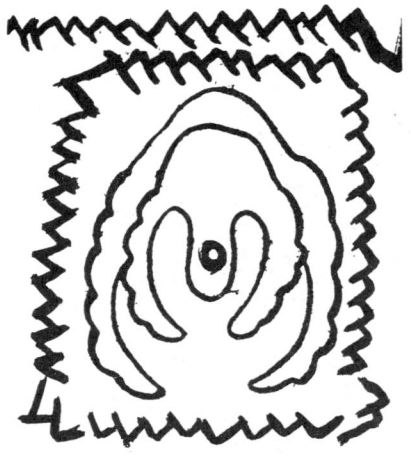

仙人舞袖形 仙人讀書形

三吉峰   六秀峰

正四峰大聖出地   八將星峰

流水圖

第三編 水旺衰吉凶早見表

第一章 各向 水口 秘訣

一、壬坐丙向 子坐午向 水口 吉凶

(一) 丙午쪽에서 左側으로 부터 시작하여 右側으로 흘러서 辛戌方으로 出水하면 正旺向이 된다. 그러므로 吉水 되는데 地理學에서는 一名 三合聯珠貴無價라고 稱하며 玉帶纏腰라고도 하는데 大富 大貴 하며 忠孝賢良하며 男女가 長壽하는 大吉方이 된다

(二) 丁未方으로 水流出去하면 長壽하며 財産多富되고 萬事 大吉하다

(三) 甲卯向으로 水流出去하면 每事 凶하나 卯向을 向해서 甲方만 흐르면 富貴하며 子孫이 昌盛한다

(四) 巽巳方으로 水流出去하면 風病이 오고 嘔血病도 오기 쉽고 子孫이

※ 壬子坐丙午向 原型圖

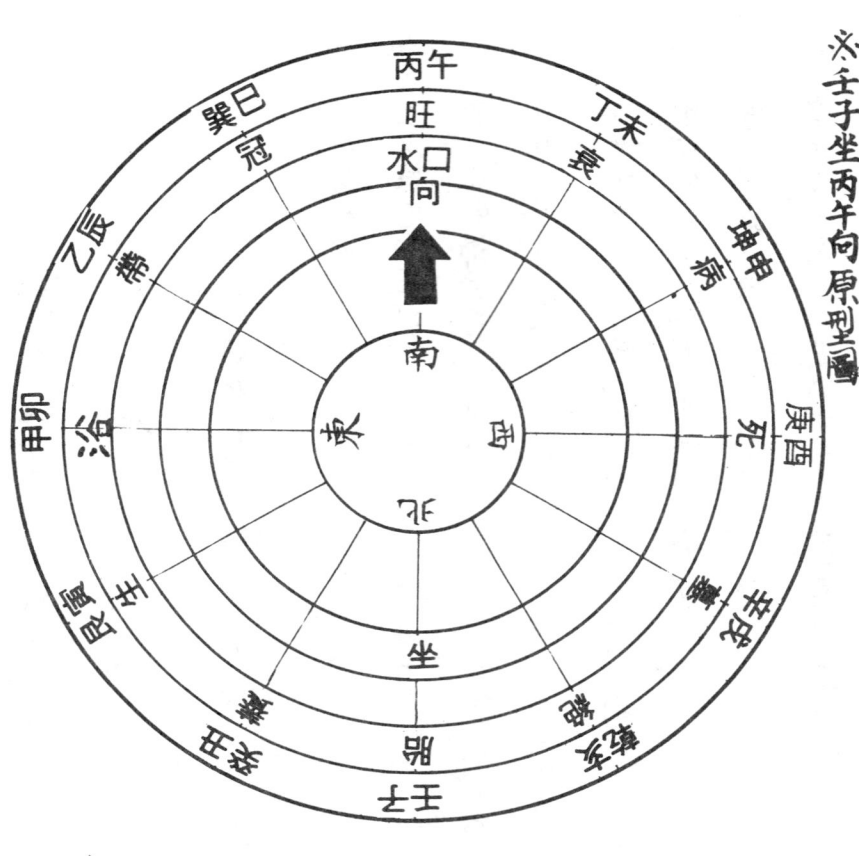

멸망 되는 凶方이 된다

(五) 乙辰方으로 물이 흘러나가면 총명한 子女가 死亡하며 財産은 敗没하고 短命하다

(六) 癸丑方으로 물이 흘러나가면 財産을 亡하고 子女도 没하다

(七) 壬子方으로 水流出 去하면 胎方神을 冲

破去하니 사람이 不具者가 되지 않으면 死亡하며 財産도 破産되는 등, 凶하다

(八) 乾亥方으로 水流出去하면 財多면 短命하고 或長壽하면 財敗하고 凶方이라 한다

(九) 庚酉方으로 水流出去하면 夭壽하며 財産도 敗하고 短命하다

(十) 坤申方으로 水流出去하면 寡宿이 생기며 男子는 短命하고 子孫이 망한다

(十一) 艮寅方으로 水流出去하면 財産은 있으나 子孫이 滅亡하며 兄弟間 도 亡한다

(十二) 丙午方으로 水流出去하면 재산 子孫等 滅亡運이 되나 午方을 犯하지 않으면 재산은 山과 같으며 子孫은 昌盛한다

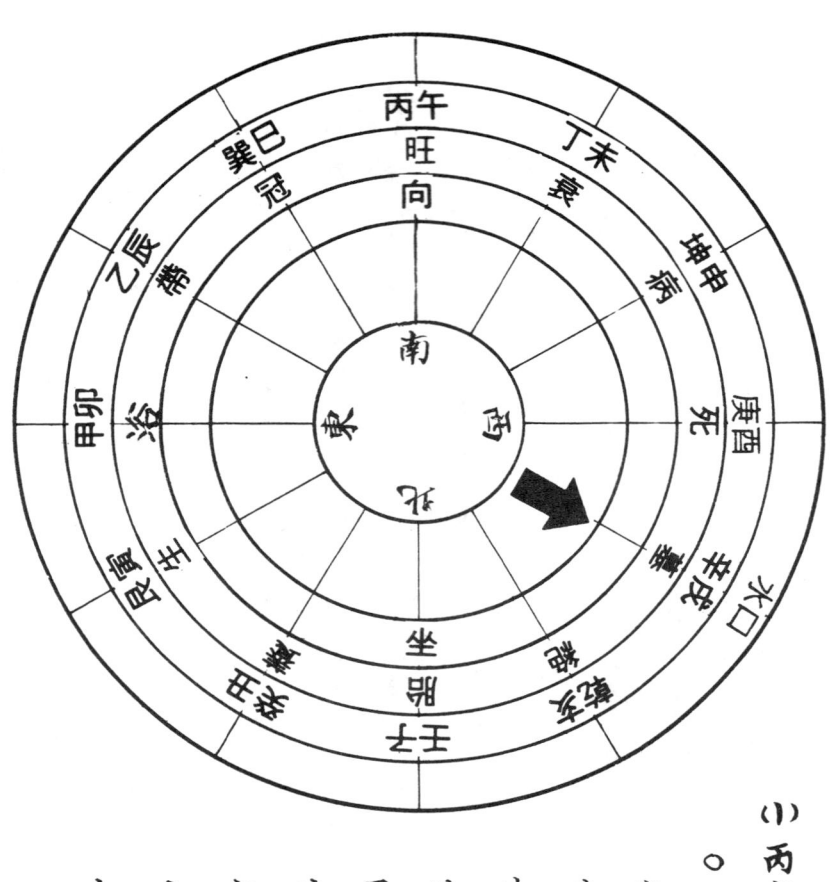

(1) 丙午向의 水口 吉凶

○ 壬坐 丙向이나 子
坐 午向일때 艮寅方
에서 左水倒 右流하
여 辛戌方으로 出去
하면 大富 大貴하고
男女 長壽하며 子孫
이 昌盛한다

右水 左流하며서 午
方을 不犯하면 八富
大吉하다

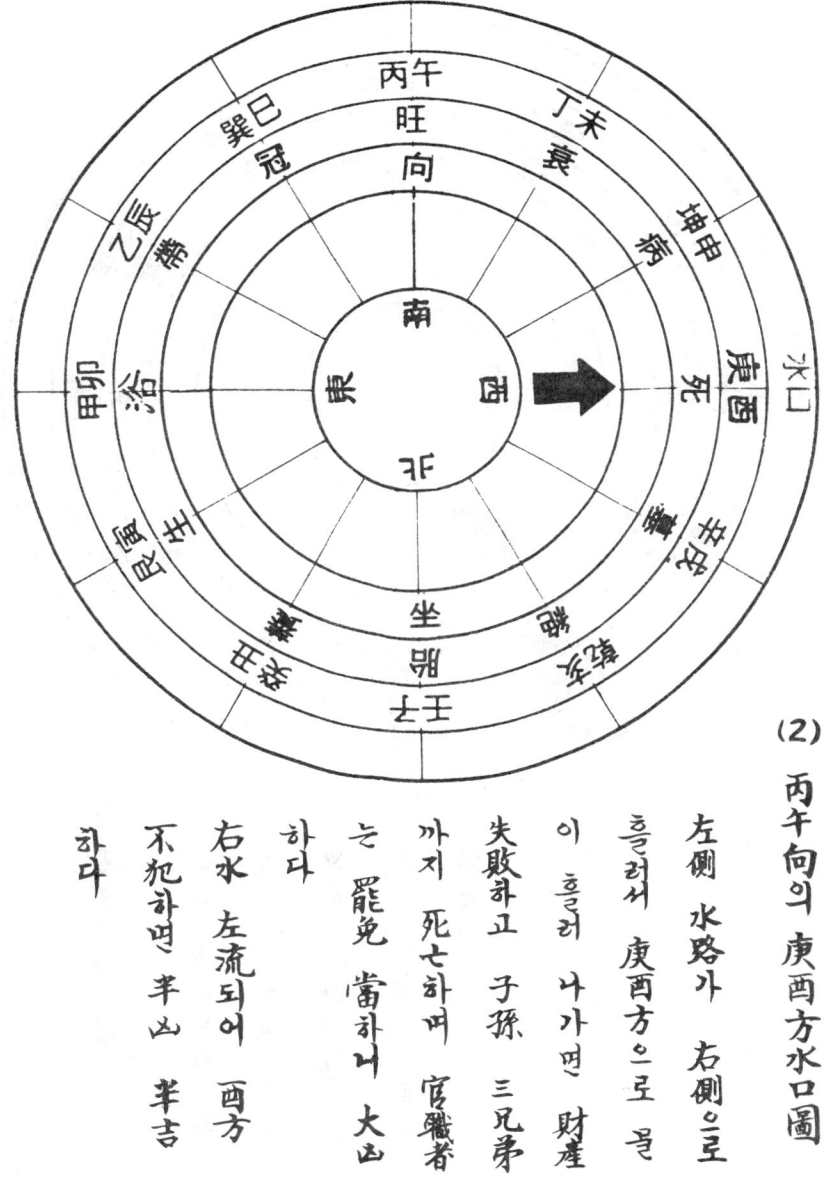

(2) 丙午向의 庚酉方水口圖

左側 水路가 右側으로 흘러서 庚酉方으로 물이 흘러 나가면 財産 失敗하고 子孫 까지 死亡하며 官職者 는 罷免 當하니 大凶 하다

右水 左流되어 西方 不犯하면 半山 半吉 하다

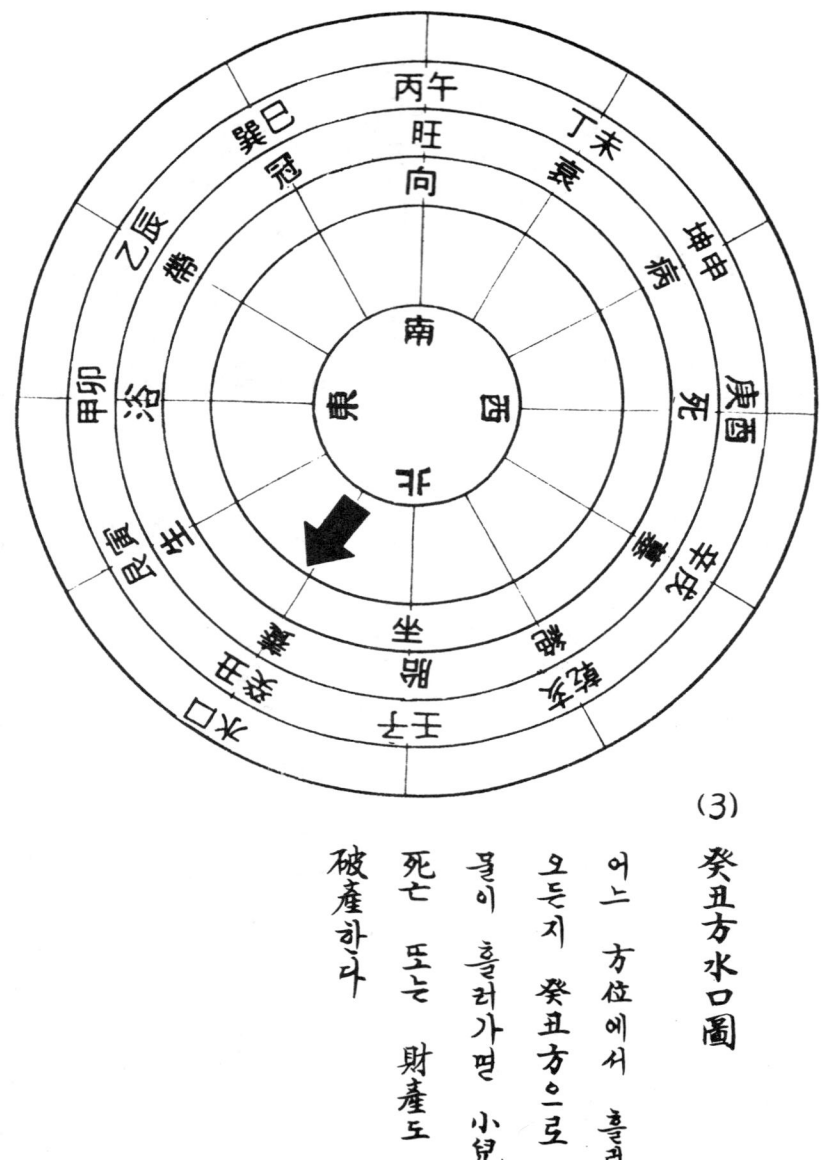

(3) 癸丑方水口圖

어느 方位에서 흘러
오든지 癸丑方으로
물이 흘러가면 小兒
死亡 또는 財產도
破產하다

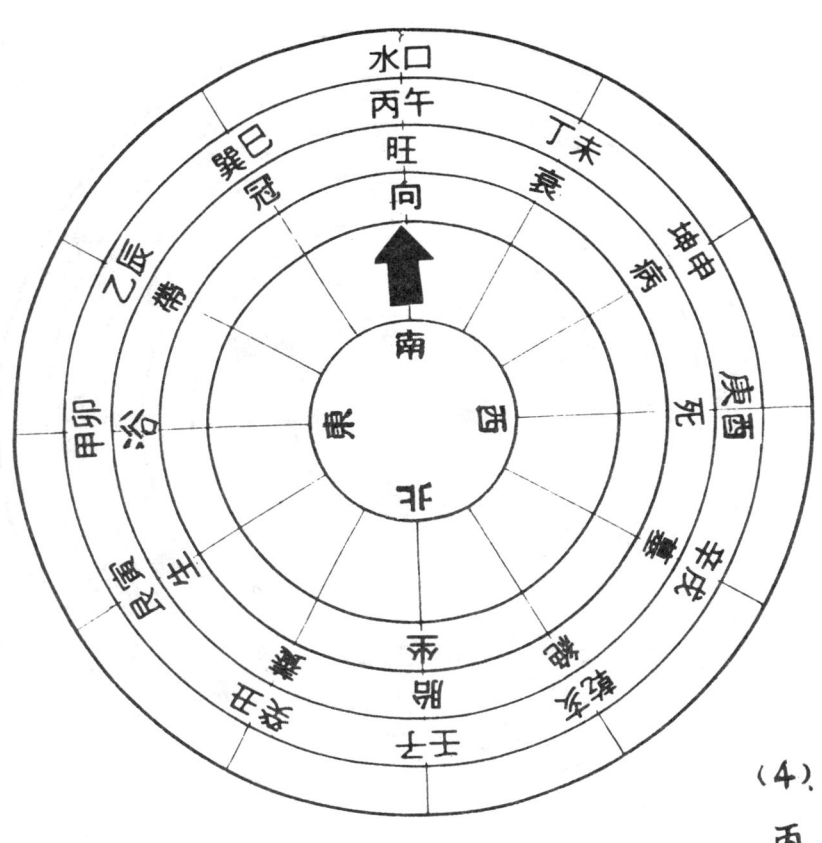

(4). 丙午方水出圖

左側에서 右側으로 물이 흘러서 나가면 丙午 方으로 나가고 財産은 늘고 夫婦는 喜事하며 長壽는 한다

右水 左流하면 凶方이 된다

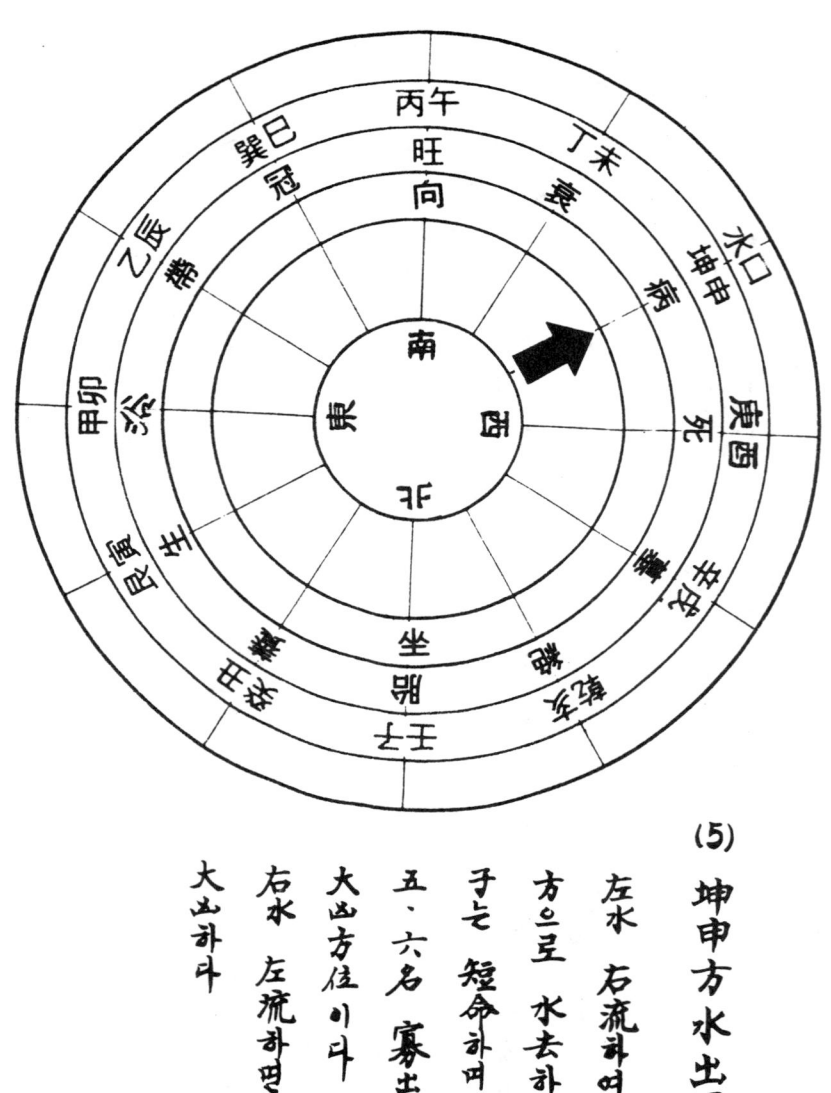

(5) 坤申方水出圖

左水 右流하여 坤申
方으로 水去하면 男
子七 短命하며 婦女
는 五,六名 寡出하는
大凶方位이다
右水 左流하여 亦是
大凶하다

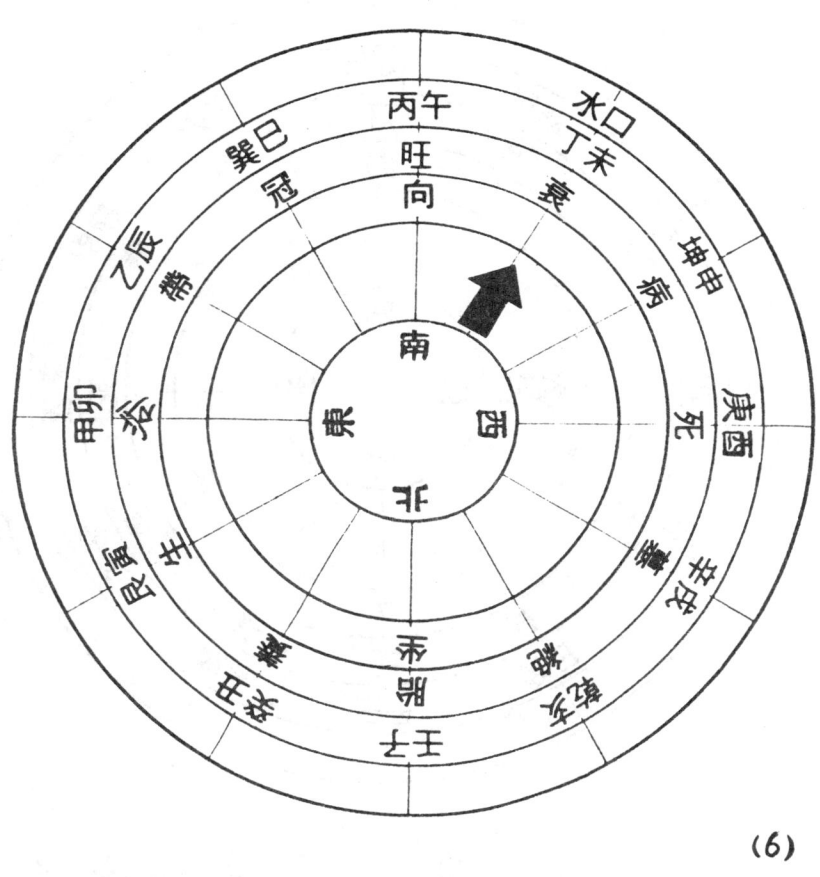

(6) 丁未方 水出圖

丁未方을 破하고
左水가 右流하여
물이 흘러 나가면
(人하드지) 男女
長壽하며 子孫 兄
弟 富貴 되는 大
吉方이다
右水 左流하면 未
方을 犯하지 않으
면 吉하다

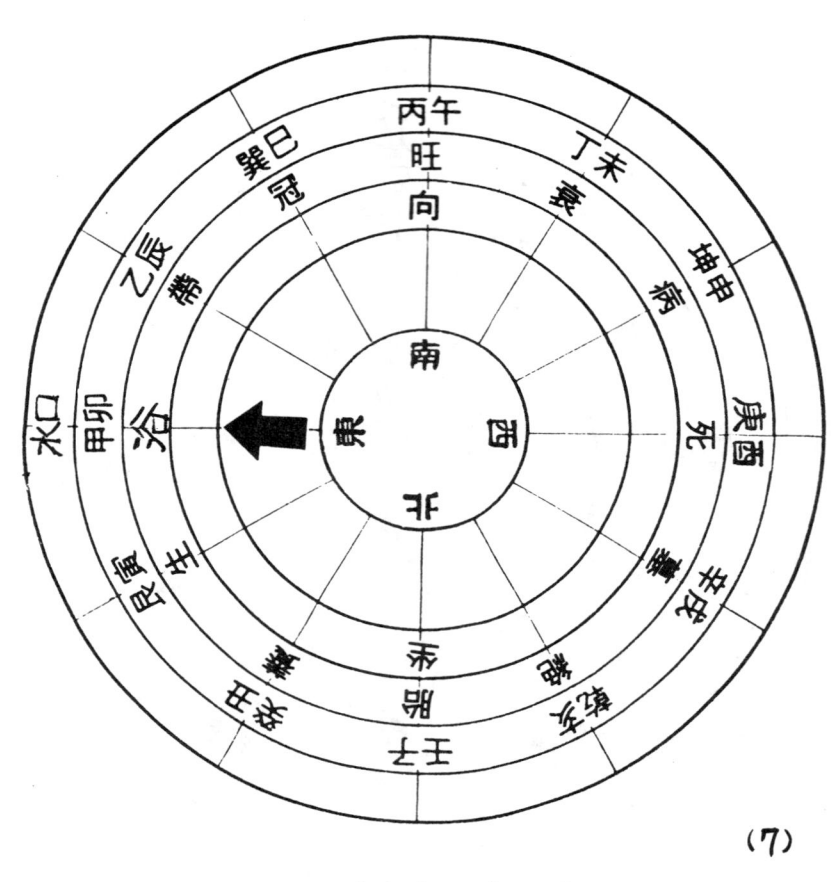

(7) 甲卯方 水出圖

右水 左流하면 祿存

流盡佩金魚라 하며

富貴 雙全하며 夫婦

幸福하다

左水 右流하면 長壽

하다

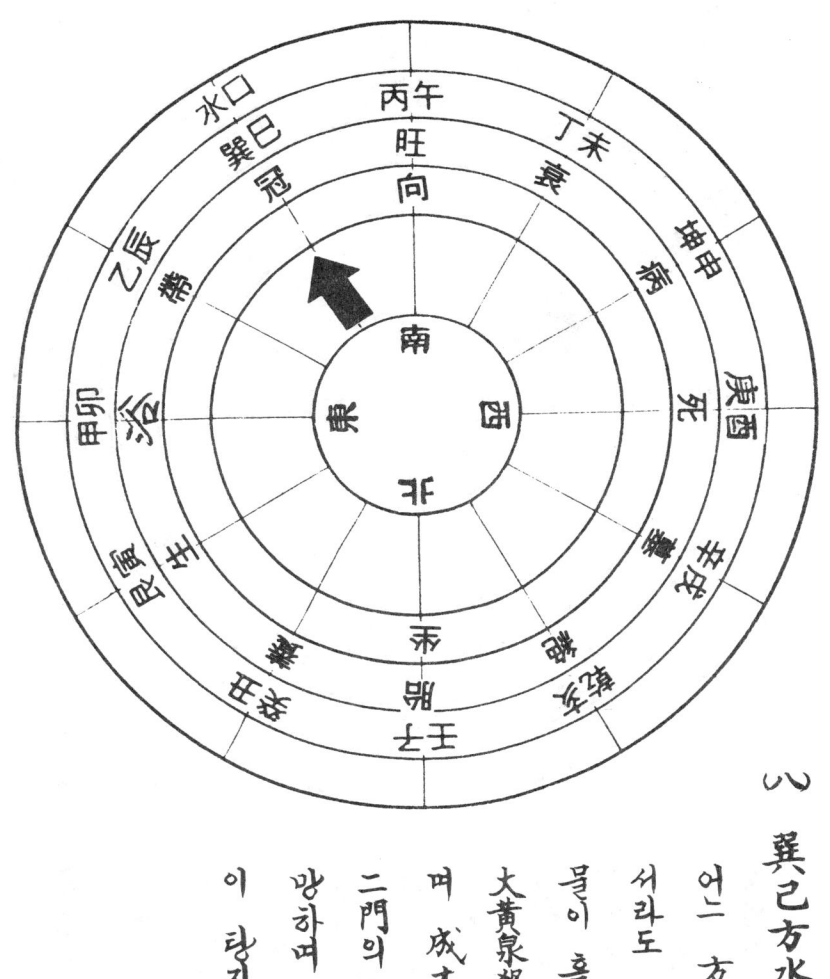

3) 巽巳方水出圖

어느 方位에서 흘러 서라도 巽巳方으로 물이 흘러 나가면 大黃泉殺方이라고 하며 成才子喪敗하며 二門의 家庭이 우선 강하며 病으로 家産이 탕진 한다

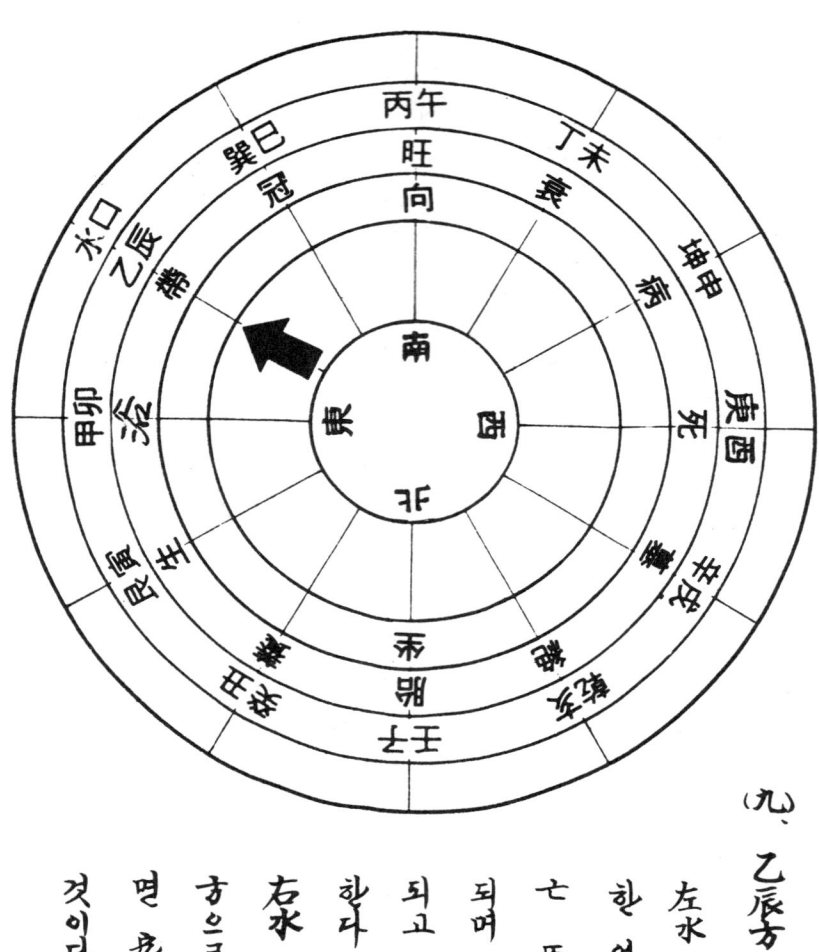

(九)、乙辰方水出圖

左水 右流하면 총명한 어린아이들이 死亡 또는 不具者가 되며 財産이 실패되고 家門이 멸망한다

右水 左流하면서 辰方으로 犯하지 않으면 家門멸망으는 없는 것이다

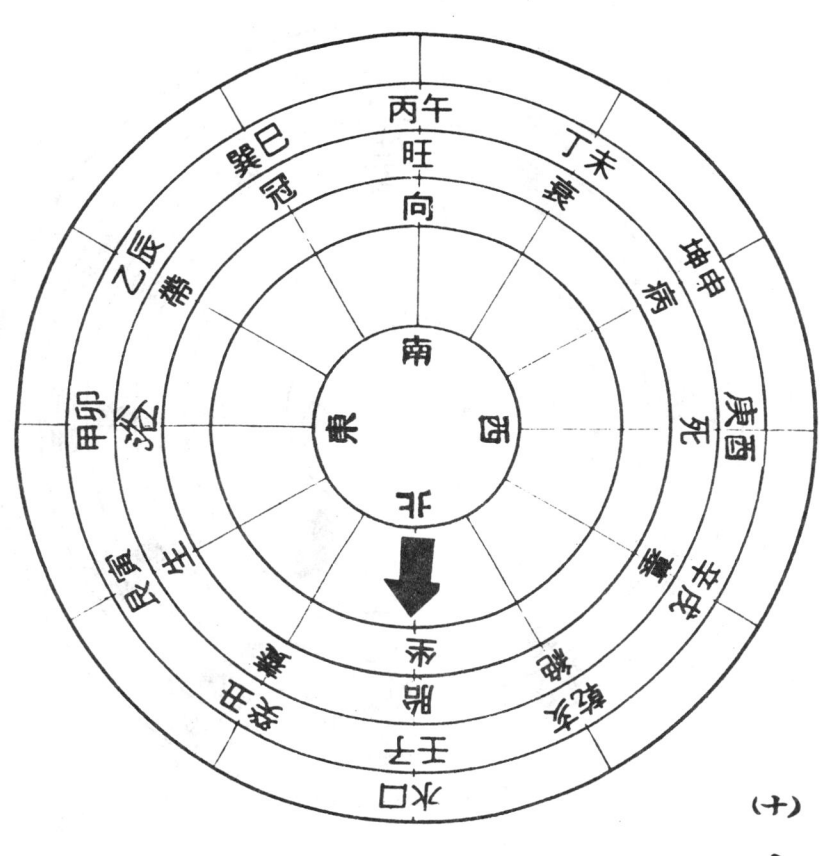

(十) 壬子方水出圖

左水 右流하면 長壽
는 하지만 자손을 잉태
하고 死亡하며 가정
이 패가 망신 된다
右水 左流하면 재물
이 없다

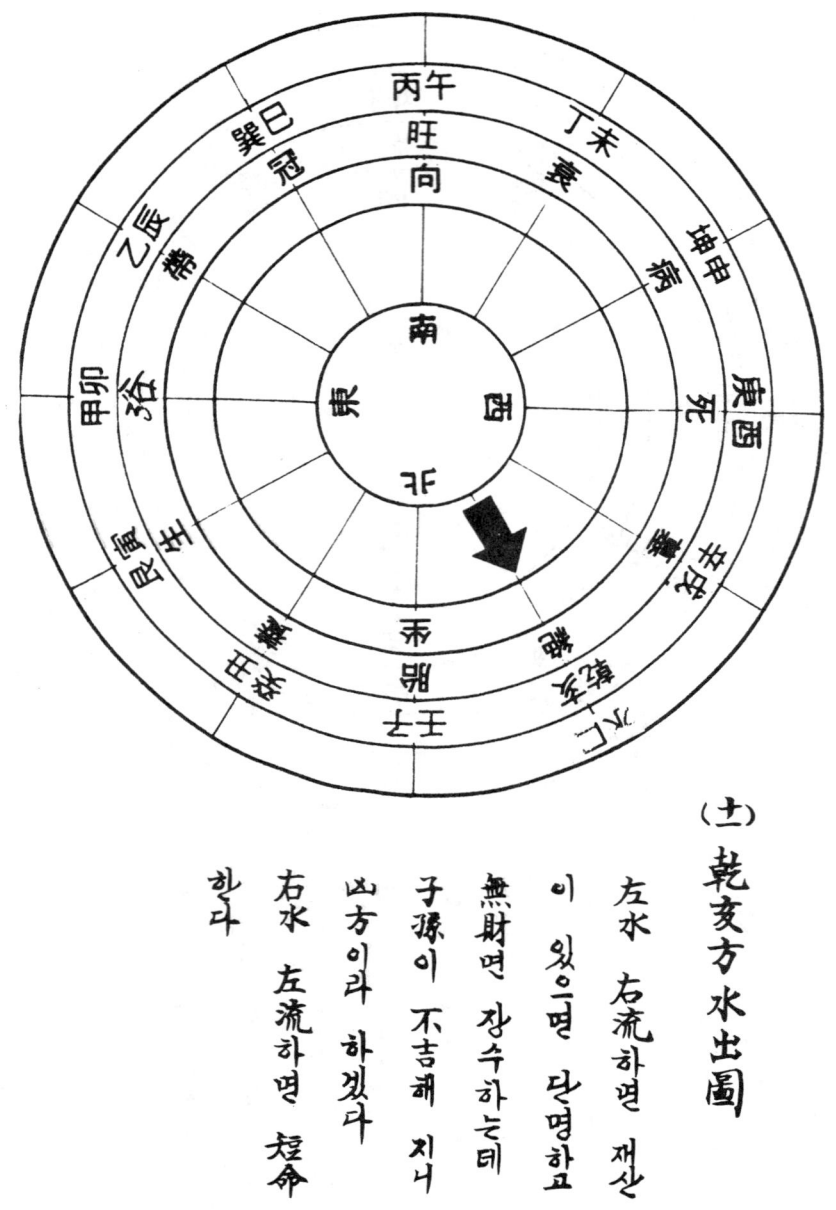

(十) 乾亥方水出圖

左水 右流하면 재산
이 있으면 단명하고
無財면 장수하는데
子孫이 不吉해 지니
凶方이라 하겠다
右水 左流하면 短命
한다

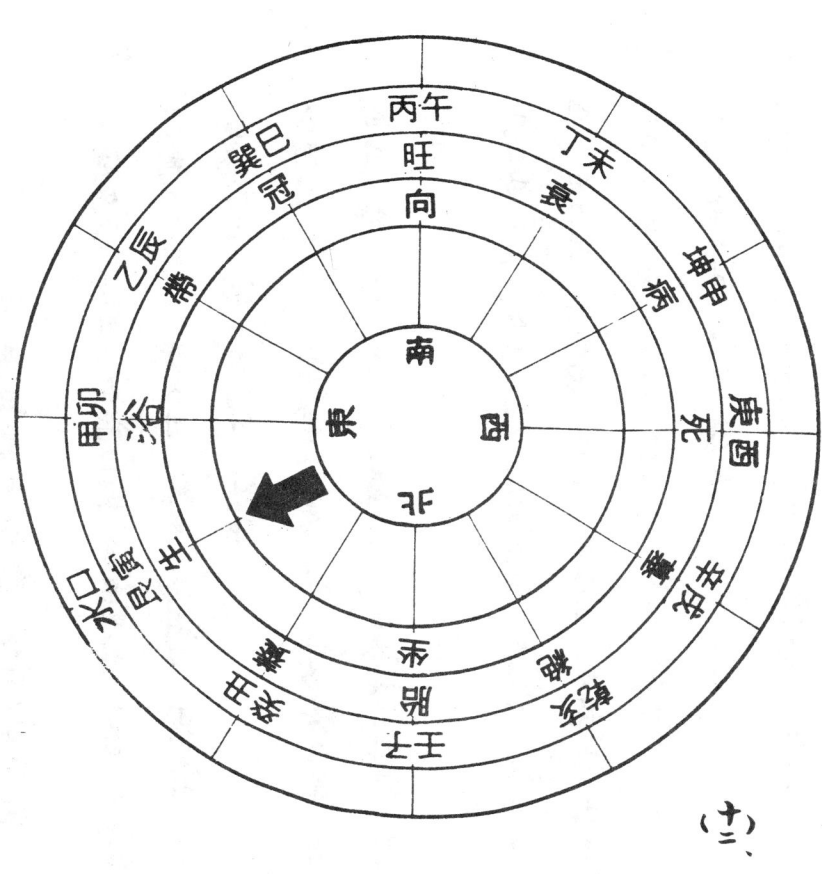

(十三) 艮寅方水出口

　左水 右流하면 재산에는 무난한데 어린 아이를 기르기 어렵게 되어 무자가 되기 쉽다 次男은 夫婦가 이별하고 齋主는 死亡한다
　右水 左流하면 묵묘가 된다

二、癸丑坐丁未向 水口 吉凶法

(一) 右側에서 水가 左側으로 흐르면서 巽巳方으로 水流出去하면 正·正養向이 되어 貴人이 祿馬上御街라 財產이 旺盛하고 長壽하며 子孫 昌盛하는 第一吉向이 된다

(二) 左側의 물이 右側으로 흘러서 坤申方으로 出하면 申方은 肥向이 되다 絶方을 쓰어 버렸으니 壽命長吉하고 財錦旺盛하며 子孫昌盛 한다

(三) 丙午方으로 水出하면 窮乏하고 과부가 생기며 墓所 左·右中 惡岩이 있으면 爭鬪者 또는 족군의 子孫도 出生한다

(四) 乙辰으로 水出하면 退神할 곳을 犯하는 것이 되므로 初年은 하나 末年도 무난 하다

(五) 甲卯方으로 水出하면 初年은 財錦旺하지만 壽命이 短하고 末年에는

(六) 艮寅方으로 水出하면 財産失敗되고 夫婦 死別하고 妾도 있다

(七) 癸丑方으로 水出하면 退神이 冠帶 不之方을 犯하는 것이 되어 早死하고 大敗亡한다

(八) 乾亥方으로 水出하면 財敗、喪妻等 家内風破가 많이 있다

(九) 辛戌方으로 水出하면 財敗、夫婦相別 子女의 인연도 없다

(十) 庚酉方으로 水出되면 平生 貧寒하고 困苦한 生活을 하게 된다

(十一) 丁未方으로 水出하면 毎事 不吉하고 子孫이 不孝하고 財産에도 失敗가 있다

(十二) 壬子向으로 물이 흘러 나가면 毎事 如意하여 財産도 増殖되고 多福하게 된다

※ 丁未向에 水出 圖

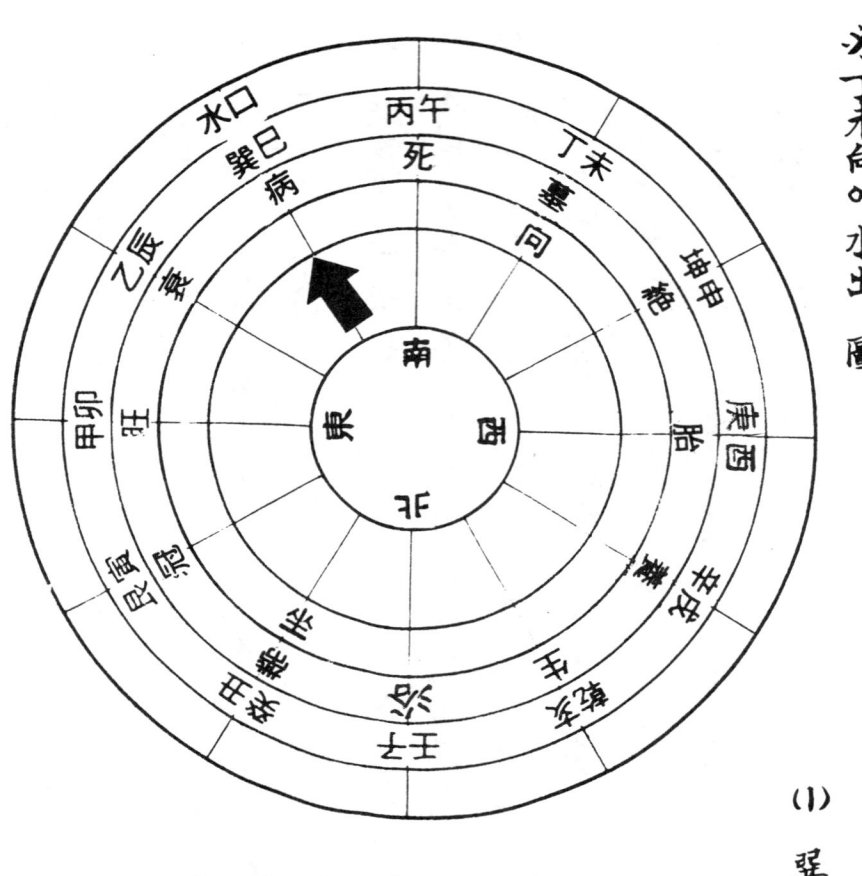

(1) 巽巳方 水出 圖

癸坐丁向 丑坐未向 分金일때 右水倒左 方 水出되면 妻와 財産이 旺盛하며 子孫昌盛하며 萬事 大吉하니 大吉方이다 左水 右流하고 巳方 을 犯하지 않으면 萬事 大吉하다

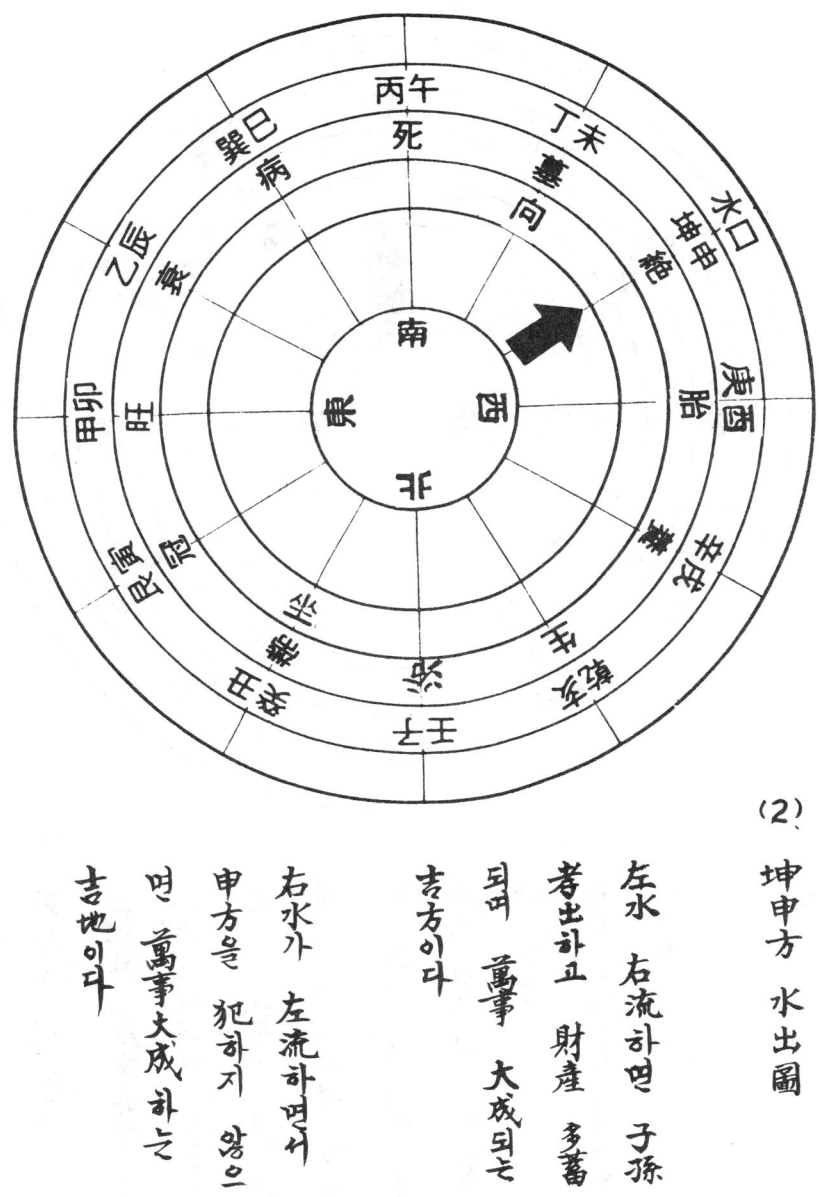

(2) 坤申方 水出圖

左水 右流하면 子孫
孝出하고 財産 多蓄
되며 萬事 大成되는
吉方이다

右水가 左流하며나
申方을 犯하지 않으
면, 萬事大成 하는
吉地이다

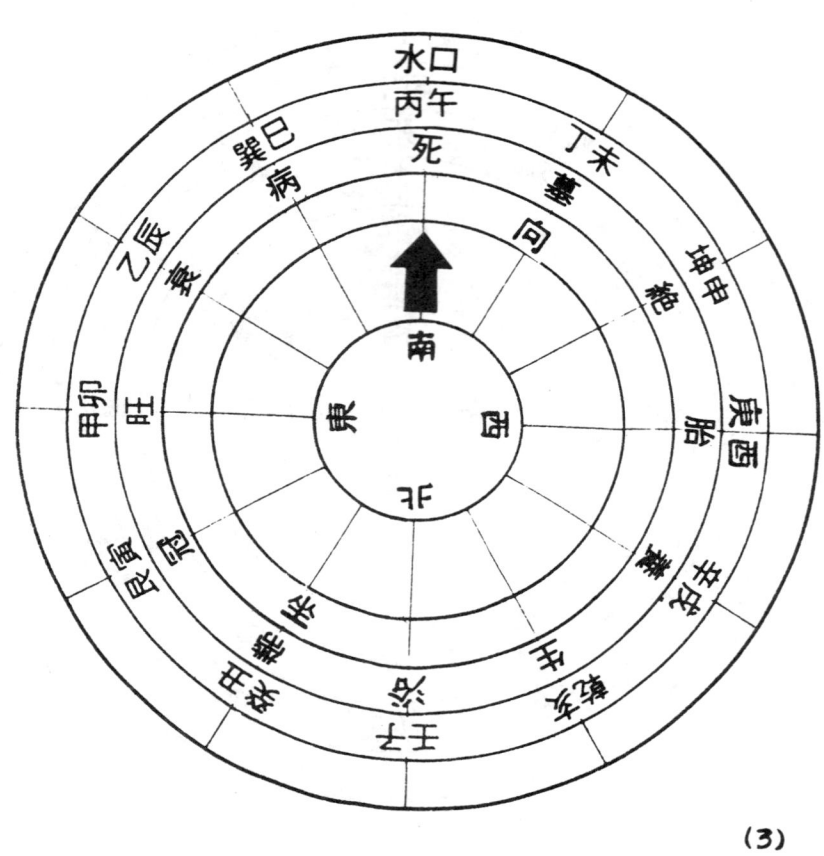

(3) 丙午方 水出圖

右水가 左流하며 과부가 나오며 子女는
五、六兄弟가 있다고
해도 가난하며 爭鬪
事 있고 未方에 惡
石이 있으면 大凶事
가 있다
左水 右流가 되어도
凶하다

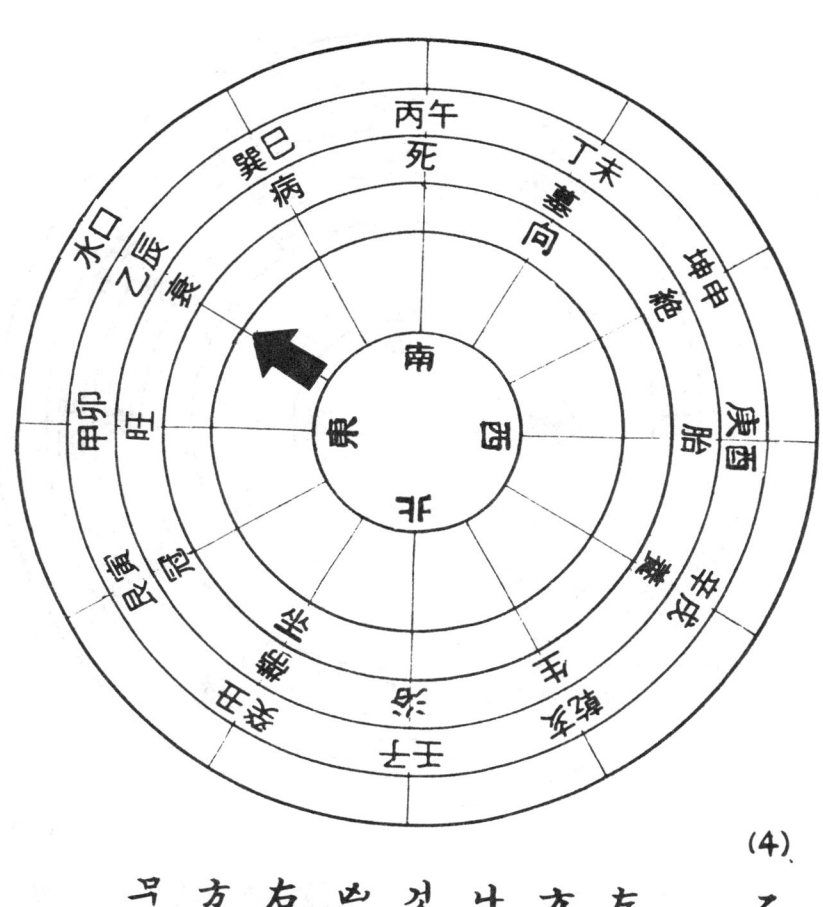

(4). 乙辰方 水出圖

左水 右流하여 乙辰
方으로 물이 흘러
나가면 初年은 吉한
것 같으나 末年에는
凶하다
右水가 左流하고 辰
方을 犯하지 않으면
무던 하다

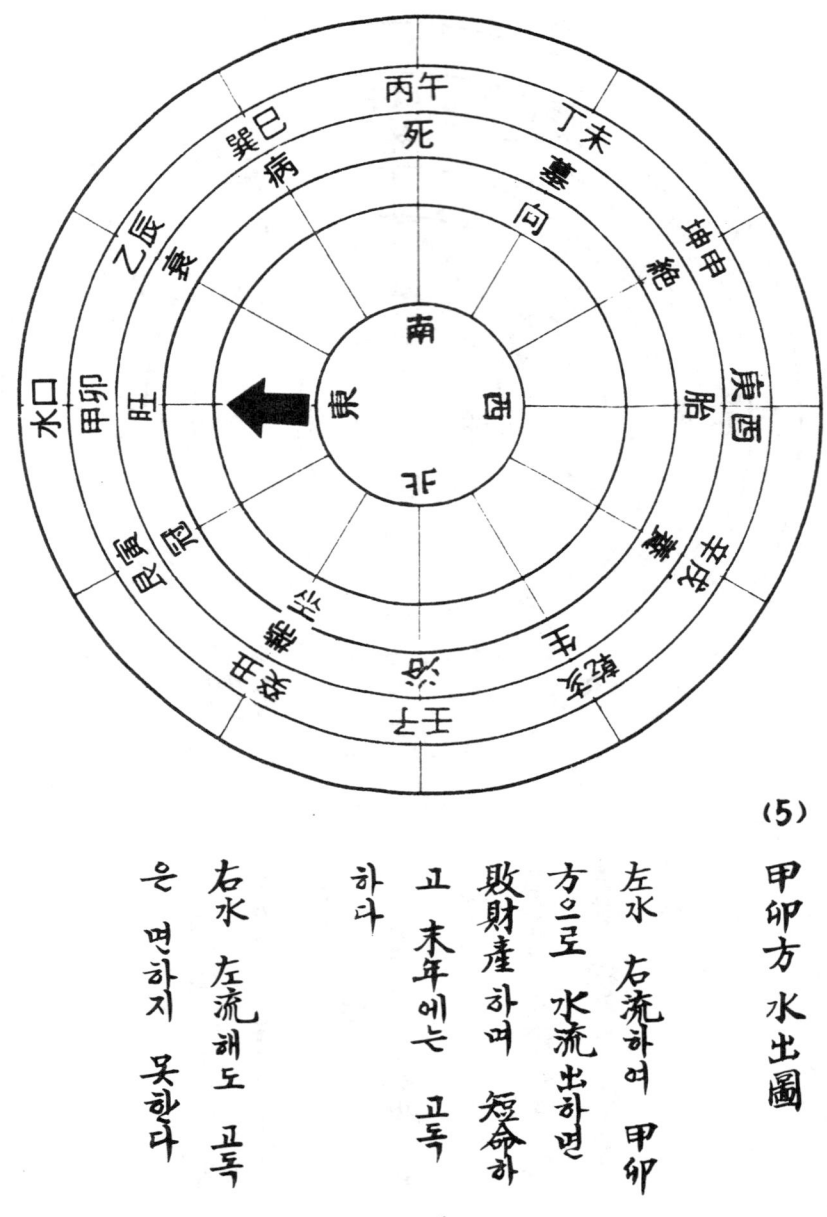

(5) 甲卯方 水出圖

左水 右流하여 甲卯
方으로 水流 出하면 短命하
고 末年에는 고독
하다

右水 左流해도 고독
은 면하지 못한다

敗財産하며

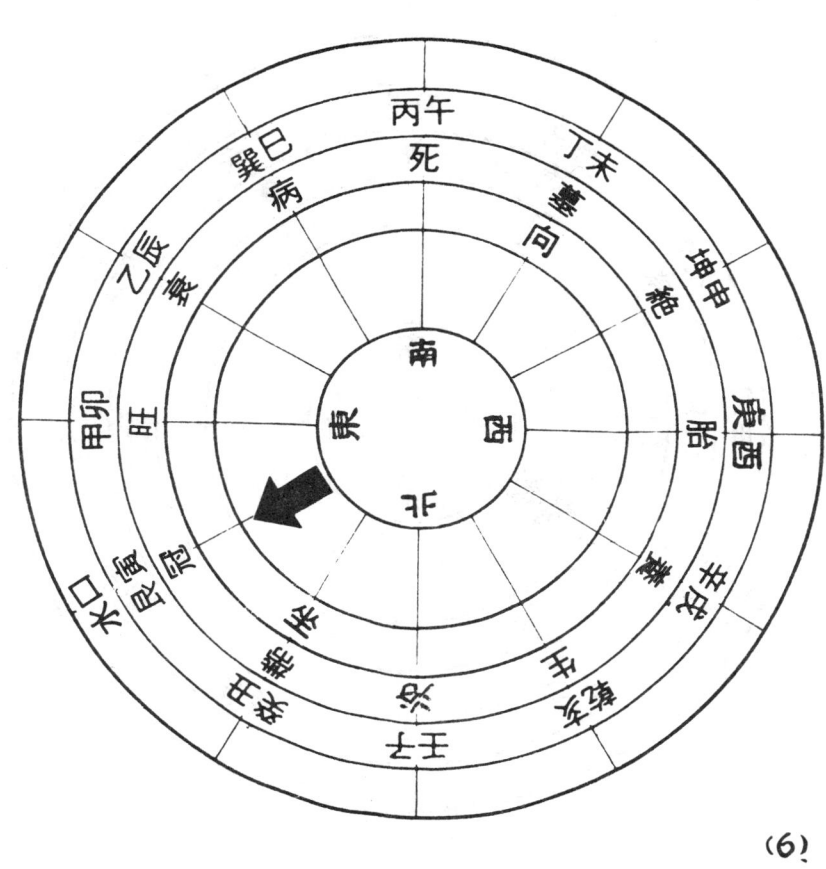

(6) 艮寅方 水出圖

左水가 右流하면서
艮寅方으로 出水하면
長子는 死亡하고 次
子는 夫婦이별하고
어린아이는 기르기
어렵다
右水가 左流하면 부
부 이별 한다

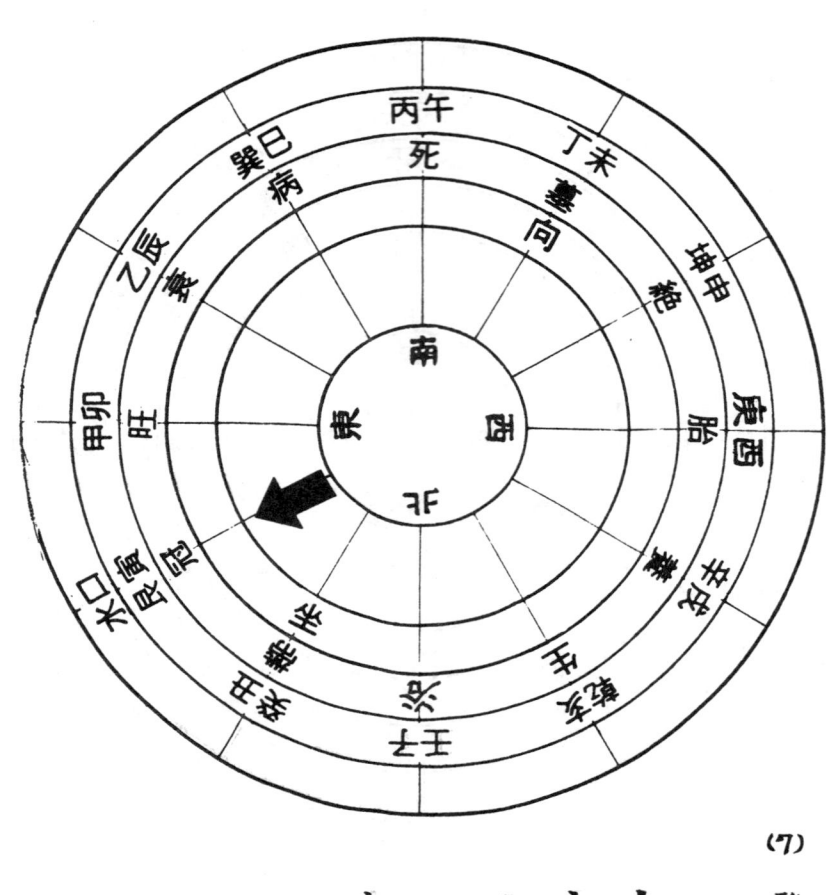

(7) 癸丑方 水出圖

左水 右流하여 癸丑
方으로 出水하면 大
凶하며 敗家亡身하니 右水가 左流하여도
凶하다

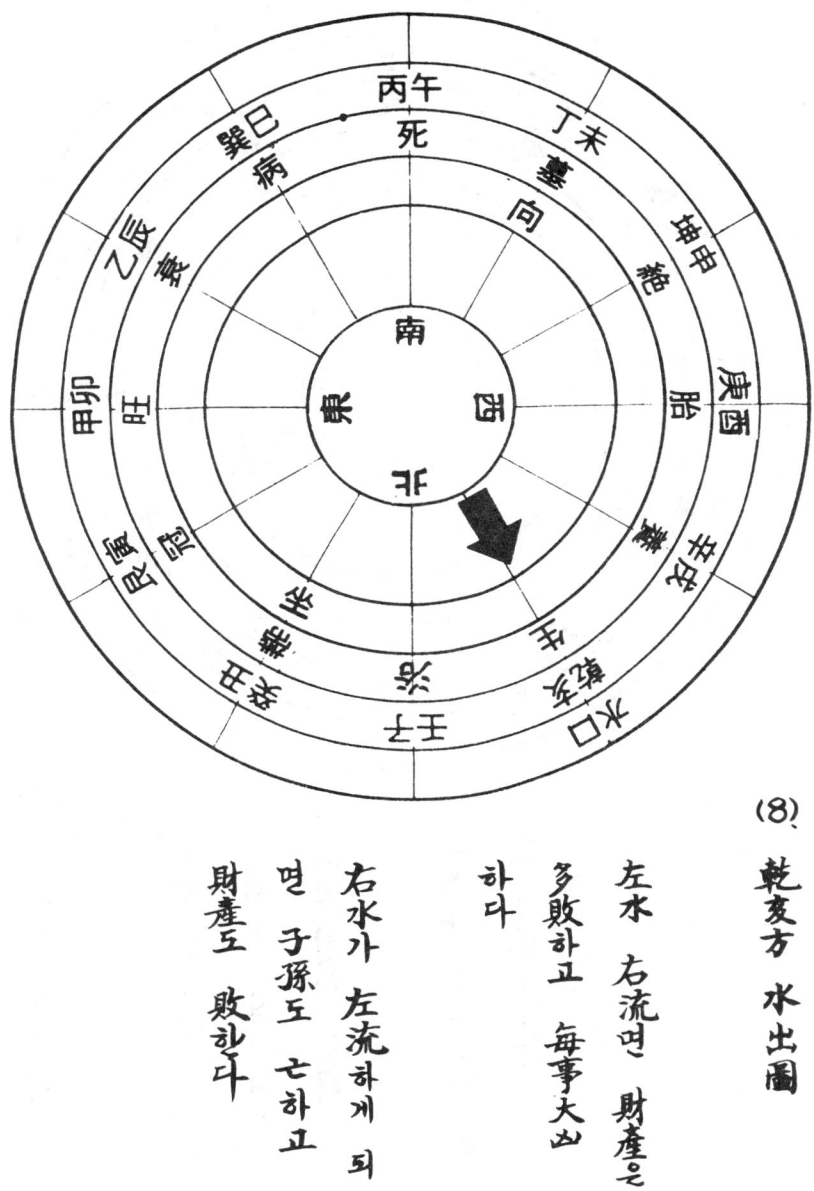

(8) 乾亥方 水出圖

左水 右流면 財産을
多敗하고 每事 大凶
하다

右水가 左流하게 되
면 子孫도 亡하고
財産도 敗한다

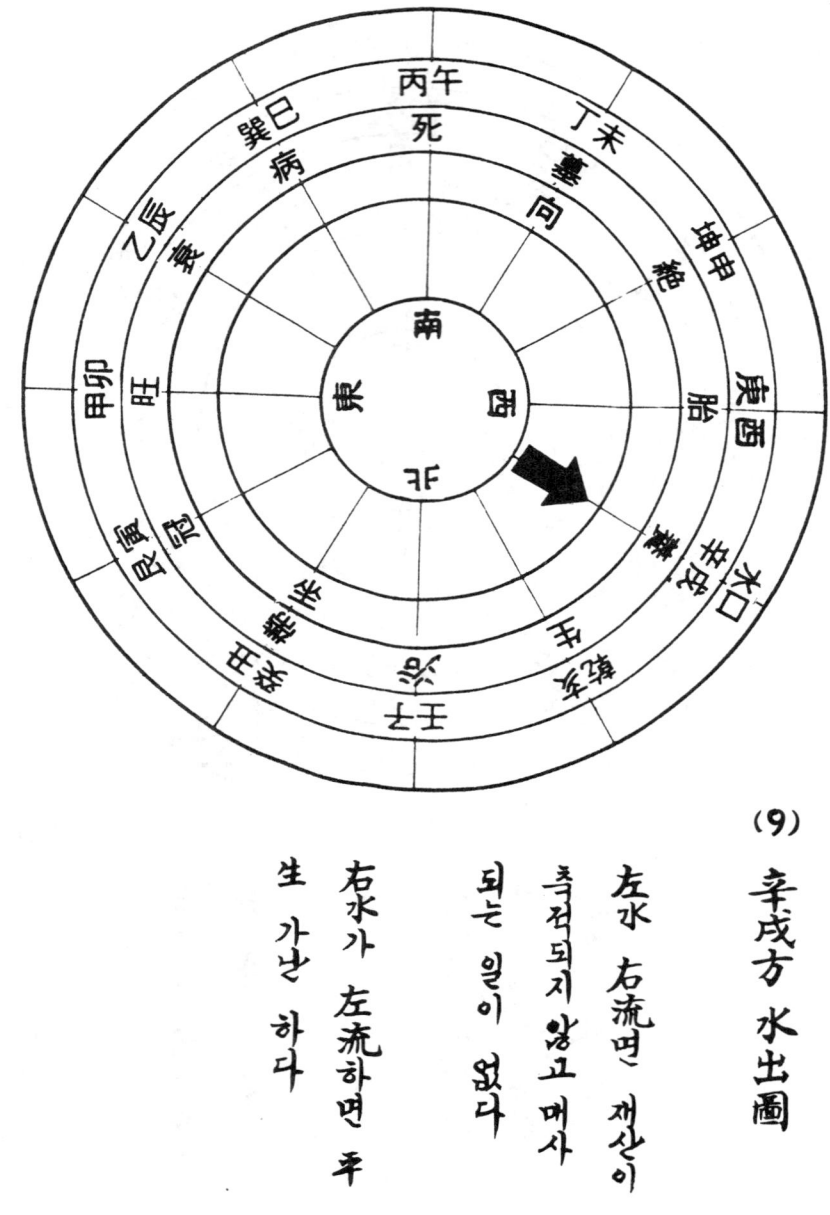

(9) 辛戌方 水出圖

左水 右流면 재산이 축적되지 않고 매사 되는 일이 없다

右水가 左流하면 平生 가난 하다

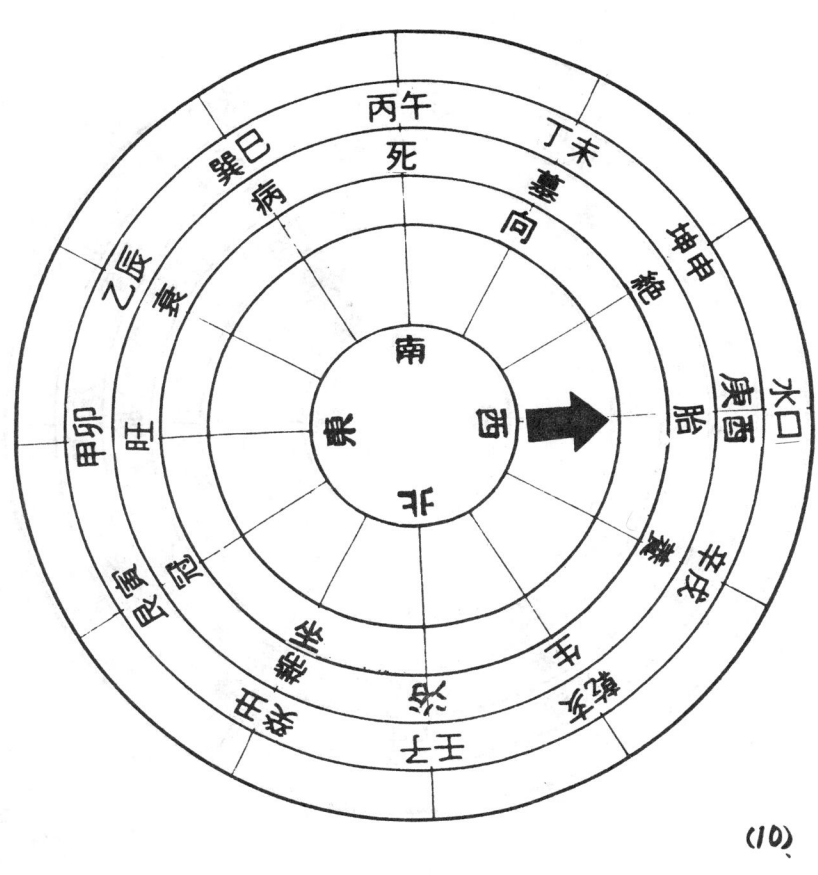

(10). 庚酉方 水出圖

右水가 左流를 하거 나 左水가 右流를 하거나 다같이 或 財産이 富者가 되는 者도 있으나 短命하 며 長壽하는 者는 가난 하니 半吉半凶 方이다

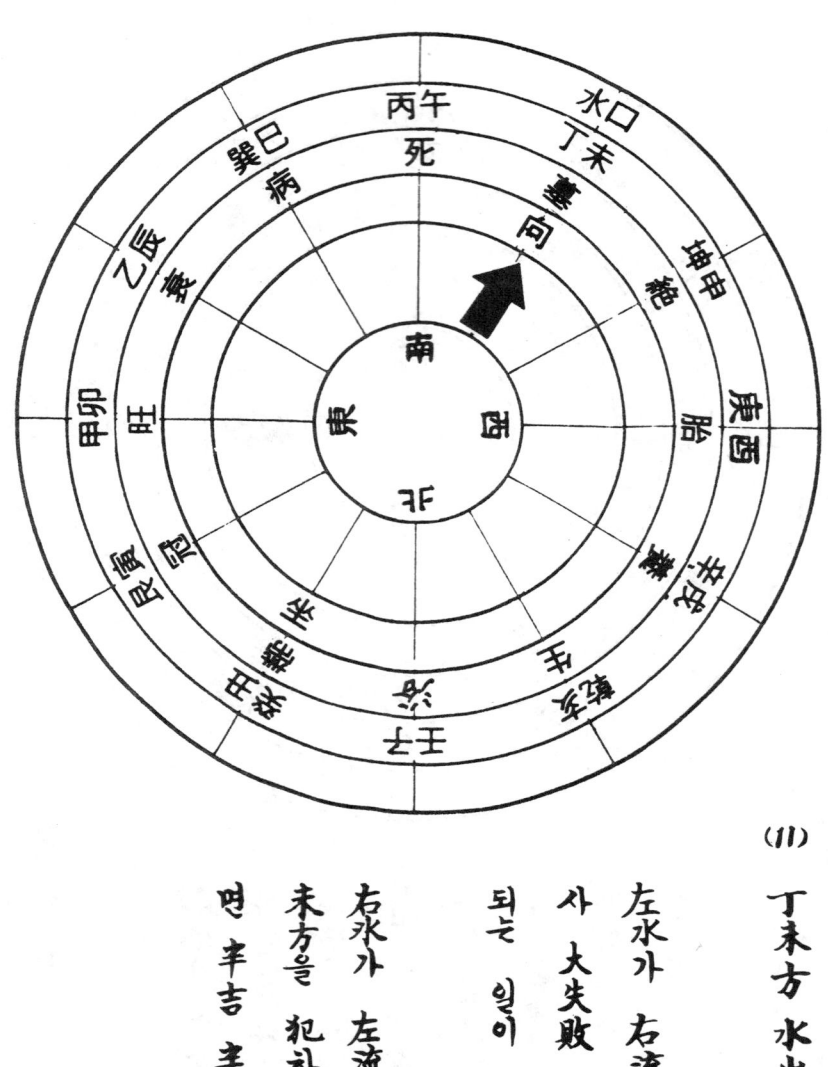

(1) 丁未方 水出圖

左水가 右流하면 써
사 大失敗 할것이고
되는 일이 없다

右水가 左流하면서
未方을 犯하지 않으
면 丰吉 丰凶하다

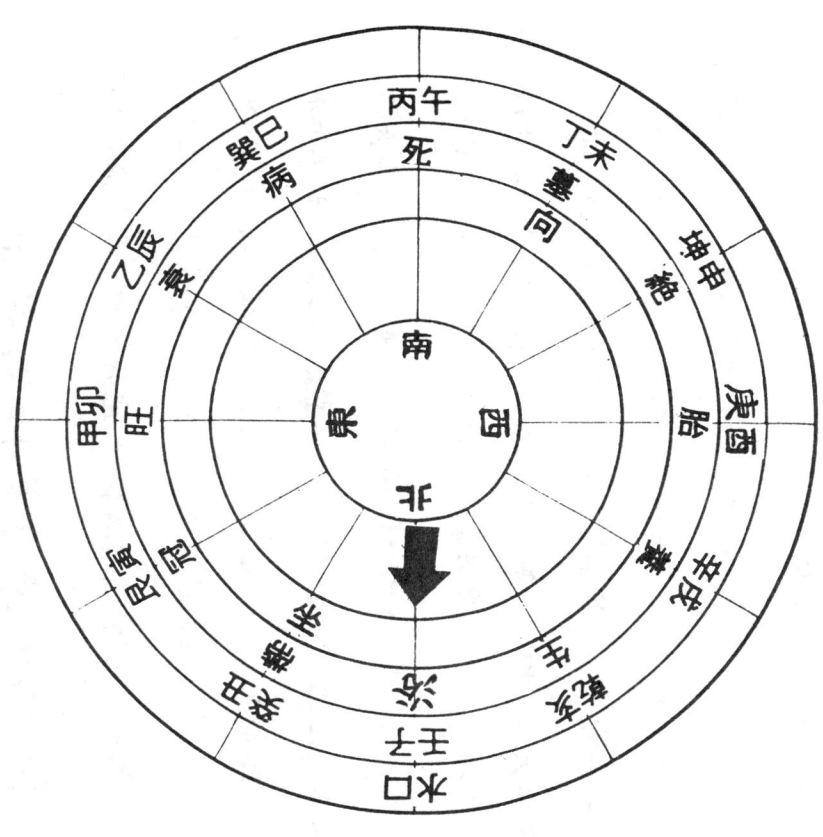

(12) 壬子方 水出圖

右水가 左流하면
子孫은 昌盛하고 財産
매사 吉하며 富貴를
富貴를 겸하다
그러나 左水가 右
流를 하게 되면
辛山 辛吉 하다

三、艮寅坐 坤申向 水口吉凶

艮坐坤向이나 寅坐申向에 葬地가 될때 右側의 물이 左側으로 흘러서 十二運星을 침범했을 때의 吉凶을 본다

(一) 乙辰方으로 물이 흘러 나가면 正 生向이라 旺이 生쪽으로 가서 帶를 맞이하나 冠帶를 얻는 것이 되어 子孫昌盛 富貴兼備한다

(二) 右水가 左側으로 흘러서 丁未方으로 水流出去하면 未出하여 午向으로 흘러 가니 旺方을 따라서 庚酉方으로 出水하면 禄存流盡佩金魚라하여 富貴兼全한다

(三) 左水가 右側으로 흘러서 庚酉方으로 出水하면 禄存流盡佩金魚라하여 富貴兼全한다

(四) 富貴功名되고 子孫이 名振四海되는 吉方이다
丙午方으로 水出하면 初年에는 富貴를 겸비 하겠으나 末年에는 쇠 되되고 凶한 運으로 變한다

(五) 巽巳方으로 水出하면 너무 旺冠이 되는 곳을 쓸고 있으나 처음은

—164—

(六) 甲卯方으로 水出하면 短命하며 財產은 敗財되고 子孫이 不孝하고 凶하나 後半期는 吉한 운으로 재산이 늘게 된다

七. 艮寅方으로 水出하면 疾病不絶、財敗、每事不順、子孫不吉 하다

八. 癸丑方에 水出하면 財敗 或은 短命等 葬事直後 山하게 되다 북북지사 흉하게 된다

九. 壬子方으로 水流出去하면 (右水左流時) 生方에서 養方을 덮어서 出하 니 (養方破)家貧하게 되는데 初年은 平이지만 中年以後는 夭壽 大敗

(十). 辛戌方으로 水流出去하면 幼年에는 총명 子가 傷하고 財敗하고 家 内 破乱이 많다

(土) 乾亥方으로 水流出去하면 冠方이 巳와 冲하여서 冠으로 成功 할 子孫이 中断되며 短命하다

(土) 坤申方으로 水流出하면 每事不吉한데 坤方으로만 水出이 되고 申方 으로는 水流出去되지 않으면 吉方으로 変化가 되다

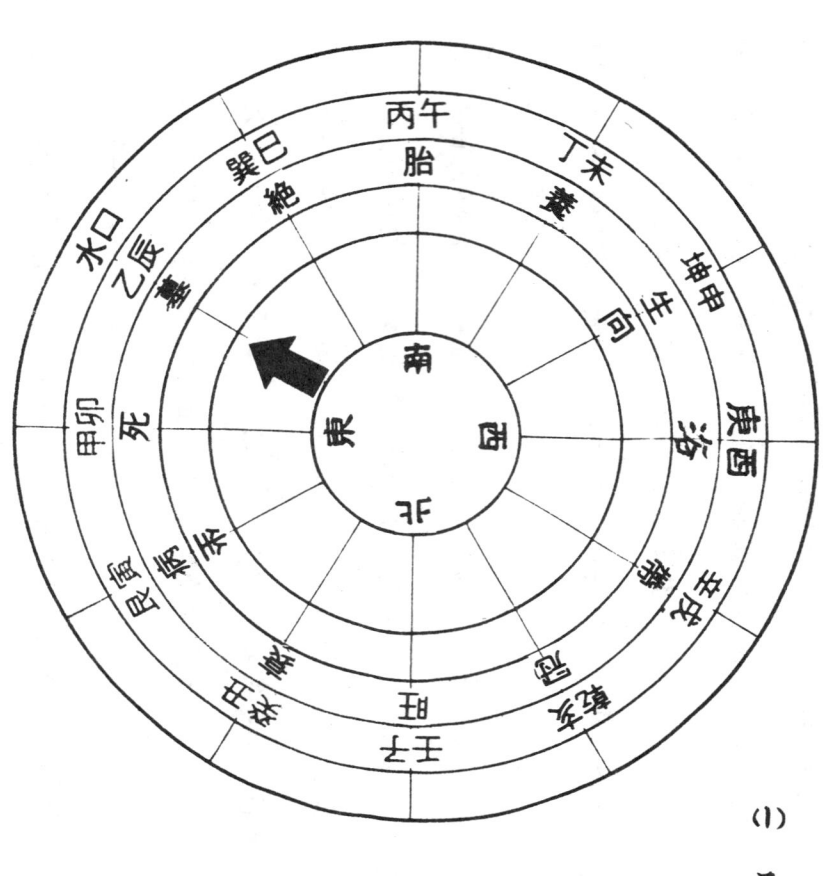

(1) 乙辰方 出水圖

右水가 左流하여 乙
辰方으로 出水되면
家業이 昌盛되고 富
貴功名하며 五福이
雙全하며 萬事 吉하
고 左右 變化水出
해도 吉하다

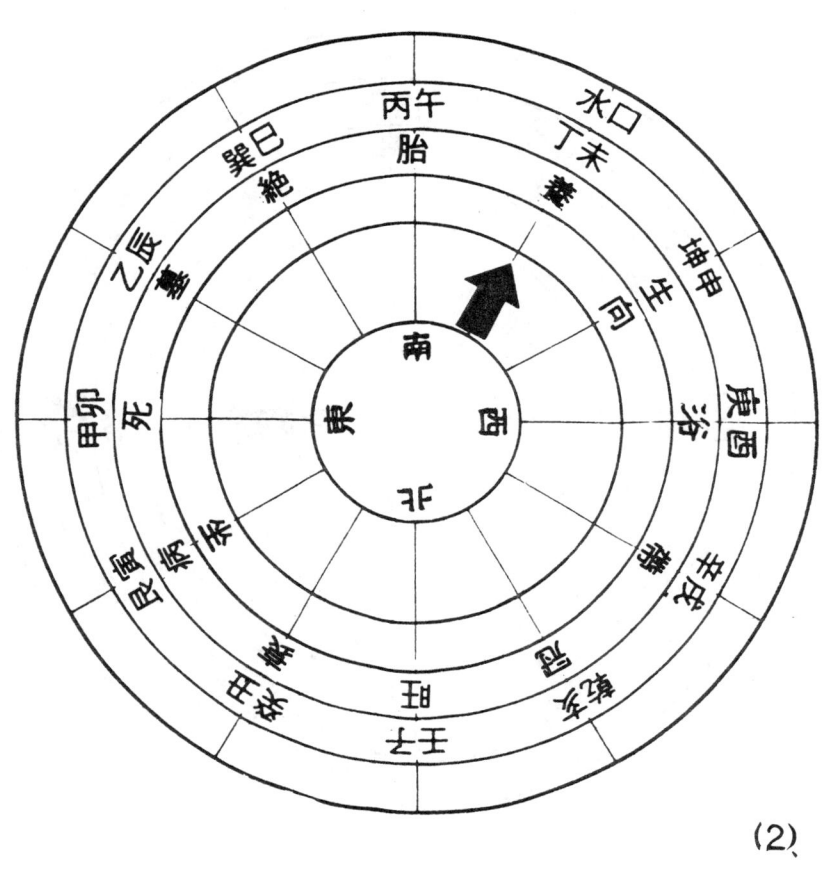

(2)、丁未方 水出圖

丁未方 水出圖
右水가 左流하여 丁
未方으로 水流去하면
主로 富貴功名하며
子孫이 昌盛하는데
次子가 先成功이 되
며 水流坐 反剋가
되어도 吉하다

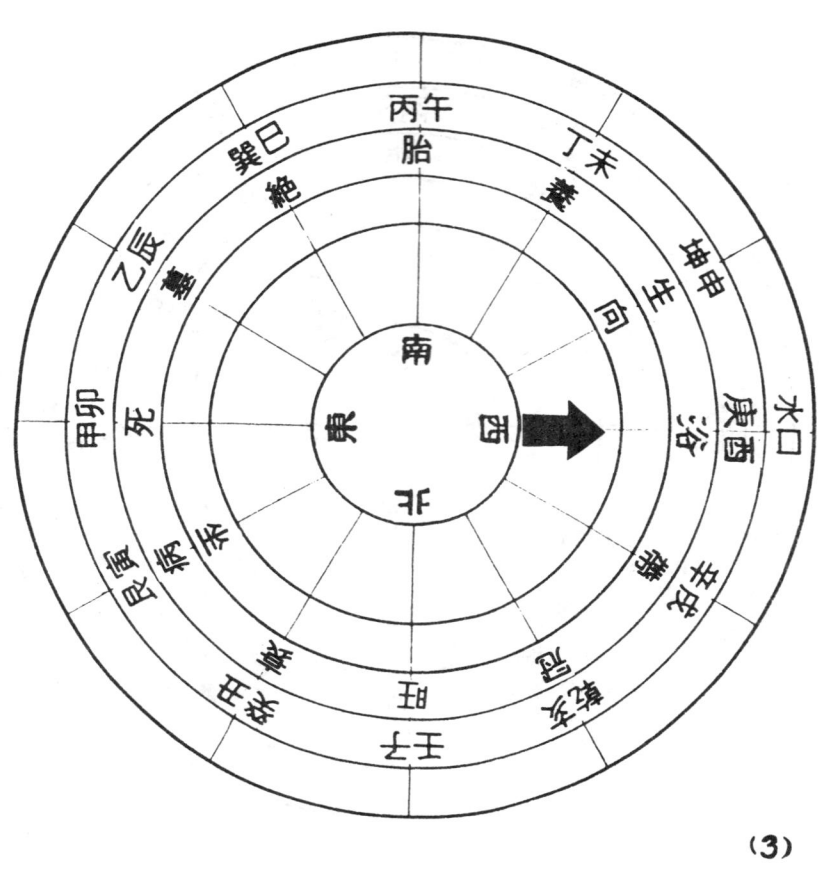

(3) 庚酉方 水出圖

左水가 右出하며 庚
西方으로 水流去하면
富貴昌盛하며 水流가
反對면 長孫이 大盛
하다

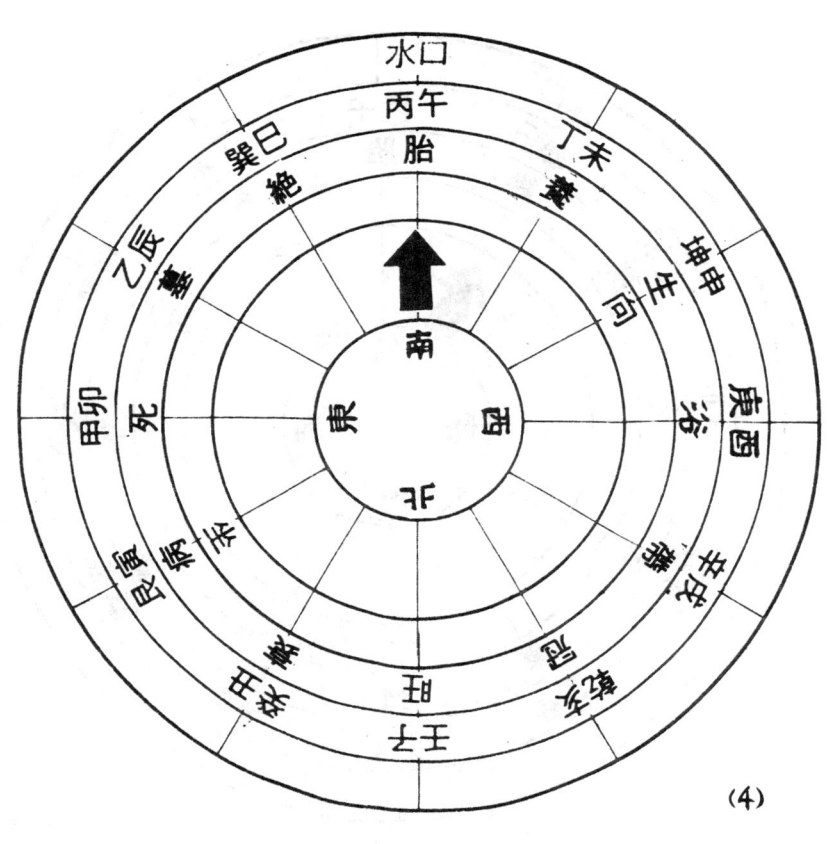

(4) 丙午方 水出圖

左水가 右流하면 長
壽者는 貪寒하고 財
多者는 短命하며 右
水가 左流하는 反對
水流면 財命 兩位
不吉하다

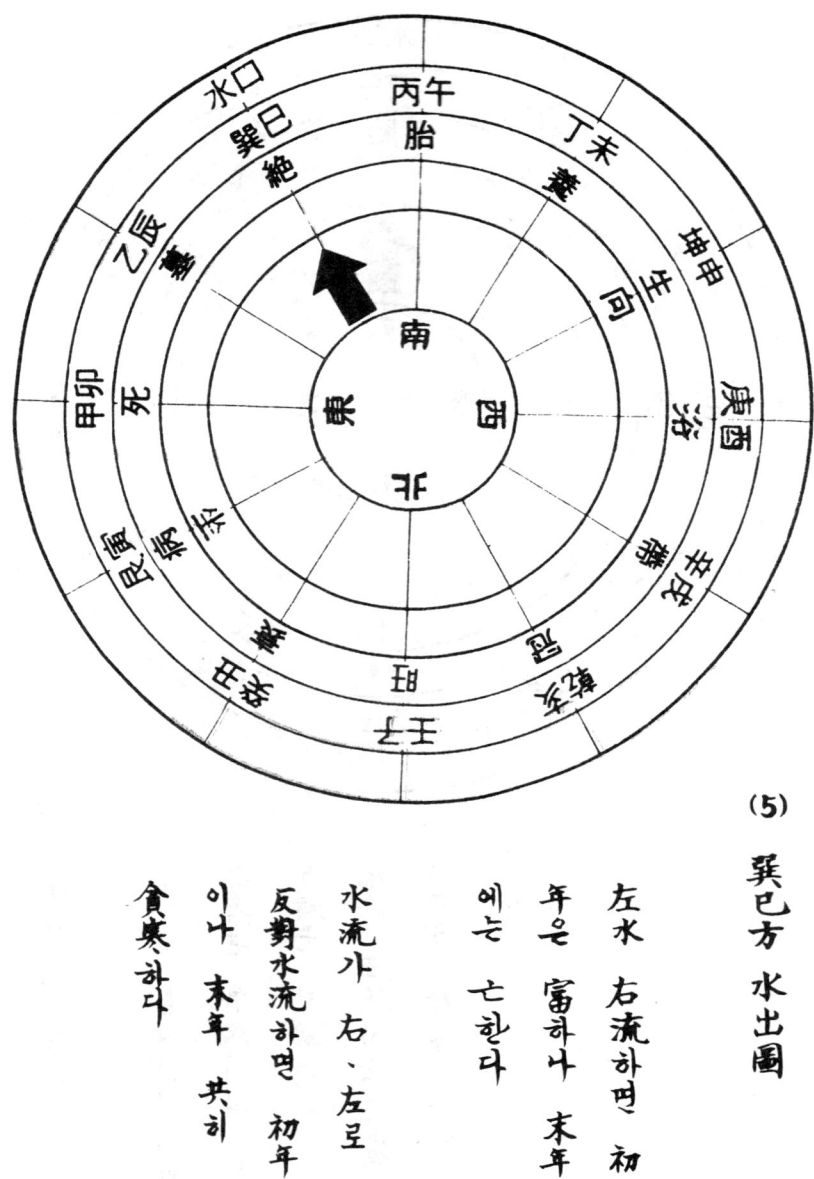

(5) 巽巳方 水出圖

左水 右流하면 初年은 富하나 末年에는 亡한다

水流가 右、左로 反對水流하면 初年이나 末年 共히 貪窮하다

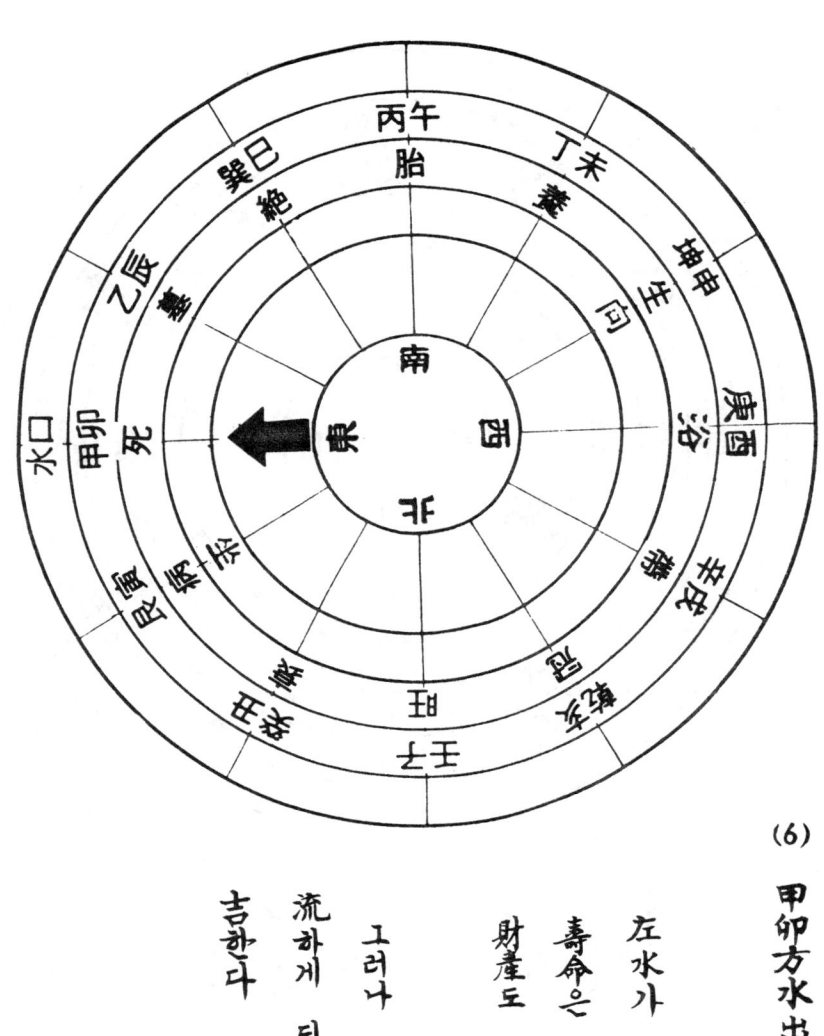

(6) 甲卯方水出圖

左水가 右流하면
壽命은 短命하고
財産도 없다

그러나 右水가 左
流하게 되면 半凶半
吉하다

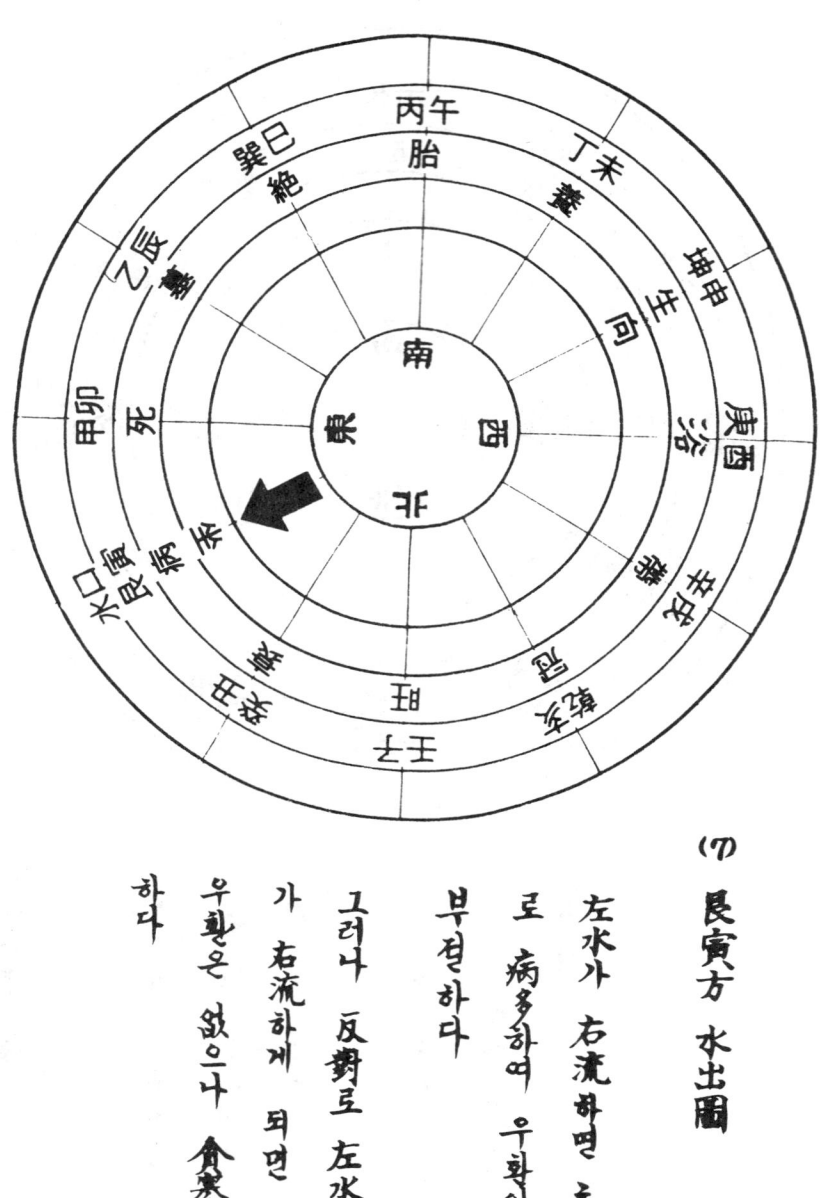

(7) 艮寅方 水出圖

左水가 右流하면 主로 病多하여 于孫이 부지하다

그러나 反對로 左水가 右流하게 되면 于孫은 없으나 貪豪하다

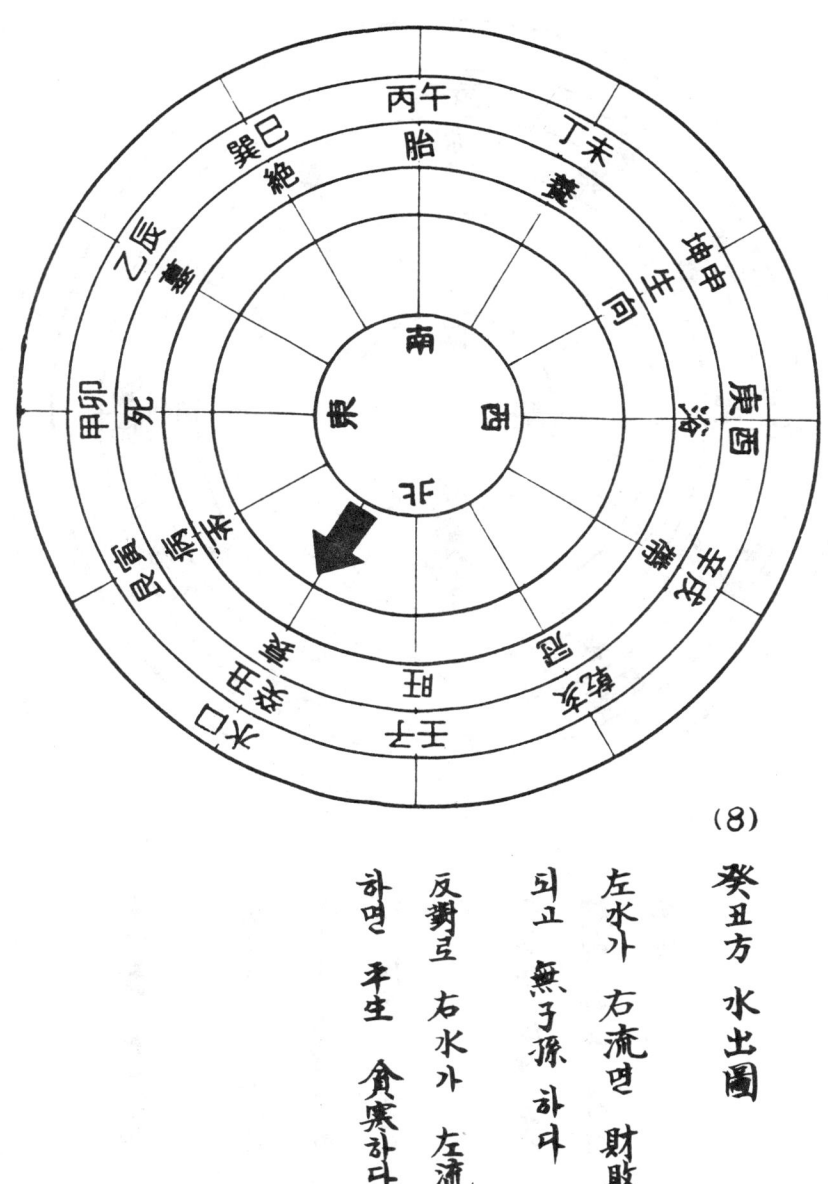

(8) 癸丑方 水出圖

左水가 右流면 財敗
되고 無子孫하다

反對로 右水가 左流
하면 平生 貪寒하다

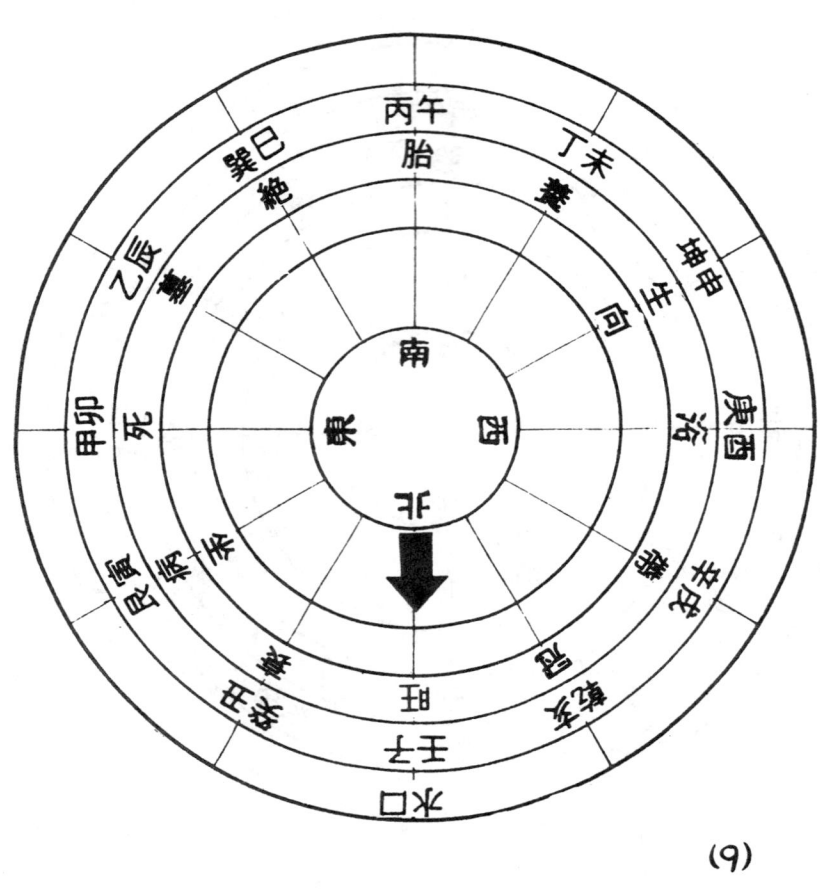

(9) 壬子方 水出圖

左水가 右流하면
長壽하는 者도 있으나 初年운 有足하나

右水가 左流하면
短命하고 가난하다

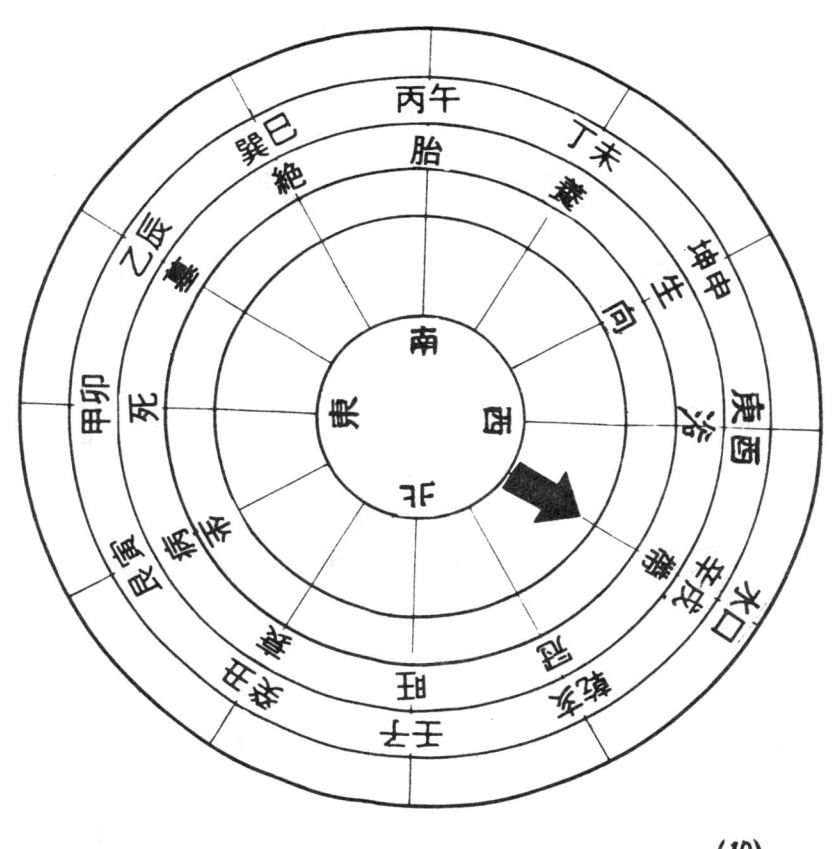

(10) 辛戌方 水出圖

右水가 左流하거나
左水가 右流를 하
면 同一하게 不具
者가 생기고 흉명
한 子孫이 死亡하
며 財敗한다

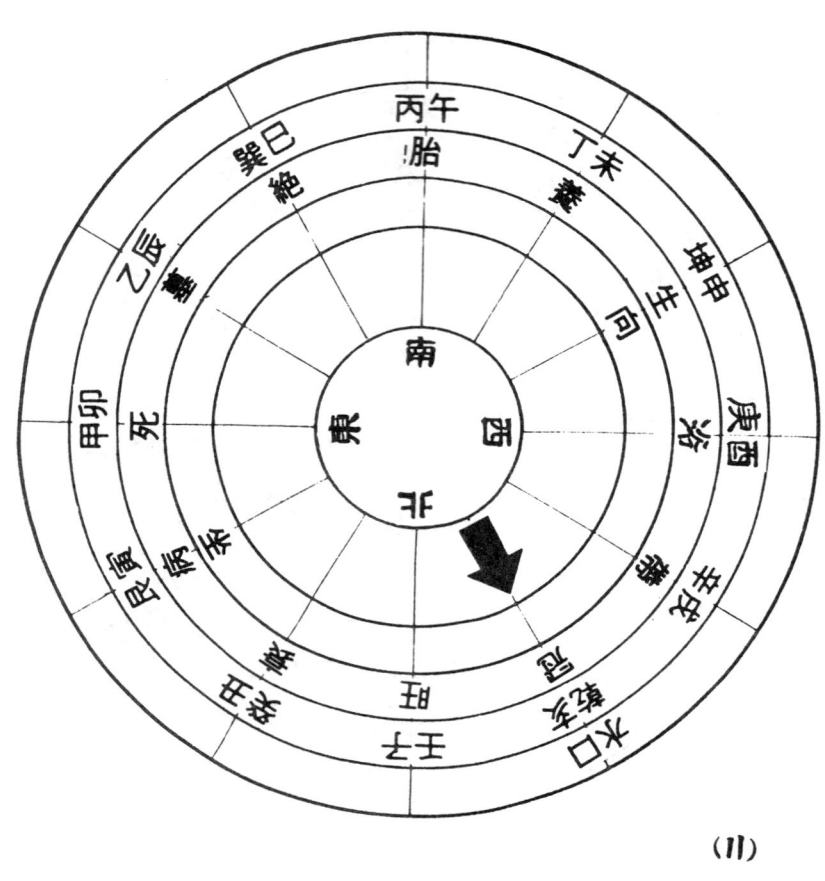

(11) 乾亥方 水出圖

右水가 左流하거나
左水가 右流하면
同一하게 총명하듯
子孫이 死亡 또는
血吐病者가 생기는
凶方이다

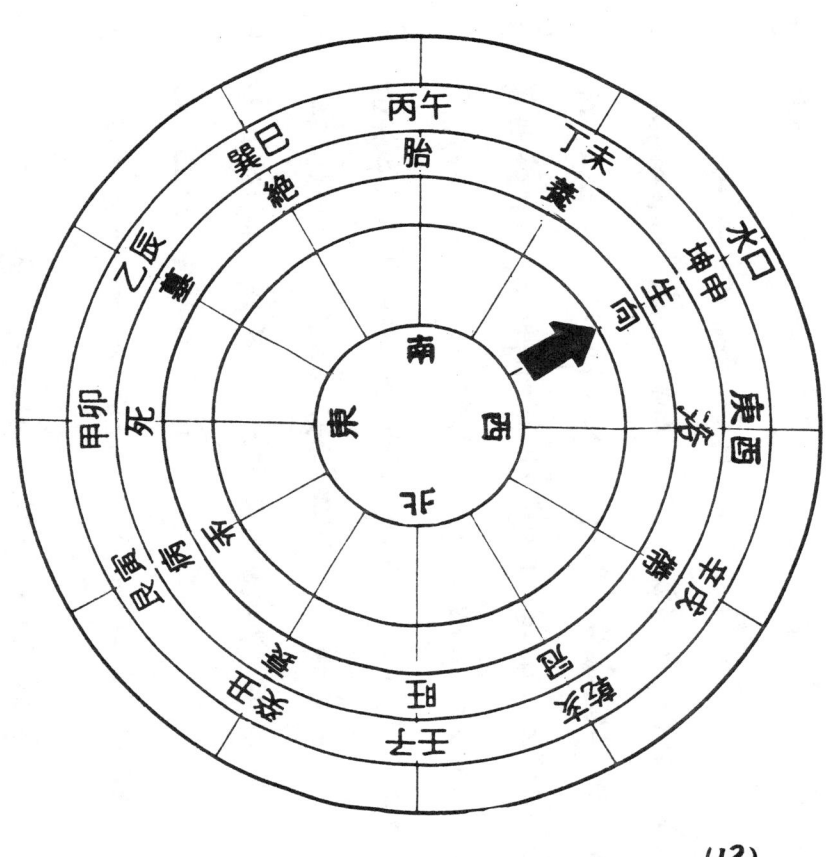

(12) 坤申方 水出圖

右水가 左流하여
申方을 침범하지
않으면 大富大吉
하다

左水가 右流하면서
坤方으로 出水去하면
大官이 배출 되다

四、甲卯坐 庚酉向 水口吉凶

(一) 癸丑方으로 出水하면 子孫은 孝子를 出生하고 壽命과 財福이 旺盛해 지는 吉方이다

(二) 辛戌方으로 水路가 出하면 富者가 되는 것은 물론이고 子女의 立身揚名으로 家門이 繁昌하는 등 吉事重々

(三) 右水가 左側으로 흘러서 丙午方으로 水出되면 沐浴이 되며 子女의 風流는 없어지나 家庭이 安定된다 左水가 右流하면 女因財敗 殺人大黃泉

(四) 坤申方으로 水流出去하면 官이 冲을 당하는 것이 되니
     을 잃기에 괴므로 財敗、不具・子孫亡等 不吉事 重々하다

(五) 丁未方으로 물이 흘러나가면 冠帶을 스쳐 흘러나가니 총명한 子孫이 喪하며 夫婦死亡하고 財産 敗한다

(六) 乙辰方으로 水流出去하면 子孫 死亡하고 財敗한다

(七) 甲卯方으로 水流出去하면 胎神을 冲하는 (휩쓸고 가는것) 것이 되어 墮胎하고 傷人之事가 발생하며 晚年에는 財産이 損害된다

(八) 艮寅方으로 水流水表하면 初年에는 健康도 吉하고 財産도 吉하며 長壽도 한다

(九) 壬子方으로 물이 흘러나가면 寡婦 多出하고 (三兄弟가 害를 당한다) 가난하고 者는 長壽한다

(十) 乾亥方에 물이 흘러나가면 短命하고 寡宿이 되며 五、六名의 과부가 생기며 실병으로 인하여 敗家한다

(土) 巽巳方으로 물이 흘러나가면 문패를 득못에 달고 子孫이 귀하고 初年에는 財敗하고 後半期에는 평탄하다

(土) 右水가 左側으로 흘러서 庚寅方으로 물이 흘러 나가면서 酉方을 침범하지 않으면 大富 大貴하지만 庚酉方으로 물이 흐르면 만사 불길하게 된다

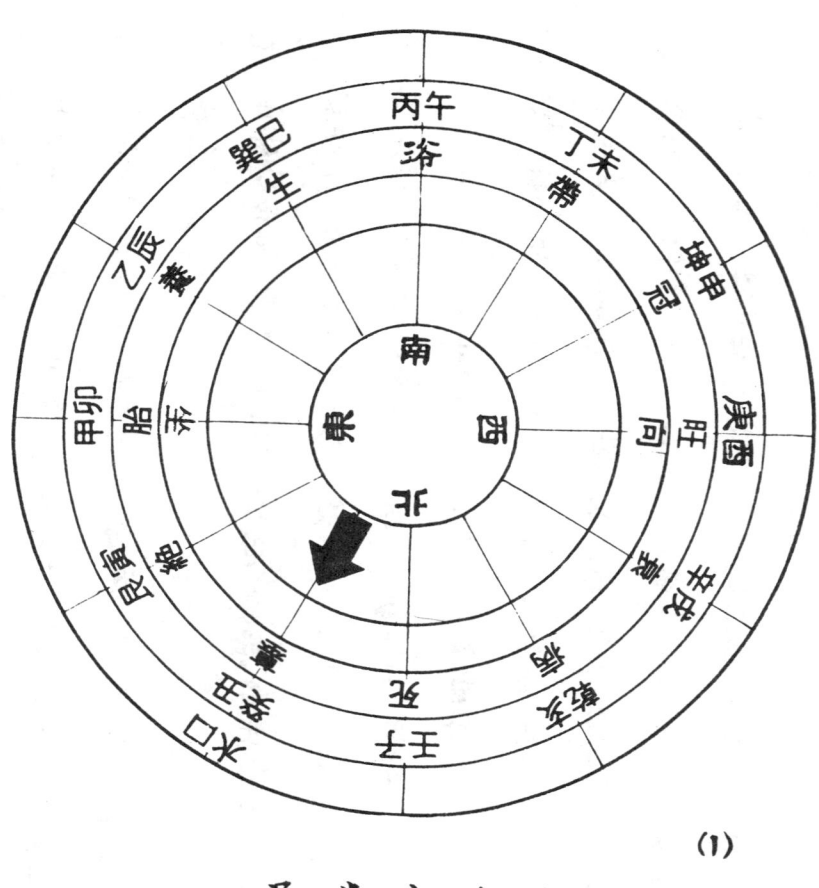

(1) 癸丑方 水出圖

左水가 右流하면 大富 大吉하고 子孫 孝出하고 長壽하며 右水가 左流하여 丑坐를 피하고 癸方만 물이 흐르면 吉하다

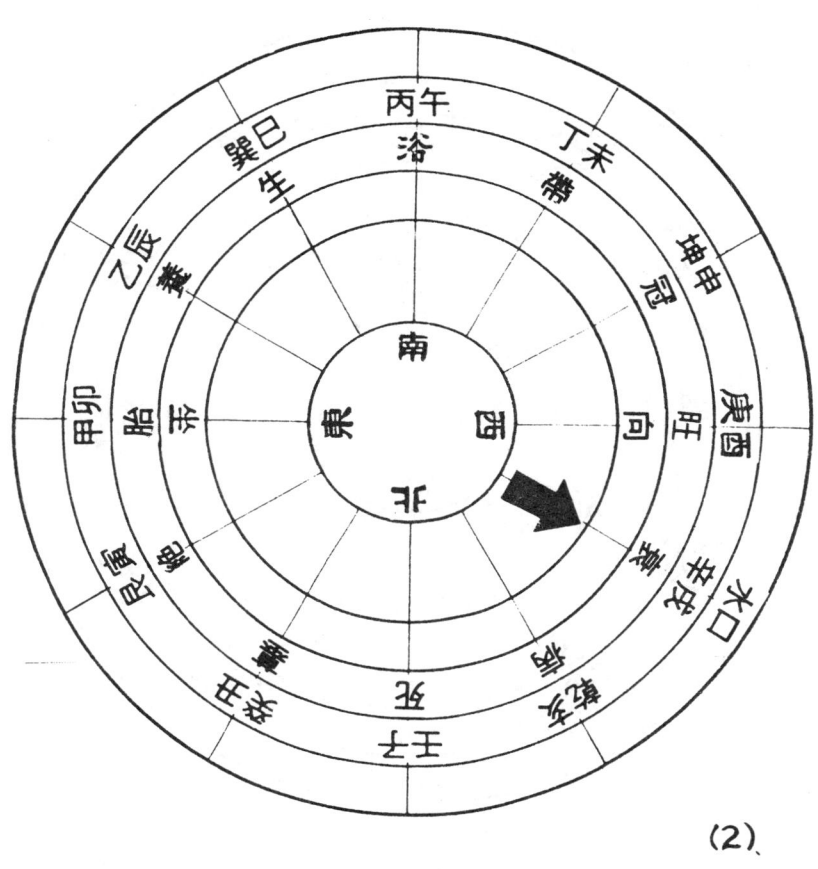

(2). 辛戌方 水出圖

左水가 右流하면 男
女 大吉하며 財産
富貴하고 子孫은 총
명한 자식이 생긴다
右水가 左流하여도
吉하다

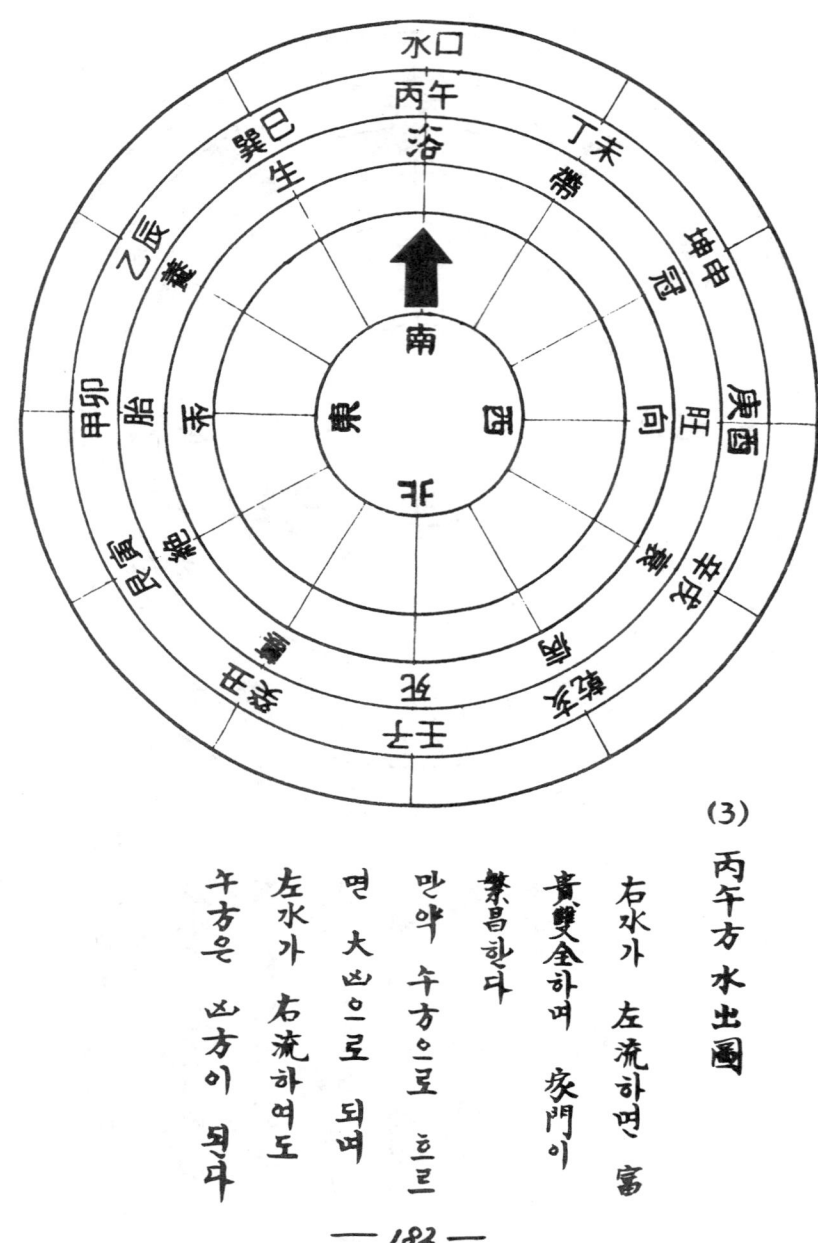

(3) 丙午方 水出圖

右水가 左流하면 富貴雙全하며 家門이 繁昌한다

만약 午方으로 흐르면 大凶으로 되며

左水가 右流하여도 午方은 凶方이 된다

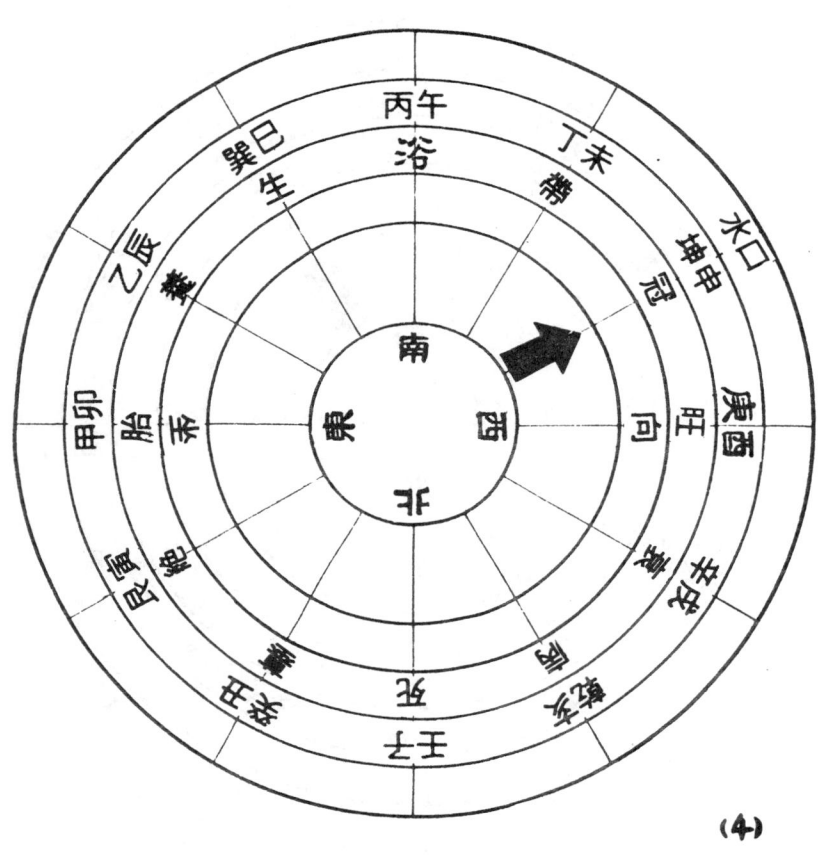

(4) 坤申方水出圖

左水가 右流하면
반드시 長子가 傷
하며 다큰 아들이
죽고 次子는 夫婦
이별하고 吐血病이
생기며 右水가 左
流하여도 大出하다

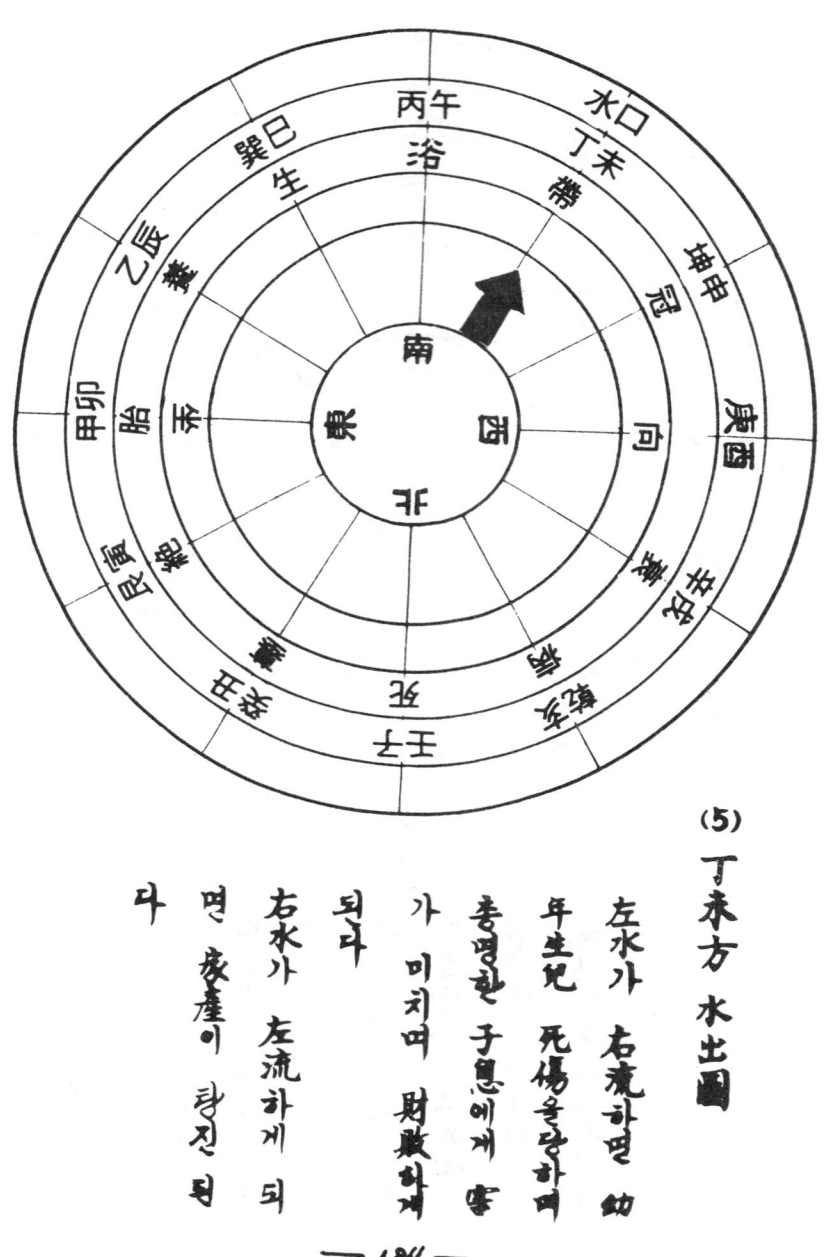

(5) 丁未方 水出圖

左水가 右流하면 幼
年生兒 死傷을당하며
季問한 子息에게 害
가 미치며 財敗하게
되다
右水가 左流하게 되
면 家産이 탕진 된
다

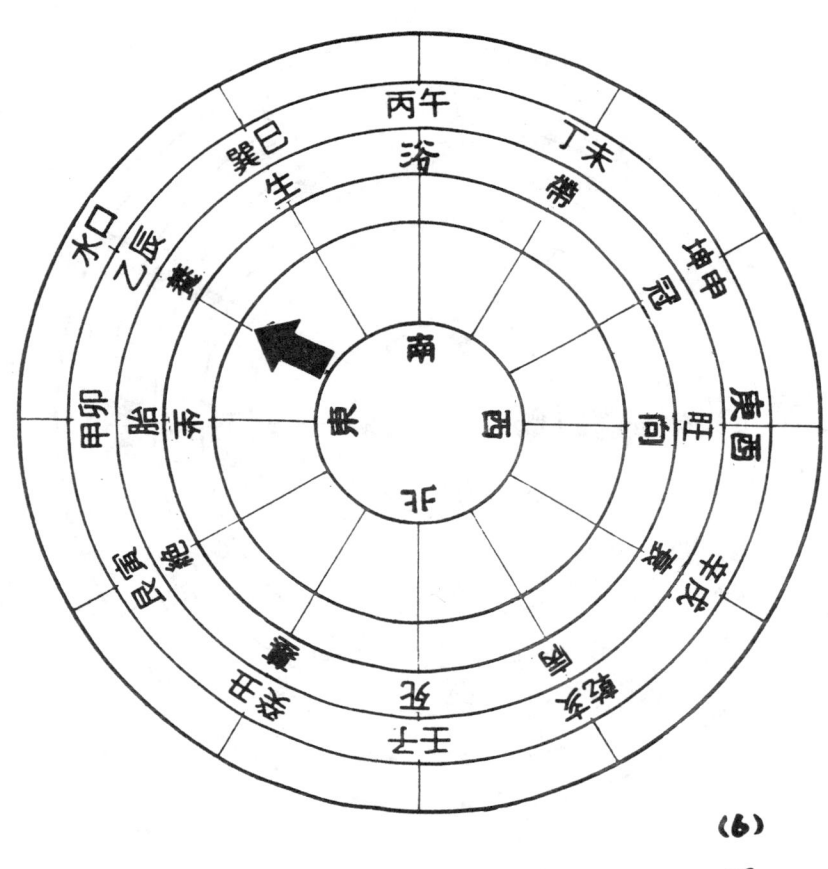

(6) 乙辰方 水出圖

左水가 右流하면
主로 小兒가 傷하며 家産이 敗하고 右水가 左流하며 역시 家産은 탕진한다

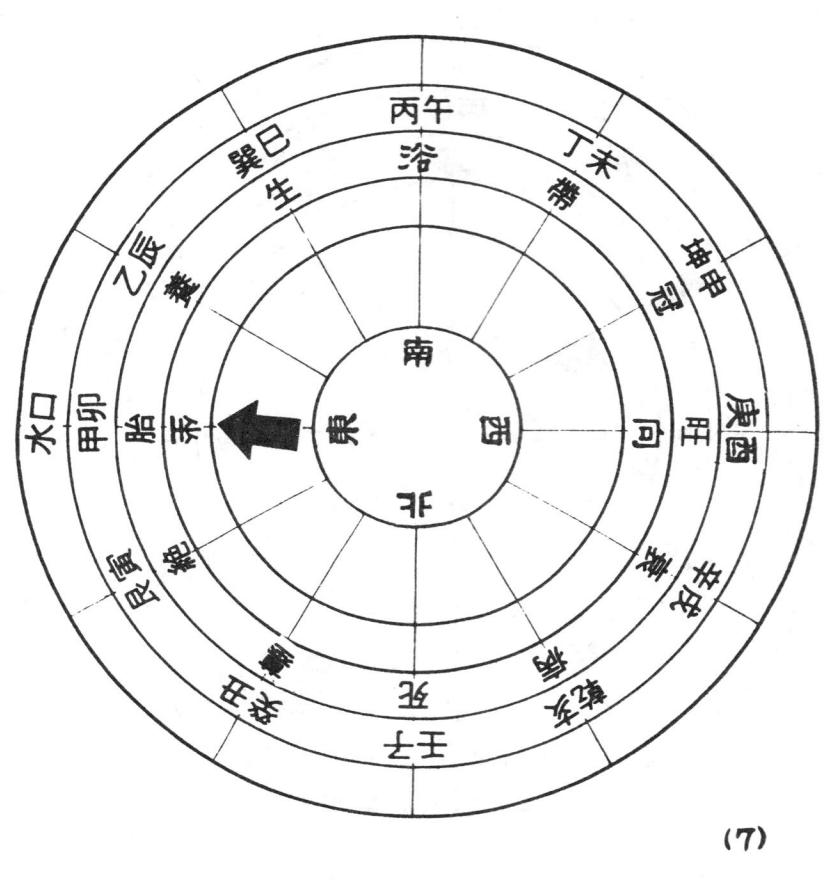

(7) 甲卯方 水出圖

左水 右流하면 短命하고 財敗하며
胎見가 流失되다
右水가 左流하면
或 長壽는 하나
財産은 없다

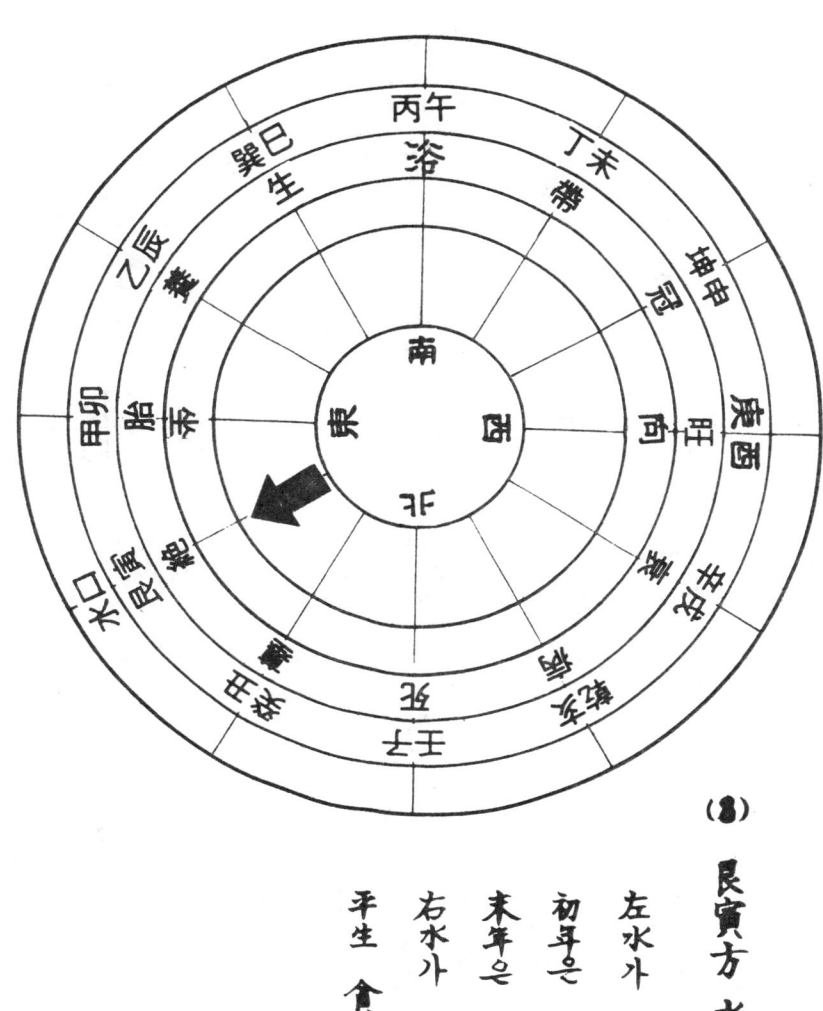

(8) 艮寅方 水出圖

左水가 右流며
初年은 吉하나
末年은 凶하다
右水가 左流면
平生 貧寒하다

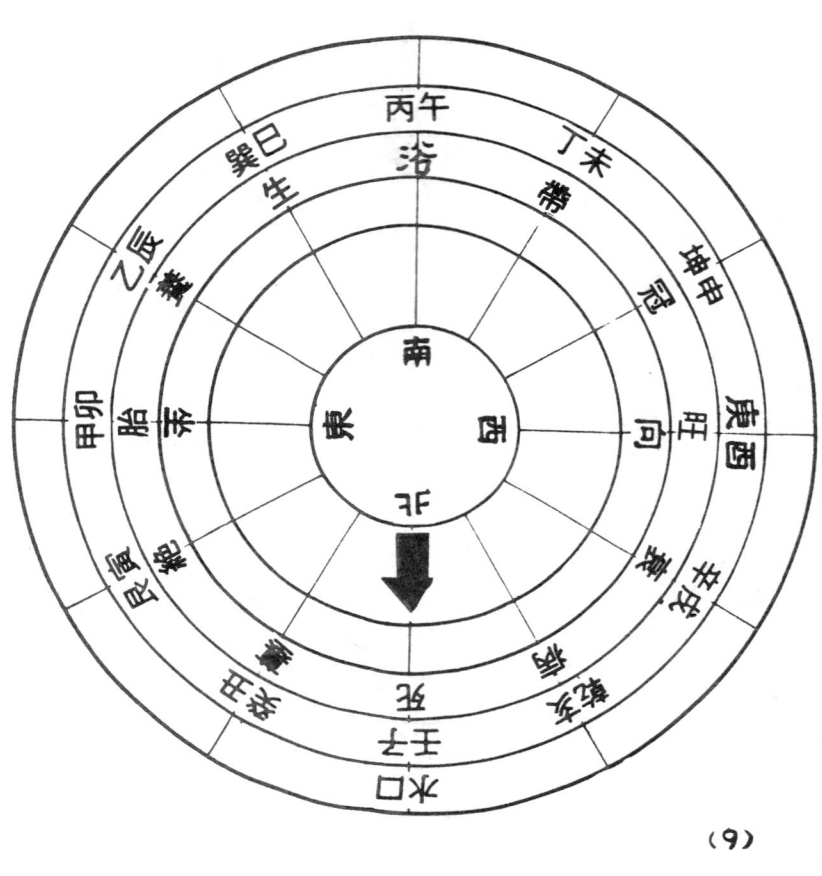

(9) 壬子方 水出圖

左水가 右流하면
急死 或은 凶死
하며 長孫부터
三家庭이 滅亡하
여 寡婦가 많이
생긴다
右水가 左流하여
도 亥戌은 마찬
가지 이다

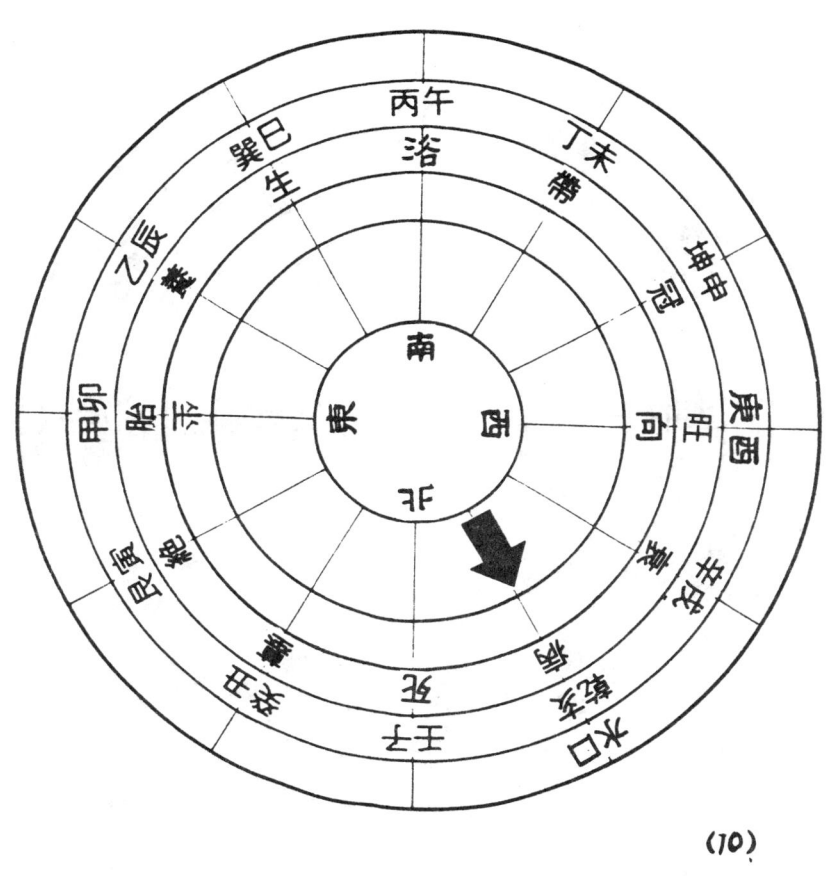

(10) 乾亥方水出圖

左水가 右流하면
短命하고 과부가
많이 생기며 또
血病者가 생긴다
右水가 左流해도
역시 大凶하다

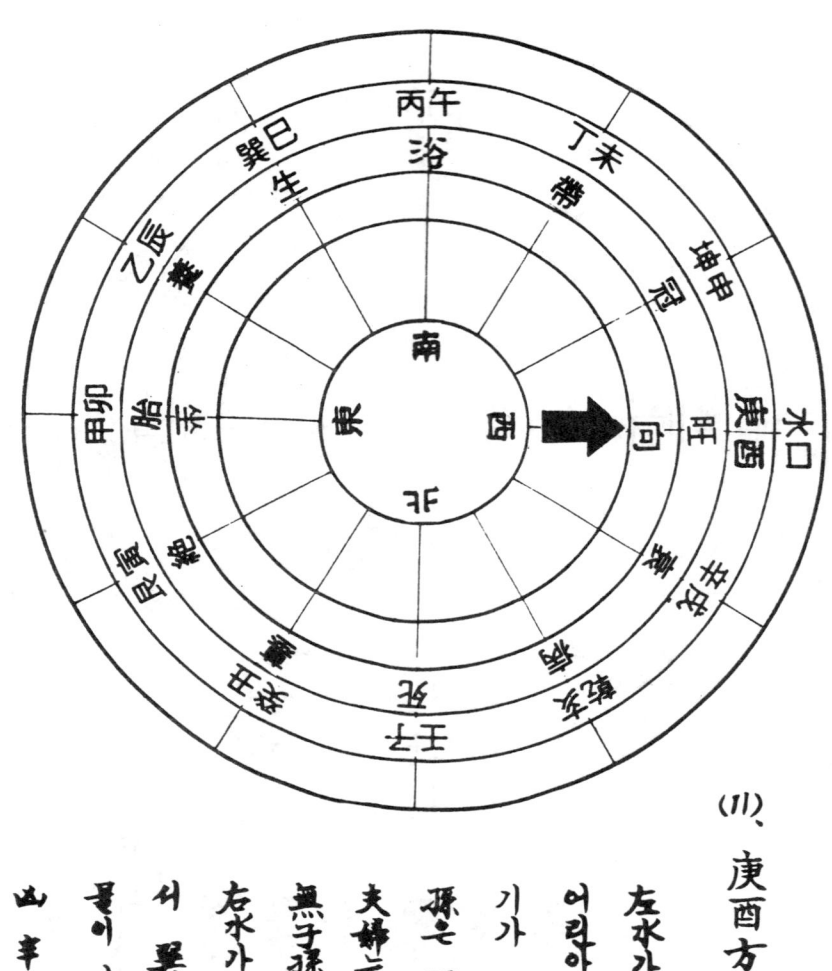

(11)、庚酉方 水出圖

左水가 右流하면
어린아이를 기르기가 어렵고 長
孫은 早死 次子
夫婦는 이별하고
無子孫되다
右水가 左流하면
서 巽方으로만
물이 나가면 辛
山 辛吉하다

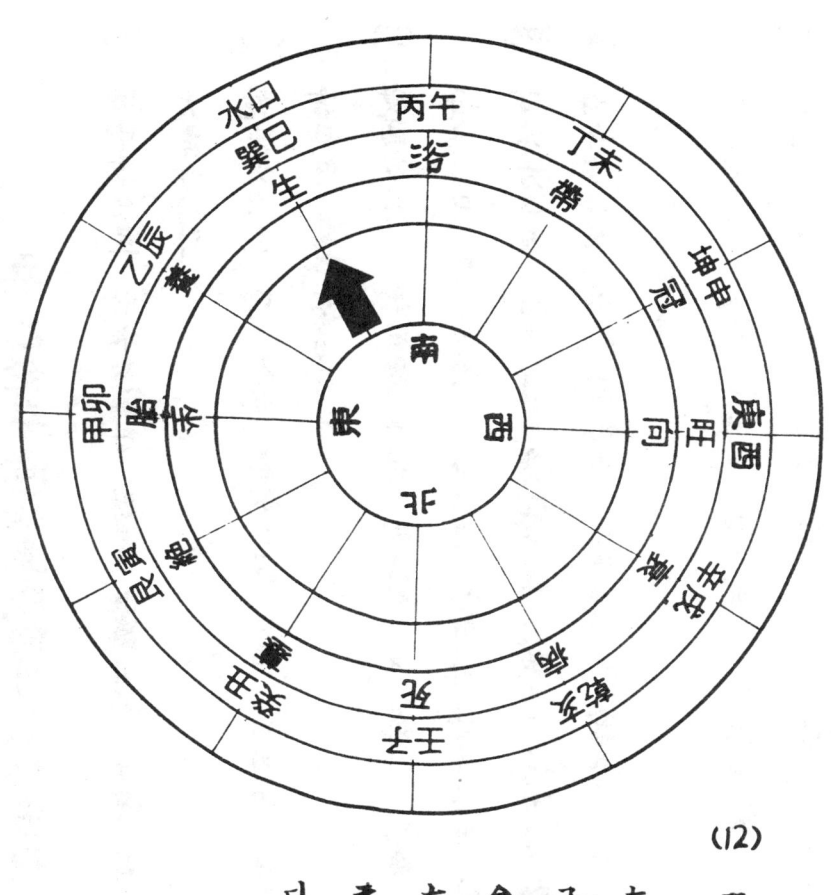

(12) 巽巳方水出圖

左水가 右流하면
子孫은 昌盛해도
貪慾하干
右水가 左流하면
辛生 丰山丰吉하
干

五、乙坐辛向 辰坐戌向의 水口吉凶

(一) 坤申方으로 出水去하면 財産 旺盛하고 子孫 昌盛하고 壽命長吉하는 大吉方이다

(二) 乾亥方으로 即 左水 右側으로 흘러 나가면 財産 多富하고 壽命長 吉하며 萬事亨通한다

(三) 庚酉方으로 水流出去하면 財産이 궁핍하며 短命하고 或 長壽者그 貪寒하다

(四) 丁未方으로 出水하면 貪寒하고 大盛을 못하나 初年은 半吉 하다 또 惡石이 있으면 性質이 난폭하게 된다

(五) 丙午方으로 水流出去하면 中年까지그 富를 누리나 末年에는 貪寒 하며 長壽한다

(六) 巽巳方으로 水流出去하면 財敗하고 子孫難養 男女 夭死 夫婦死別

(七) 乙辰方으로 물이 흘러나가면 退神이 冠帶向을 犯하는 것이 되어

(八) 夭亡하며 財敗하고 家禍動乱의 凶事가 不絶이다

艮寅方으로 물이 흘러 나가면 財敗하며 每事不成하고 물의 흐름이

力大하면 敗家하다

(九) 癸丑方으로 물이 흘러 나가면 재산이 損敗되고 每事 되는 일이 없

고 平生 貪寒하다

(十) 壬子方으로 물이 흘러 나가면 子孫의 吉凶이 相半되어 있으며 壽命

도 短命한 者가 많으며 長壽者는 적다

(十一) 辛戌向으로 물이 흘러 나가면 貪寒한 家庭으로 子女 교육에도 장

해를 주는 등 不吉하지만 辛方으로 물이 흐르고 戌亥方을 침범하지

않으면 大吉하여 大富가 되다

(十二) 甲卯方으로 물이 흐르면 子孫이 風流와 酒色으로 망하고 色難으로

가정이 殿하고 財產도 손해 되지만 卯方을 不犯하고 甲子方으로

물이 흐르면 大富 大吉하고 長壽한다

—193—

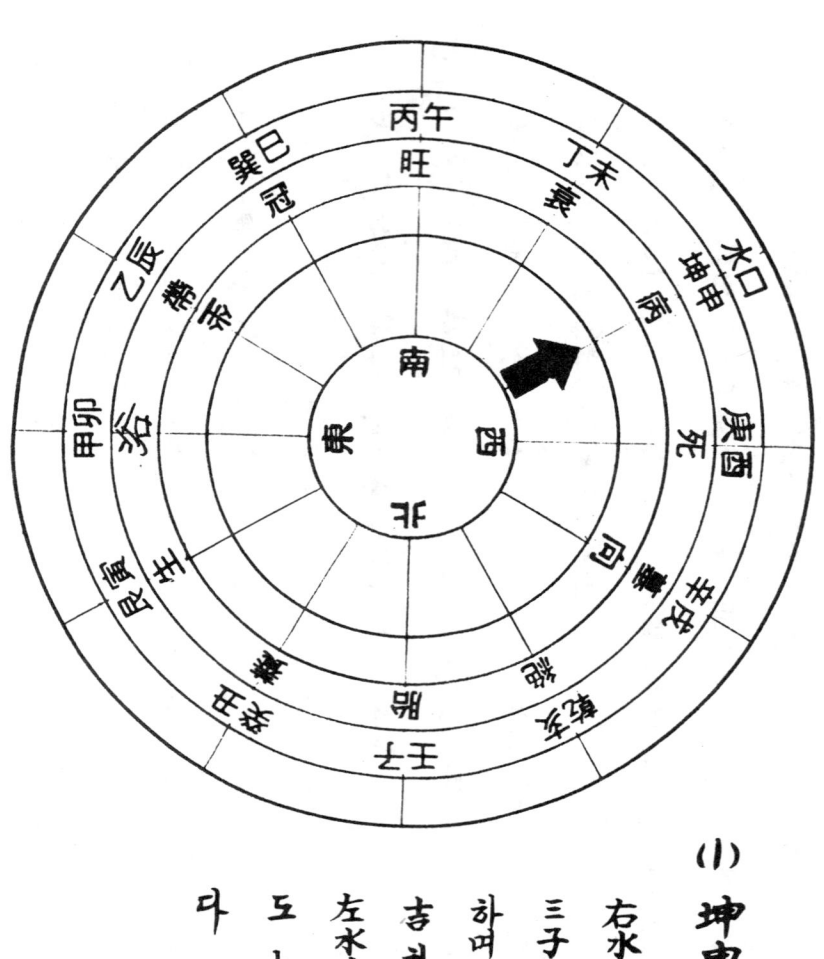

(1) 坤申方 水出圖

右水가 左流하면
三子가 名振四海
하며 葵門이 大
吉하다
左水가 右流하며
도 大吉 大成하
다

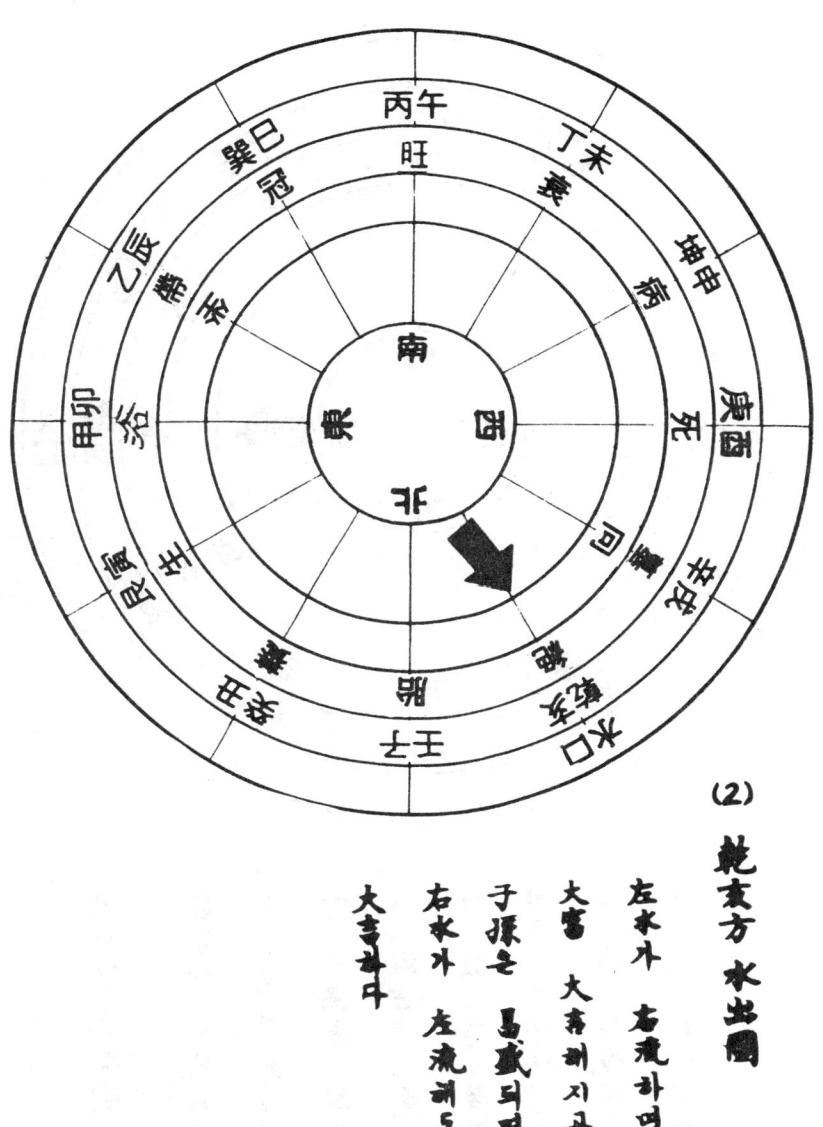

(2) 乾亥方 水出圖

左水가 右流하면
大富 大貴해지고
子孫은 昌盛되며
右水가 左流해도
大吉하다

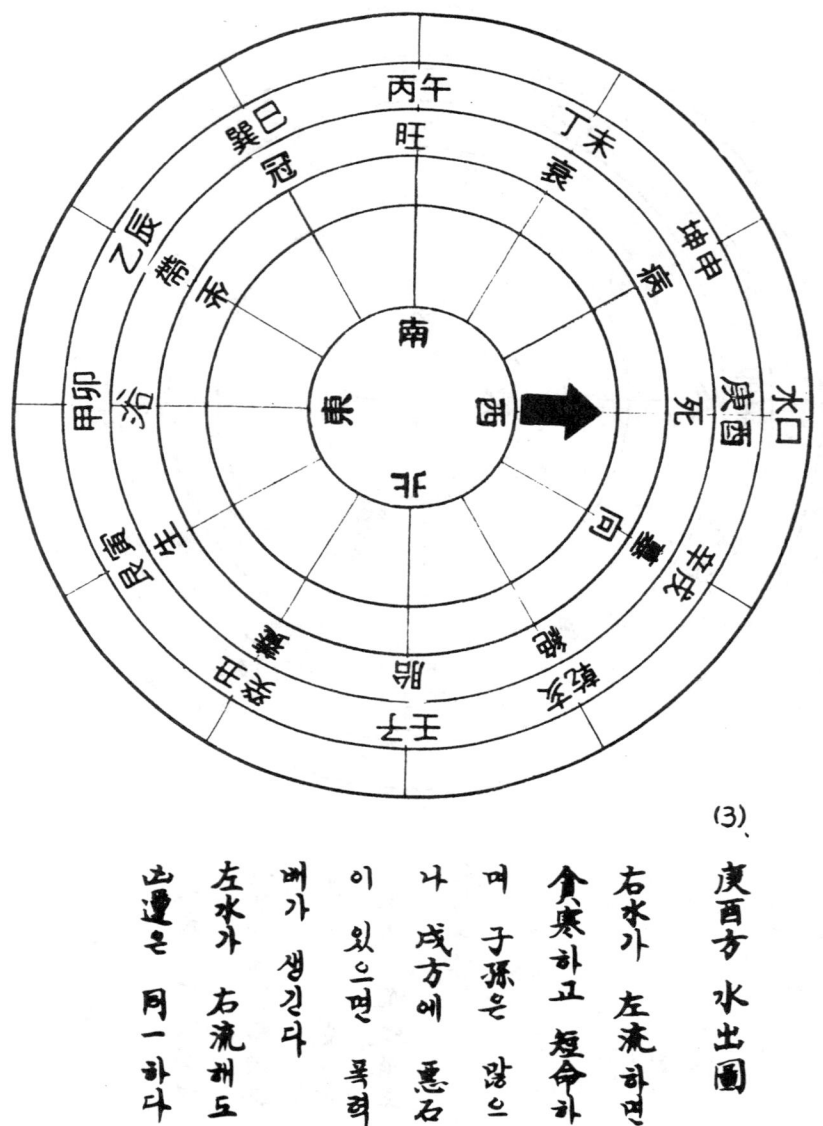

(3). 庚酉方 水出圖

右水가 左流하면
貪慾하고 短命하나
며 子孫은 많으
나 戌方에 惡石
이 있으면 목력
배가 생긴다
左水가 右流해도
山邊은 同一하다

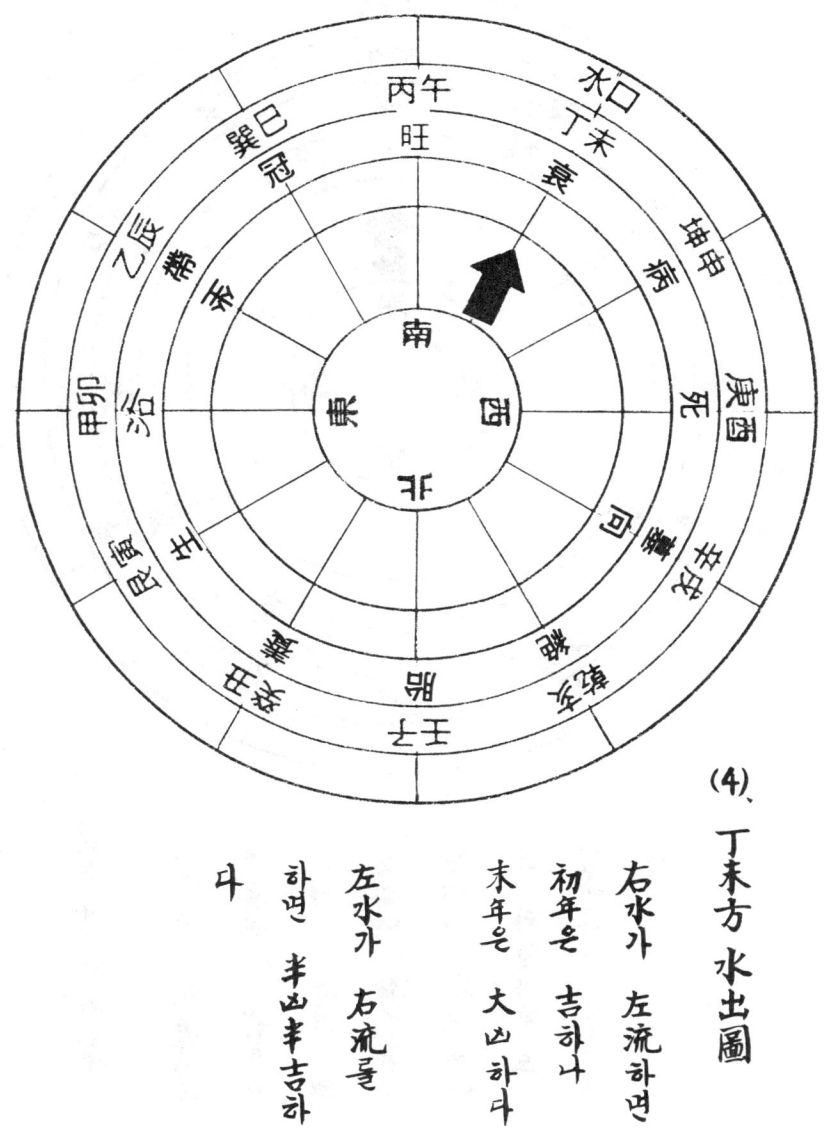

(4) 丁未方 水出圖

右水가 左流하면
初年은 吉하나
末年은 大凶하다

左水가 右流를
하면 半山半吉하
다

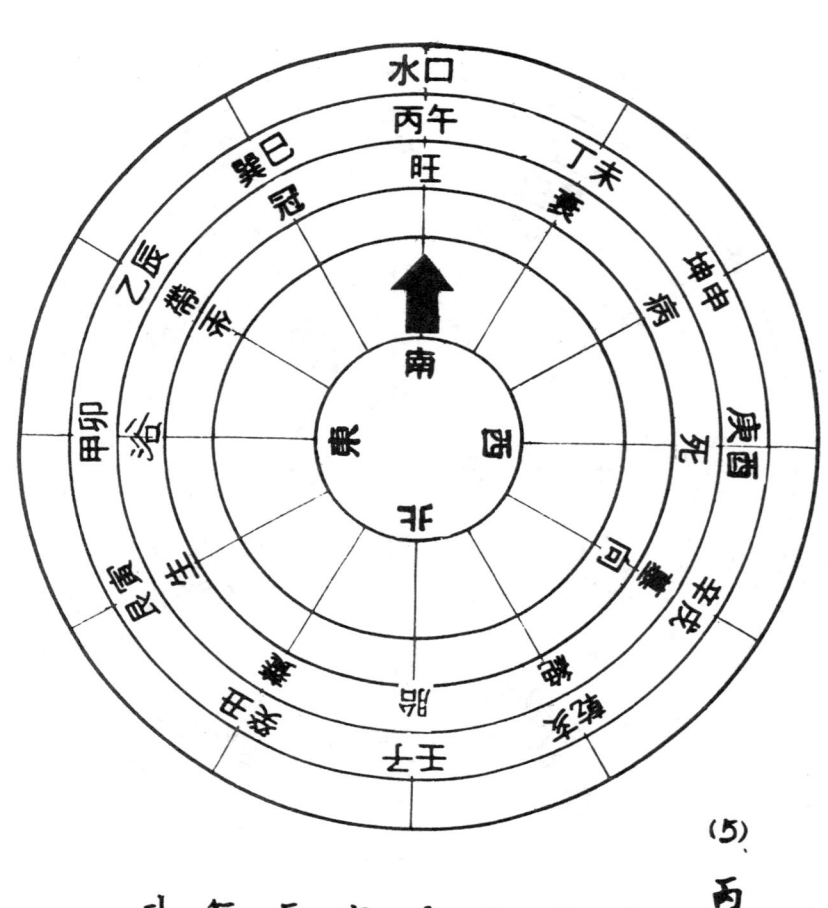

(5) 丙午方 水出圖

右水가 左流하면 長壽하는 者도 있으나 대부분 短命하며 財敗한다

左水가 右流하여도 마찬가지로 短命하고 가난하다

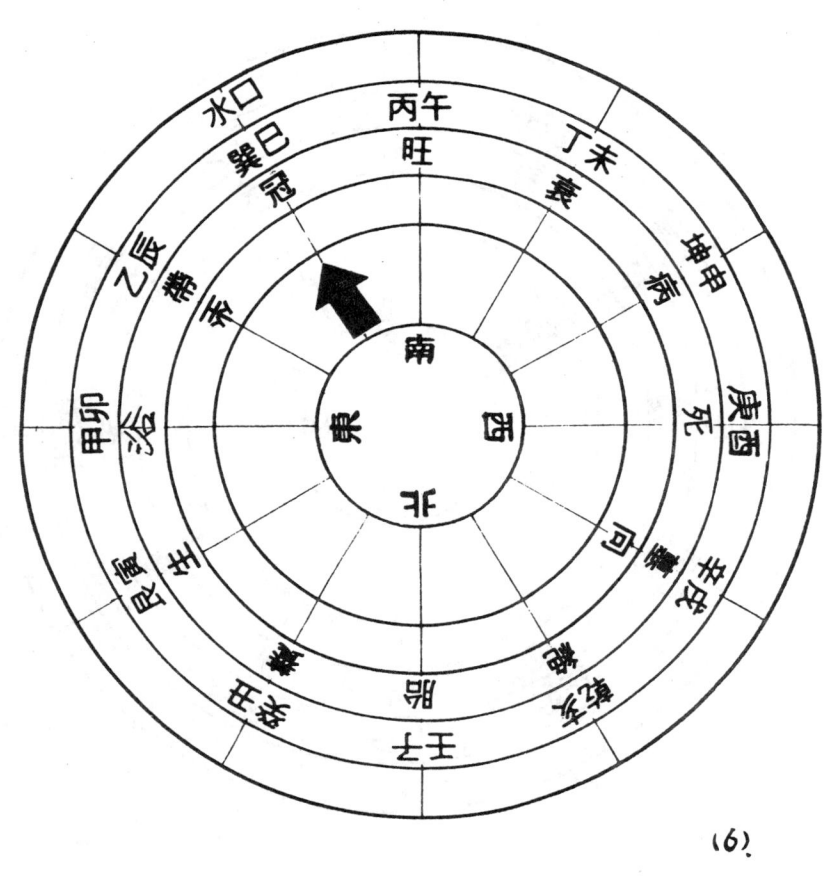

(6) 巽巳方 水出圖

右水가 左流하면
主로 財敗하고
長子는 死亡하고
次子들은 山方이다
別하는 부부이
左水가 右流하면
子孫이 滅亡한다

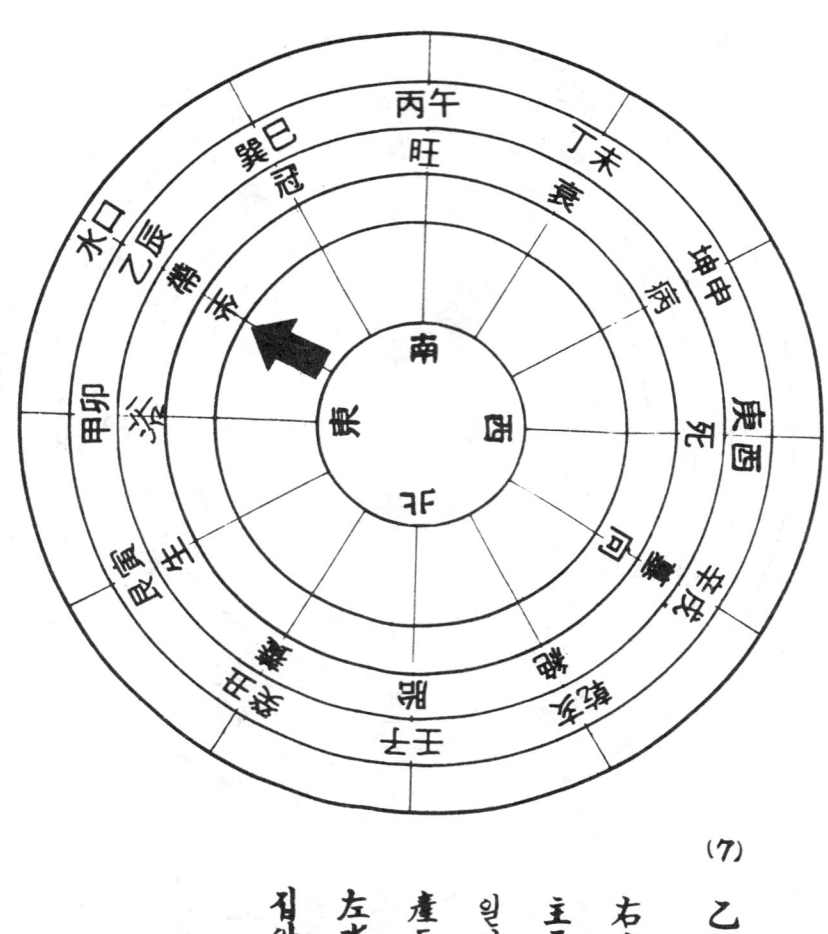

(7) 乙辰方 水出圖

右水가 左流하면
主로 夭死하는
일이 생기며 財
産도 敗한다
左水가 右流하면
집안이 滅亡한다

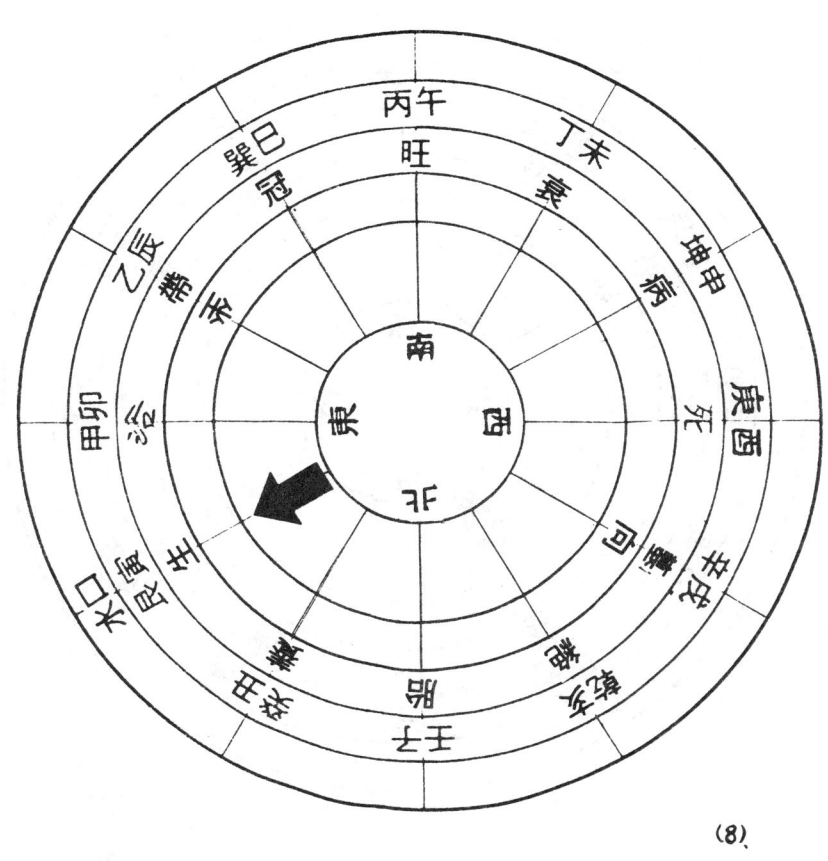

(8) 艮寅方 水出圖

右水가 左流하면
財産 失敗되고
左水가 右流하여
도 敗財亡하다

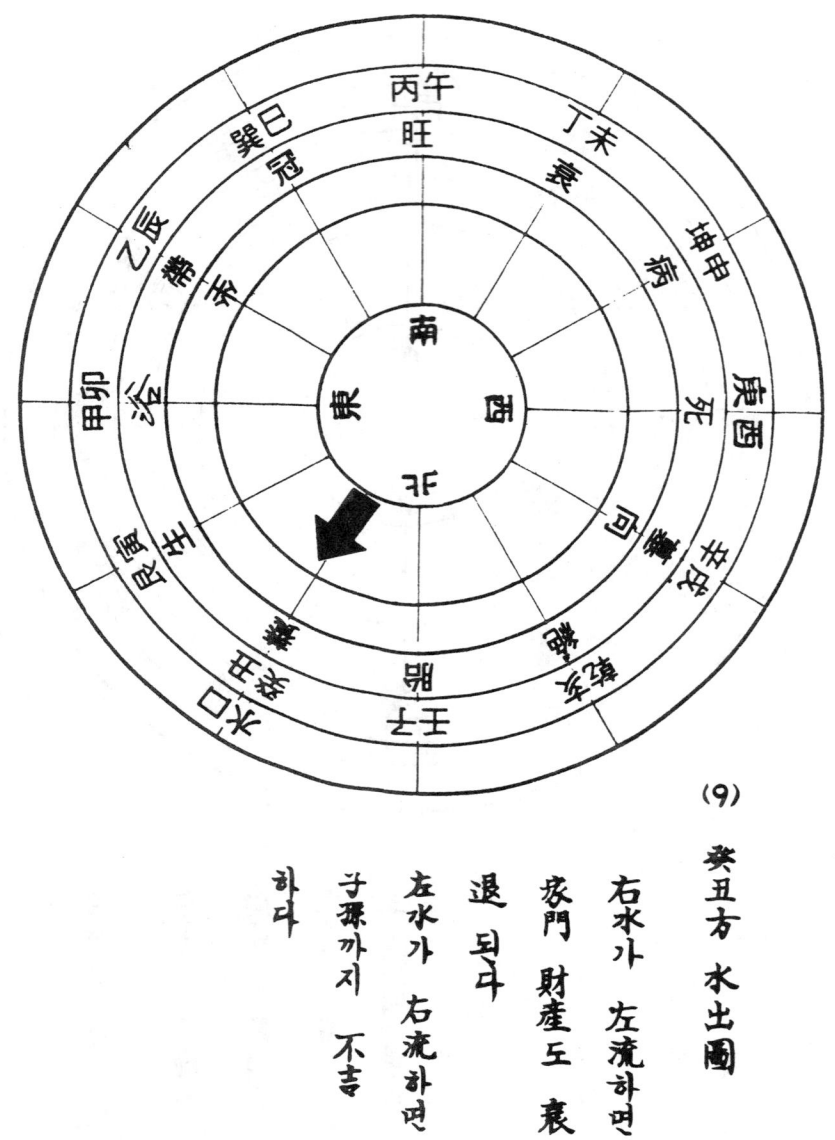

(9) 癸丑方 水出圖

右水가 左流하면
家門 財産도 衰
退 되고
左水가 右流하면
子孫까지 不吉
하다

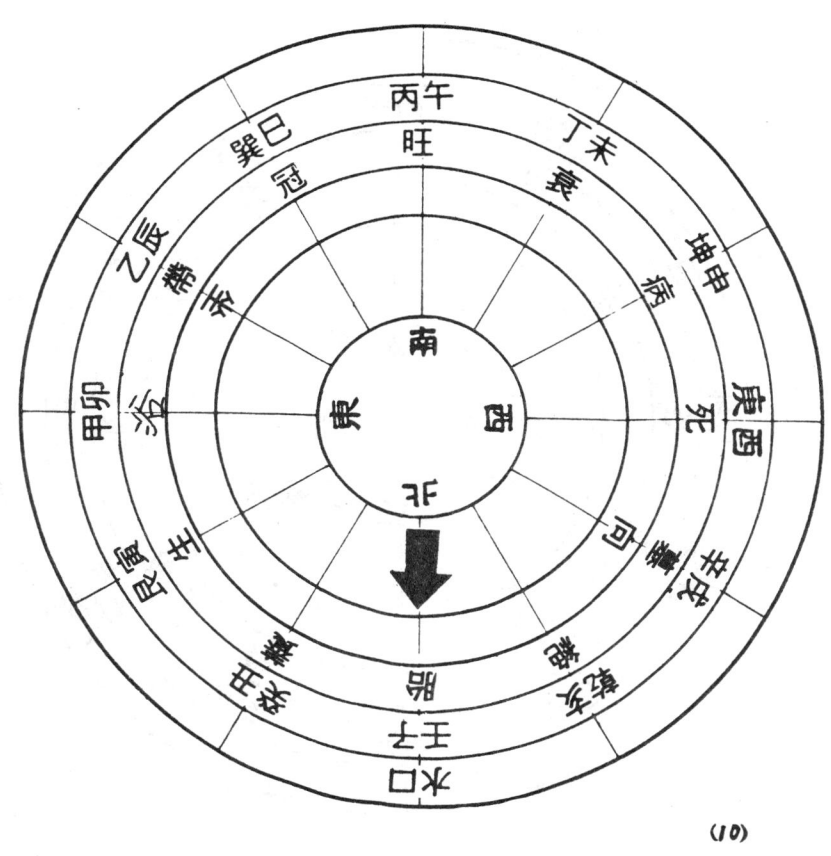

(10) 壬子方 水出圖

右水가 左流하면
或 初年에는 富
者가 되는 者도 있
으나 結局은 財敗
되며 短命한다
左水가 右流하면
吉ㅛ 相丰한다

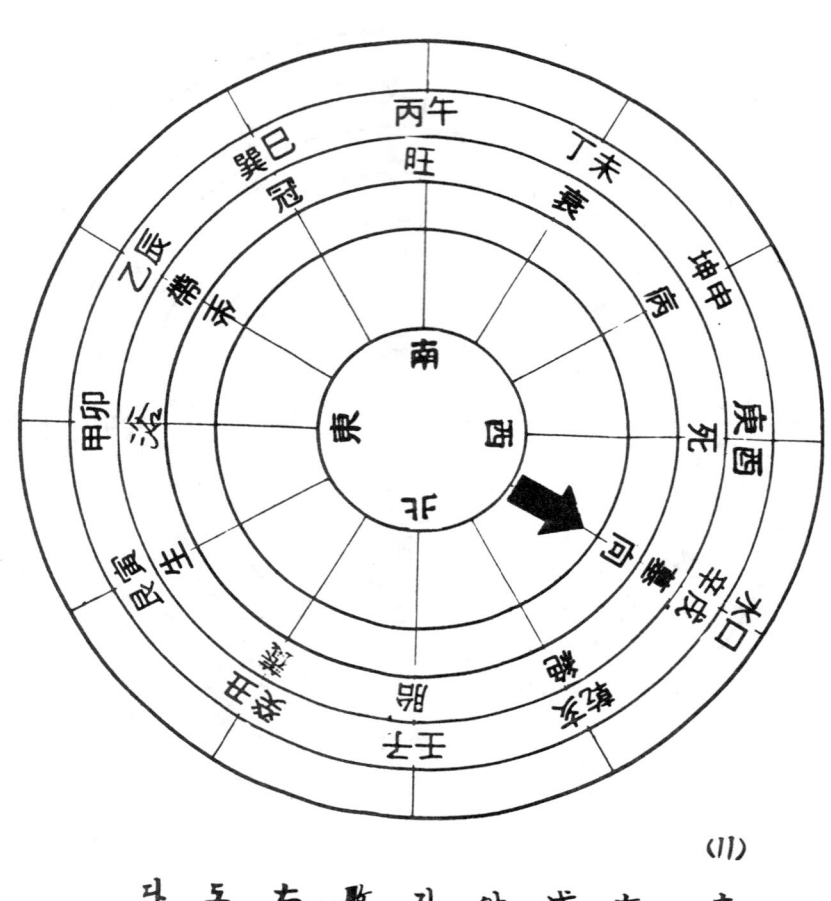

(11) 辛戌方 水出圖

左水가 右流하면
戌方을 犯하지
않으면 財富 되
지만 有犯이면
敗財 된다
右水가 左流하여
도 역시 同一하
다

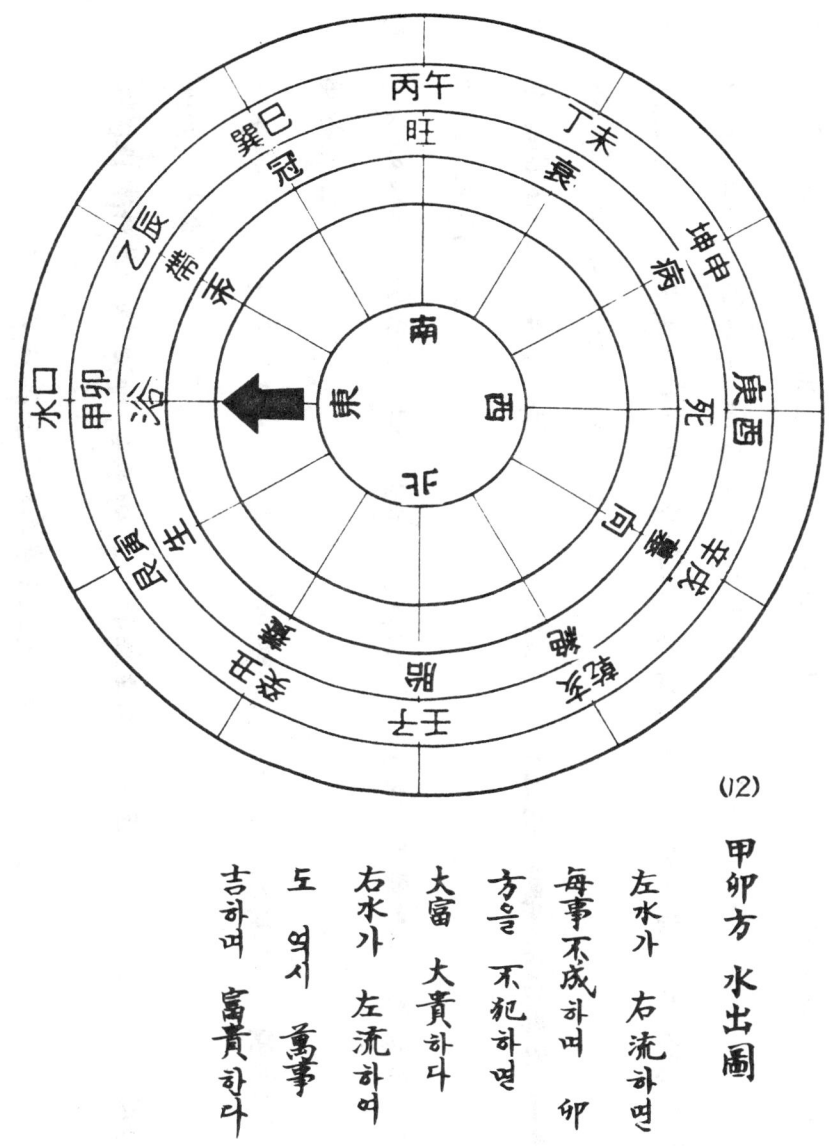

(12) 甲卯方 水出圖

左水가 右流하면
每事不成하며 卯
方을 不犯하면
大富 大貴하다
右水가 左流하여
도 역시 萬事
吉하며 富貴하다

六, 巽坐乾向 巳坐亥向의 水口吉凶

巽巳坐 乾亥向으로 墓를 作峯할때 右側에서 左側으로 흘러가는 것을 主로 본다

(一) 丁未方으로 出水去하면 子孫은 昌盛하고 夫婦 有德하며 富貴가 雙全한다

(二) 辛戌方으로 水出去하면 富貴 長壽하며 家內 有慶하며 財福이 오래 持續된다

(三) 壬子方으로 左水가 右側으로 흘러서 出去하면 富貴功名하며 平生 吉하며 子孫 昌盛하다

(四) 庚酉方으로 水流出去하면 胎神을 冲破하니 財有多福하고 長壽하는 方位이지만 富貴가 持續되지 못하고 末年에는 財敗한다

(五) 坤申方으로 水流出去하면 長壽하게 되면 貧寒하고 財多면 短命하다

—206—

(六) 丙午方으로 水流出去하면 短命 敗財하여 平生 貧寒하다

(七) 巽巳方으로 水流出去하면 財産이 急敗하고 家庭斗탄 夫婦不和하여

(八) 乙辰方으로 水流出去하면 財産 失敗되고 夫婦離別 百事 大敗하다

(九) 甲卯方으로 水流出去하면 財産이 失敗되고 初年은 吉한 것같으나
末年은 大凶하며 萬事不成한다

(十) 癸丑方으로 水流出去하면 冲破冠帶가 되니 반드시 子女中 學業을 中
斷 身傷되고 主로 官職者는 罷職되고 婦人도 傷身된다

(土) 艮寅方으로 水流出去하면 冠方을 쓸어 버리고 물이 흘러가니 黃泉
大殺이 된다하여 다른 아들이 死亡 또는 不具者되고 短命 또는
困窮하게 된다

(土) 乾亥方으로 水流出去하면 財敗를 하는등 凶하지만 亥方을 不犯하고
乾方으로만 흐르면 財富하고 子孫昌盛 大吉한다

고독이 오게 된다

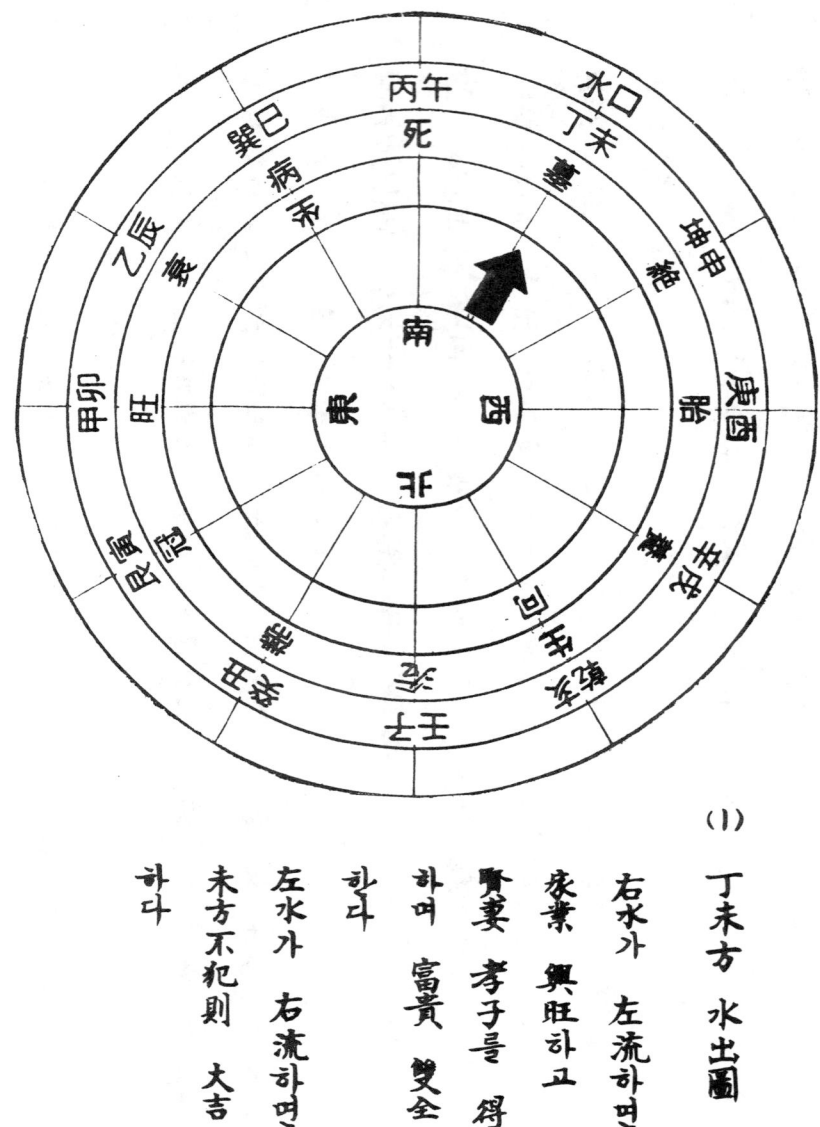

(1) 丁未方 水出圖

右水가 左流하면
家業 興旺하고
賢妻 孝子를 得
하며 富貴 雙全
한다
左水가 右流하면
未方不犯則 大吉
하다

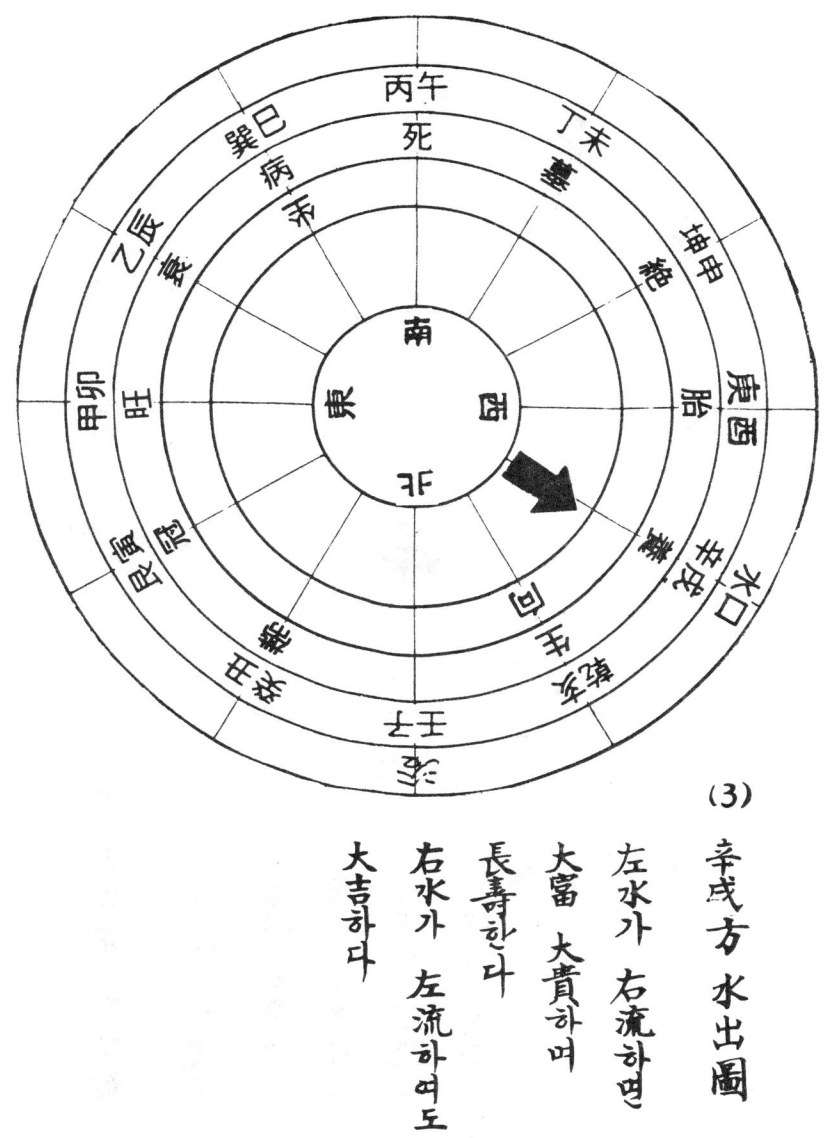

(3) 辛戌方 水出圖
左水가 右流하면
大富 大貴하며
長壽한다
右水가 左流하여도
大吉하다

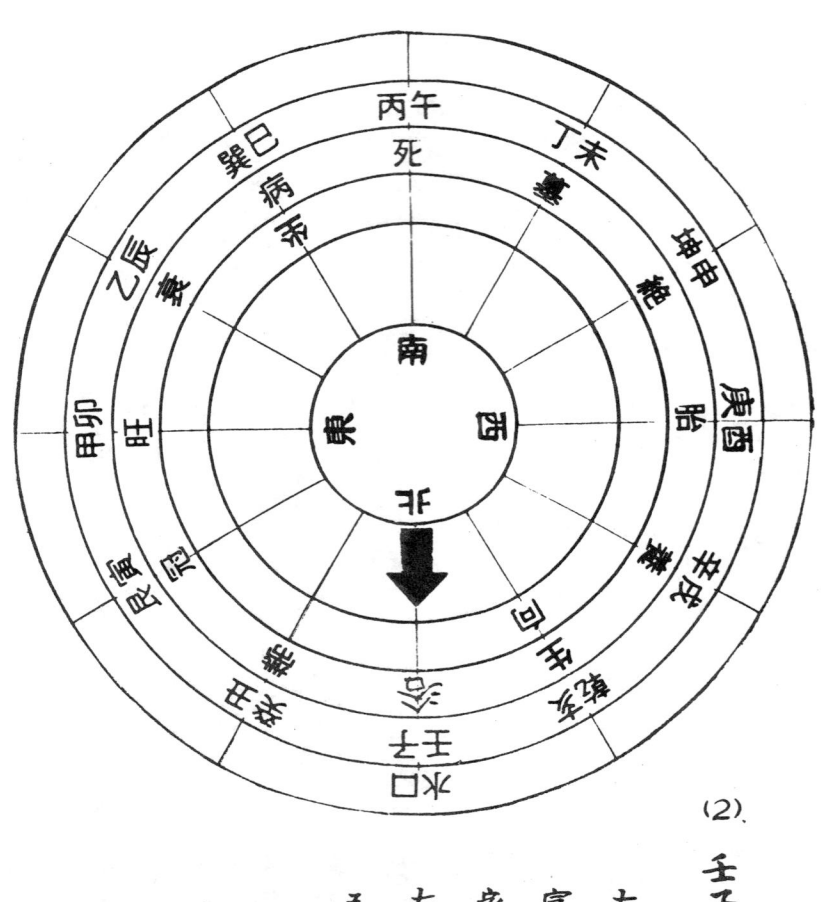

(2). 壬子方 水出圖

右水가 右流하면
富貴長壽하며
家內 大旺하고
左水가 右流라도
五福이 具全된다

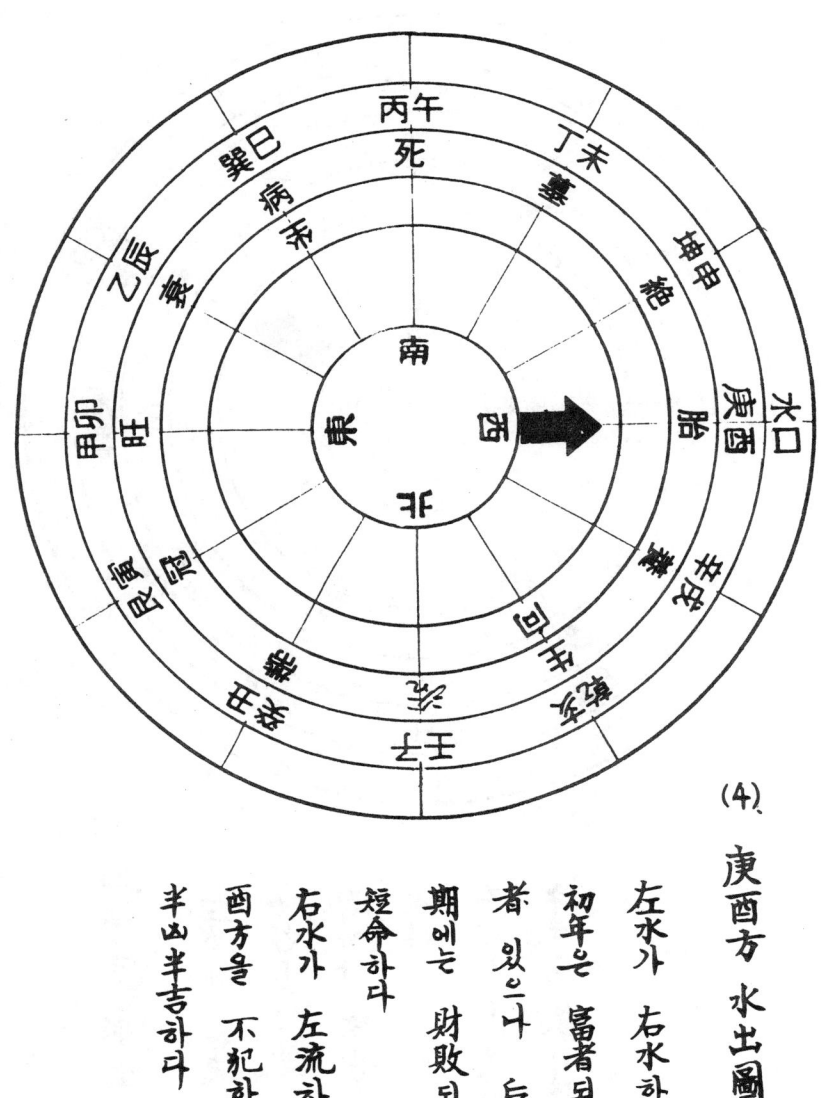

(4) 庚酉方 水出圖

左水가 右水하면
初年은 富者되고 后半
期에는 財敗되고
者 있으나 后半
短命하다

右水가 左流하면
酉方을 不犯하면
半凶半吉하다

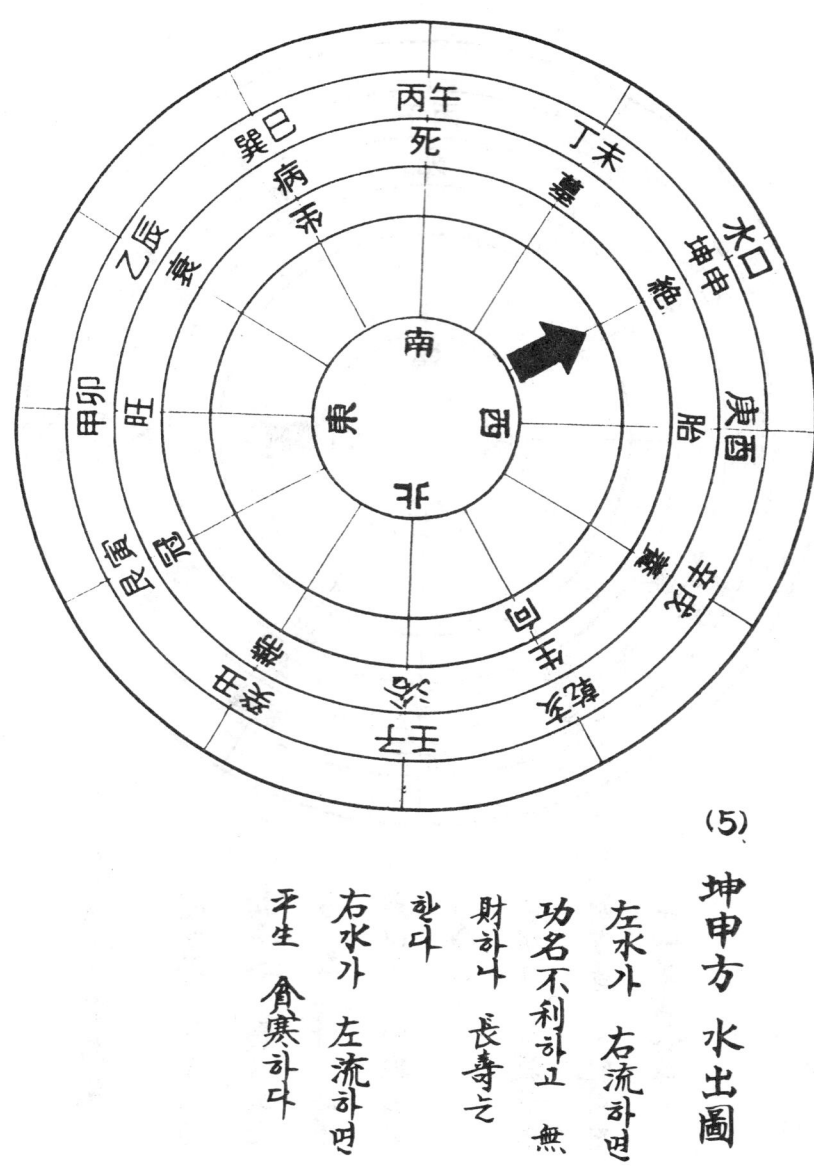

(5) 坤申方 水出圖

左水가 右流하면
功名不利하고 無
財하나 長壽之
한다
右水가 左流하면
平生 貧寒하다

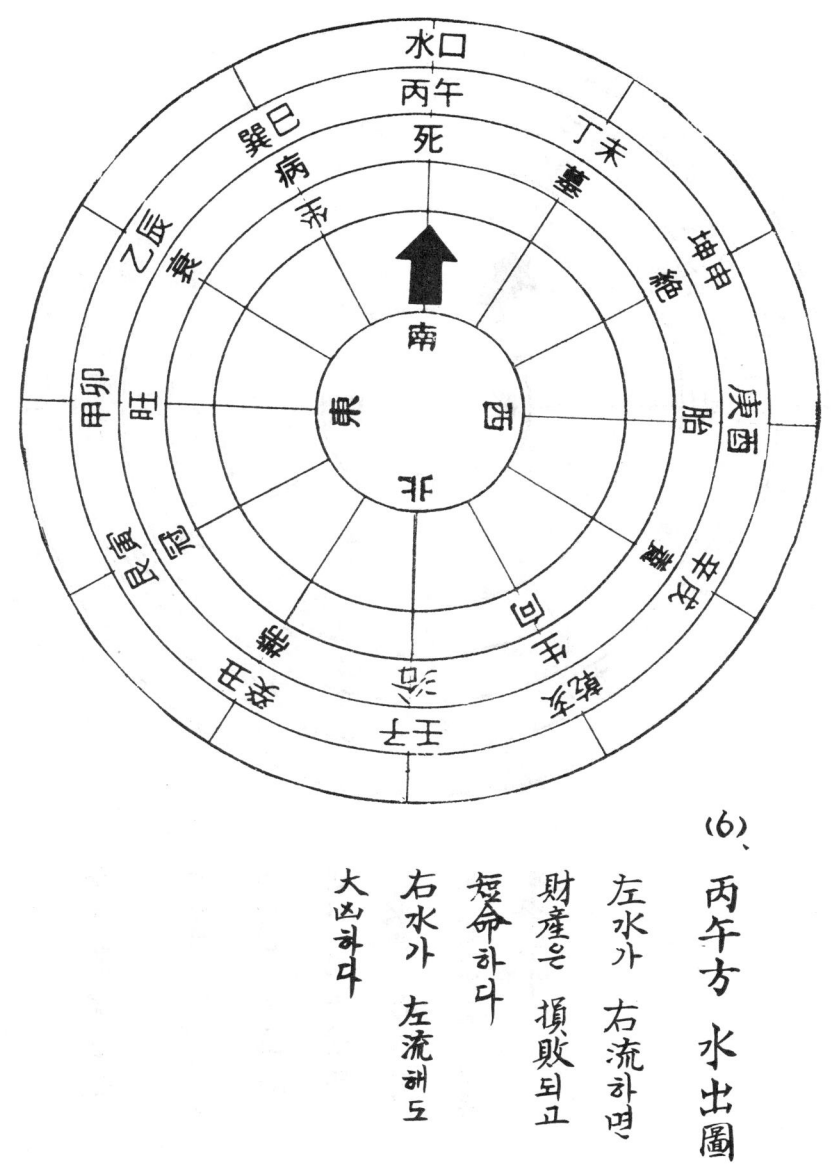

(6). 丙午方 水出圖

左水가 右流하면
財産을 損敗되고
短命하다
右水가 左流해도
大凶하다

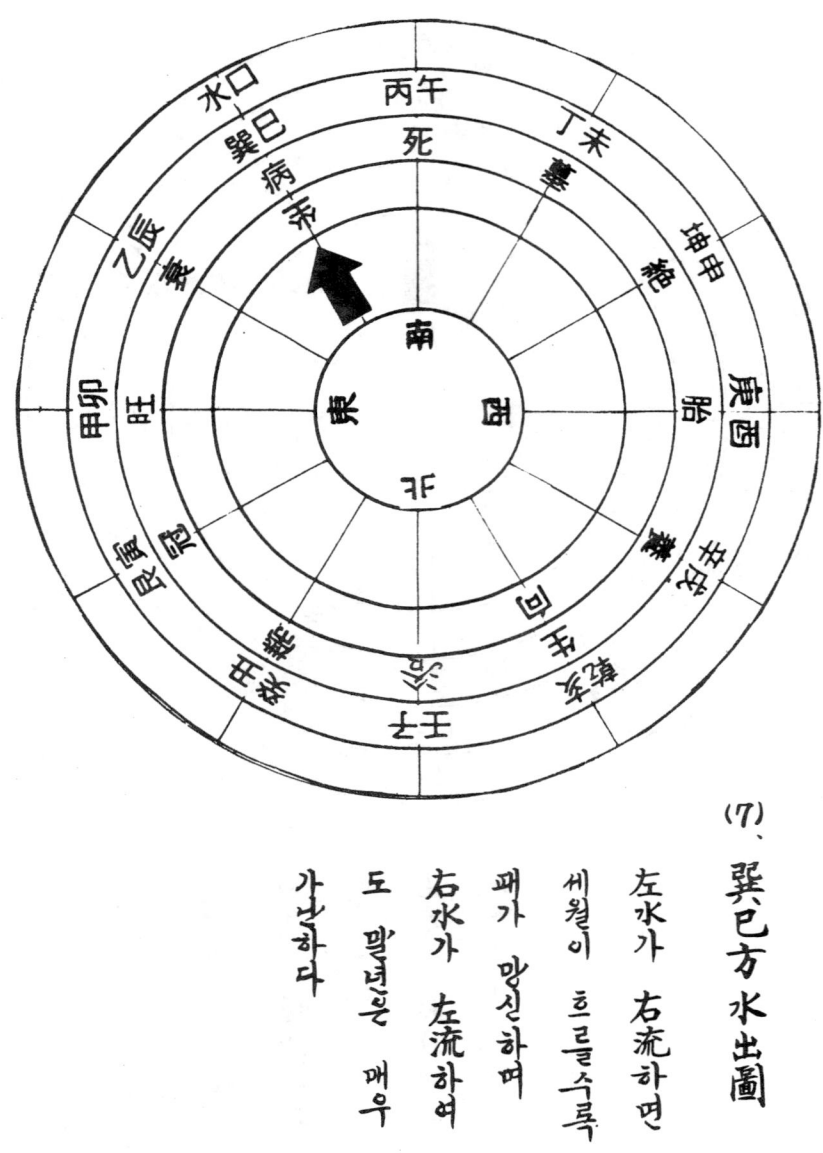

(7). 巽巳方水出圖

左水가 右流하면
세월이 흐를수록
패가 망신하며
右水가 左流하여
도 말년이운 매우
가난하다

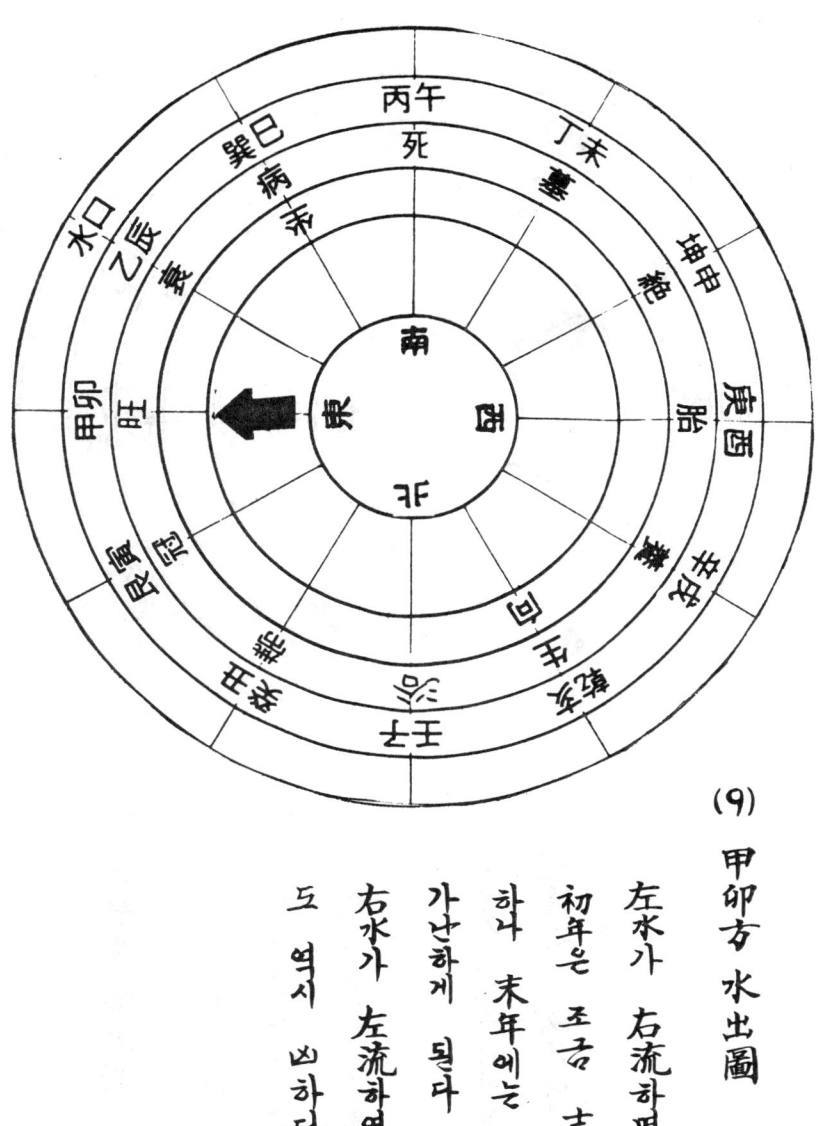

(9) 甲卯方 水出圖

左水가 右流하면
初年은 조금 吉
하나 末年에는
가난하게 된다
右水가 左流하여
도 역시 凶하다

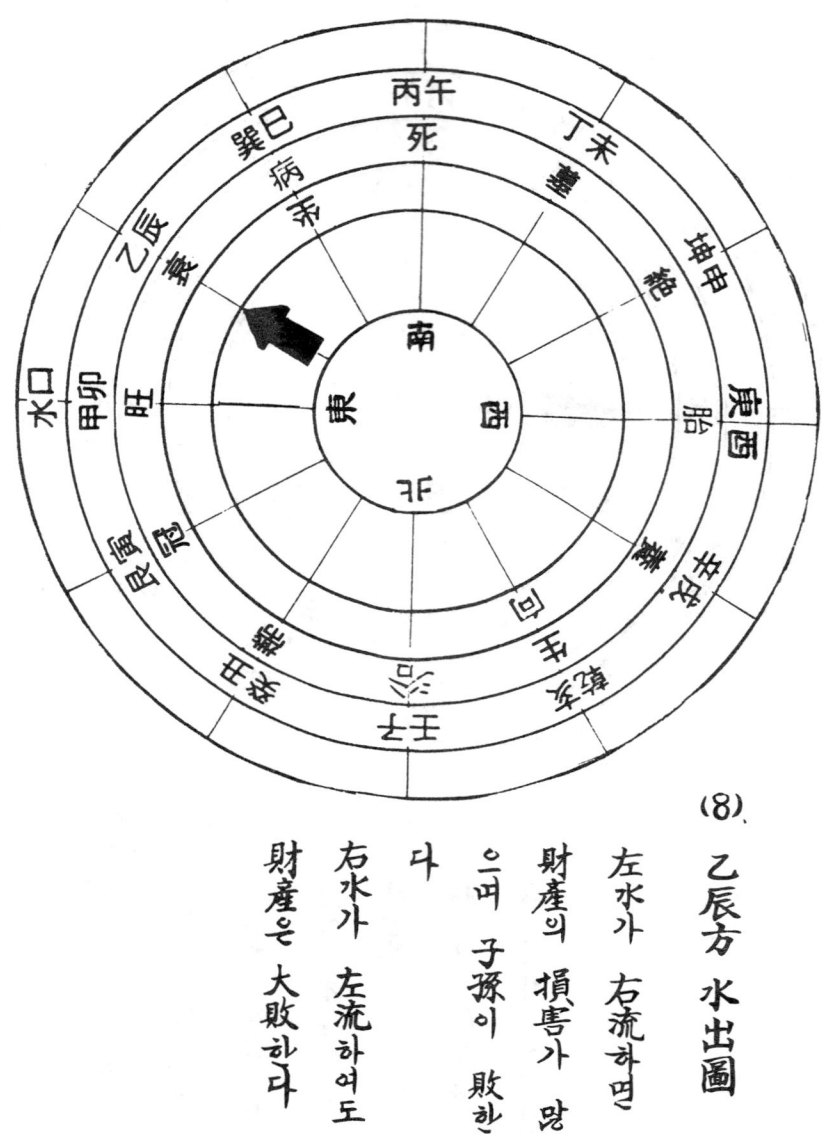

(8) 乙辰方 水出圖

左水가 右流하면
財産의 損害가 많
으며 子孫이 敗한
다
右水가 左流하여도
財産은 大敗한다

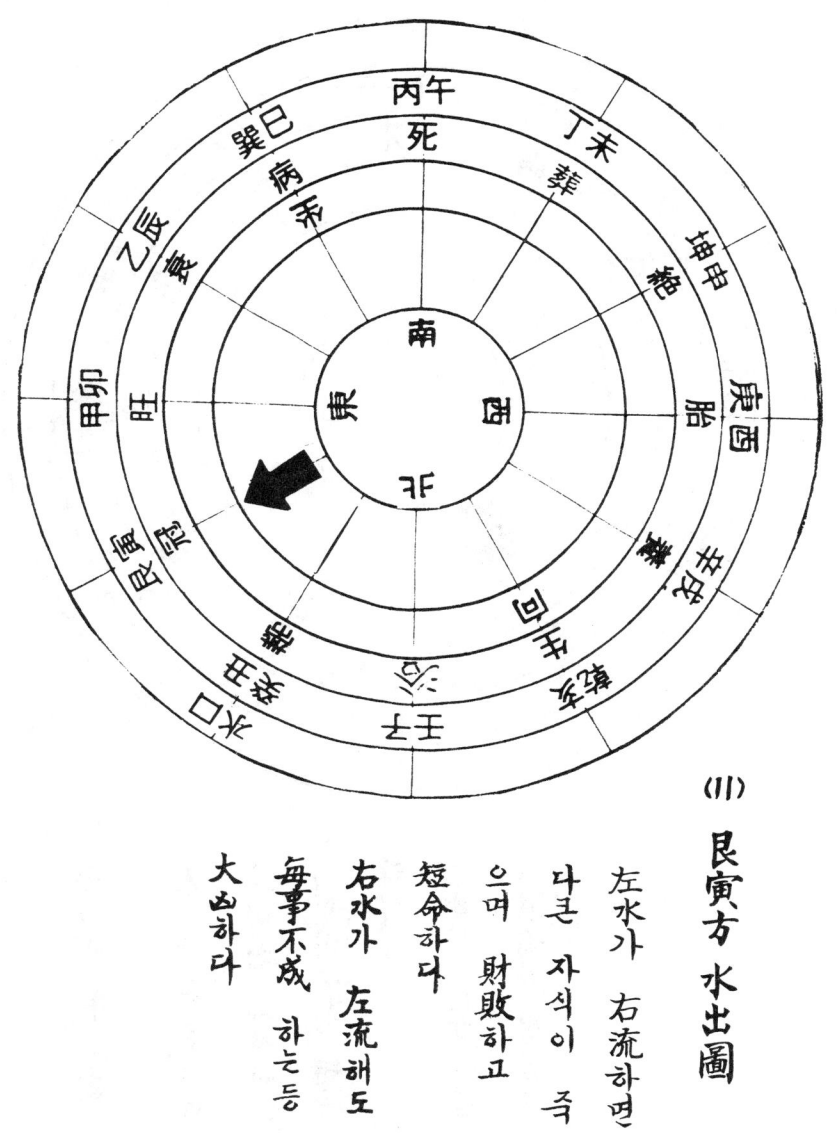

(11) 艮寅方 水出圖

左水가 右流하면
다른 자식이 즉
으며 財敗하고
短命하다
右水가 左流해도
每事不成 하는등
大凶하다

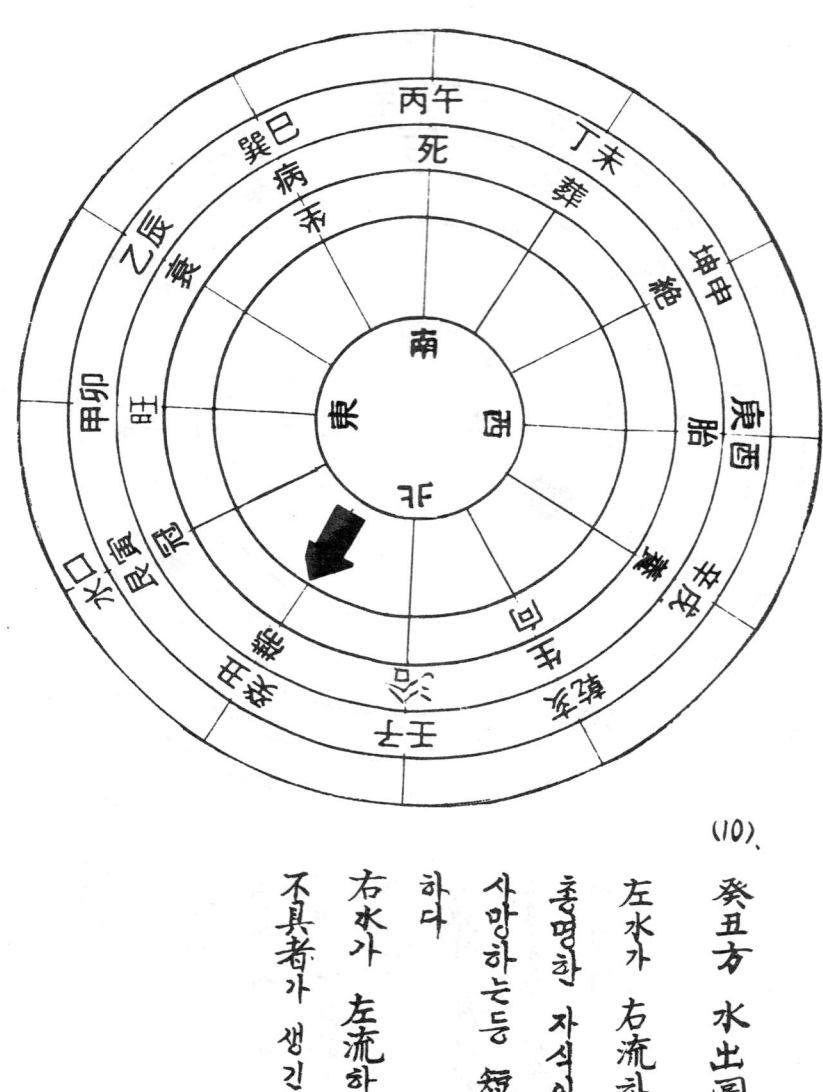

(10). 癸丑方 水出圖

左水가 右流하면
총명한 자식이
사망하는등 短命
하다
右水가 左流하면
不具者가 생긴다

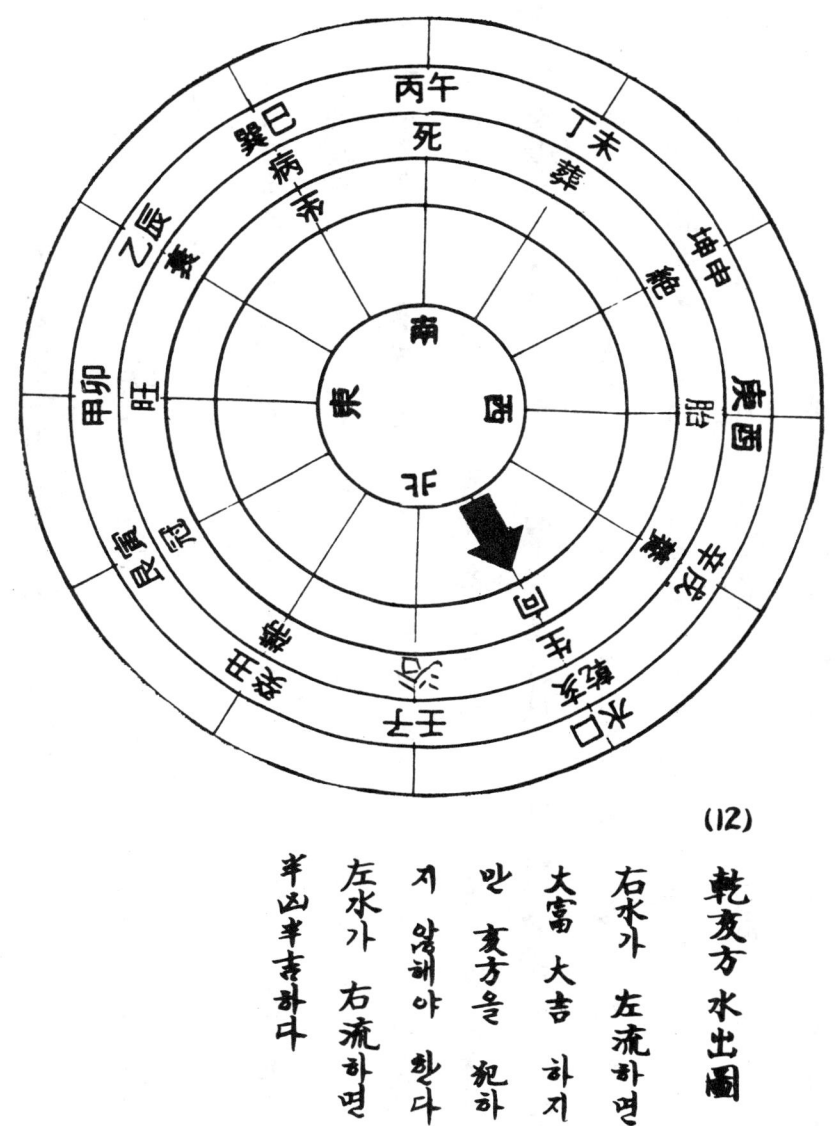

(12) 乾亥方 水出圖

右水가 左流하면
大富 大吉 하지
만 亥方을 犯하
지 말해야 한다
左水가 右流하면
辛山辛吉하다

七. 丙坐壬向 午坐子向의 水口吉凶

(一) 乙辰方으로 水流出去하면 夫婦大吉하고 財産 發福하며 萬事成功이 되는 吉方이 된다

(二) 癸丑方으로 水流出去하면 旺方으로 흐를 때 (壬子方) 壽命長壽하고 富貴功名하는 大吉方이 된다

(三) 庚酉方으로 水流出去하면 半凶半吉方이 되지만 庚辛方만 水流하면 凶方이되나 大吉方이 되고 申辛이나 酉辛 各一字方만 물이 흘러가면 向上臨方冲이라 하여 殺人大黃泉을 犯한다

(四) 乾亥方으로 물이 흐르면 學業으로 德을 쌓은 큰 인물이될 子息이 死亡하며 官廳訟事關係로 財敗하며 吐血等 疾病으로시달림을 받는다

(五) 辛戌方으로 水流出去하면 (冠帶方으로) 어려서 총명하여 기대가 컷던 子息이 不具혹은 死亡하며 子婦가 도망하거나 死亡하고 事業마다 失敗

(六) 丁未方으로 水流出去하면 養方 冲破가 되어 財敗하고 어린아이가 死는

(七) 丙午方으로 水流出去하면 胎神을 冲破하여 有財면 短命하고 無財면 長壽하며 主로 子女에게 凶事가 발생하다

(八) 巽巳方으로 水流出去하면 功名喪失하고 長壽는 하지만 財産損失이 많다

(九) 甲卯方으로 水流出去하면 死方을 冲破하므로 短命夭死하며 寡婦가 생기고 貴하면 短命 貧하면 長壽하다 또 肺病으로 死는 한다

(十) 艮寅方으로 水流出去하면 病方으로흐르므로 이때 短命寡水死하므로 男子短命하여 과부가 많이 생기고 財敗 子孫、外家까지 亡하는 凶方

(土) 坤申方으로 水流出去 하면 小兒를 기르기 어렵고 財産은 있으나 長子는 敗하게 되다

(土) 壬子方으로 (左水右流) 水流하면 大富大吉하며 子坐로만 물이 흐르면 短命하고 과부가 생기며 財産도 敗하다

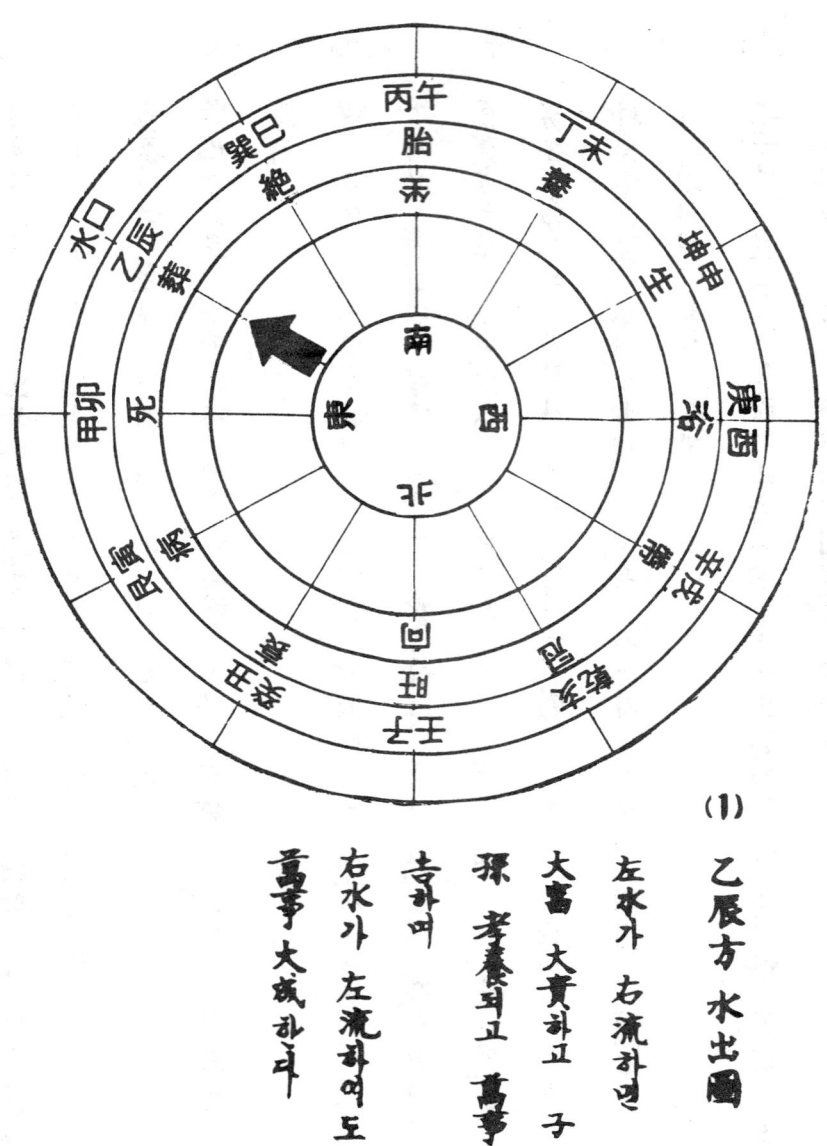

(1) 乙辰方 水出圖

左水가 右流하면
大富 大貴하고 子
孫 孝養하고 萬事
吉하며
右水가 左流하여도
萬事 大成하니라

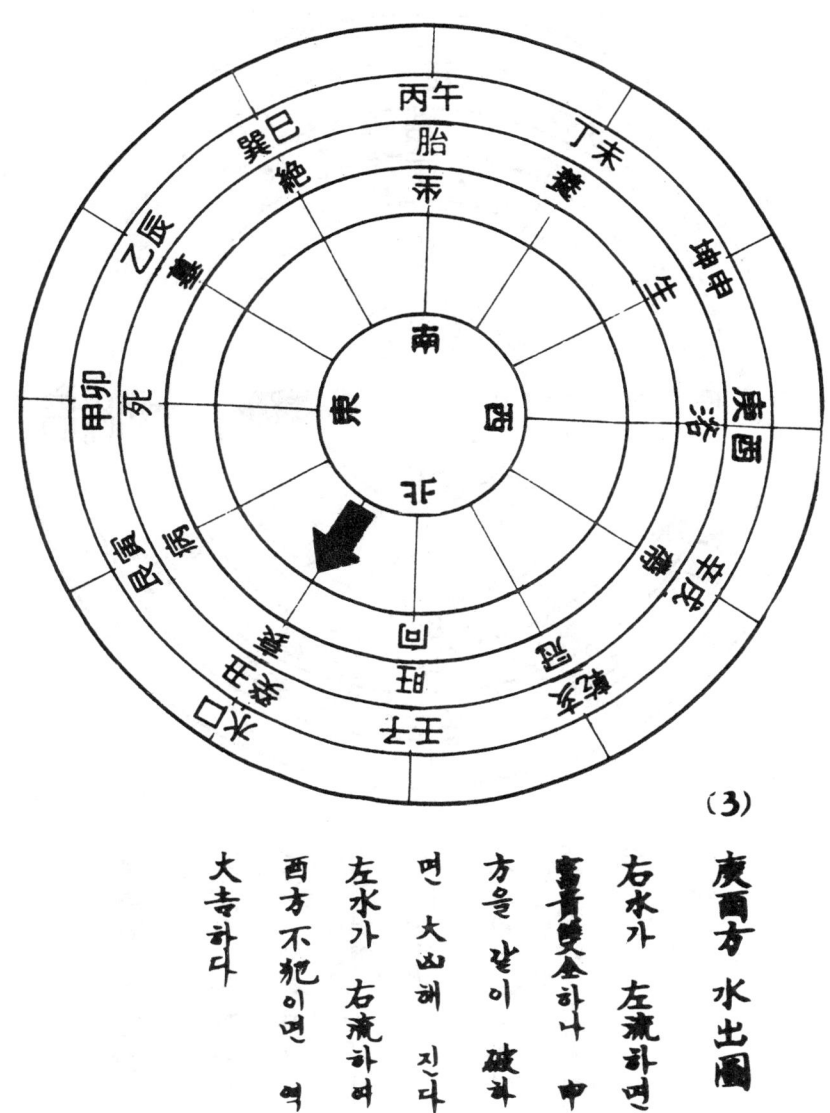

(3) 庚酉方 水出圖

右水가 左流하면
富貴雙全하나 申
方을 같이 破하
면 大凶해 진다
左水가 右流하여도
酉方 不犯이면 역시
大吉하다

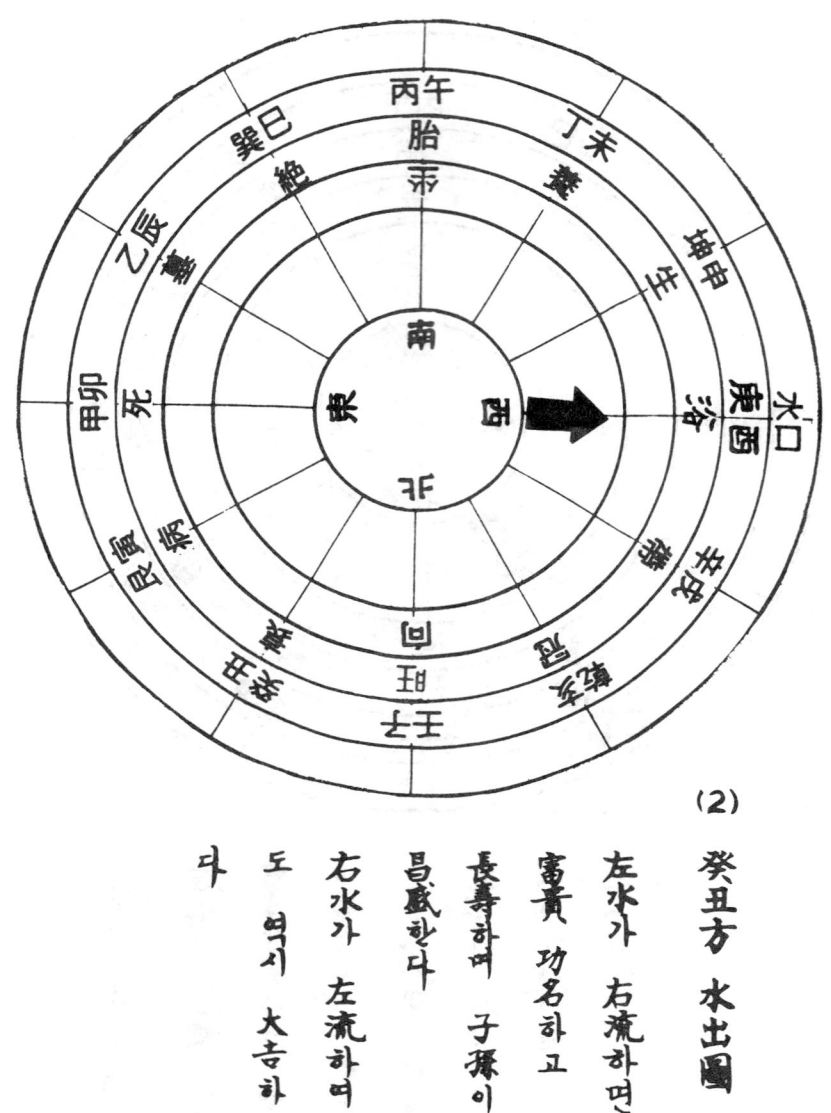

(2) 癸丑方 水出圖

左水가 右流하면
富貴 功名하고
長壽하며 子孫이
昌盛한다
右水가 左流하며
도 믹시 大吉하
다

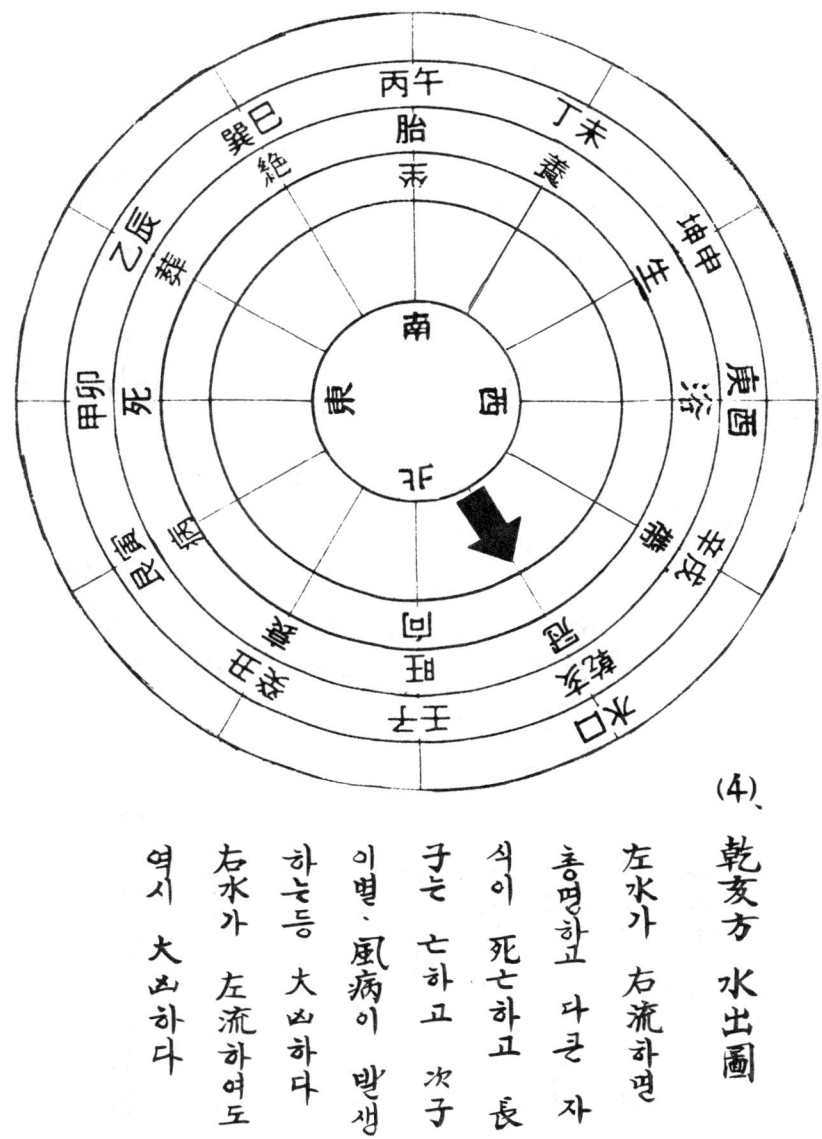

(4)、乾亥方 水出圖

左水가 右流하면

총명하고 다큰 자

식이 死亡하고 長

子는 亡하고 次子

이별、風病이 발생

하는등 大凶하다

右水가 左流하여도

역시 大凶하다

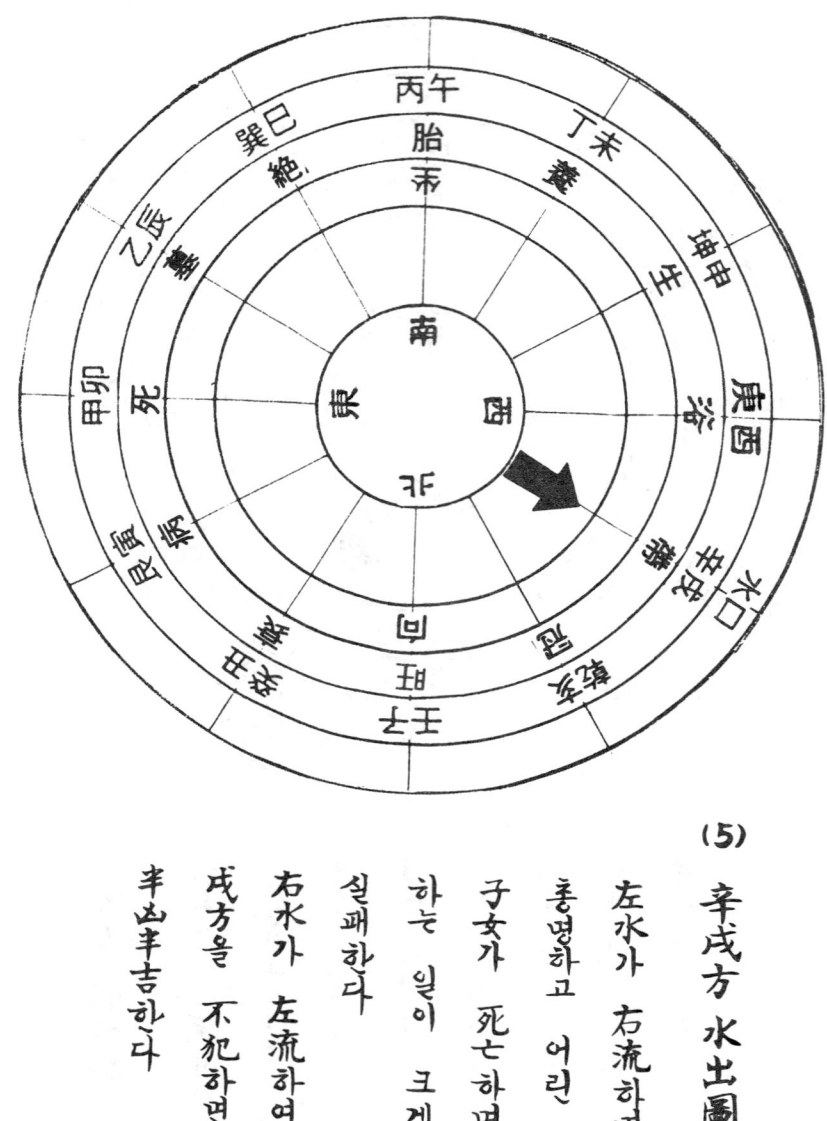

(5) 辛戌方 水出圖

左水가 右流하면
총명하고 어린
子女가 死亡하며
하는 일이 크게
실패한다
右水가 左流하여
戌方을 不犯하면
半山半吉하다

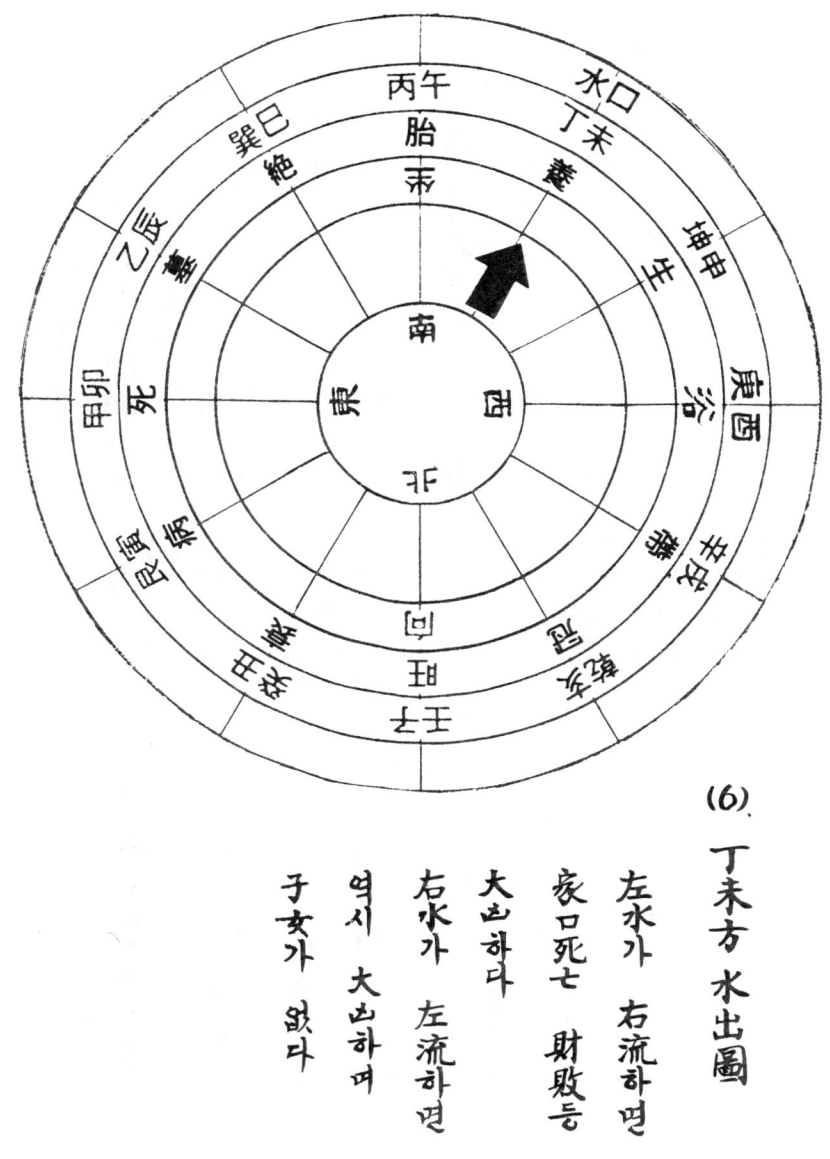

(6) 丁未方 水出圖

左水가 右流하면
家口死亡 財敗하고
右水가 左流하면
역시 大山하며
子女가 없다

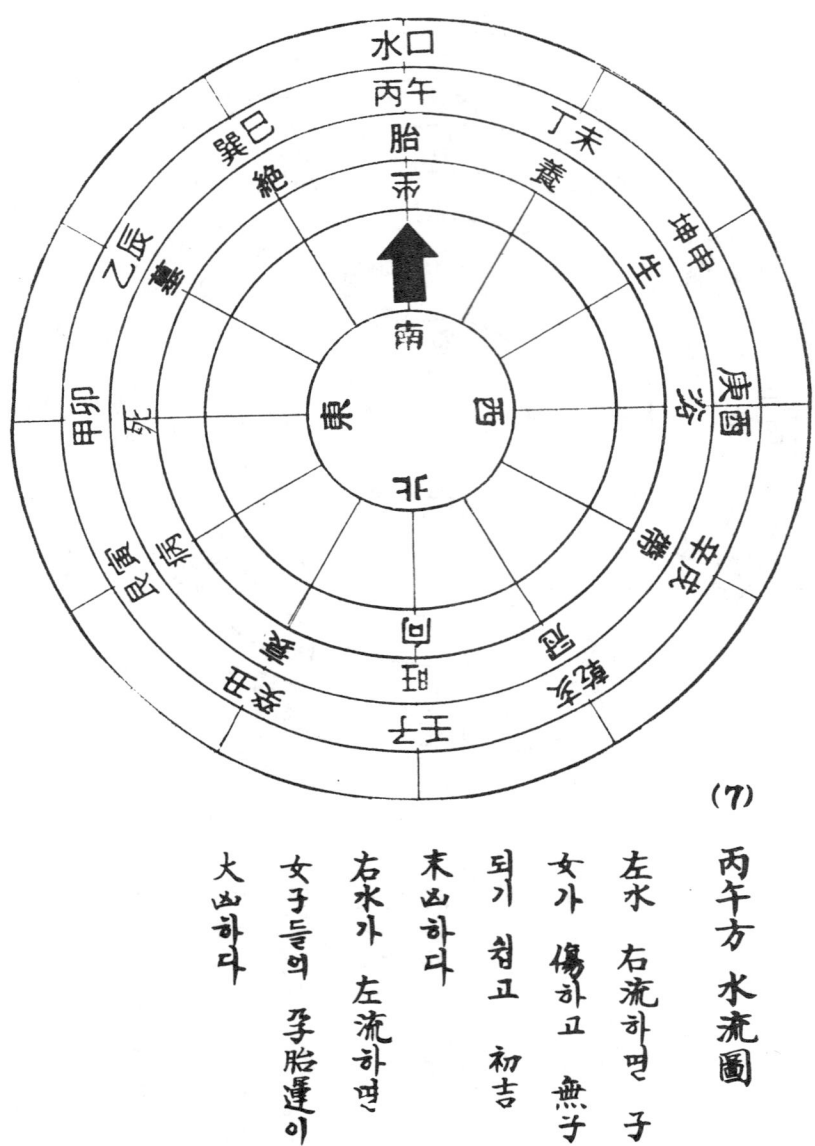

(7) 丙午方 水流圖

左水 右流하면 子
女가 傷하고 無子
되기 쉽고 初吉
末凶하다
右水가 左流하면
女子들의 孕胎運이
大凶하다

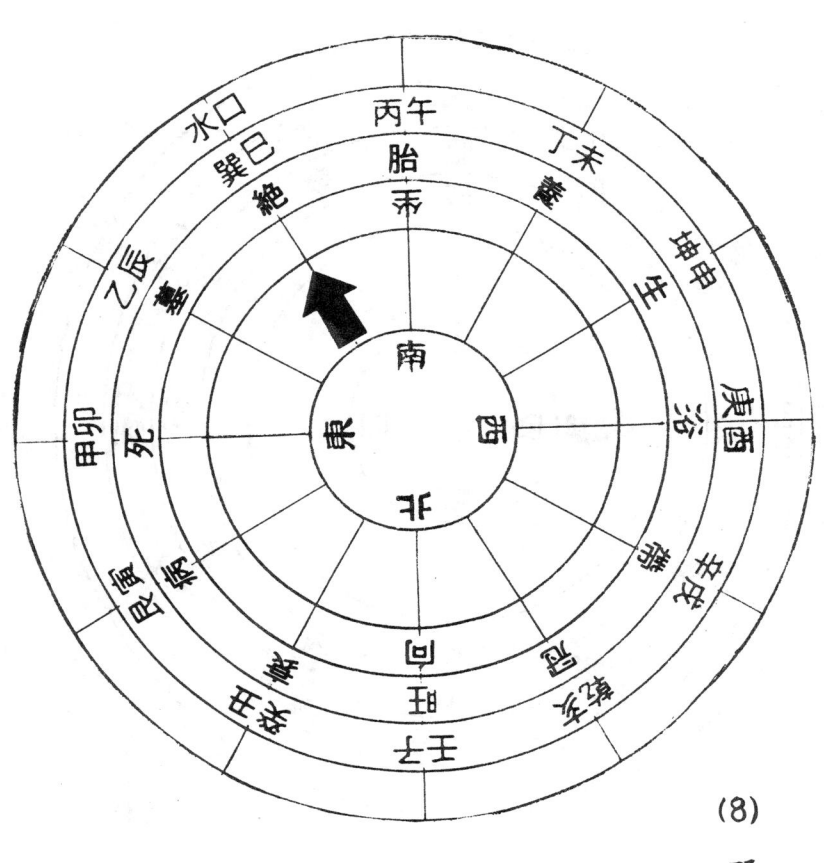

(8) 巽巳方 水出圖

左水가 右流하면
功名不利하고 財
多며 短命하고
財無며 長壽한다
右水가 左流하면
辛山辛吉하다

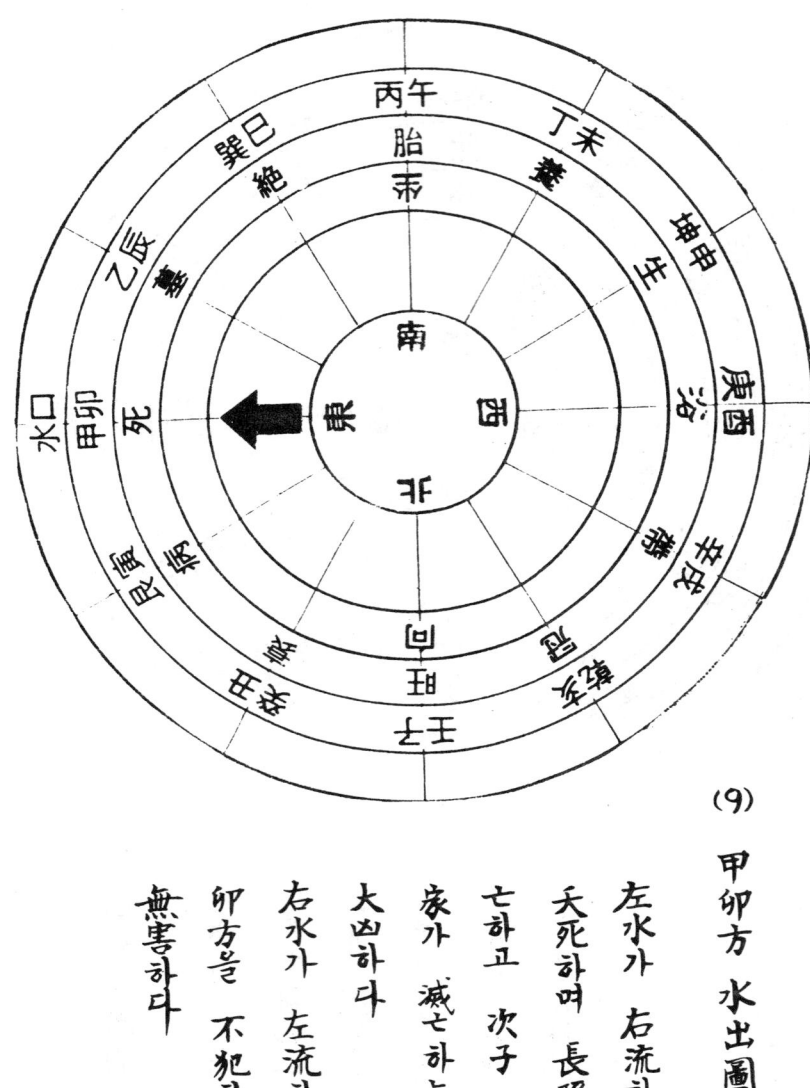

(9) 甲卯方 水出圖

左水가 右流하면
夭死하며 長孫死
亡하고 次子 三
家가 滅亡하는등
大凶하다
右水가 左流하고
卯方을 不犯하면
無害하다

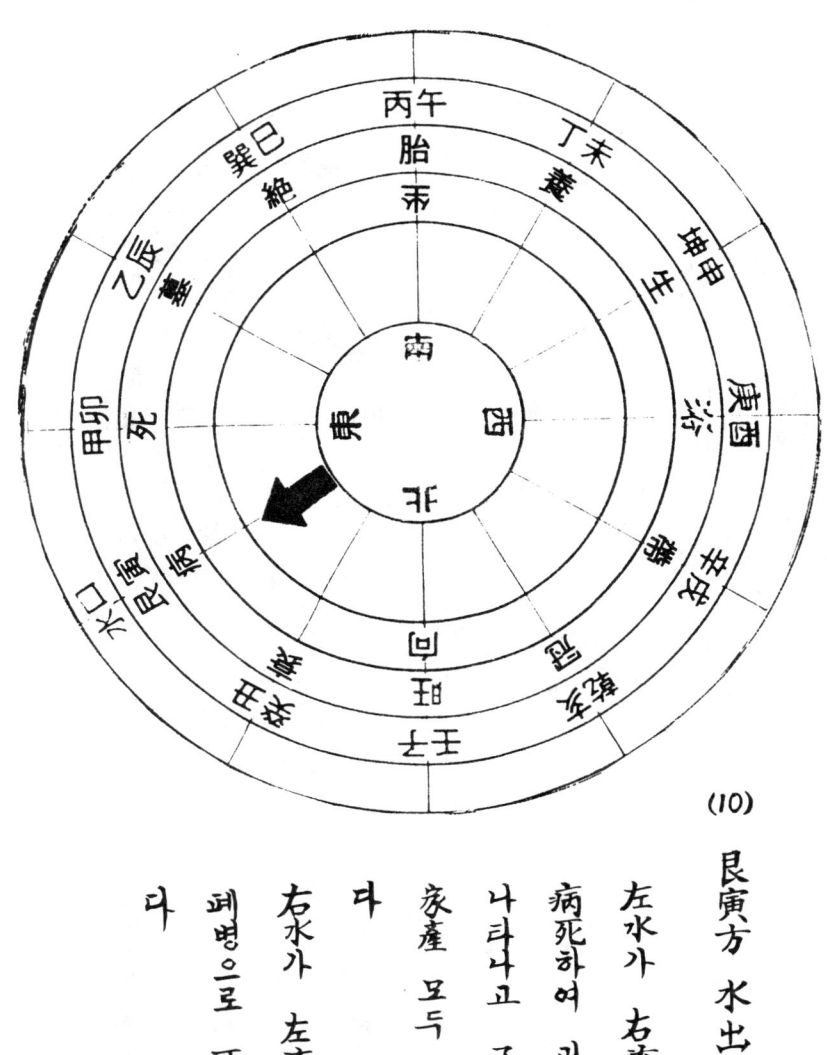

(10) 艮寅方 水出圖

左水가 右流하면
病死하여 과부가
나라나고 子孫
家産 모두 망한
다

右水가 左流하면
폐명으로 死亡한
다

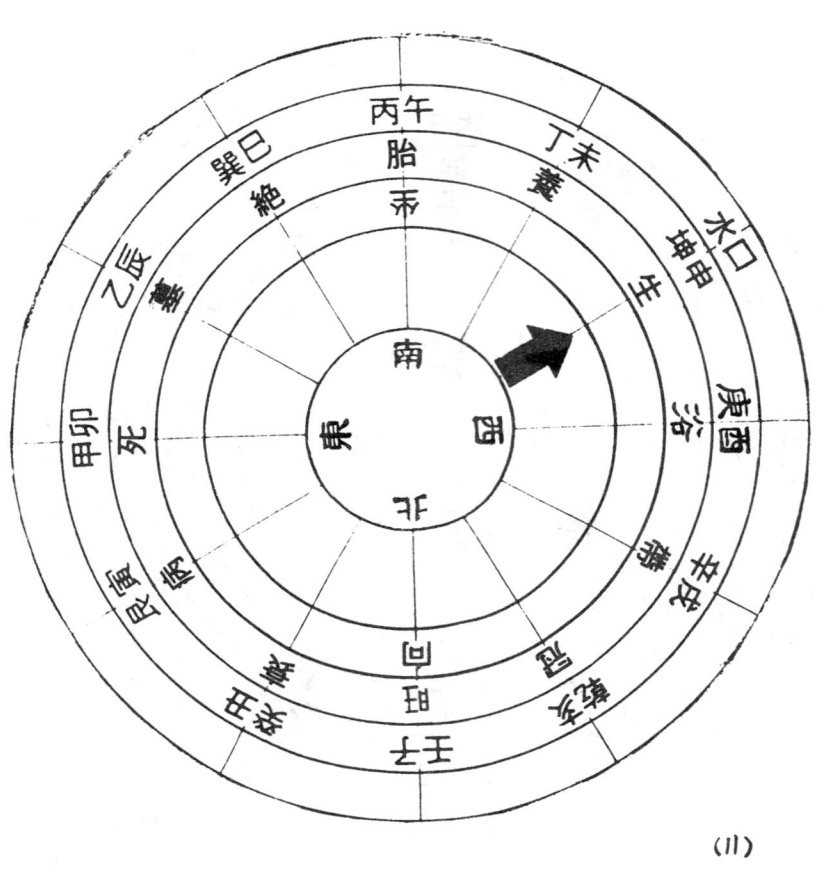

(11) 坤申方 水出圖

左水가 右流하면
有財나 幼兒難養
이고 先敗長孫
後敗 次子한다
右水가 左流하여
도 萬事大凶이다

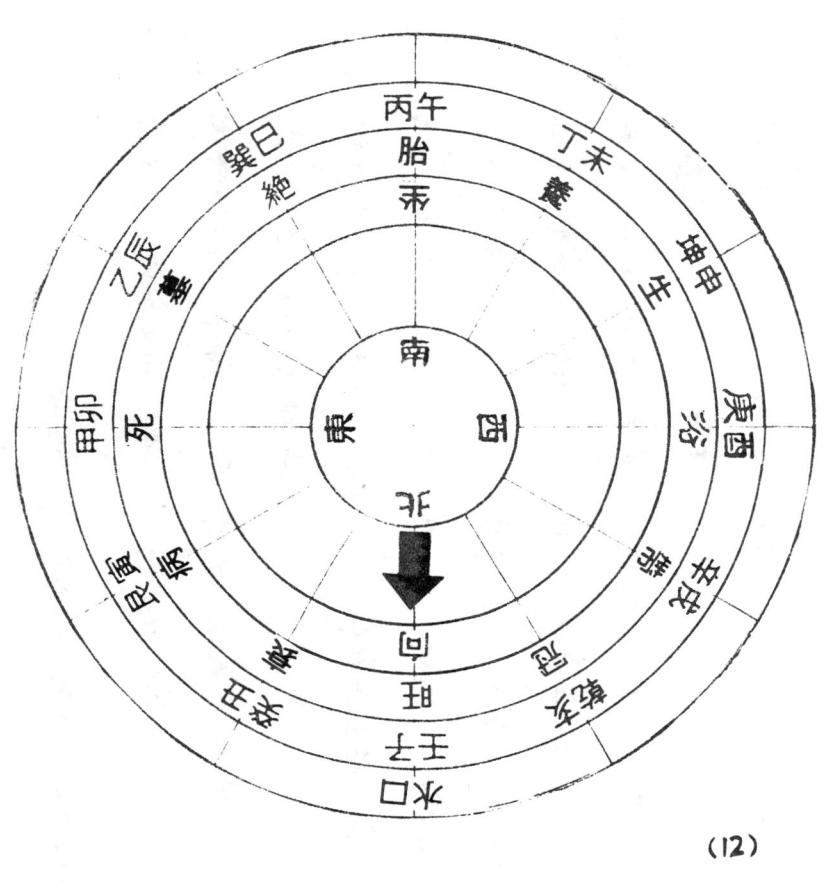

(12) 壬子方 水出圖

右水가 左流하면
서 水合이 되어
흐르면 大富 大
貴하나 子方을
犯하면 半凶半吉
한다
左水가 右流하여
도 大吉하다

八. 丁坐癸向 未坐丑向의 水口吉凶

右水가 左側으로 흘러서 水流去일 때

(一) 乾亥方으로 水流去하면 財運 妻運이 大吉하며 子女의 德이 있고 長壽하며 萬事亨通한다

(二) 艮寅方으로 (左水가 右流하여) 水流去하면 金局이 되며 墓向으로 흐르는 것이 되는데 財富하고 文章家가 배출되나 風病이 염려된다

(三) 壬子方으로 水流去하면 短命하고 과부 속출하고 財貧해지며 또 丑方에 鎗刀와 惡石이 있으면 성질이 난폭한자가 생긴다

(四) 辛戌方으로 水流去하면 退神(衰)方을 犯한 것이 되며 官 公職者는 罷職되고 子女는 出世길이 막힌다

(五) 庚酉方으로 水流去하면 初年부터 富財되는데 中間에 財敗가 없으면 短命하게 된다

(六) 坤申方으로 水流去하면 散財 小兒難 되고 男女 惡死하며 喪妻 또는 妾까지도 死亡하게 되는 凶方이 된다

(七) 丁未方으로 水流去하면 退神이 寒帶를 冲하니 夭亡하고 散財되고 家庭이 破滅되는 凶方이다

(八) 巽巳方으로 水流去하면 財福을 받는 凶方이며 甚하면 無后하여 墓地를 들불 사람도 없게 된다

(九) 乙辰方으로 水流去하면 散敗되고 希望이 좌절되는 凶方이다

(十) 甲卯方으로 水流去하면 半山半吉이나 名山이면 큰 害는 당하지 않으나 山形이 좋지 않으면 敗財 손실이 많다

(十一) 癸丑方으로 水流去하면 (左側에서 右側으로) 每事不成이니 癸方으로만 水流면 大富 或은 大貴하게 된다

(十二) 丙午方으로 水流去하면 萬事大吉하며 富貴長壽하는 데 午方을 不犯하여야만 吉하다

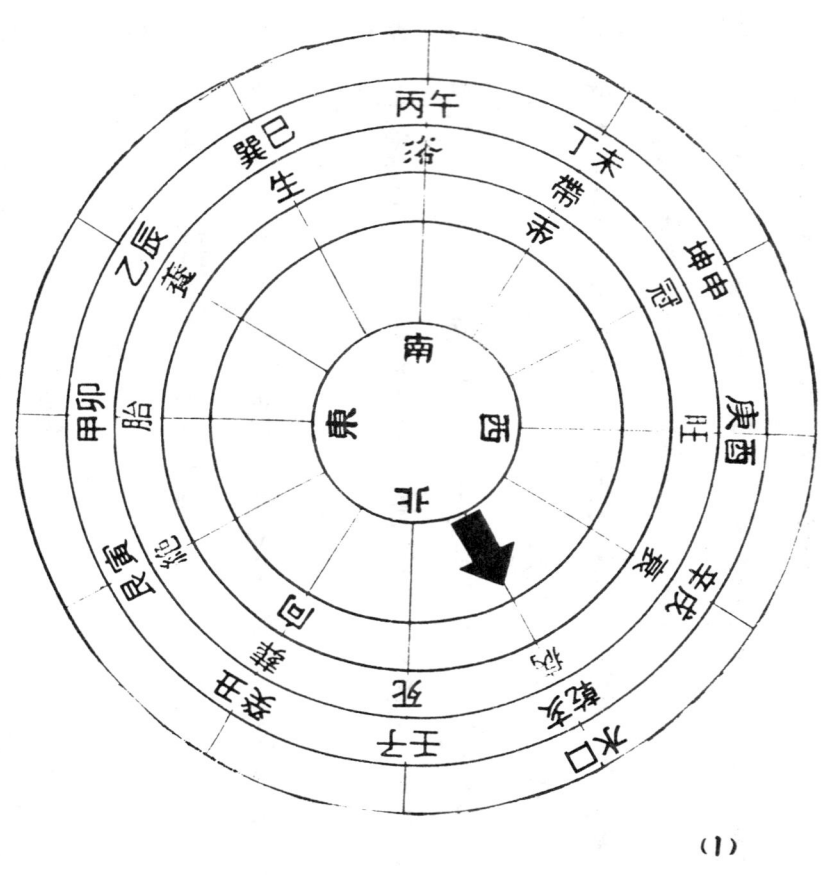

(1) 乾亥方 水出圖

右水가 左流하면
財富하고 功名賢
達하며 子孫이
昌盛한다
左水가 右流하면
萬事大吉 所願成
就하게 된다

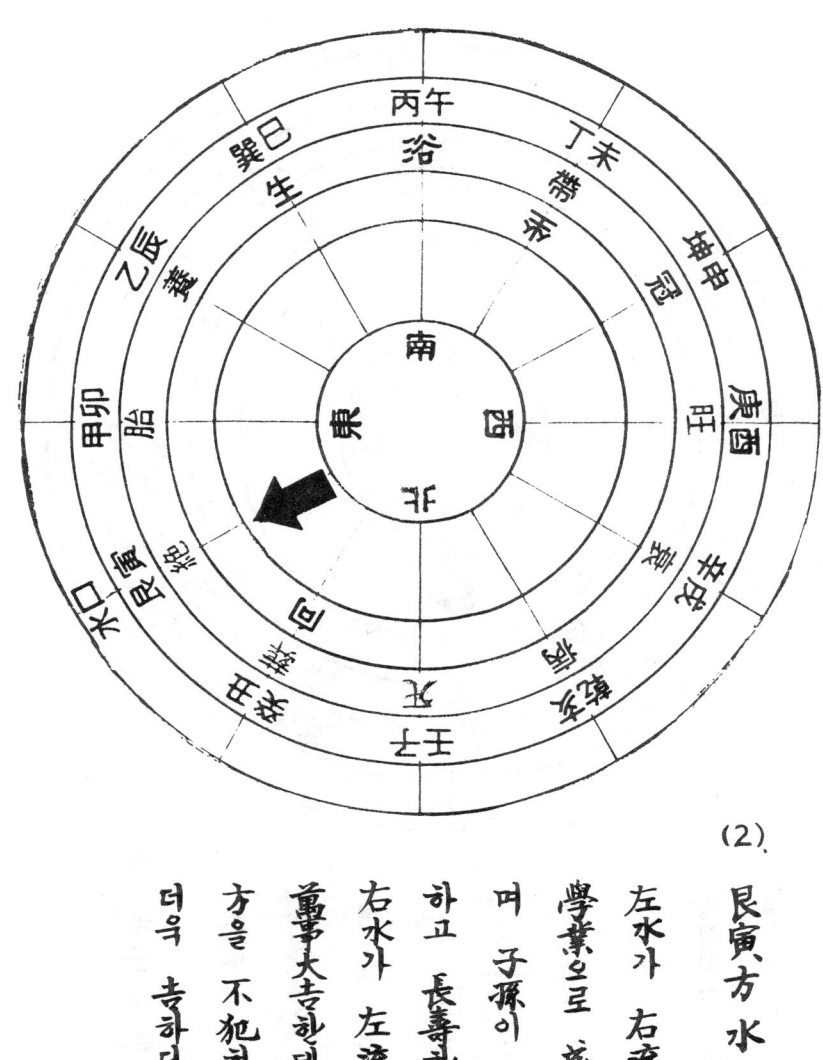

(2). 艮寅方 水出圖

左水가 右流하면 學業으로 成功하며 子孫이 昌盛하고 長壽한다

右水가 左流하면 萬事大吉한데 寅方을 不犯하면 더욱 吉하다

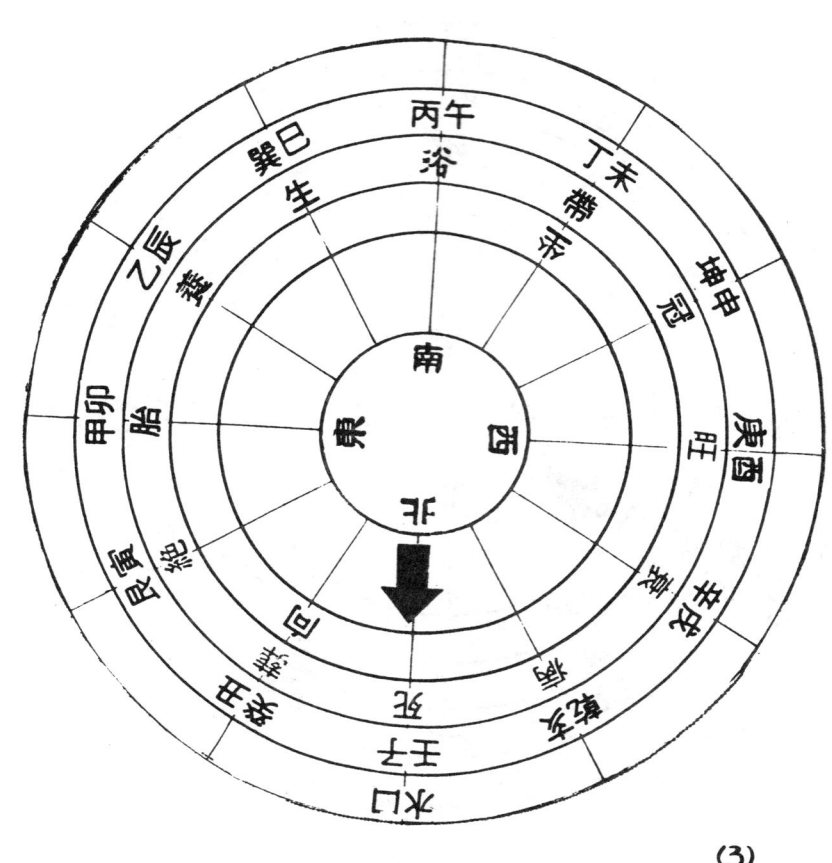

(3) 壬子方 水出圖

右水가 左流하면
財貪하고 短命하
며 과부出한다
或 長壽者는 貪
困하고 丑方上에
鎗끼같은 惡石이
비치면 惡名높은
포려배가 생긴다
左水가 右流하여
도 凶事는 同一

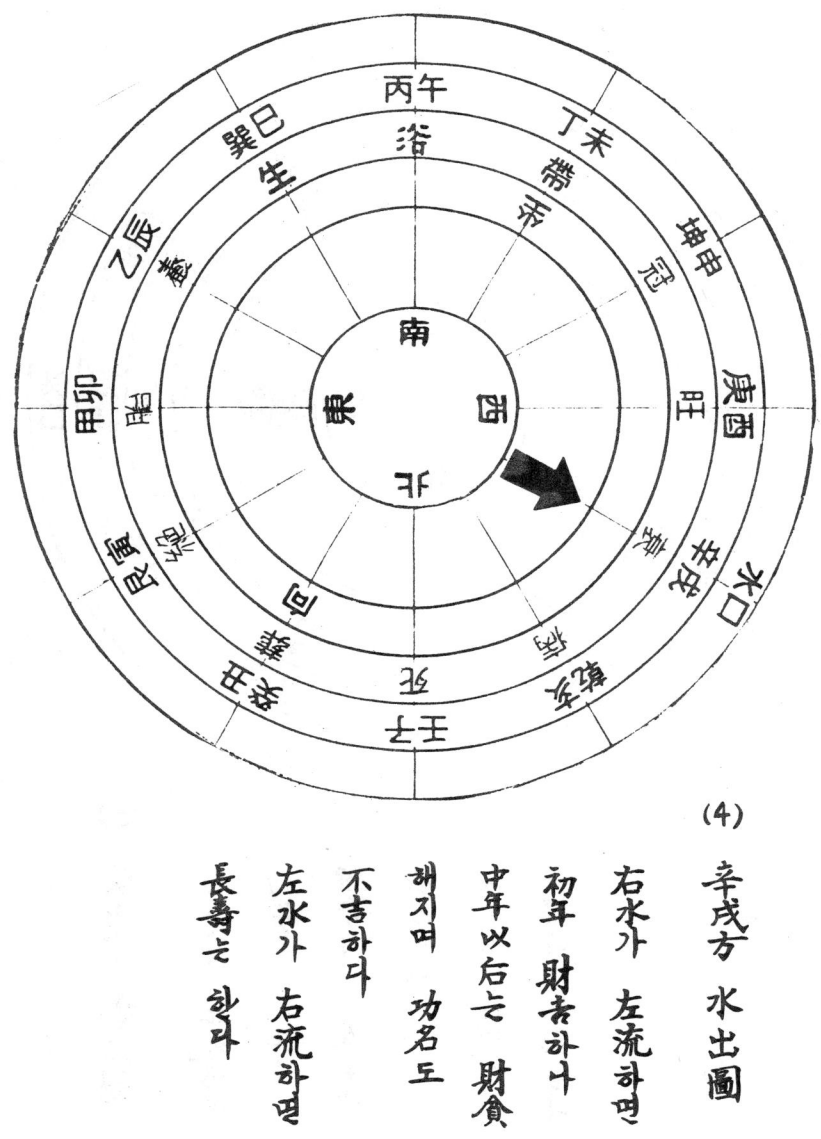

(4) 辛戌方 水出圖

右水가 左流하면
初年 財害하나
中年以后는 財貴
해지며 功名도
不吉하다
左水가 右流하면
長壽는 한다

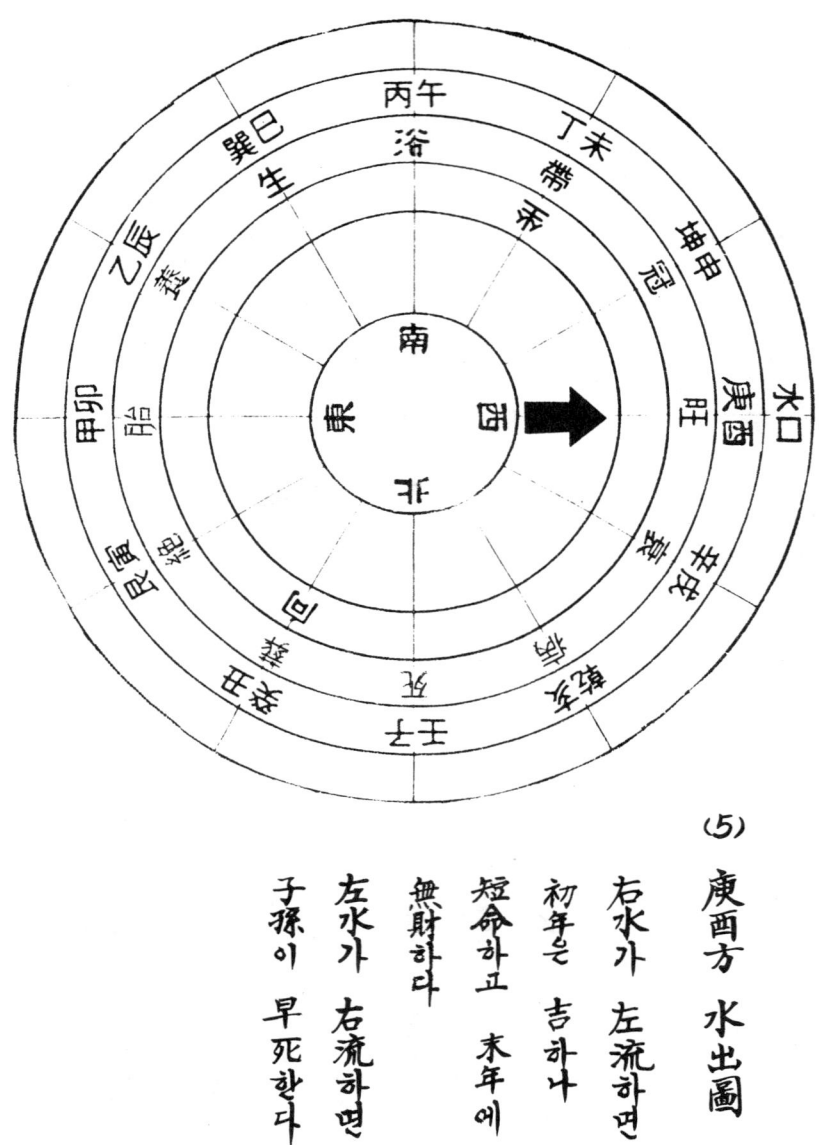

(5) 庚酉方 水出圖

右水가 左流하면

初年은 吉하나

短命하고 末年에

無財하다

左水가 右流하면

子孫이 早死한다

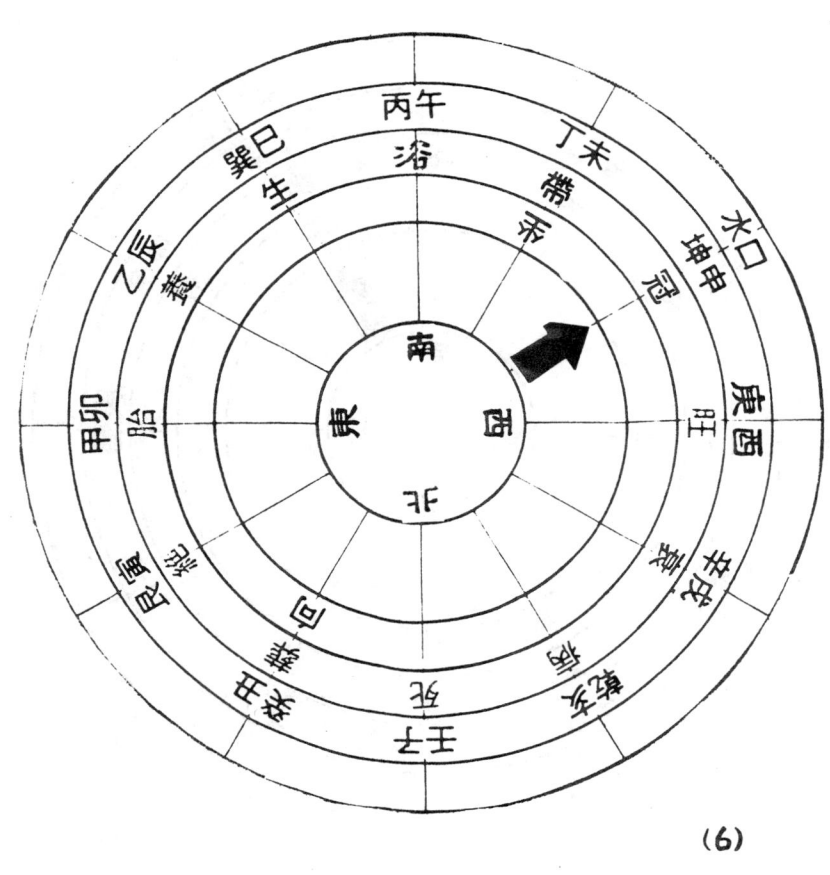

(6) 坤申方水出圖

右水가 左流하면
主로 財産은 散
失되며 小兒難養
하고 長孫은 早
死한다
左水가 右流해도
凶하다

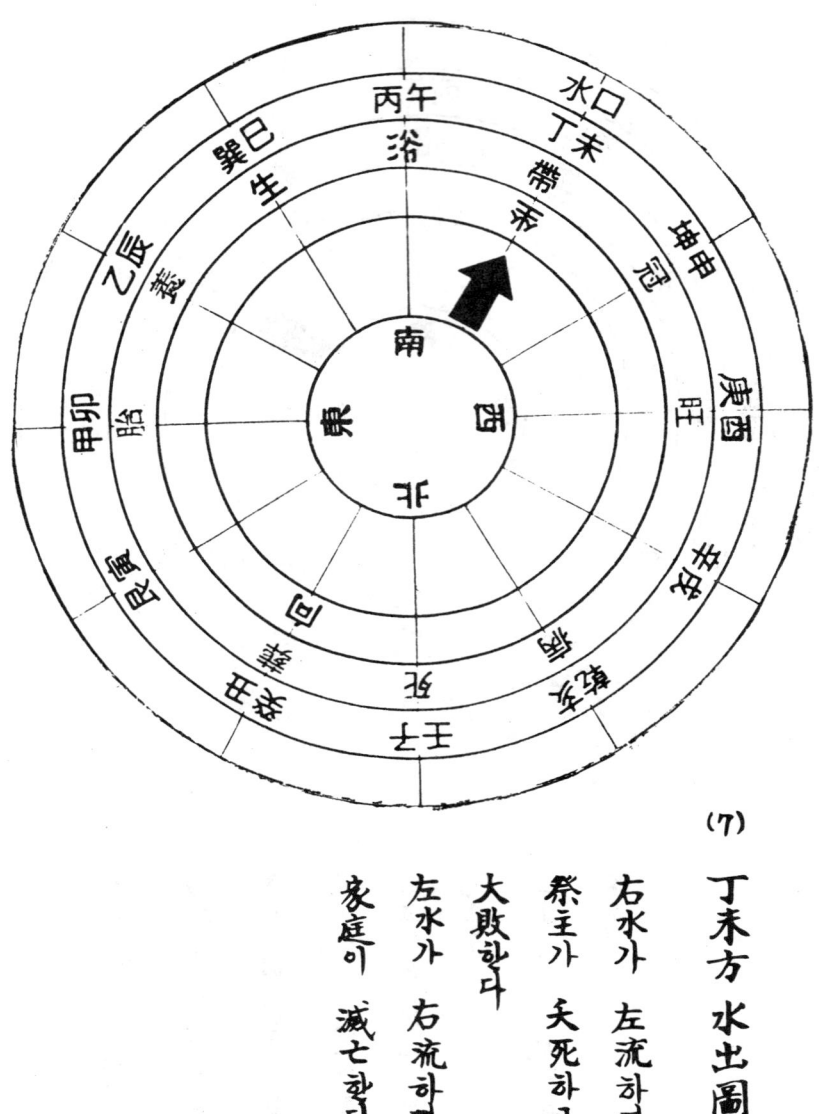

(7) 丁未方 水出圖

右水가 左流하면
祭主가 夭死하고
大敗한다
左水가 右流하면
家庭이 滅亡한다

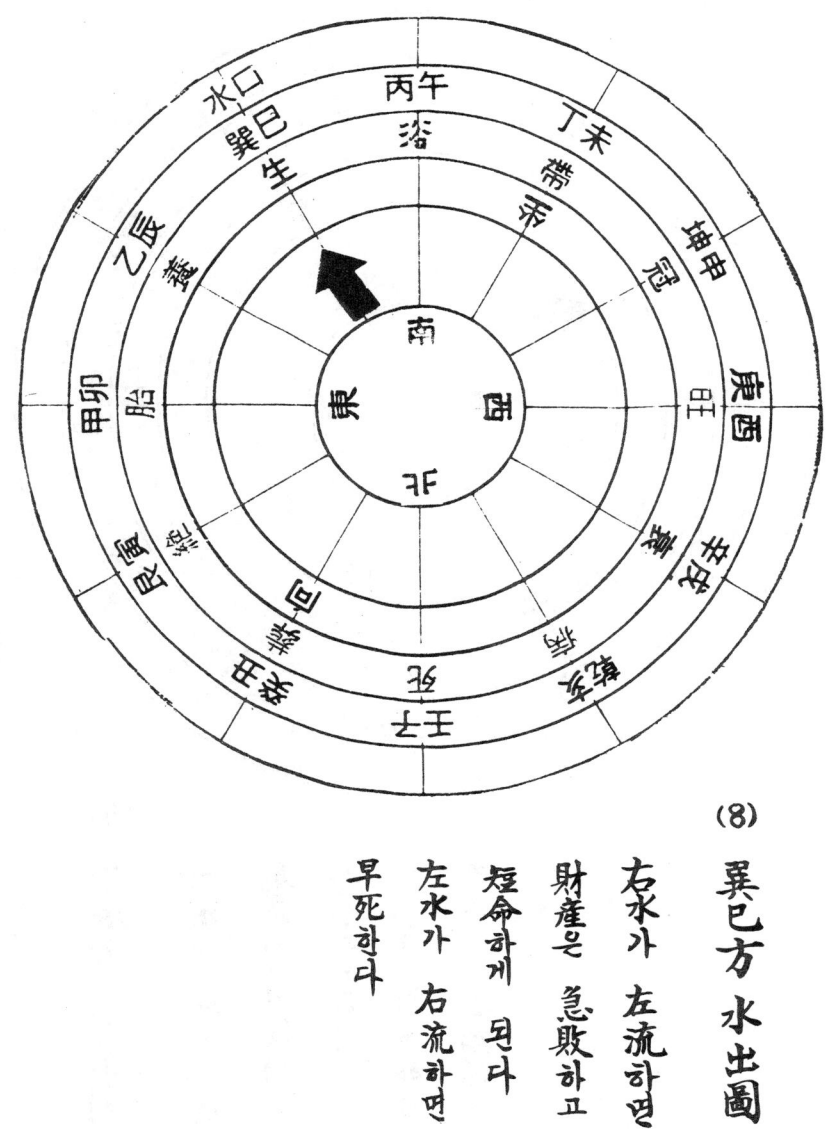

(8) 巽巳方 水出圖

右水가 左流하면
財産은 急敗하고
短命하게 된다
左水가 右流하면
早死한다

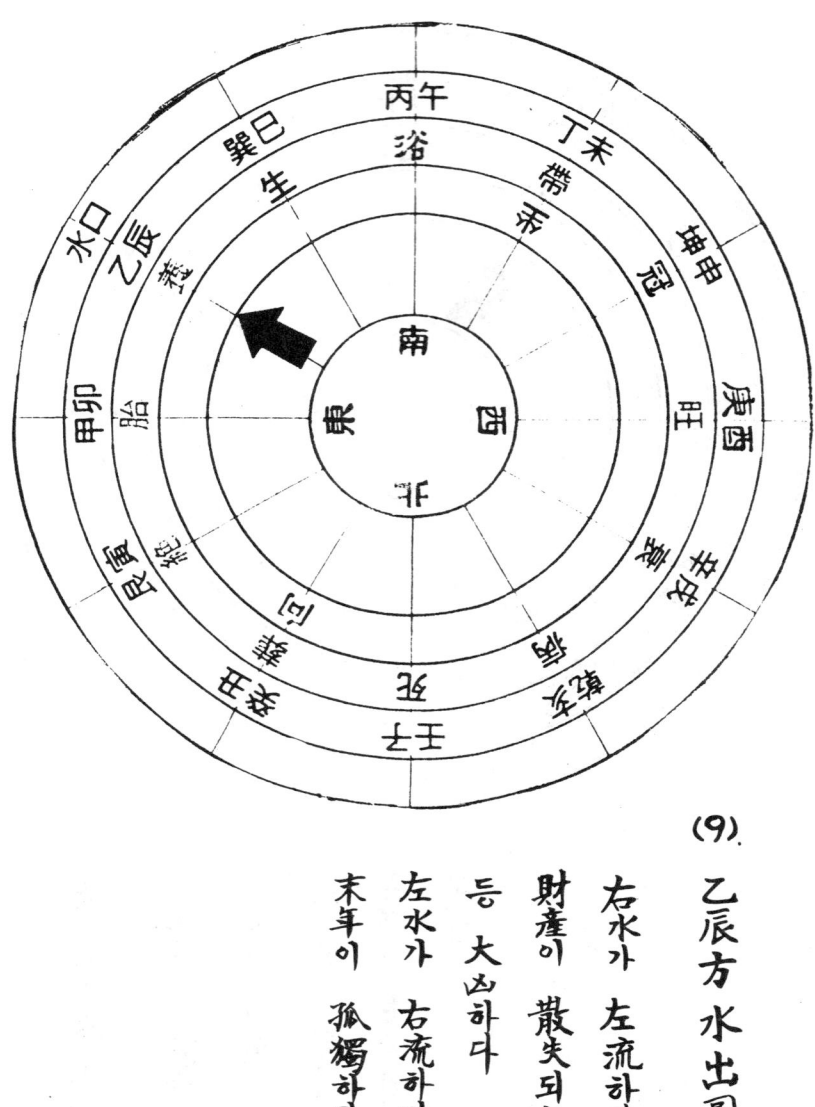

(9). 乙辰方 水出圖

右水가 左流하면
財産이 散失되고
등 大凶하다
左水가 右流하면
末年이 孤獨하다

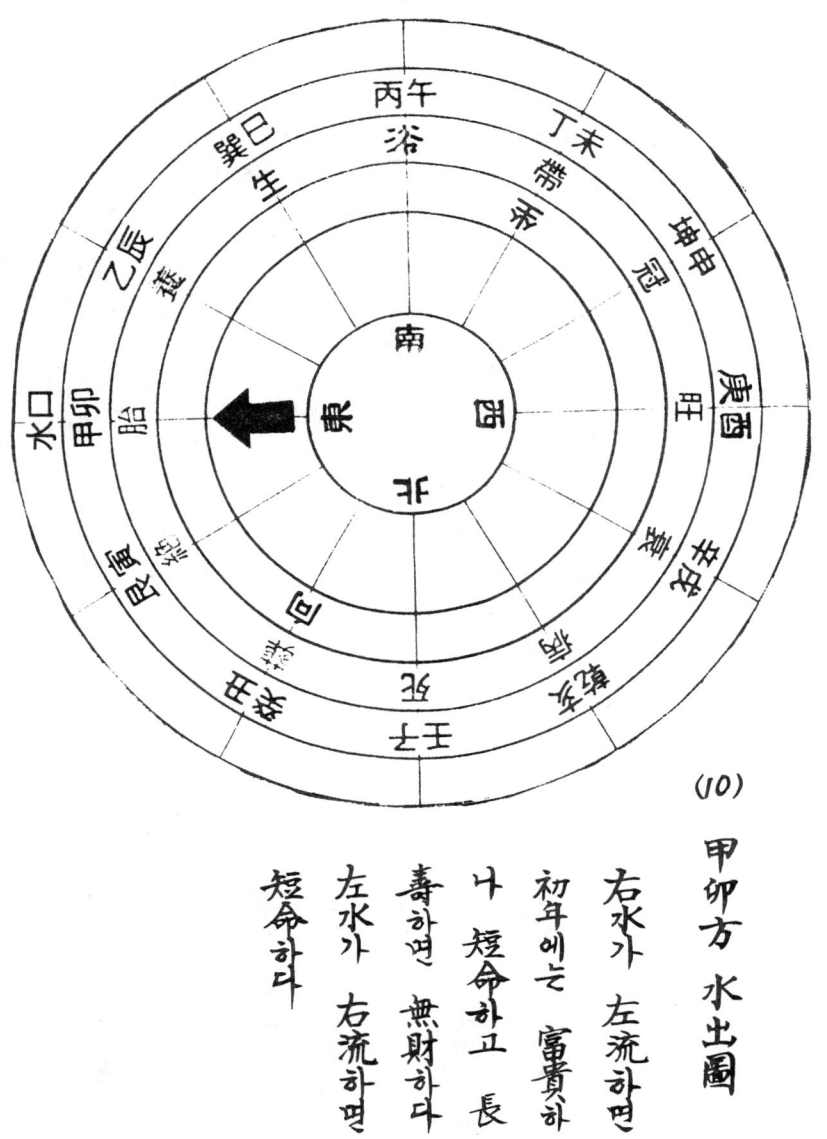

(10) 甲卯方 水出圖

右水가 左流하면
初年에는 富貴하
나 短命하고 長
壽하며 無財하다
左水가 右流하면
短命하다

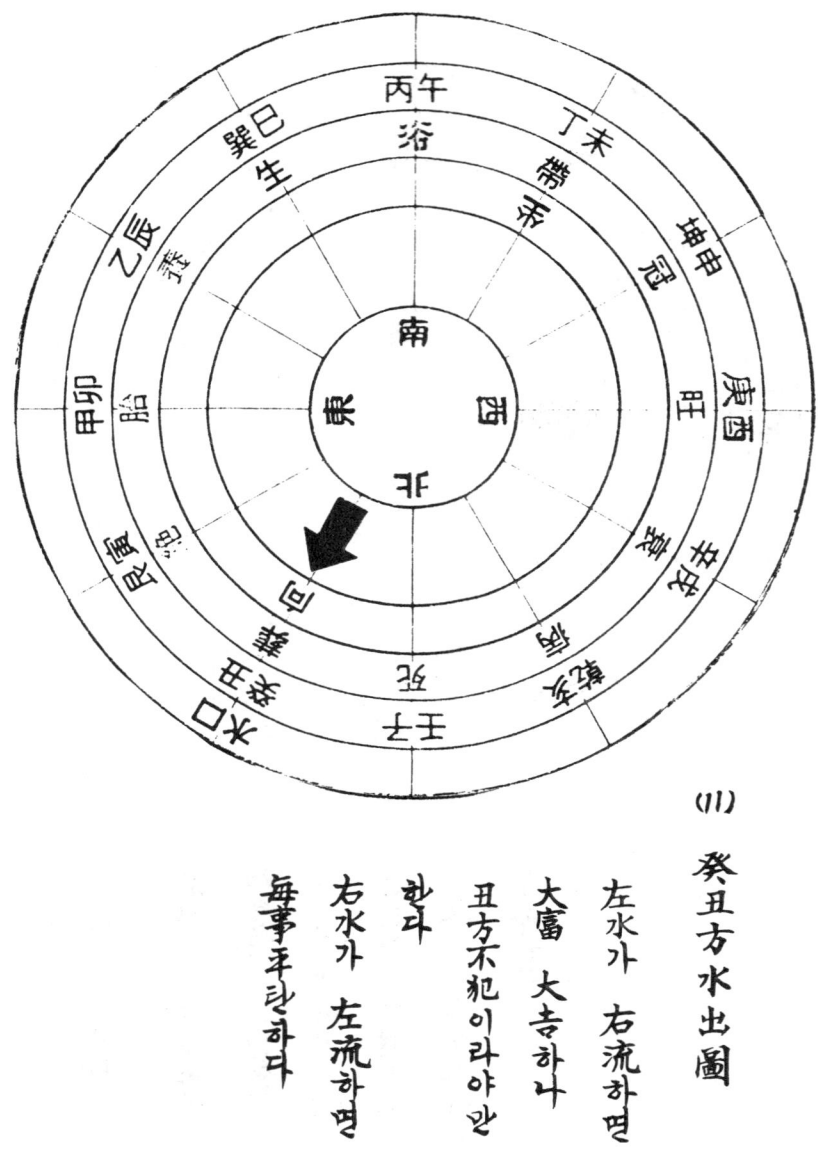

(11) 癸丑方水出圖

左水가 右流하면
大富 大吉하나
丑方不犯이라야 한다
右水가 左流하면
每事平탄하다

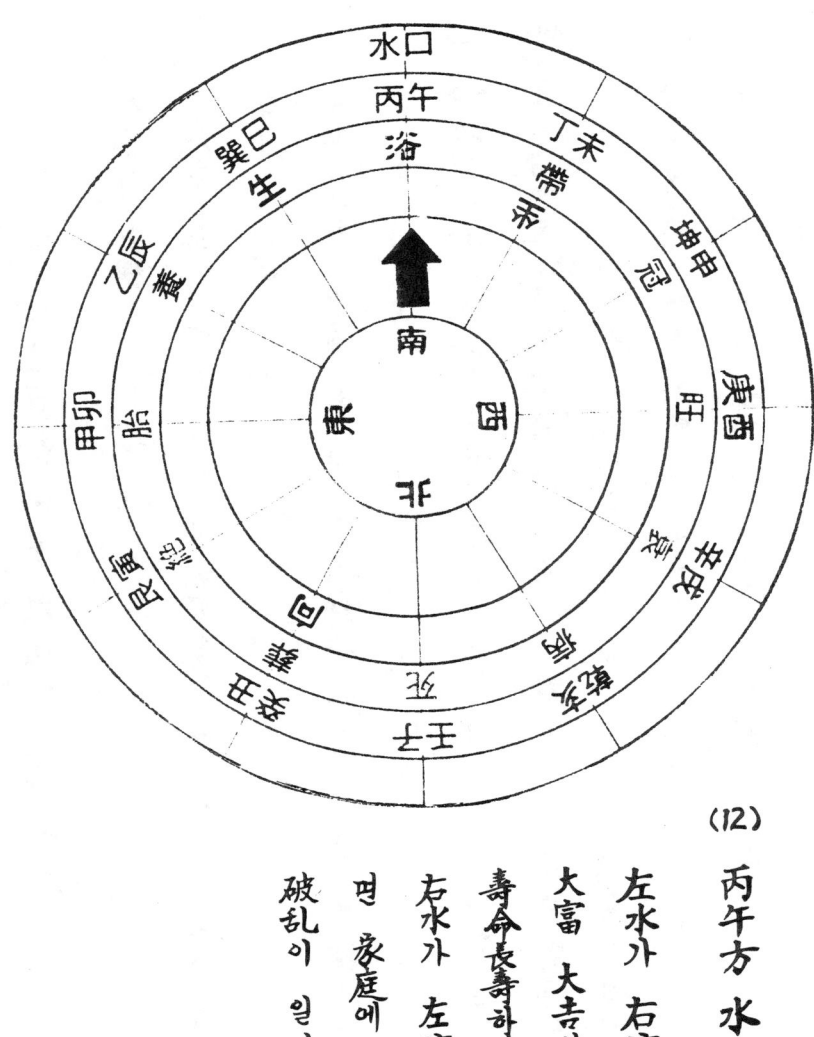

(12) 丙午方 水出圖

左水가 右流하면
大富 大吉하고
壽命長壽하나
右水가 左流를 하
면 家庭에 가끔
破乱이 일어난다

九、坤坐艮向 申坐寅向의 水口吉凶

右水가 左側으로 흐를 때

(一) 辛戌方으로 水流出去하면 子孫孝養되고 五福이 具全 富貴兼全하여 平生 吉運이 重々

(二) 癸丑方으로 水流出去하면 富貴功名 하는데 (次子) 或 龍砂(山形과 土質)가 좋으면 長子가 먼저 德을 받아 大成하다

(三) 甲卯方으로 水流出去하면 大富 大貴 長壽하는 大吉方이다

(四) 壬子方으로 水流出去하면 胎神을 冲破하니 初年에 財旺하고 水流가 곧고 急하면 短命 財貧하다(水는 왼빤하고 휘어감는듯한 水流가 吉하다)

(五) 乾亥方으로 水流去하면 財貧하고 功名에 障碍가 되며 萬事不吉

(六) 庚酉方으로 水流出去하면 病死方을 冲破하니 每事不成하고 財損이 많으며 衰敗 短命하다

(七) 坤申方으로 水流 出去하면 病方이 冲破되어서 좋은데 病方水가 生方으로 흐르는 물이라면 每事不吉해지고 凶水가 되다

(八) 丁未方으로 물이 흘러 나가면 家庭이 敗하며 知命하고 子孫이 不幸해 지고 大凶方이 되다

(九) 丙午方으로 水流 出去하면 初年에는 무난하지만 점차 궁하고 가난해 저서 재산을 거느리지 못하고 末年에는 財貪 家敗한다

(十) 乙辰方으로 물이 흘러나가면 冠帶를 冲破하므로 子孫의 出世를 沮害하여 不吉하게 하는 凶方이다

(十一) 巽巳方으로 물이 흘러 나가면 官을 冲破하므로 官職으로 成功할 子孫이 死亡하고 短命 急死한다

(十二) 艮寅方으로 물이 흘러 나가면 (右水가 左側으로) 大凶하지만 寅方을 不犯하면 大富 大吉하다

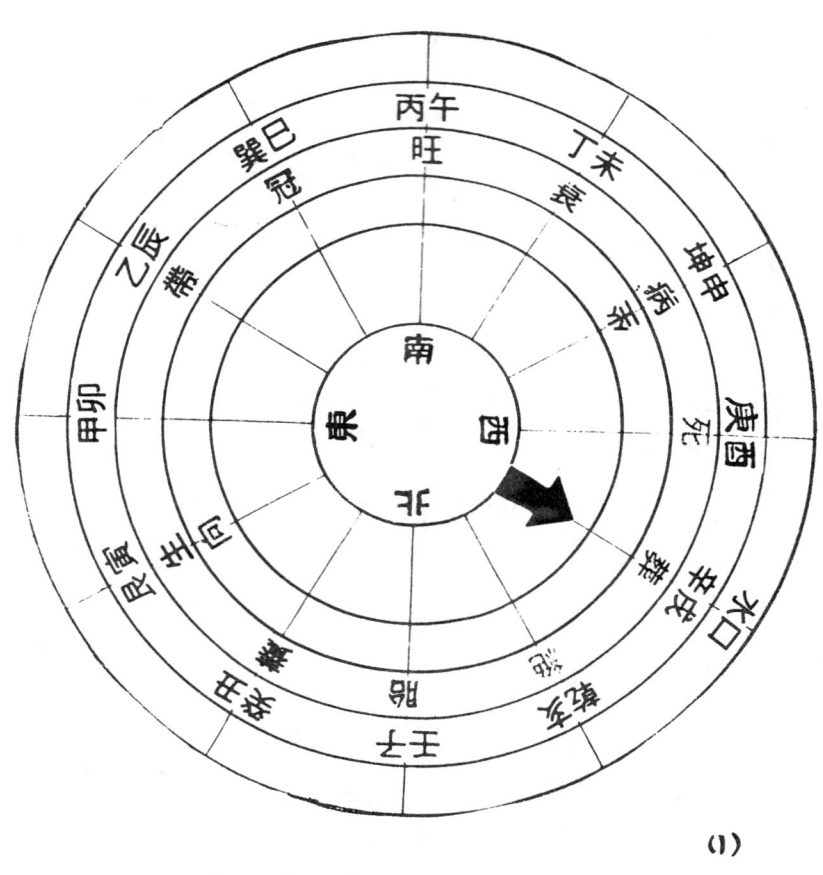

(1) 辛戌方 水出圖

右水가 左流하며
子孫 夫婦 有德
하고 五福이 具
全한 大吉方이다
左水가 右流를
하여도 萬事成功
한다

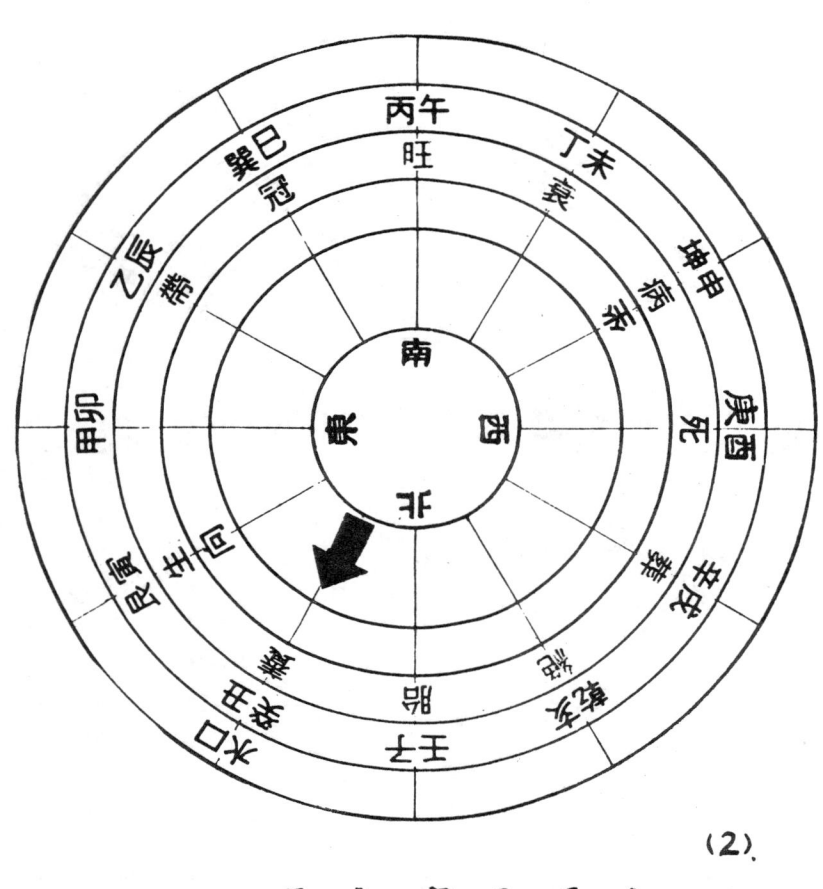

(2) 癸丑方 水出圖

右水가 左流하면
長壽 富貴하며
長子 次子順으로
富者가 되다
左水가 右流하면
도 吉하다

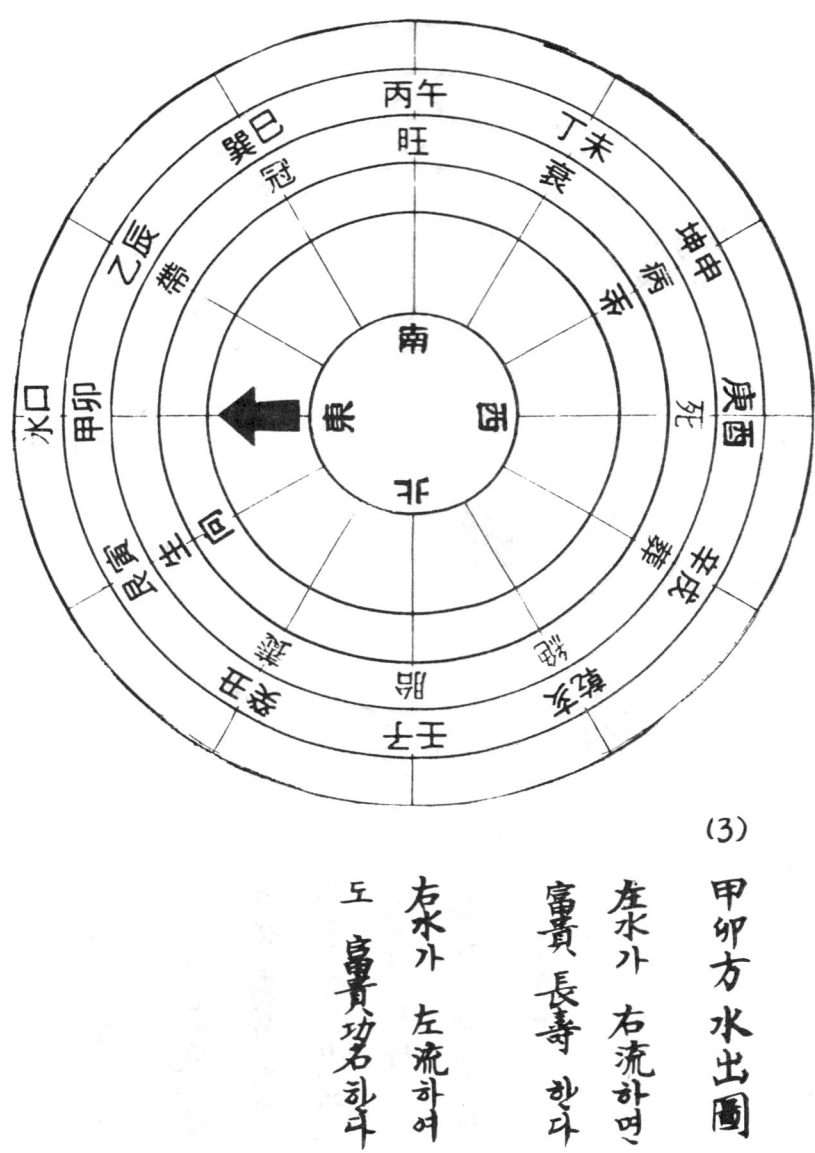

(3) 甲卯方水出圖

左水가 右流하면、
富貴 長壽 하다

右水가 左流하여
도 富貴功名하나다

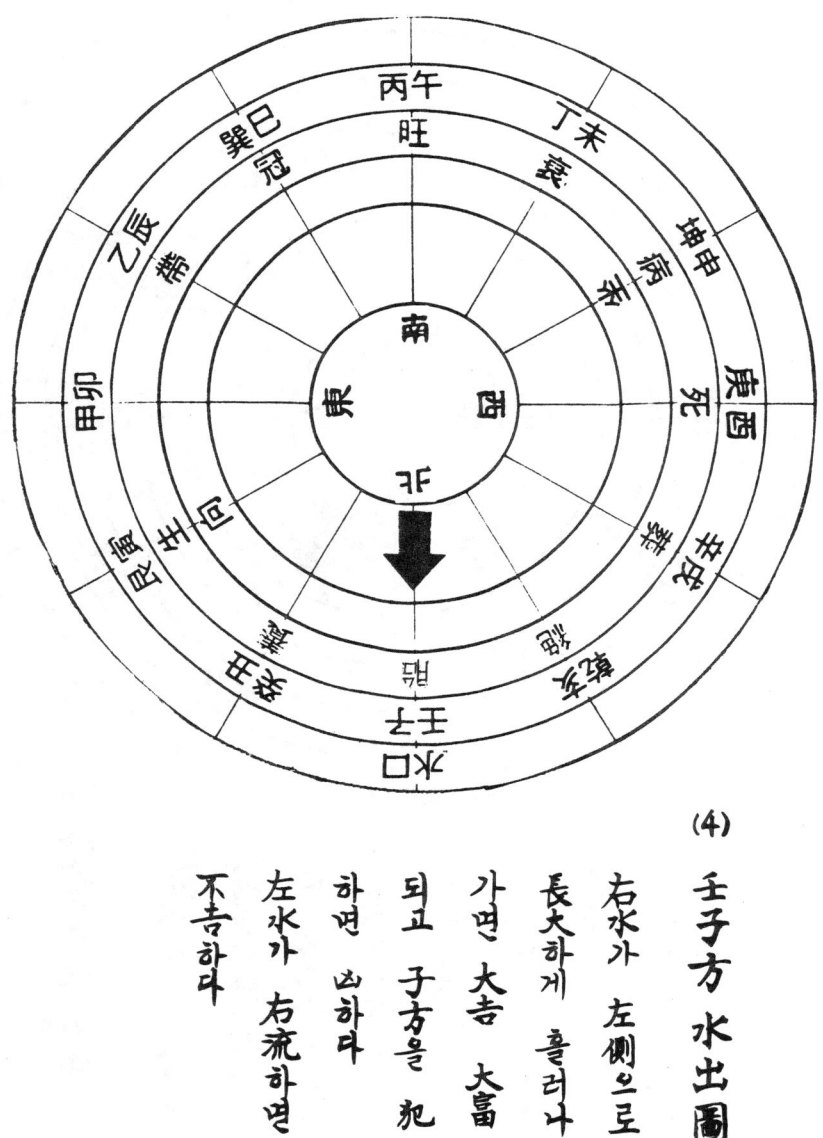

(4) 壬子方 水出圖

右水가 左側으로
長大하게 흘러나
가면 大吉 大富
되고 子方을 犯
하면 凶하다
左水가 右流하면
不吉하다

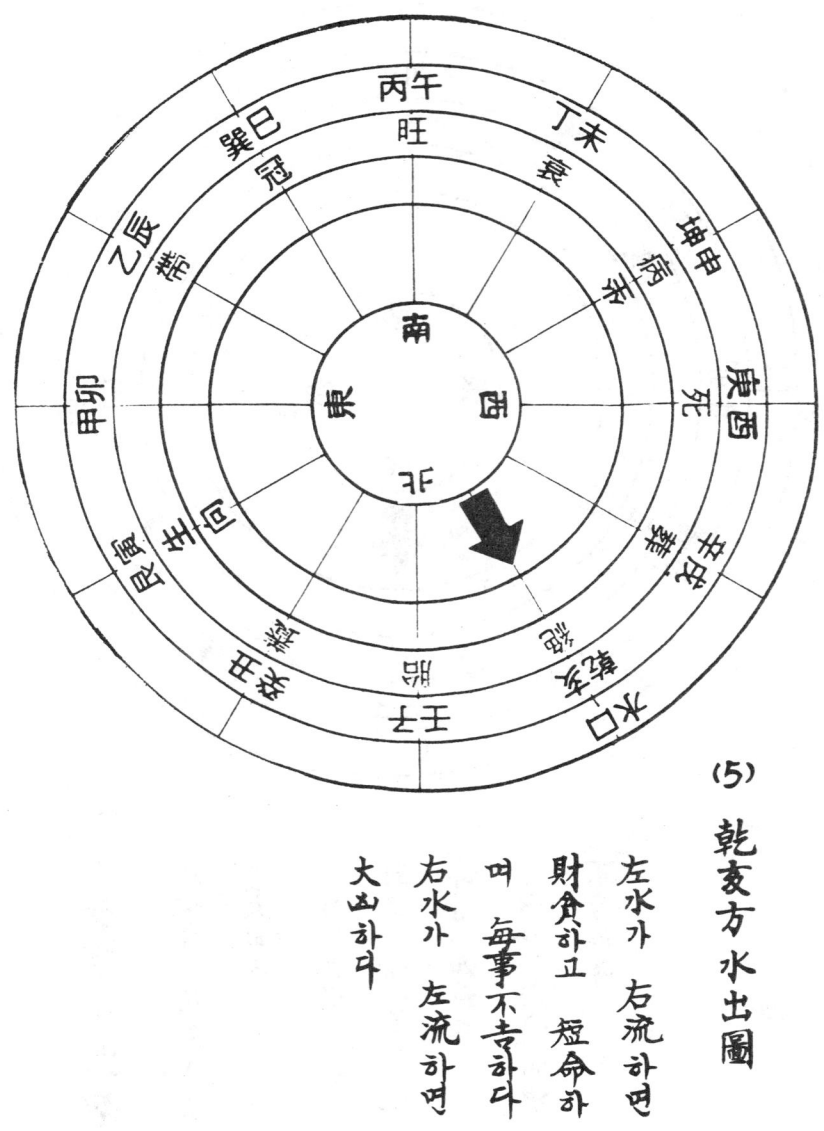

(5) 乾亥方 水出圖

左水가 右流하면
財貪하고 短命하며
每事不吉하다
右水가 左流하면
大凶하다

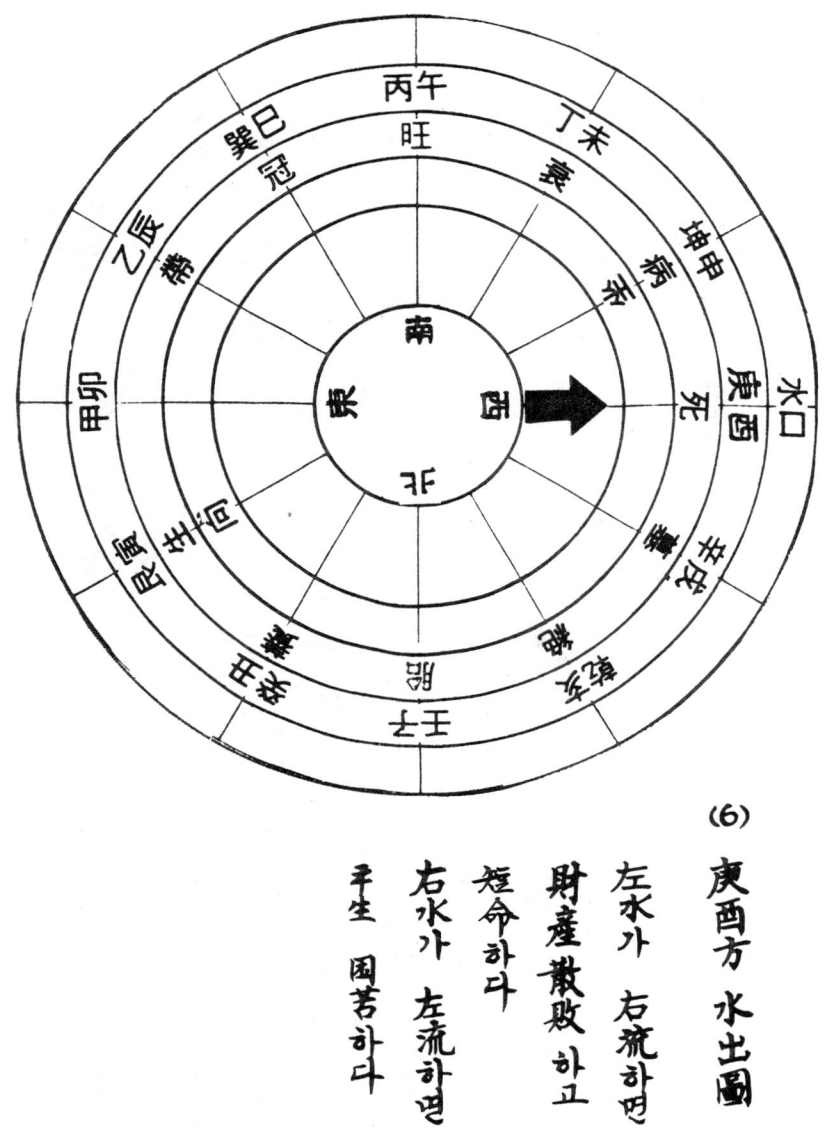

(6) 庚酉方 水出圖

左水가 右流하면
財産散敗하고
短命하다
右水가 左流하면
平生 困苦하다

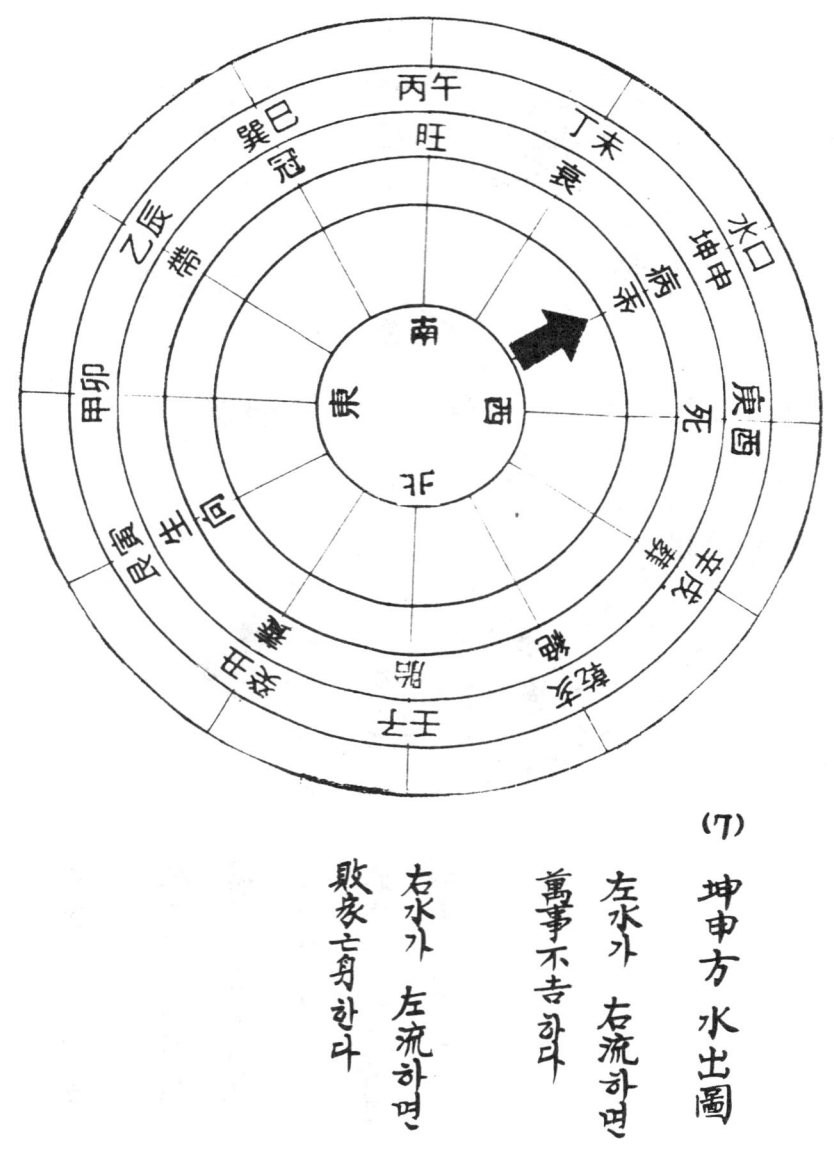

(7) 坤申方 水出圖

左水가 右流하면
萬事不吉하다

右水가 左流하면
敗家亡身한다

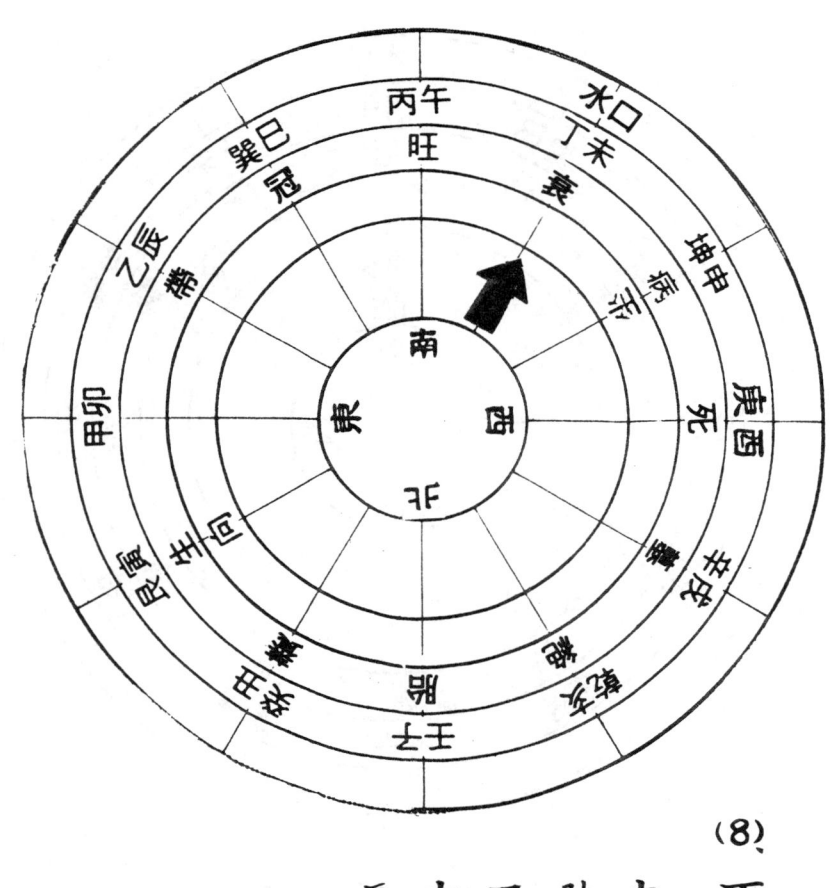

(8). 丁未方 水出圖

左水가 右流하면
財産 大敗하며
不然이면 短하다
右水가 左流하면
平生 大凶하다

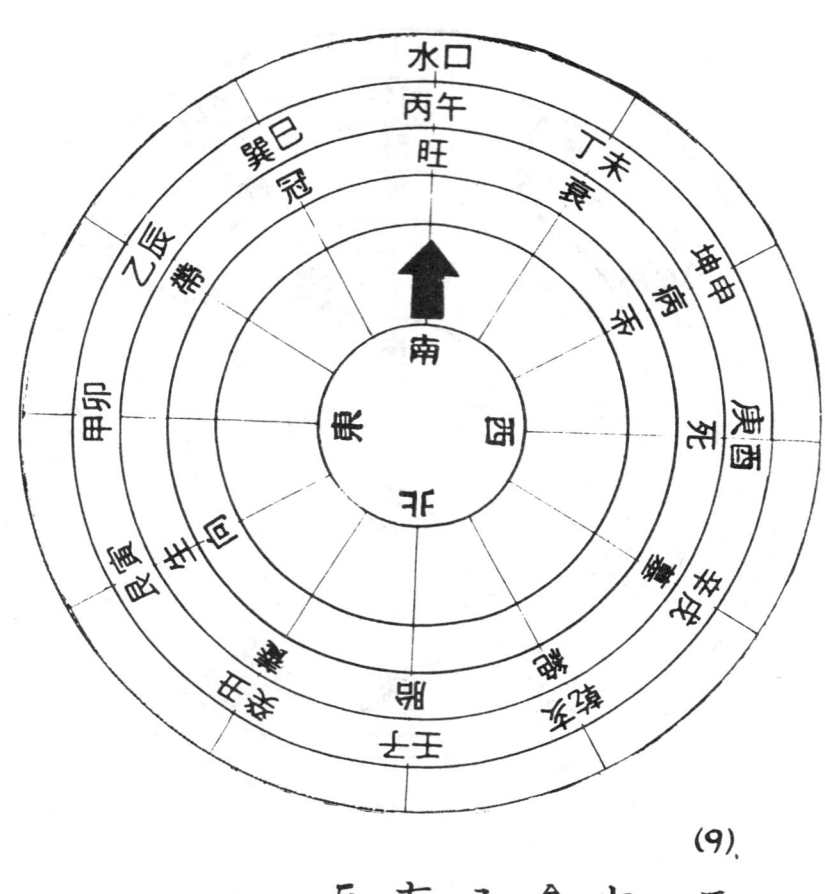

(9).

丙午方 水出圖

左水가 右流하면
貪窮하며 末年은
고독하다
右水가 左流하여
도 財貪하다

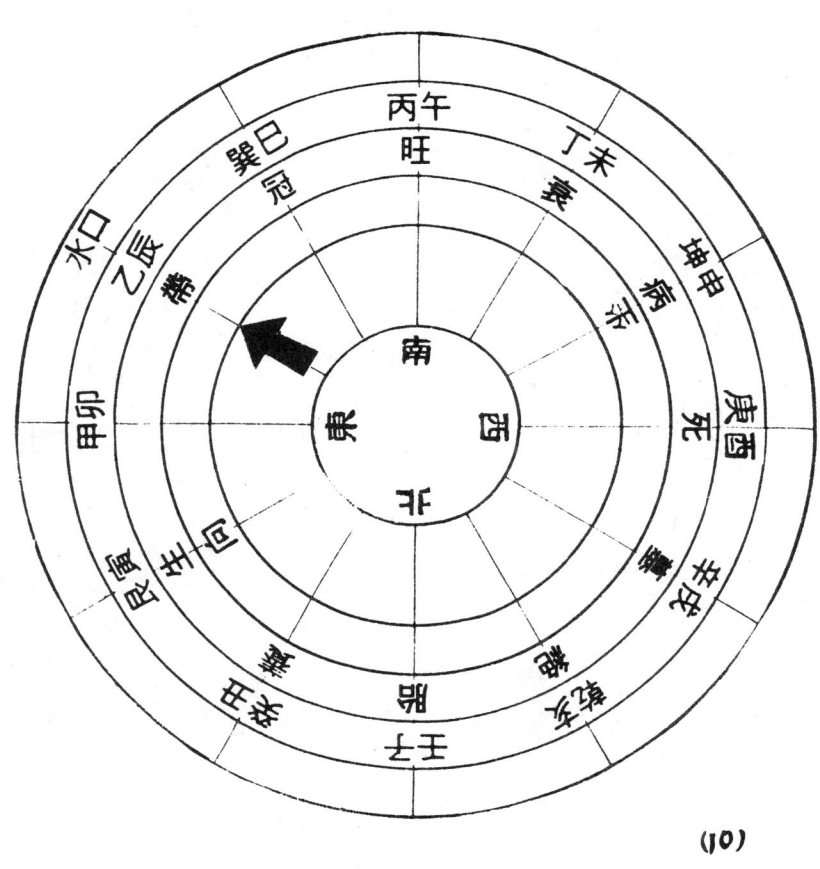

(10) 乙辰方 水出圖

左水가 右流하면
幼年에 총명하던
子孫이 死亡하며
女子들이 음난하
다

右水가 左流하면
子孫 모두가 바
람이 나서 亡한
다

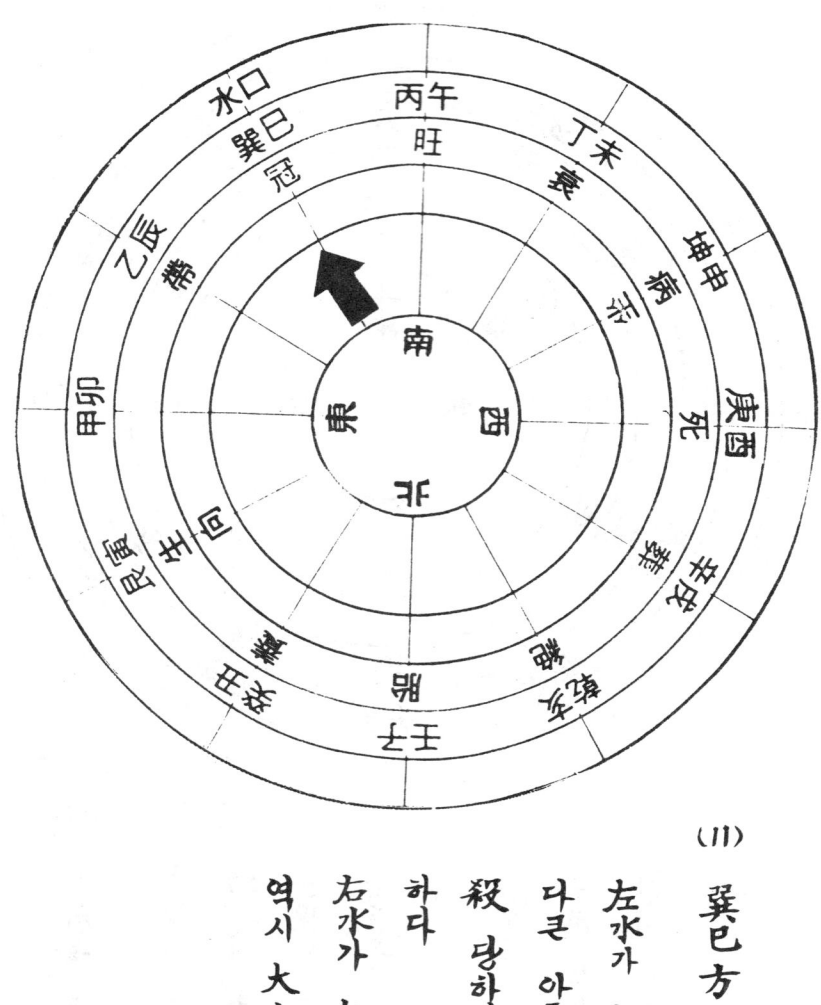

(11) 巽巳方 水出圖

左水가 右流하면
다큰 아들이 急
殺 당하며 大凶
하다
右水가 左流하면
역시 大凶하다

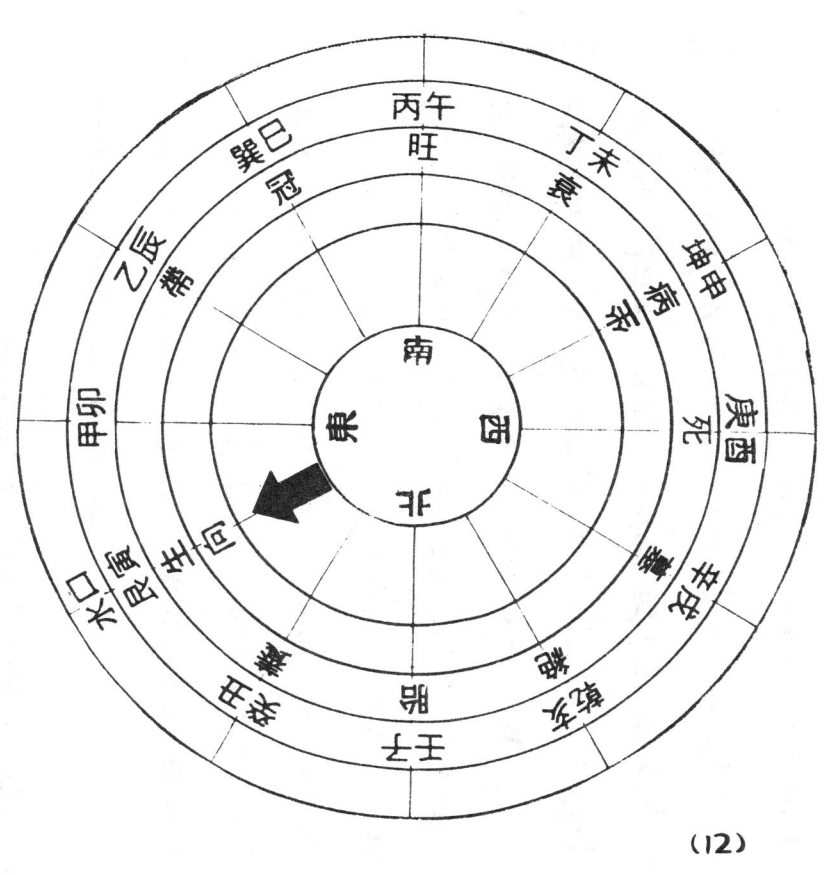

(12) 艮寅方 水出圖

左水가 右流하면
每事不吉하고 壽
命에 害가 있다

右水가 左流하면
子孫들이 疾病으
로 辛苦한다

十. 庚坐辛向 酉坐卯向의 水口吉凶

左水가 右側으로 흐를 때

(一) 丁未方으로 水流出去하면 子孫孝養하고 富貴,功名하며 長壽大吉하다

(二) 乙辰方으로 물이 흘러 나가면 財富發하고 長壽하며 子孫은 昌盛한다

특히 艮方의 물이 正面으로 흘러오는 것 같으면 大吉하다

(三) 壬子으로 물이 흘러나가면 每事 大凶하며 財産多敗하는 大山方이 되지만 子方이나 亥方을 께외하고 壬方으로만 물이 흘러가면 反對로 富貴,功名이 兼全하는 大吉方이 된다

(四) 艮寅方으로 水流出去하면 冠方이 되는데(冠方을 冲破함)이때는 殺人大黃泉을 犯하였으므로 子孫이 敗하며 學業은 中斷되고 官祿도 中斷

(五) 癸丑方으로 水流去하면 向上冠帶를 冲破하는 것이 되는데 총명한 子女가 幼年에 死亡 또는 不具者되며 大敗하게 된다

(六) 辛戌方으로 水流出去하면 養方을 冲破하니 主로 어린 유아가 死亡 또는 몸을 傷하며 敗財되는 凶方이다

(七) 庚酉方으로 水流出去하면 胎神을 冲破하는 것이 되어 負傷者가 많이 생기며 初年에 得財하나 오래 유지하지 못하고 長壽하면 財貪하고 有財者는 短命하다

(八) 坤申方으로 水流出去하면 之身이 꺼지되고 財貪者는 長壽하고 有財者는 短命하다

(九) 丙午方으로 水流出去라로 死方으로 흘러가니 短命水를 犯한 것이라 고 밑 하는데 夭死하고 寡婦가 되며 家産이 散財되며 凶하며 三家庭이 亡하는 大山方이 된다

(十) 巽巳方으로 불이 흘러 나가면 短命하는 病方으로 흐르는 것이 되는데 과부가 多出하게 되며 子孫이 中断이 되는 大山한 方位인데 三家庭이 敗家滅亡하게 된다

(土) 乾亥方으로 물이 흘러 나가면 財物은 있으나 小兒를 難養하며 妻이 있게 되며 항상 집안의 불화로 세월을 보내게 될 것이다

(土) 甲卯方으로 물이 흘러 나가면 大凶方이 되는데 右水가 左側으로 큰 물이 흐르면서 卯方을 犯하지 않고 甲方으로만 물이 흐르면 大富의 運이 되다

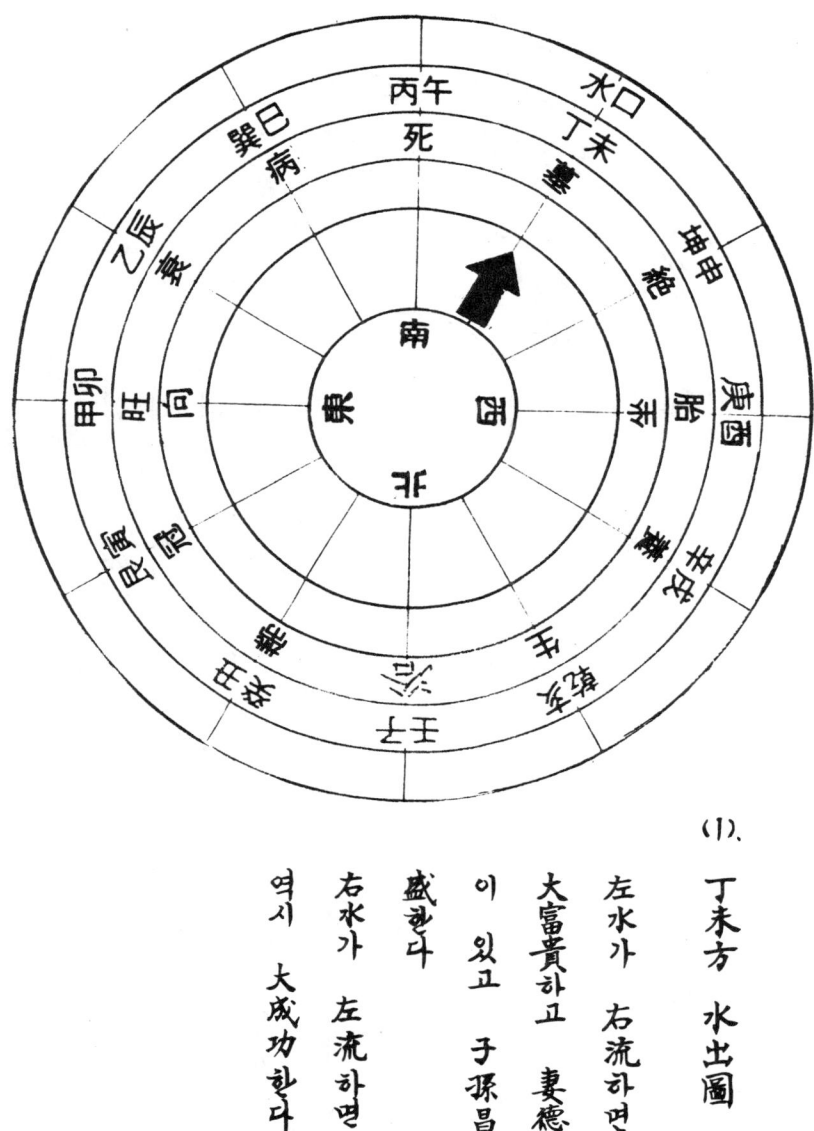

(1). 丁未方 水出圖

左水가 右流하면
大富貴하고 妻德
이 있고 子孫昌
盛한다
右水가 左流하면
역시 大成功한다

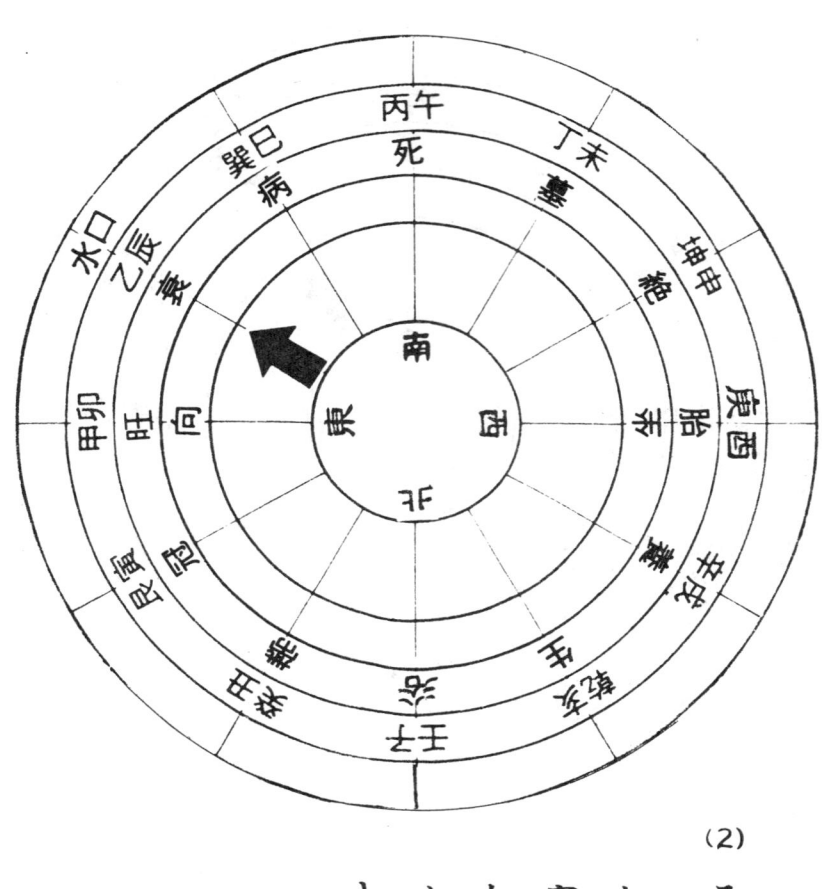

(2) 乙辰方 水出圖

左水가 右流하면
富貴, 長壽하다
右水가 左流하면
역시 吉方이 된다

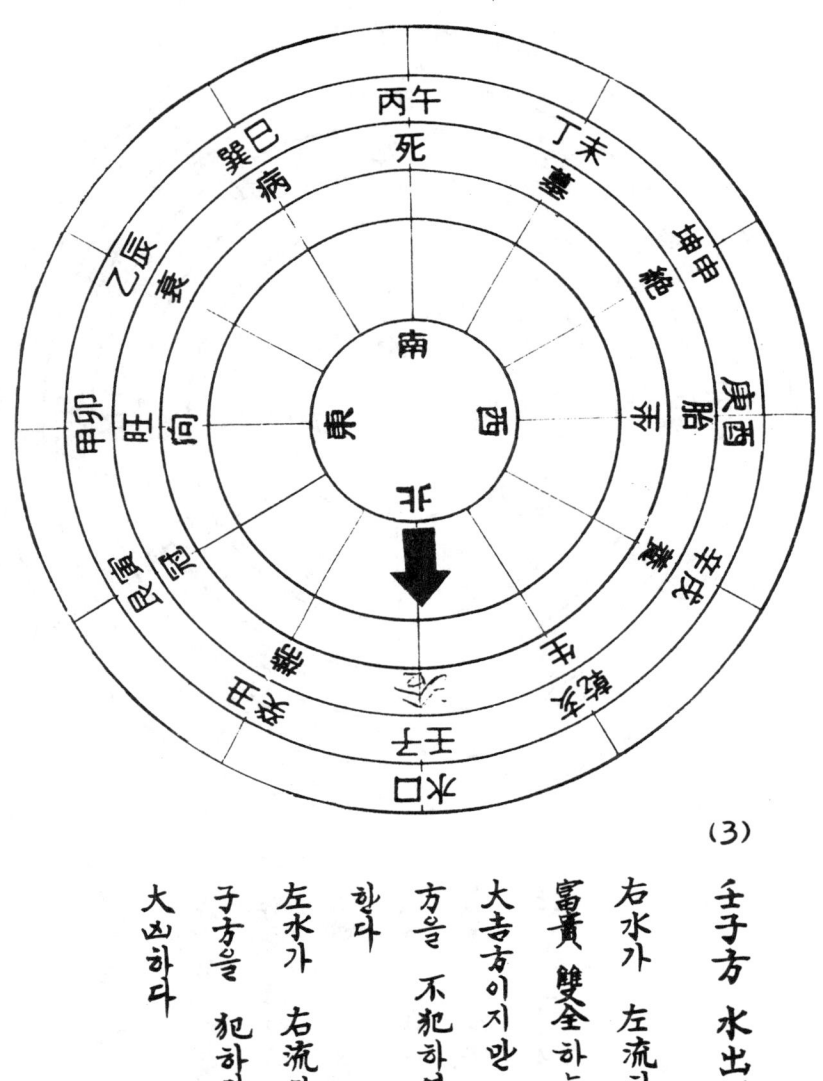

(3) 壬子方 水出圖

右水가 左流하면
富貴 雙全하고
大吉方이지만 子
方을 不犯하여야
한다
左水가 右流하고
子方을 犯하면
大凶하다

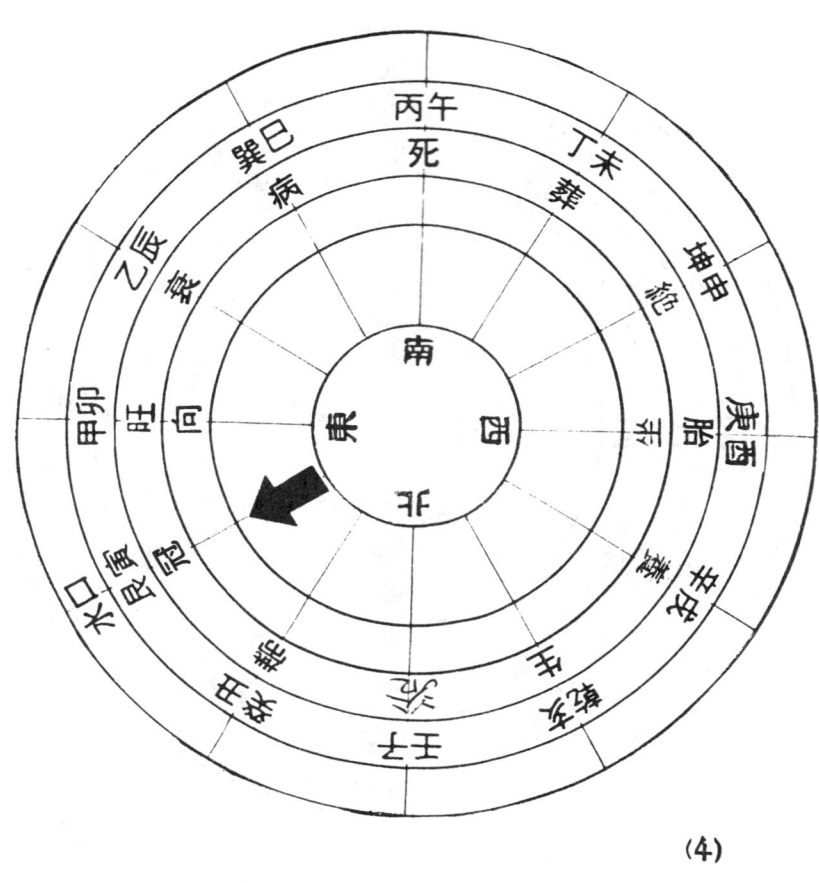

(4) 艮寅方 水出圖

左水가 右流하면
다른 자식이 死
亡하다 (長子먼저
次子가 다음 순선)
右水가 左流하여
도 大凶하다

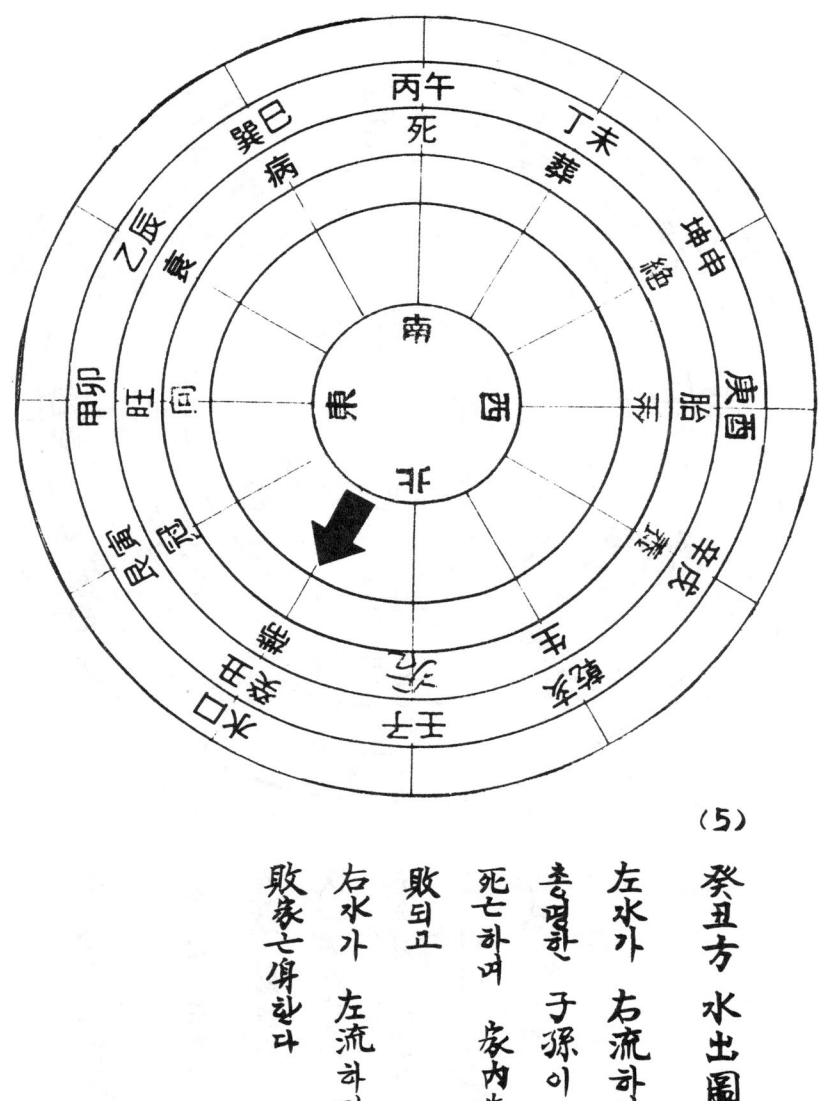

(5) 癸丑方 水出圖

左水가 右流하면
흉맹한 子孫이
死亡하며 家內失
敗되고
右水가 左流하면
敗家亡身한다

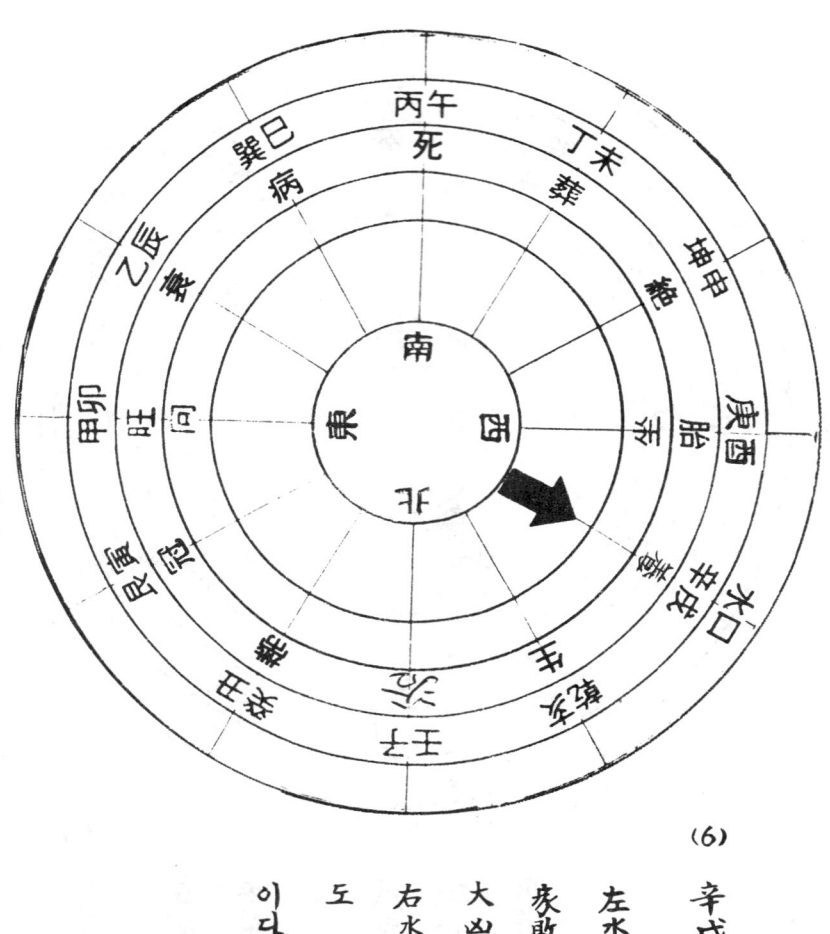

(6) 辛戌方 水出圖

左水가 右流하면
家敗, 財敗되는
大凶方이다
右水가 左流하여
도 역시 大凶方
이다

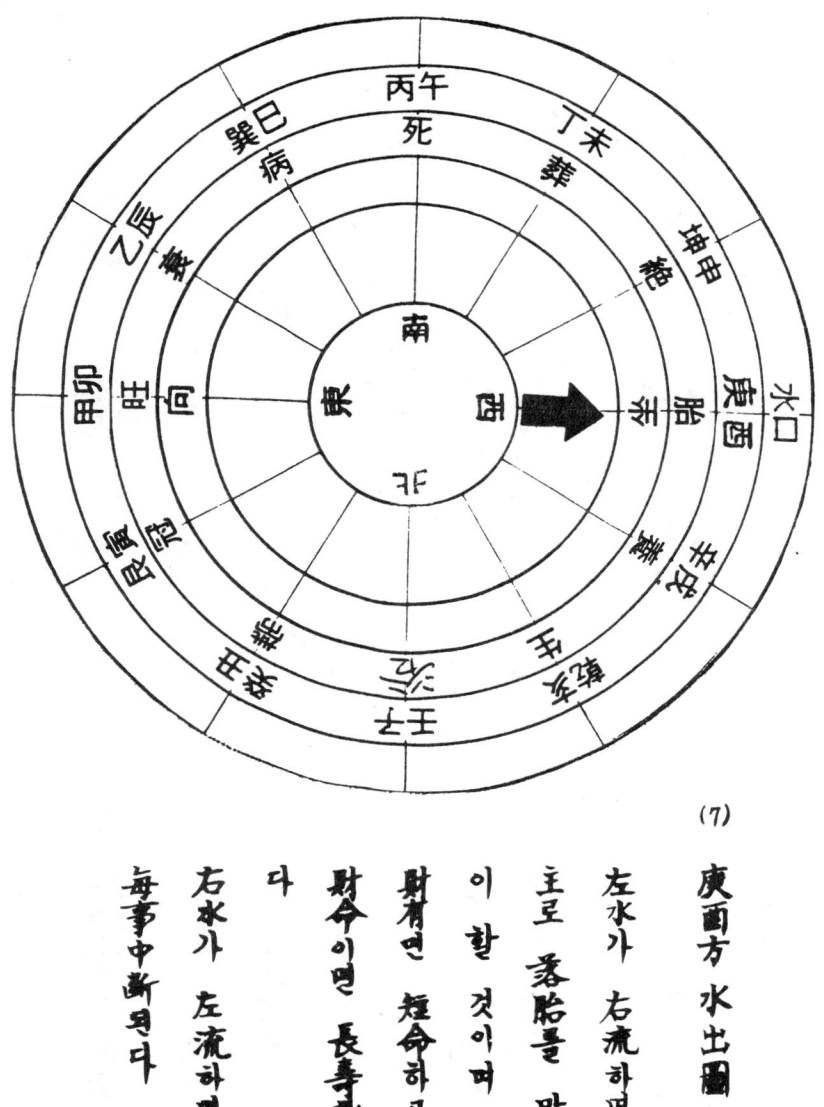

(7) 庚酉方 水出圖

左水가 右流하면
主로 落胎를 말
이 할 것이며
財有면 短命하고
財수이면 長壽한
다
右水가 左流하면
每事中斷된다

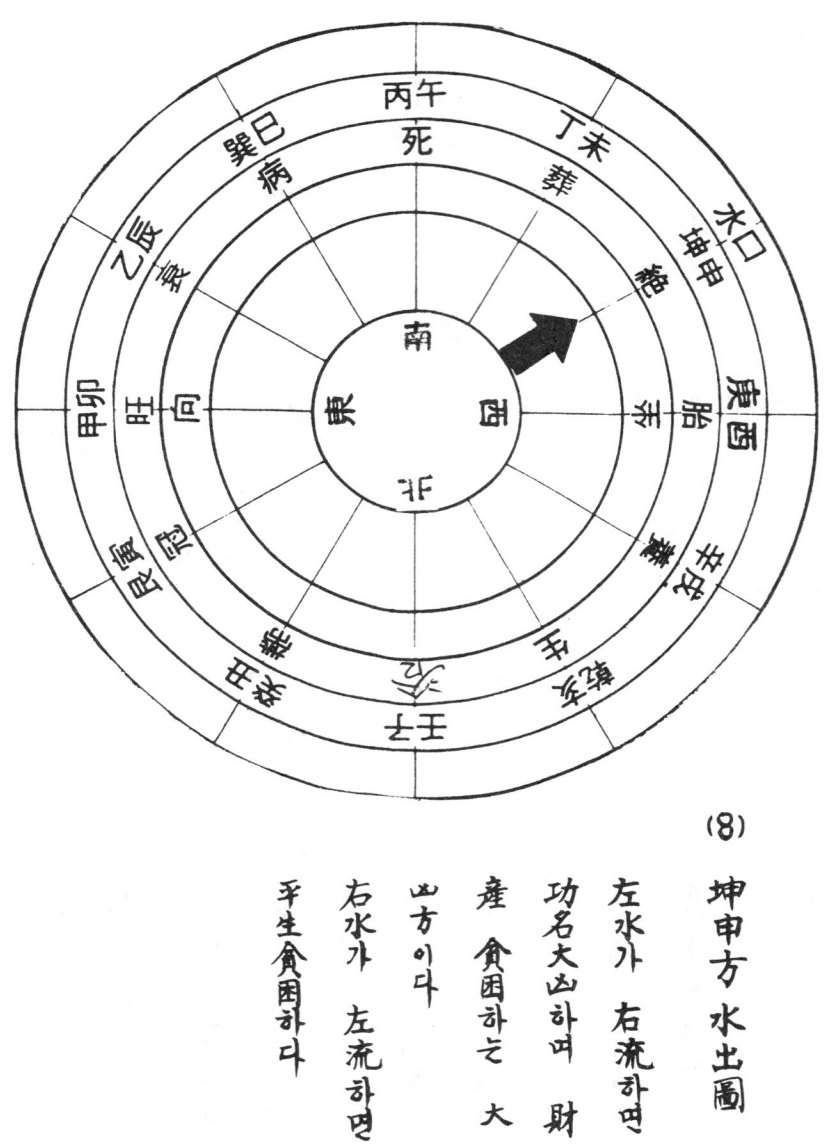

(8) 坤申方 水出圖

左水가 右流하면
功名大山하며 財
産 貧困하고 大
山方이다
右水가 左流하면
平生貧困하다

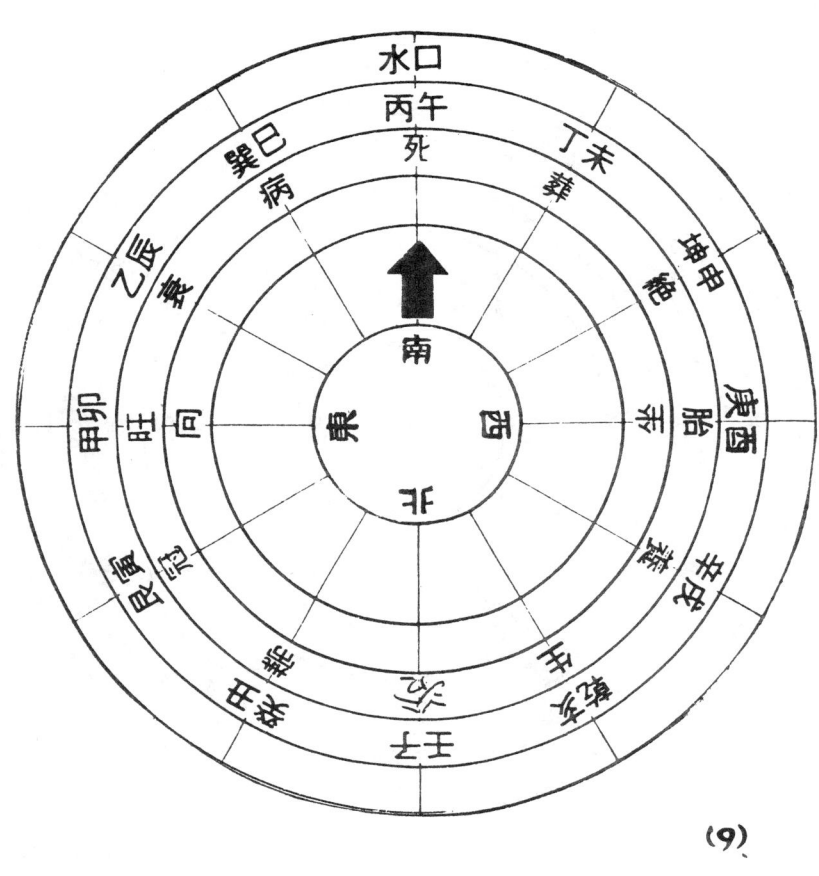

(9). 丙午方 水出圖

左水가 右流하면
急死하며 財産大
敗하고 과부되며
子孫은 차례로
死亡하는 大凶方
이다
右水가 左流하며
도 大凶하다

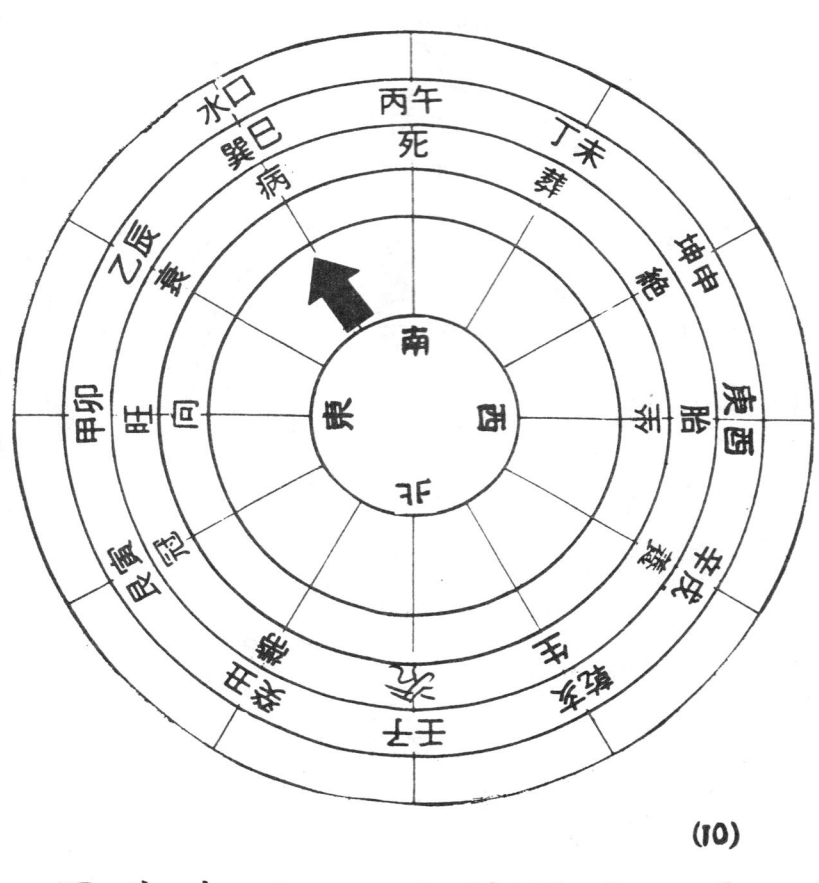

(10) 巽巳方 水出圖

左水가 右流하면
男子 短命하며 寡
婦多出하고 초章長孫
以后乙 生難別하
고 또는 吐血病으
로 辛苦한다
右水가 左流하면
집안에 憂患이
不絶한다

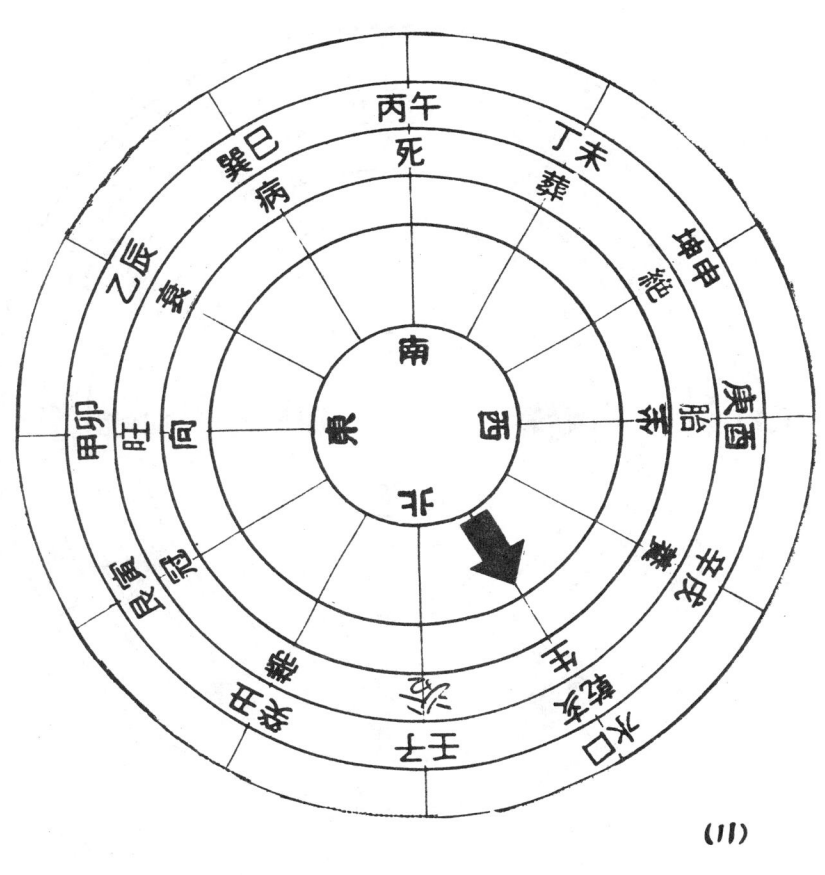

(11) 乾亥方 水出圖

左水가 右流하면
財産은 있으나
幼兒難養하며 長
孫은 財敗한다
右水가 左流하면
子孫이 모두 七
한다

(12) 甲卯方 水出圖

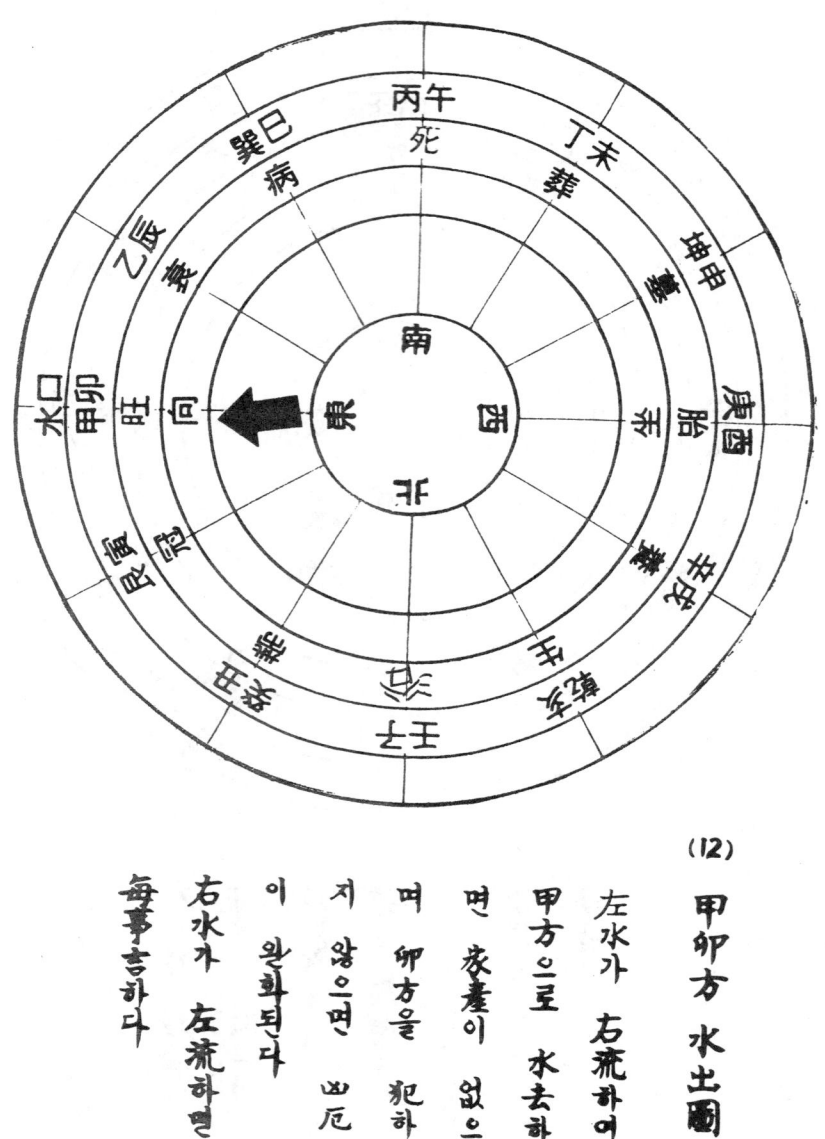

左水가 右流하여 甲方으로 水去하면 家產이 없으며 卯方을 犯하지 않으면 凶厄이 완화되다

右水가 左流하면 每事吉하다

十一、辛坐乙向 戌坐辰向의 水口吉凶

右水가 左側으로 흐를때

(一) 艮寅方으로 水流出去하면 正養方에서 흐르는 것이 되는데 (右水左流) 이럴때에는 財産이 大旺하며 功名賢達하고 發福이 重重하고 子孫의 德이 있고 長壽한다

(二) 巽巳方으로 (左水右流) 水流出去하면 富貴功名 子孫昌盛 萬事大吉하다

(三) 甲卯方으로 水流水去하면 祿位向上으로 沖破하니 貧困하고 夭死하므로 과부가 생기며 辰方에 惡石이 있으면 목걸메가 생긴다

(四) 癸丑方으로 水流出去하면 長壽하며 富貴하고 子孫이 昌盛하다

(五) 壬子方으로 水流出去하면 初年은 吉하나 末年은 財食이면 長壽하고

(六) 乾亥方으로 水流出去하면 財敗 莫甚하며 子孫이 亡하며 急死하고 財多면 短命한다

(七) 辛戌方으로 水流出去하면 못死하고 財敗하며 子孫이 中斷되다

(八) 坤申方으로 水流出去하면 財産이 敗하며 命에도 凶하고 家內外百事가 不吉하게 된다

(九) 丁未方으로 水流出去하면 財産이 損失되고 每事 不成하며 집안에 憂患이 不絶하다

(十) 丙午方으로 水流出去하면 吉凶이 相反되는데 丙方으로만 물이 흐르게 되면 不絶하다

(十一) 乙辰方으로 물이 흘러나가면 財産은 多富되고 家內가 有德하다
 고 辰方을 不犯하면 財産은 多富되고 家內가 有德하다

(十二) 庚酉方으로 물이 흘러나가면 財産은 敗하고 每事 不吉하나 庚方으로만 물이 흐르면 財産이 축러되고 富貴를 兼全 하게 된다

— 278 —

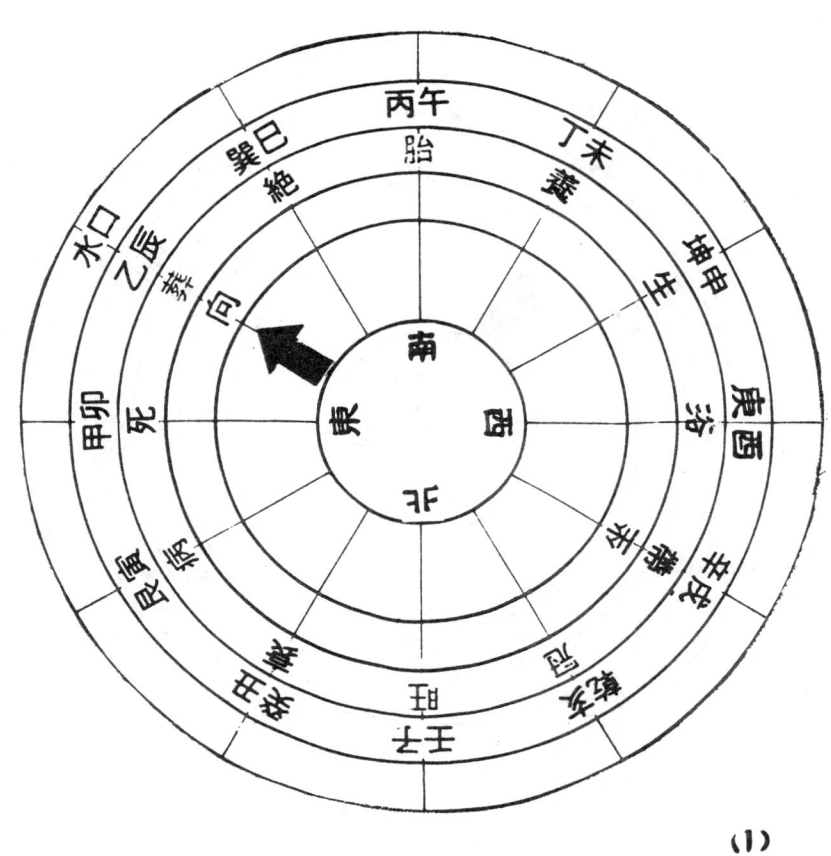

(1) 艮寅方 水出圖

右水가 左流하면
財富하고 功名發
하며 長壽하다
左水가 右流를
하여도 子孫昌盛
하고 大吉하다

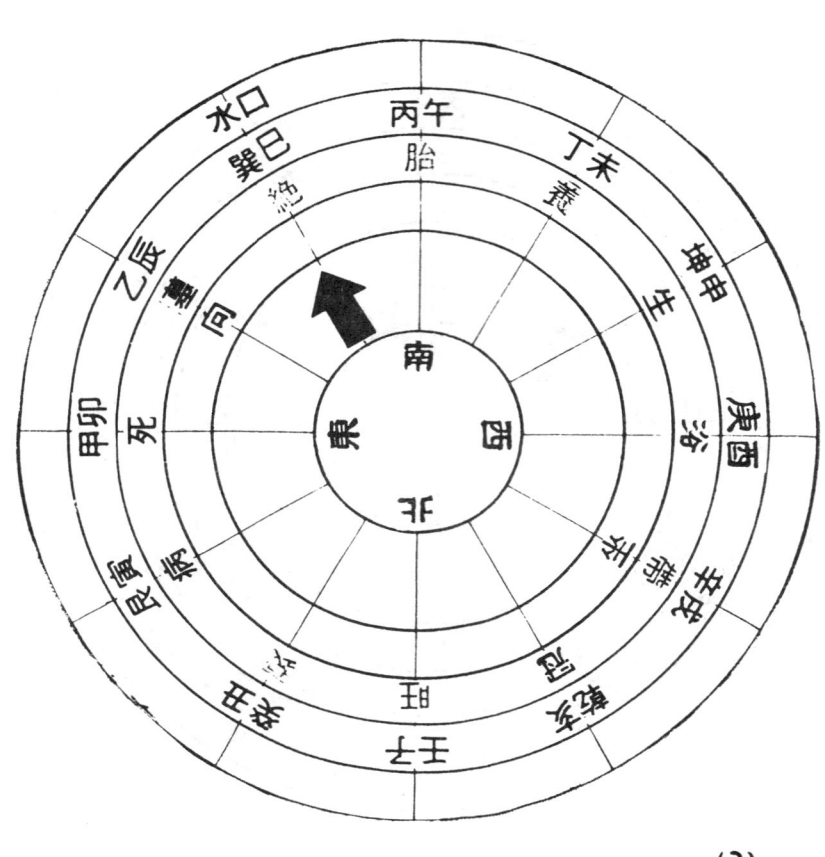

(2) 巽巳方 水出圖

左水가 右流하면
大富 大貴하며
長壽하는등 大吉
하다
右水가 左流하여
도 子孫昌盛하고
富貴하다

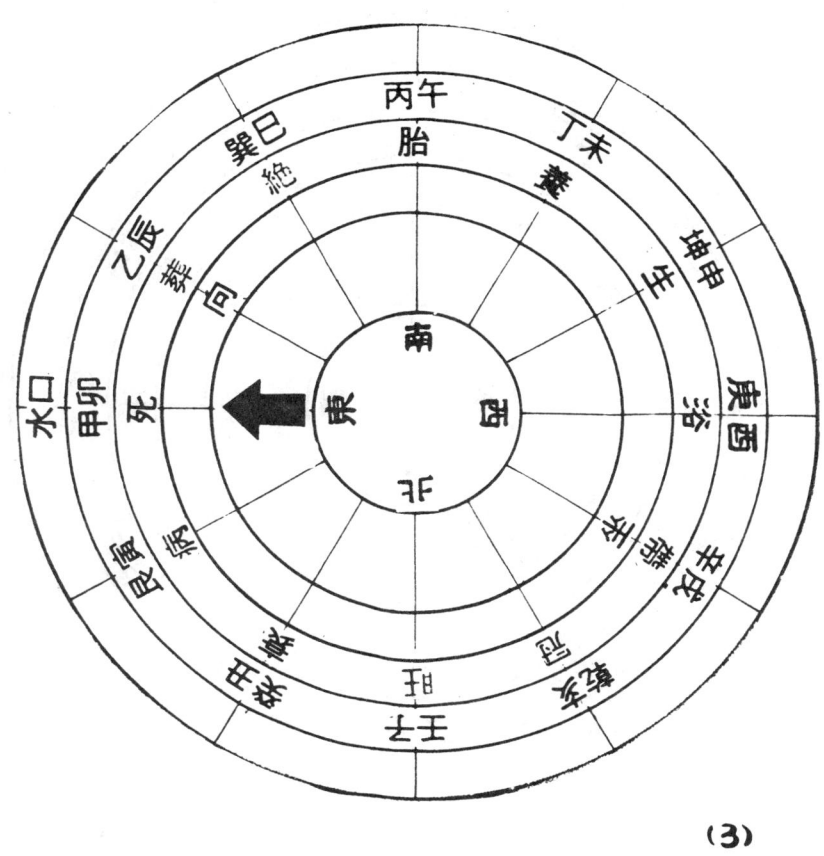

(3) 甲卯方 水出圖

右水가 左流하면
喪主 死亡하고
꾸부 되고 或
長子가 吉하여도
次子는 貪困하다
辰方에 山石이 있
으면 벼락에 맞간다
左水가 右流하면
短命하다

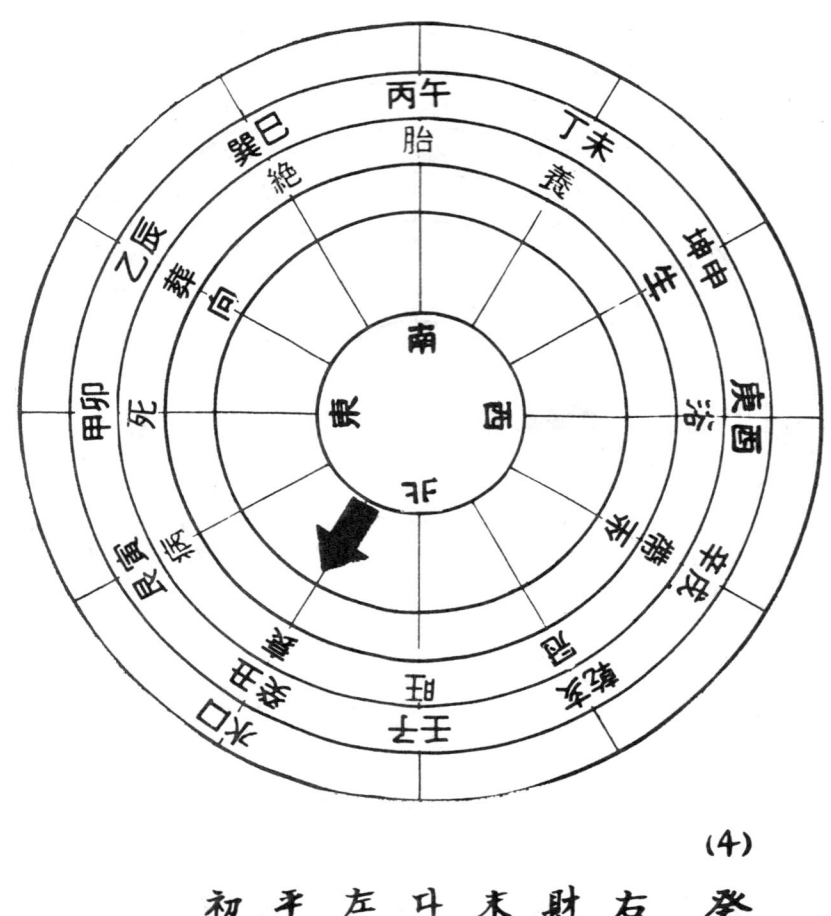

(4) 癸丑方 水出圖

右水가 左流하면
財福이 있으며
末年에는 貧困하다
左水가 右流하면
平生 無財하고
初年은 吉하다

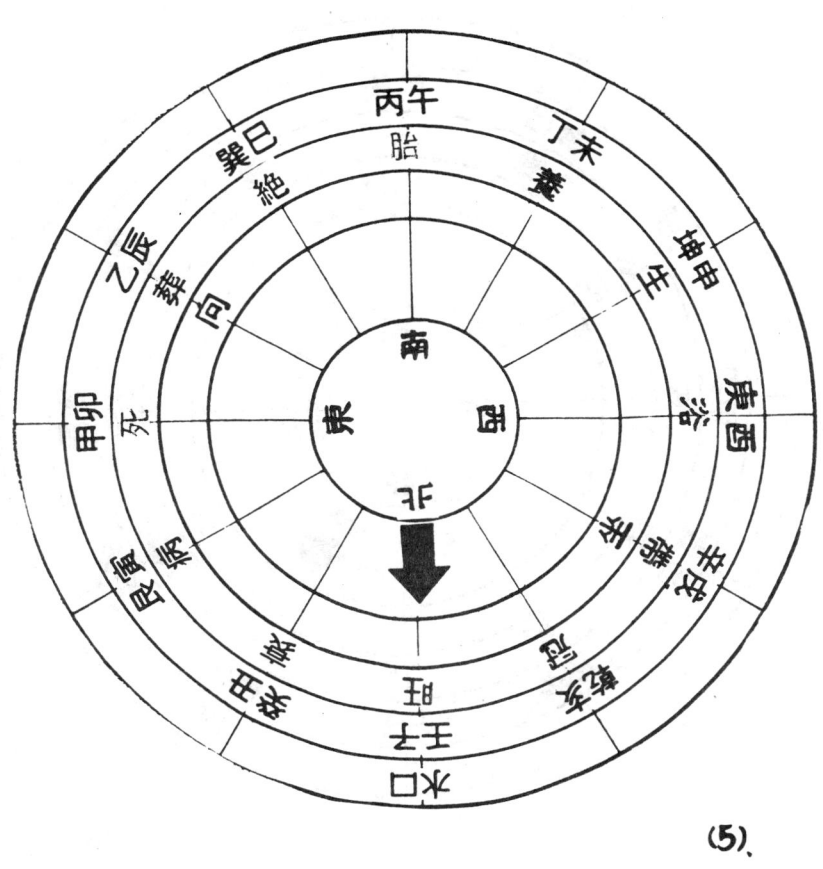

(5). 壬子方 水出圖

右水가 左流하면
財多者는 短命하
고 小兒難養하다
左水가 右流하면
短命하다

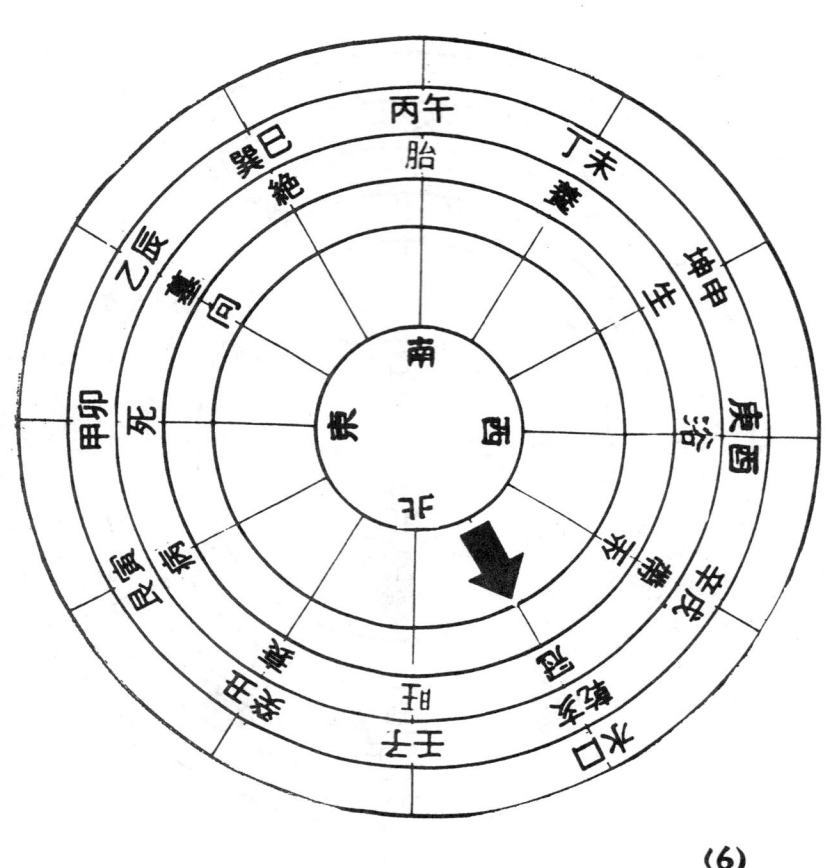

(6) 乾亥方 水出圖

右水가 左流하면
財產 失敗하고
小兒 難養하고 急
死하는 자식이
생겨

左水가 右流하면
兄弟모두 不吉하
다(兄弟와 祭主
의 兄弟를 말함)

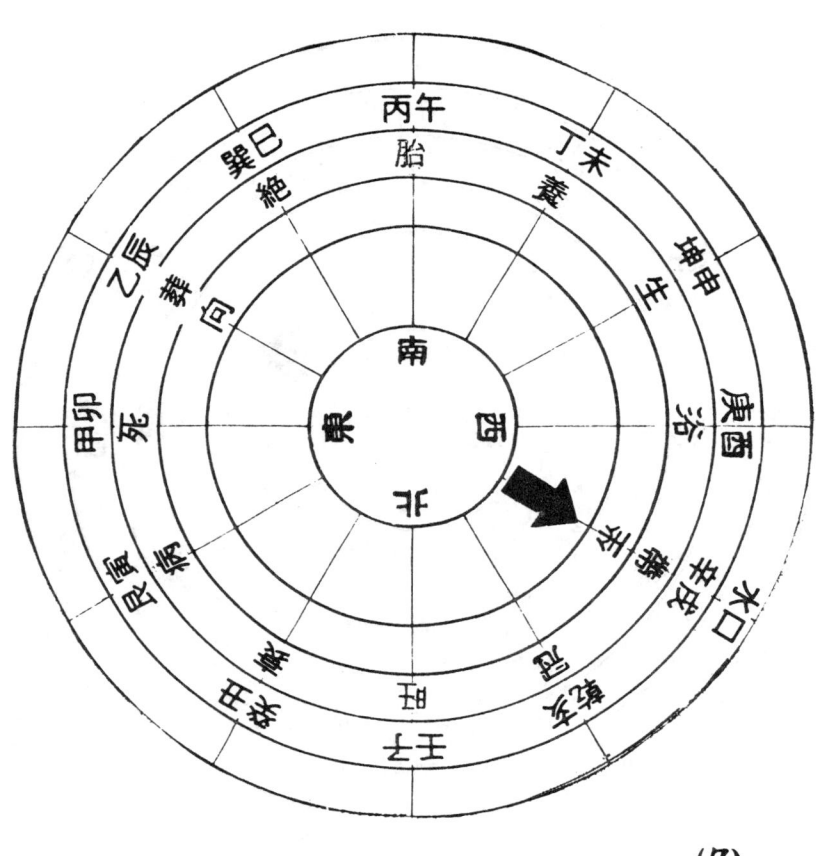

(7) 辛戌方 水出圖

右水가 左流하면
急死 하거나 大
失敗하고
左水가 右流하면
兄弟 모두 急死
하고

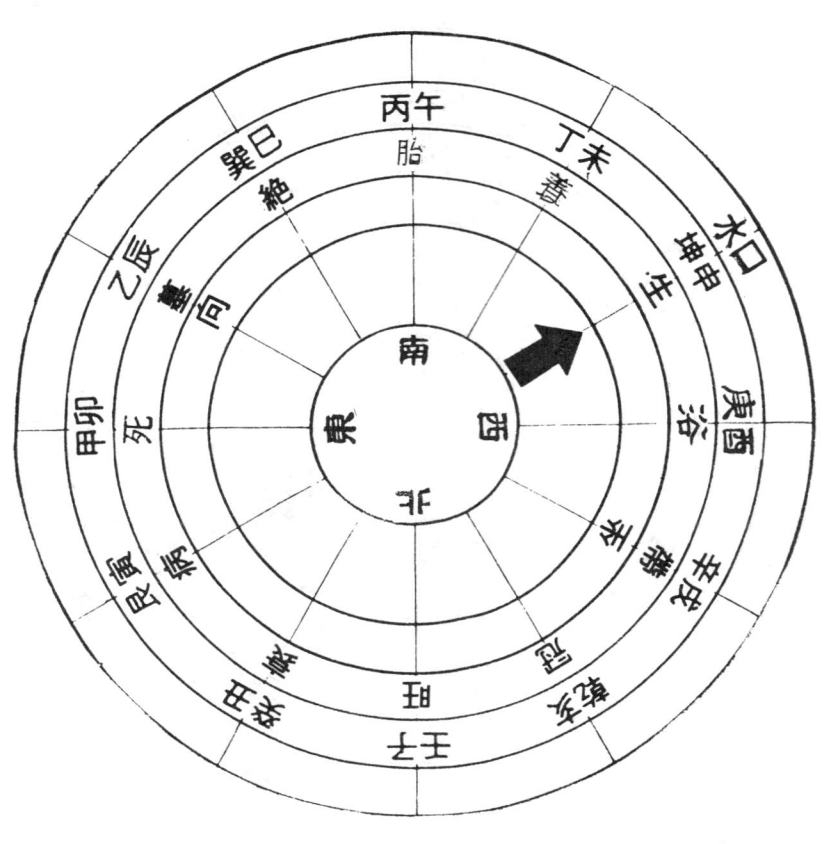

(8) 坤申方 水出圖

右水가 左流하면
財敗하고 家門이
亡한다
左水가 右流하여
도 每事不成한다

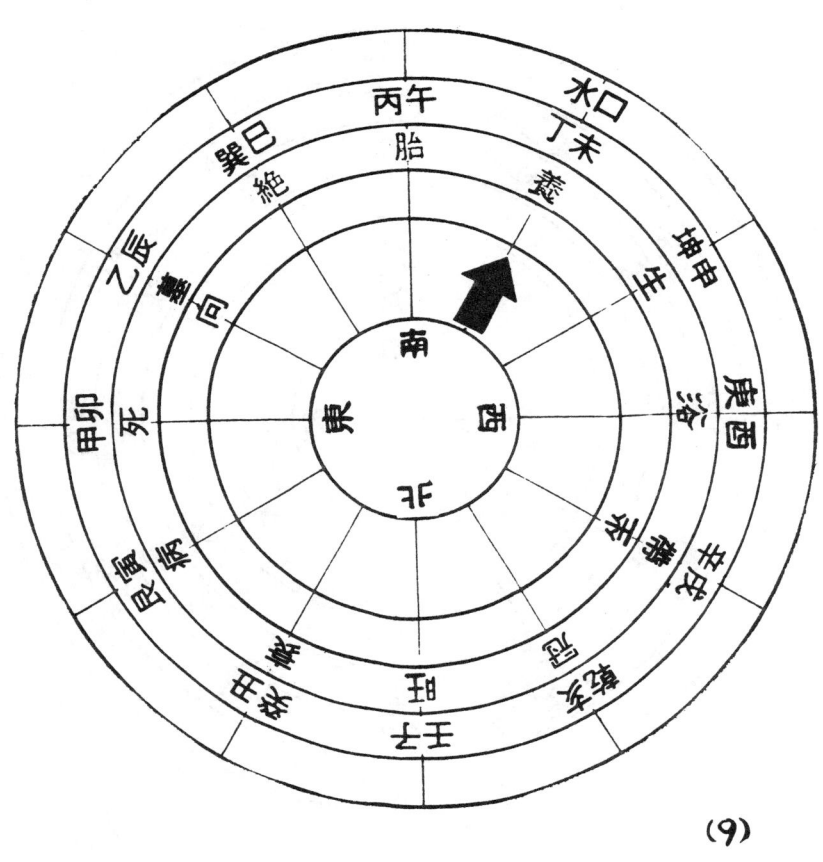

(9) 丁未方 水出圖

右水가 左流하면
財運이 大旺하며
每事不吉하다
左水가 右流하면
子孫이 모두 亡한다

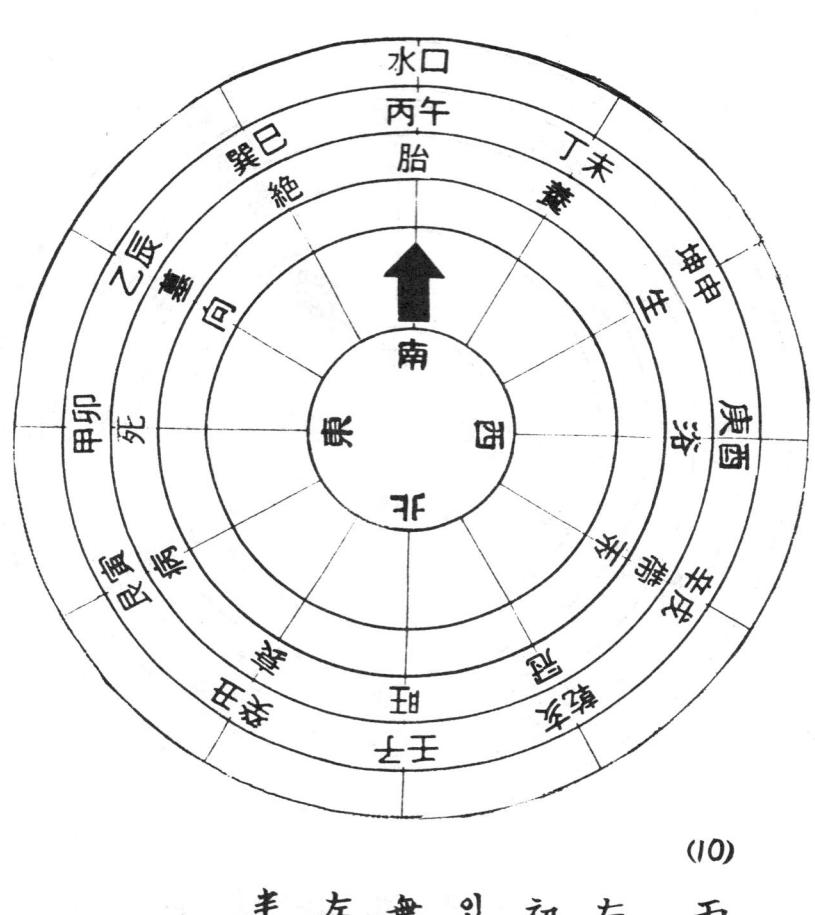

(10) 丙午方 水出圖

右水가 左流하면
初年은 或 富도
있으나 末年에는
無財하다
左水가 右流하면
半凶半吉하다

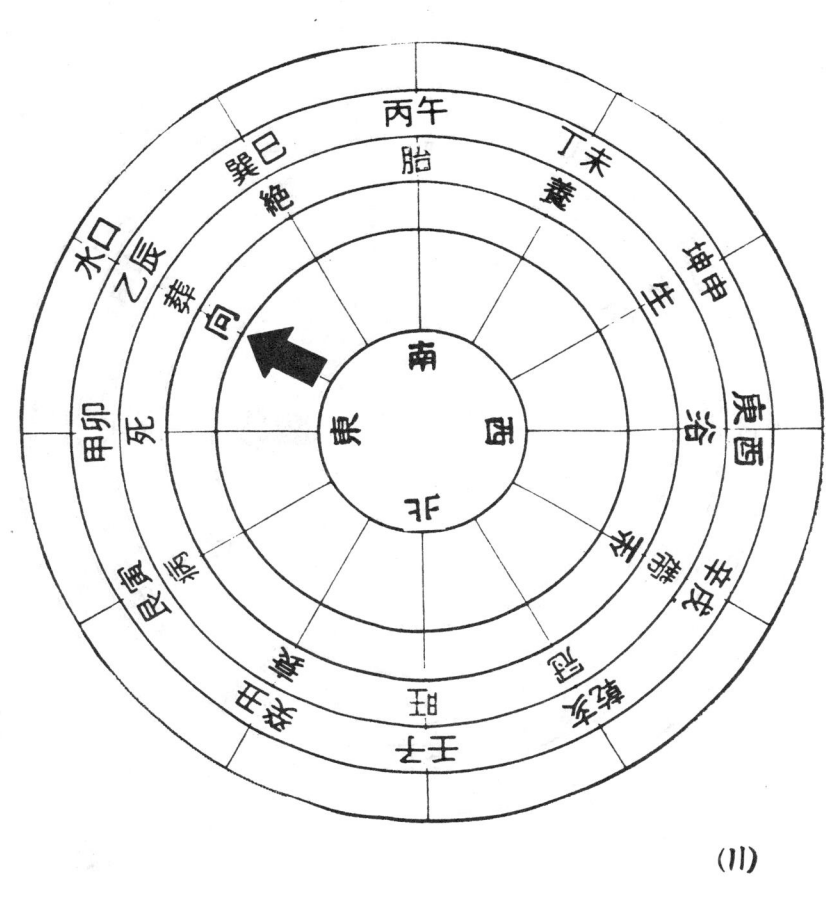

(11) 乙辰方 水出圖

左水가 右流하면 不吉하나 辰方을 不犯하고 乙方으로만 물이 흐르면 富貴하게 된다

右水가 左流하면 半凶半吉하지만 辰方을 不犯해야 한다

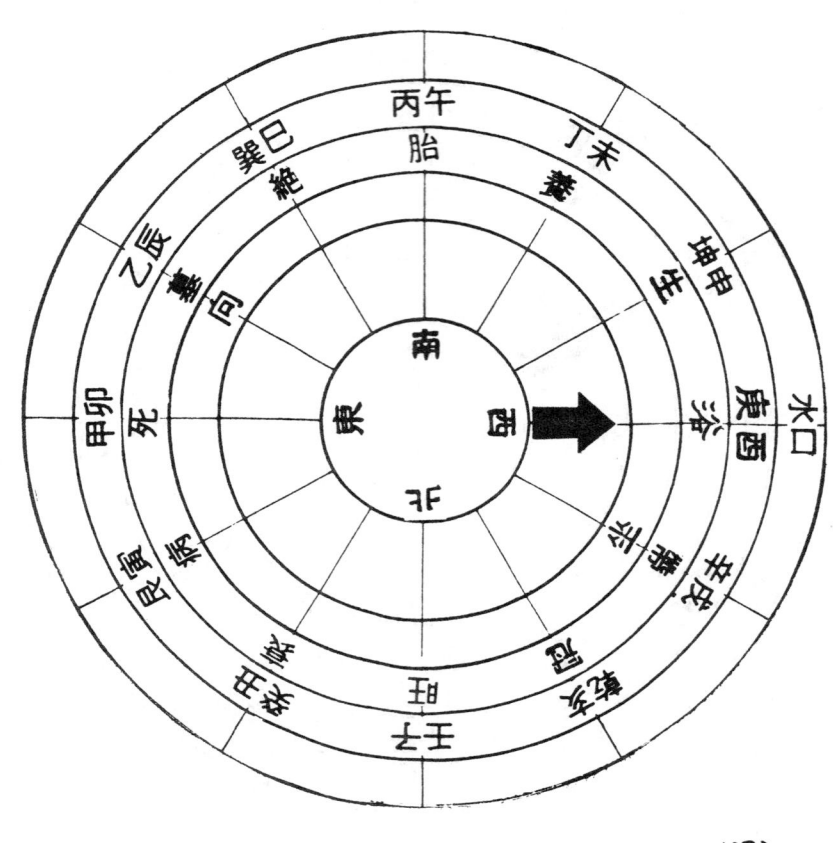

(12) 庚酉方 水出圖

左水가 右流하면
大富 大貴하며
長壽하다
右水가 左流하면
陽地쪽은 大吉할
것이나 西方을
犯하면 凶하다

十二、乾坐巽向 亥坐巳向의 水口吉凶

(一) 右水가 左側으로 흐를 때
癸丑方으로 水流出去하면 家業이 興하고 賢妻를 得하며 子孫이 孝 養되고 五福이 雙全하여 大吉하다

(二) 乙辰方으로 水流出去하면 富貴하고 長壽하며 每事 大成한다

(三) 丙午方으로 水流出去(左水가 右側으로 흘러서)富貴하며 長壽하며 吉하다

(四) 甲卯方으로 水流出去하면 壽命은 長壽하지만 財産은 貧困하며 平生 開暇로우 生活을 한다

(五) 艮寅方으로 水流出去하면 初年은 財得하나 持續하지 못하고 功名은 中斷되어 末年에는 고독하다

(六) 壬子方으로 물이 흘러나가면 財産은 大敗하고 壽命은 短命하여

— 291 —

(七) 乾亥方으로 水流出去하면 財産이 多敗되고 子孫이 中折되고 家庭이 亡하게 된다

(八) 辛戌方으로 水流出去하면 壽命이 短命하지 않으면 반드시 財産의 피해가 있다

(九) 庚酉方으로 水流出去하면 초로 財産이 곤궁해 지고 종말에는 敗家

(十) 丁未方으로 水流出去하면 어린 子女 養育이 어렵고 夫婦가 死別하고 凶事가 생긴다

(十一) 坤申方으로 水流出去하면 長成한 子息이 夭死하며 財敗한다

(十二) 巽巳方으로 水流出去하면 每事不吉하여지고 財産도 敗하며 大凶하데 巳方을 不犯하고 巽方으로만 물이 흘러 나가면 男女長壽하며 富貴가 雙全하게 된다

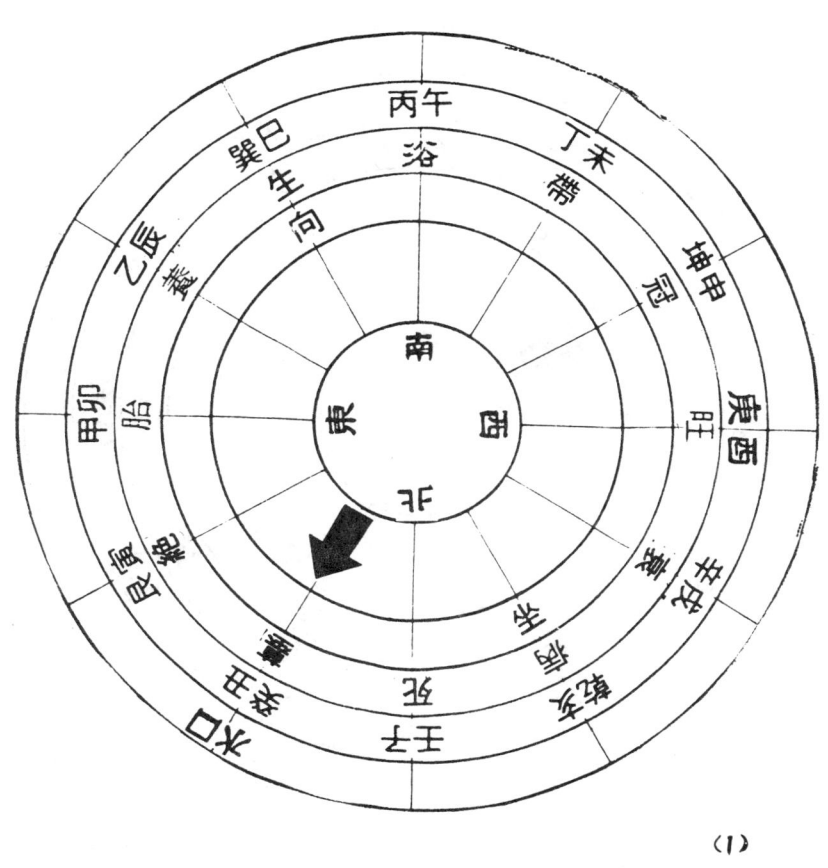

(1) 癸丑方 水出圖

右水가 左流하면
家業이 興하고
賢母良妻에 子孫
孝養하여 五福이
具全하다
左水가 右流하여
도 五福은 同一
하다

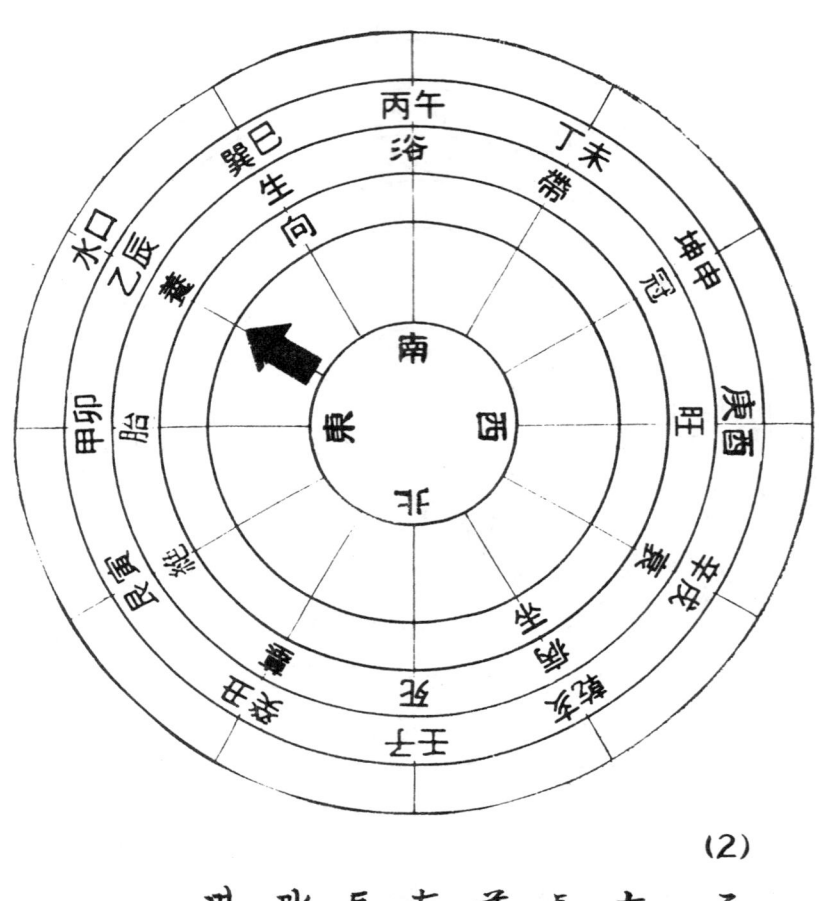

(2) 乙辰方 水出圖

右水가 左流하면
長壽 富貴하며
萬事大吉하나
左水가 右流하며
도 萬事大吉하지
만 辰方을 犯하
면 凶하다

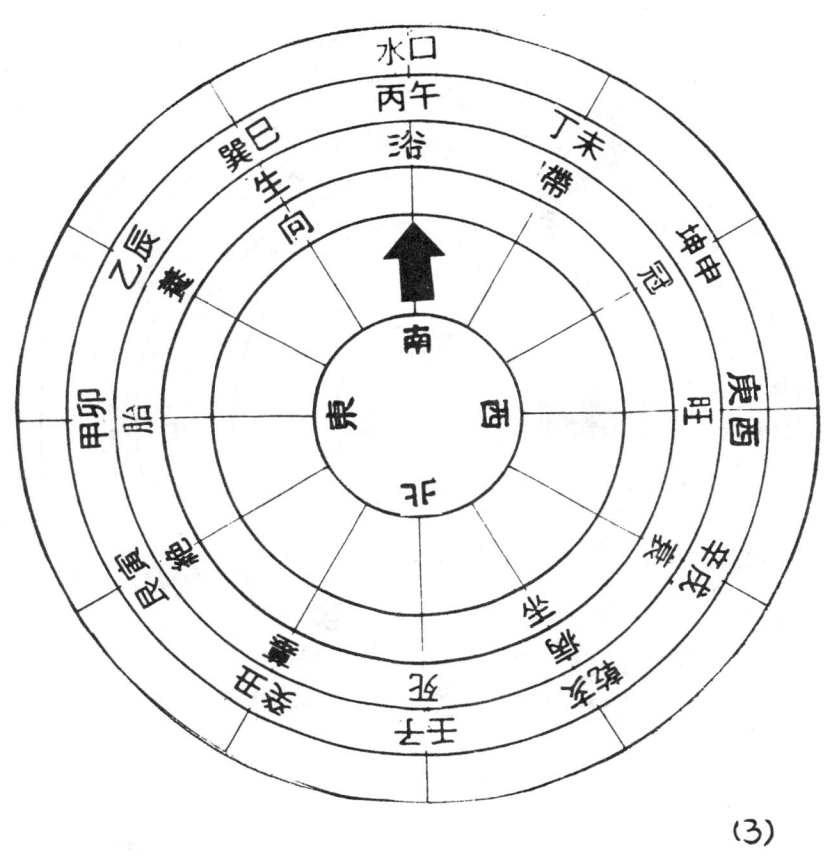

(3) 丙午方 水出圖

左水가 右流하면
長壽 富貴하나
右水가 左流하면
도 長壽 富貴
大吉하다

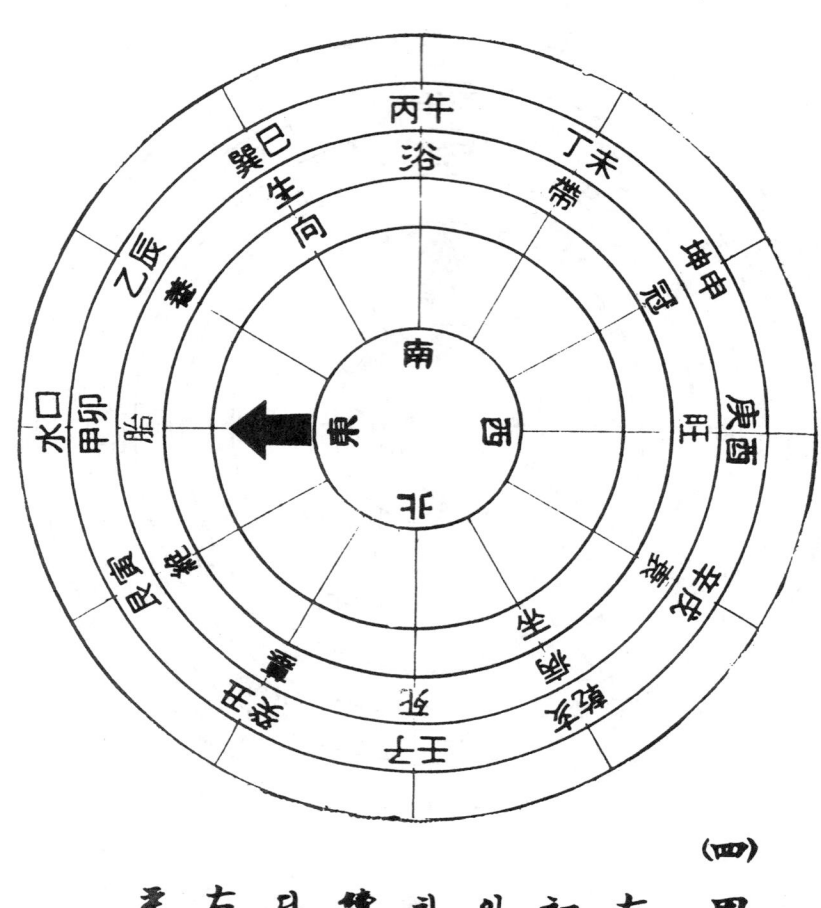

(四) 甲卯方 水出圖

左水가 右流하면
初年에 財福이
있다 해도 持續
하지 못하고 持
續된다면 短命하
다
右水가 左流하면
平生 困窮하다

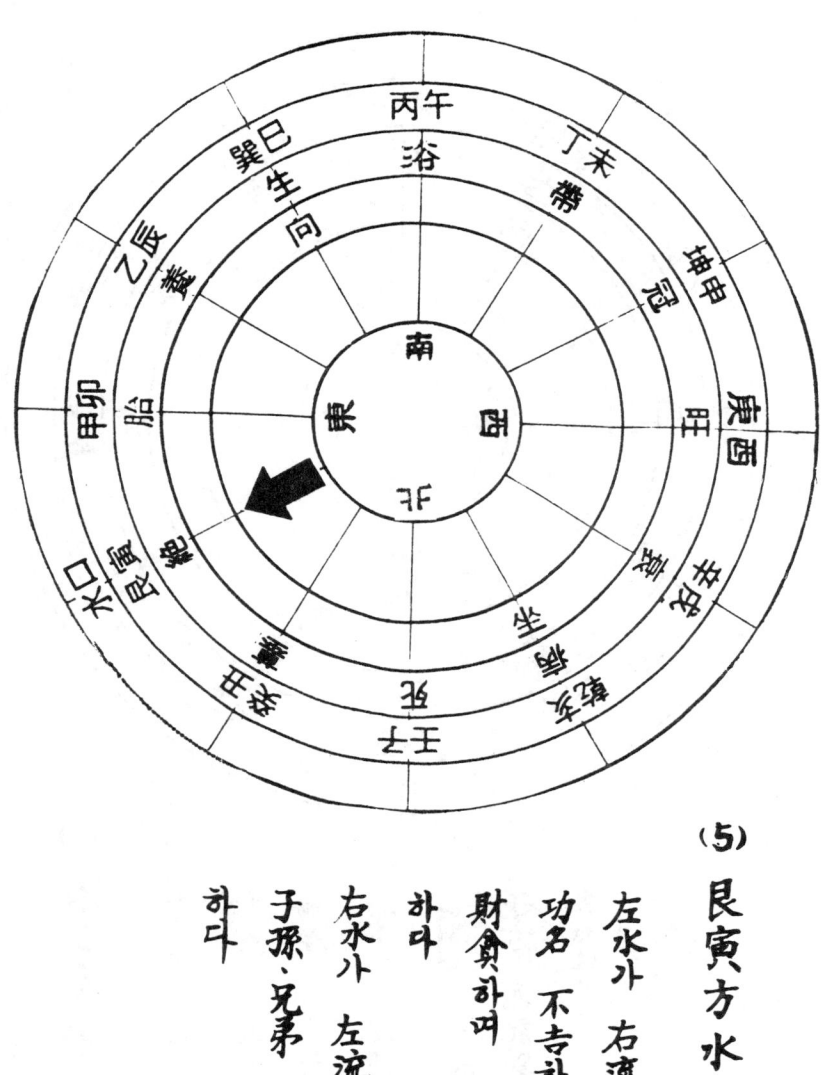

(5) 艮寅方 水出圖

左水가 右流하면
功名 不吉하고
財貪하며 短命
하다
右水가 左流하면
子孫·兄弟 無德
하다

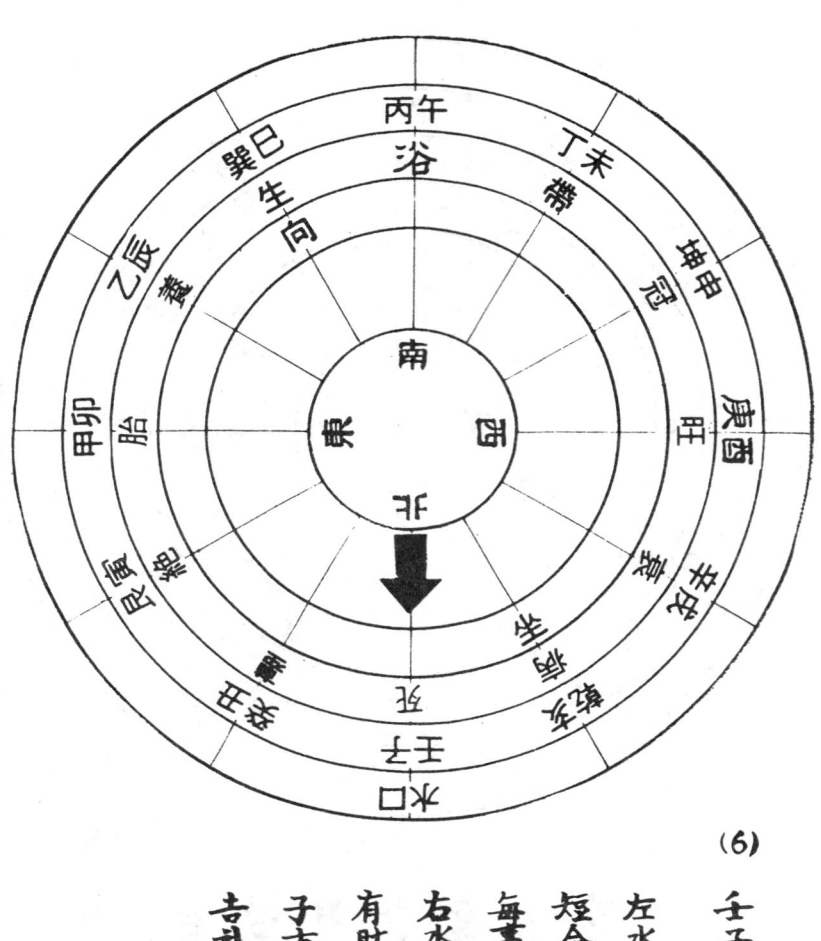

(6) 壬子方 水出圖

左水가 右流하면
短命 敗財하며
每事 凶하다
右水가 左流하면
有財며 短命하고
子方 不犯則 小
吉하다

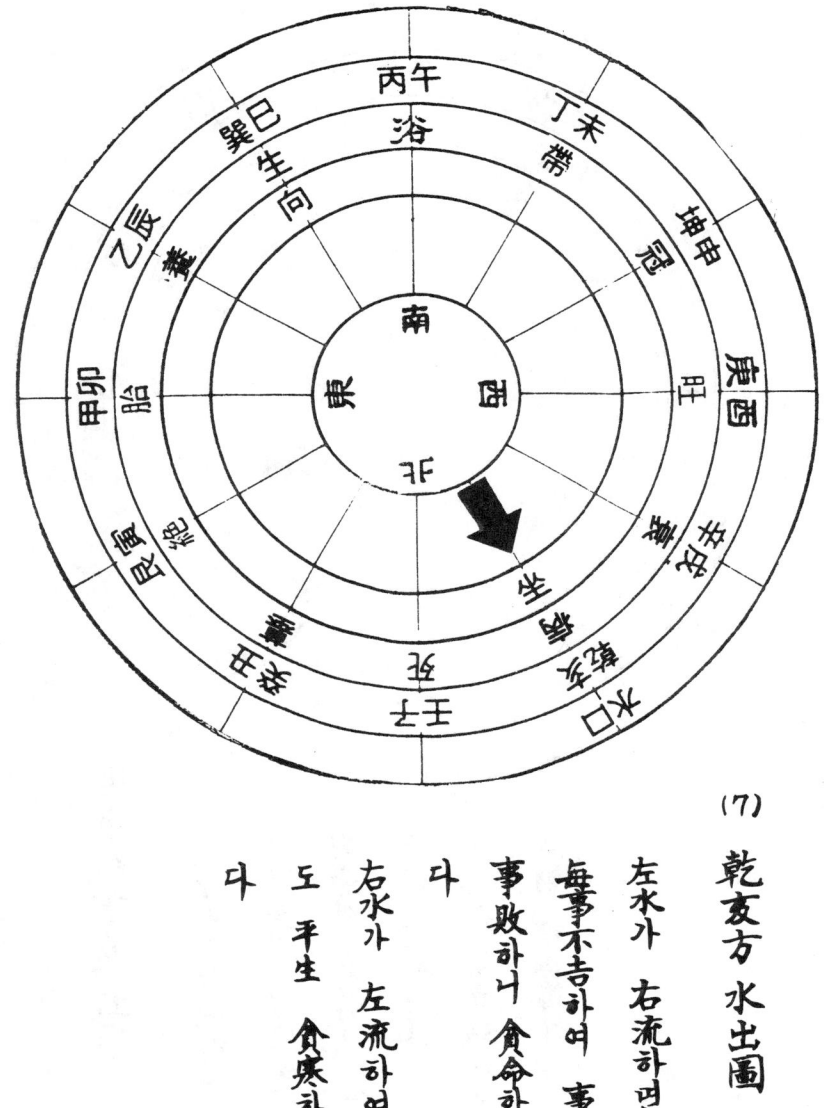

(7) 乾亥方 水出圖

左水가 右流하면
每事不吉하여 事事敗하니 貪命하다
右水가 左流하여
도 平生 貪賤하다

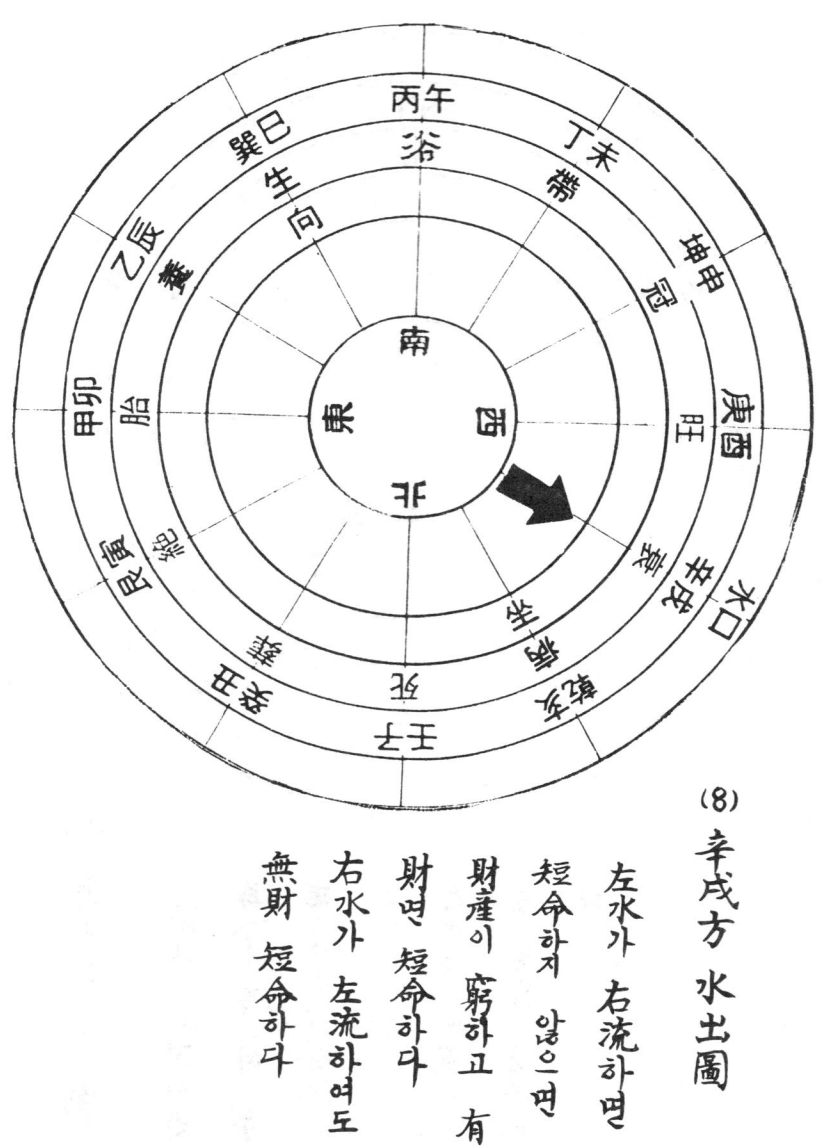

(8) 辛戌方 水出圖

左水가 右流하면
短命하지 않으면
財産이 窮하고 有
財면 短命하다
右水가 左流하여도
無財 短命하다

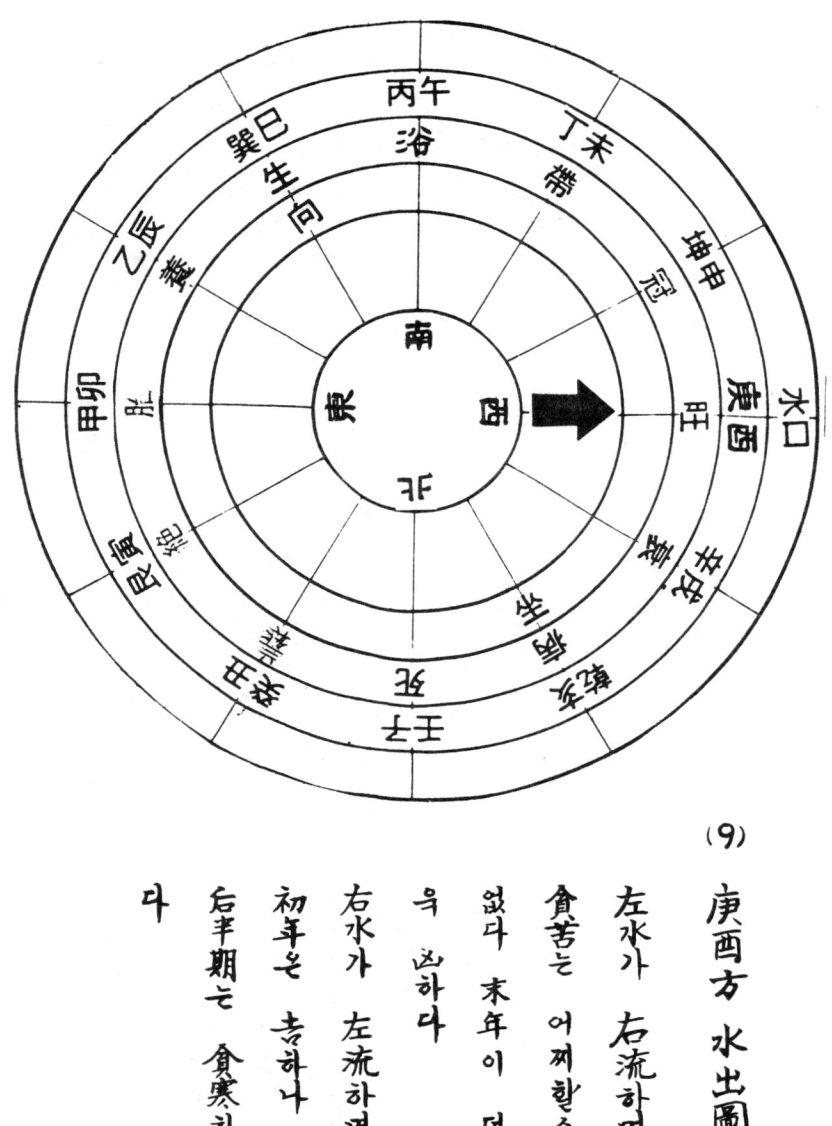

(9) 庚酉方 水出圖

左水가 右流하면 貪苦른 어쩔수 없다 末年이 더욱 凶하다

右水가 左流하면 初年은 吉하나 右半期른 貪寒하다

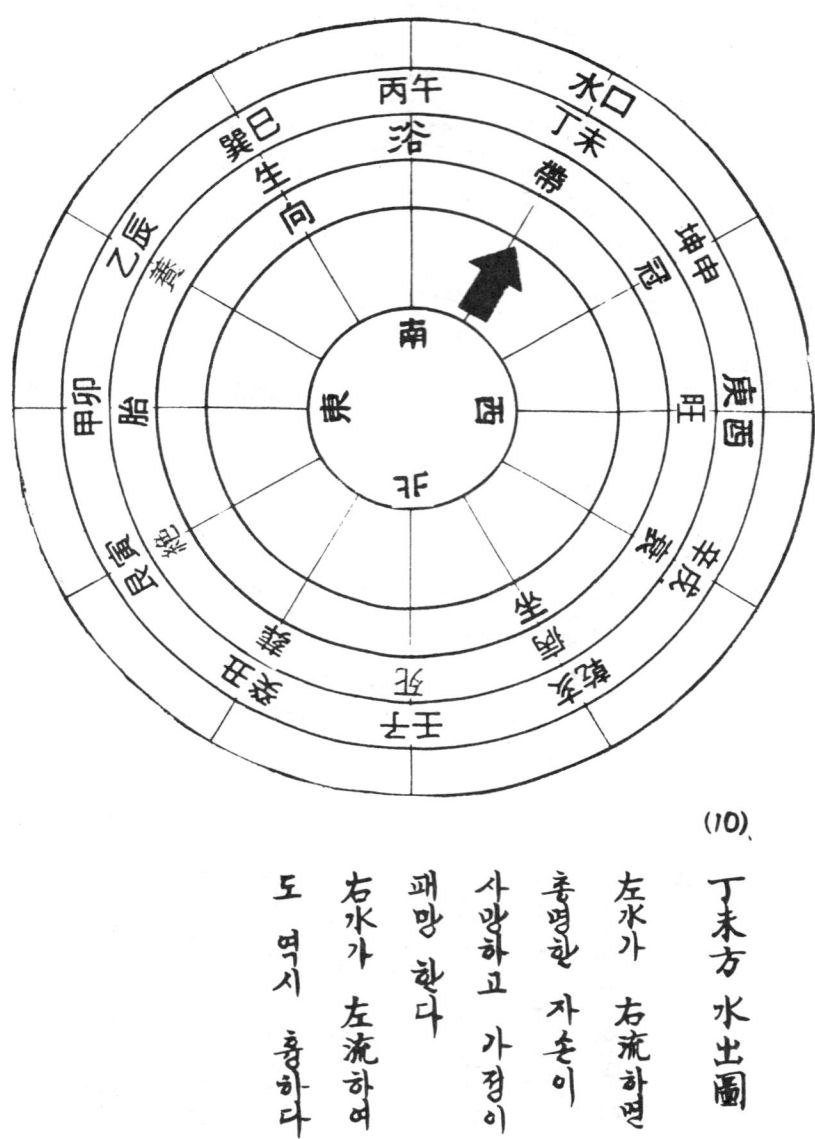

(10) 丁未方 水出圖

左水가 右流하면
총명한 자손이
사망하고 가정이
패망 한다
右水가 左流하여
도 역시 흉하다

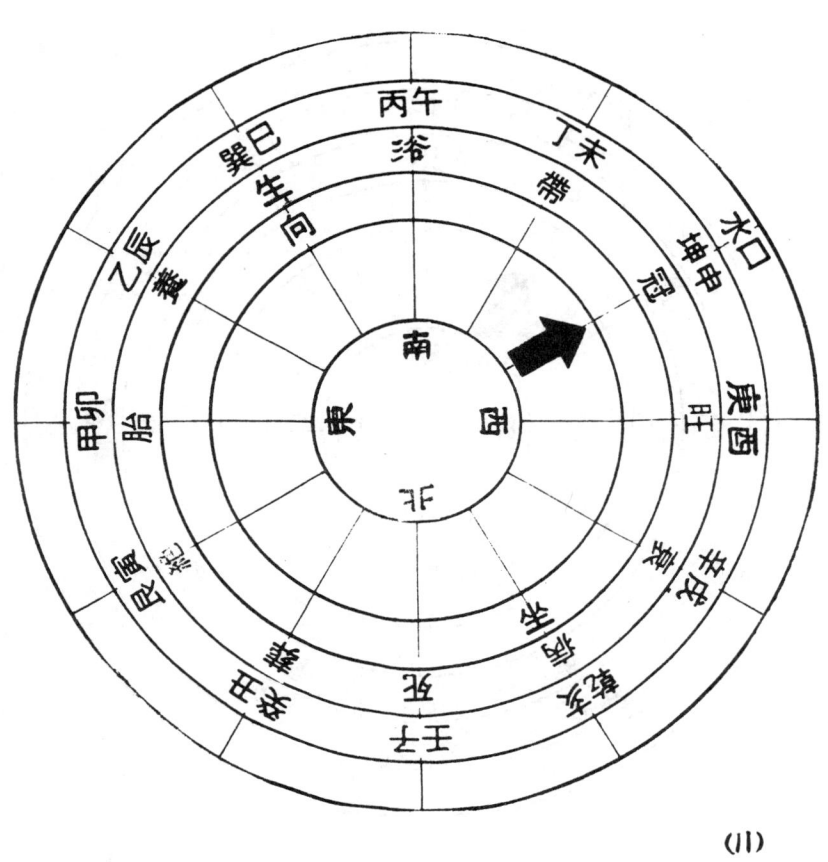

(11) 坤申方 水出圖

左水가 右流하면
長成한 아들이
먼저 죽고 祭主
역시 短命하고
가산하다
右水가 左流하면
家門이 별망 한
다

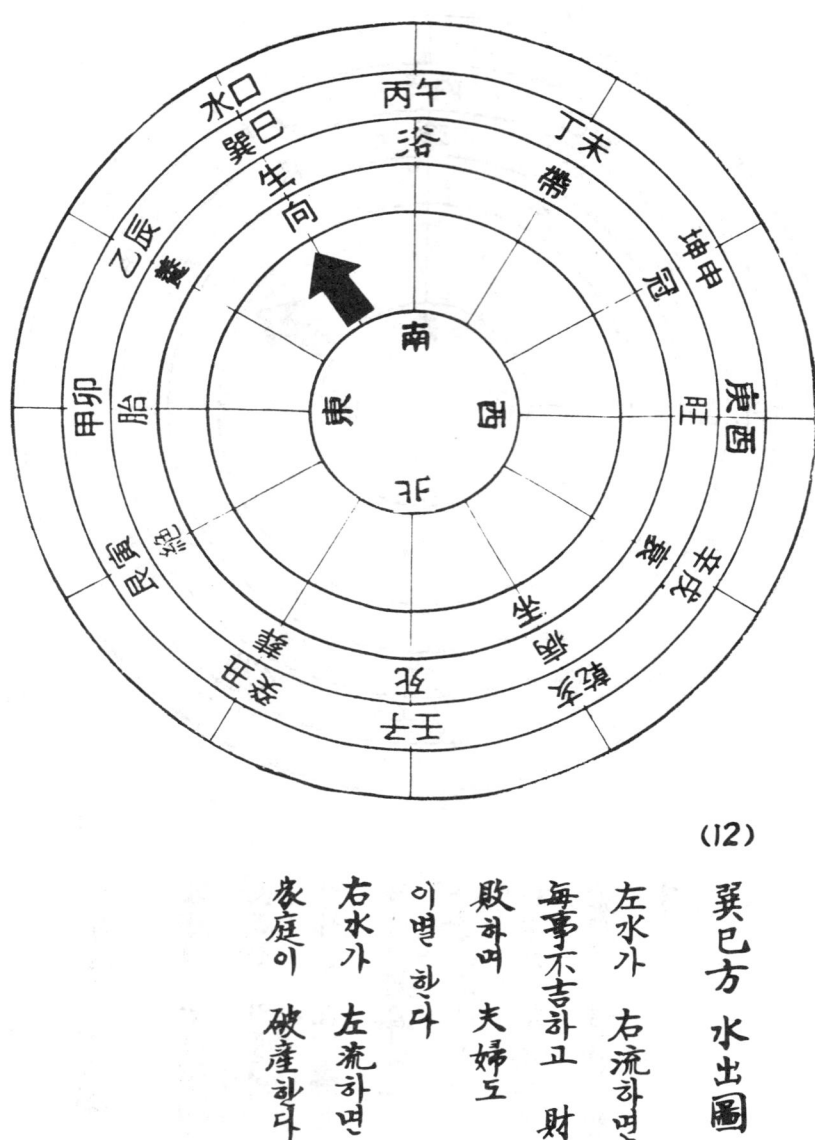

(12) 巽巳方 水出圖

左水가 右流하면
每事不吉하고 財
敗하며 夫婦도
이별 하고
右水가 左流하면
家庭이 破産한다

第四編 墓地坐向作法

第一章 水流出去로 墓地向作法

폐천을 穴(장사지낼모스)의 中央에 놓고 坐向을 본다.

一. 乙方으로 出水하면 (右水가 左側을 向해서) 坤申 二向으로 坐向을 세우면 水局이 되고 正生向이 된다. 또 巽巳 二向으로 세우면 水局이 되며 自生向이 된다.
左水가 右側하여 乙方으로 出할 때 壬子 二向으로 세우면 水局이 되며 正旺向이 된다.

二. 辛方으로 出水하면 (右水가 左側하여) 艮寅 二向으로 坐向을 세우면 火局이 되며 正生向이 된다. 또 乾亥 二向으로 세우면 火局이 되어 自生向이 된다.

左水가 右倒하여 辛方으로 나갈 때 丙午 二向으로 세우면 火局이 되며 正旺向이 된다.

三. 丁方으로 出水하면(右水가 左倒하여) 乾亥 二向으로 세우면 木局이 되어 正生向이 된다. (但 堂局形勢가 正生向으로 세울수 없도록 山勢가 되어 있을 때는 自己의 生方으로 세운다) 또 坤申 二向으로 向을 세우면 木局이 되며 自生向이 된다.

左水가 右側하여 丁方으로 出水할 때 丙午 二向으로 세우면 木局이 되며 正旺向이 된다.

四. 癸方으로 出水하면(右水가 左倒하여) 巽巳 二向으로 세우면 金局이 되며 正生向이 된다. 또 艮寅 二向으로 세우면 金局이 되며 自生向이 된다.

左水가 右倒하여 癸方으로 出水할 때 庚酉 二向으로 세우면 金局이 되며 正旺向이 된다.

五. 乾方으로 出水할 때 (左水가 右側하여) 辛戌 二向으로 세우면 火局이 되며 또 右水가 左側하여 乾方으로 出水할 때 養向이 되다. 또 乾亥 二向으로 癸丑 二向으로 세우면 火局이 되며 墓向이 되고 세운다

六. 坤方으로 出水할 때 (左水가 右側하여) 丁未 二向으로 세우면 木局이 되며 또 右水가 左側하여 坤方으로 出水할 때 辛戌 二向으로 세우면 木局이 되며 養向이 되다.

七. 艮方으로 出水할 때 (左水가 右側하여) 癸丑 二向으로 세우면 金局이 되며 墓向이 되다. 또 右水가 左側하여 艮方으로 出水할 때 乙辰 二向으로 세우면 金局이 되며 養向이 되다.

八. 巽方으로 出水할 때 (左水가 右側하여) 乙辰 二向으로 세우면 水局이

되며 墓向이 되다

九, 右水가 左倒하여 巽方으로 出水할때 丁未 二向으로 세우면 水局이 되어 養向이 되다. 또 巽巳 二向으로도 세운다

甲方으로 出水할때 (左水가 右倒하여)에도 艮寅 二向으로 세운다、

右水가 左倒하여 甲方으로 出水하면 丙午 二向으로 세운다

辛方에서 물이 와서 甲方으로 흐르면 辛戌 二向으로 세운다、

甲卯 二向도 세운다.

十, 庚方으로 出水하여 (左水가 右倒하여) 坤申 二向으로 세운다、

右水가 左倒하여 庚方으로 出水하면 壬子 二向으로 세운다、

乙方으로 흘러서 庚方으로 出水하면 乙辰 二向으로 세운다、

庚酉 二向도 세운다、

十一, 丙方으로 出水하면 (左水가 右倒하여) 巽巳 二向으로 세운다、

右水가 左倒하여 丙方으로 出水하면 庚酉 二向으로 세운다、

물이 癸方上으로 흘러와서 丙方으로 出水하면 癸丑 二向으로 세운다. 丙午 二向으로도 세운다.

十三. 壬方으로 出水하면 (左水가 右側하여) 乾亥 二向으로 세운다.
右水가 左側하여 壬方으로 出水하면 甲卯 二向으로 세운다
물이 丁方으로 흘러와서 壬方으로 흐르면 丁未 二向으로 세운다
또 壬子 二句도 세운다、
或 左水가 右側하여 乙辛丁癸方으로 흘러와서 甲庚丙壬方으로 出
하면 墓向 沐浴 消水의 方이라고도 한다

第二章 大山坐見法

※ 七人의 生年支로 본다

生年支	山三災	前後不入	大害坐	解　　說
子	子方山	子	未	祭主・長子・死亡

方山		
丑	甲	丙	장례후 三年內에 三人이 死亡한다
寅	癸	巳	가정이 멸망한다
卯	酉	辰	申年에 風病으로 三人 死亡한다
辰 〃	甲	卯	장례후 三年內로 초상난다
巳 丑	艮	寅	長子는 無子息 된다
午 辰	艮	丑	子孫이 도망가고 형무살다
未 〃	巽	乙	子孫이 끊어진다
申 艮	艮丙辰	亥	葬禮後 三年內에 子孫이 敗한다
酉 子	子酉戌	戌	祭主 喪妻하며 子孫은 敗한다
戌 卯 〃		酉	酉年이 되는 年이면 周年內에 五·大人 死亡
亥 丑 〃	壬丑	申	長子 短命하고 無子하다

※ 亡人의 生年干으로 보아 坐가 凶하며 亡하는 方位는 다음과 같다.

甲生은 乾坐凶, 乙己生은 坤坐凶, 丙戌生은 艮坐凶, 丁巳丑生은 兌坐

山、庚亥未生은 震坐山、癸申辰生은 坎坐山 壬寅戌生은 離坐가 凶하다

第三章 二十四干支山의 物名 및 墓封墳坐向法

一、干支 二十四山 物名

※ 二十四山의 이름을 動物의 이름으로 바꾸어 부르는 別名이다 꼭 암기해 두어야 할 必要가 있다.

干支	物名	干支	物名	干支	物名	干支	物名
子	쥐	卯	토끼	丁	노루	酉	닭
癸	빨쥐	乙	담비	丙	사슴	辛	꿩(雉치)
丑	소	辰	용	未	염소	戌	개
艮	바다게(蟹해)	巽	교룡	坤	자라	乾	승양이
寅	범	巳	뱀	申	잔나비	亥	도야지
甲	여우(狐호)	午	말	庚	까마귀	壬	제비

二. 墓封墳의 坐向을 定하는 法

(一) 子坐 午向의 版局은 山穴이 미루나무잎 같이뻗어 있으면 좋은 곳
이 된다. 穴深은 四尺三寸이면 吉하다

(二) 丑坐 版局에 封墳을 安置 시킬려면 左右 前後에 岩石이 있으면
財祿이 富하며 山 入口에 牛形의 岩石이 있으면 大富가 된다
(穴深은 三尺)

(三) 艮坐로 墓峯을 作峯하려 할때는 게(蟹)와 같은 形이면 吉하며
地帶가 濕하면서 平坦한 곳이 되어야 吉하고 注意하여야 할 점은
墓에 石物을 하면 不吉하여 病死 또는 不具者가 생긴다 (穴深三尺寸)

(四) 寅坐일때는 범의 坐向이 되다 범은 山의 영웅이며 의심이 많다
그래서 山峯으로만 다니는 習性이 있고 동물이므로 이와 같은 穴
의 版局은 高原地帶가 되면 吉하다. 穴深은 四尺八寸이면 明堂
吉地가 된다

(五) 甲坐는 狐(여우)坐가 되는데 墓를 作峯할 곳은 반드시 穴在深處라야 되고 穴 版局(山줄기를 말함)이 오목하게 들어간 곳이 되어야 참된 吉地이다 穴深은 五尺二寸이 吉하여

(六) 卯坐는 토끼(兎)가 되는데 토끼는 앞다리가 짧고 뒷다리는 길다 山줄기가 툭 튀어나오고 앞으로는 좁급하게 내려갈 정도로 되어야 吉地가 된다. 唇前을 넓게 하면 반드시 敗하니 不吉하다. 穴深은 三尺八寸이 吉하다

七. 乙坐는 담비(모양은 다람쥐 같고 크기는 토끼만 하는데 냄새고 많은 무리를 지어 다니므로 범을 잡기도 한다고 한다) 穴은 版局이 좁고 뚜렷하면 吉地이다 穴深은 四尺二寸이면 된다

八. 辰坐로 安葬하게 되다면 辰은 龍이다. 龍坐는 入首脈이 굵고 구부러지고 山의 脈이 길게 멀리 이어져 있고 墓地의 場所가 여자의 젖가슴 같이 튀어나오고 左右에 활촉같은 돌이 튀어나와 있어

— 313 —

(九) 巳坐는 뱀의 坐所이다 그러므로 左右에 튀어나온 돌이 없어야 되고 또 石物은 不吉하며 四尺七寸의 穴深이 吉하다

(十) 巽坐는 교룡(蛟=도마뱀)이다 도마뱀은 숨어있는 것을 좋아 하므로 와(窩)版局으로 몸을 감출수 있을 정도로 아늑하게 하고 그러할 정도면 大吉地가 되다. 穴深이 三尺 八寸이 吉하다.

(十一) 丙坐는 (鹿) 사슴이라 하는데 사슴은 자기의 몸을 감추는 것보다 남이 잘 볼수있는 곳을 좋아 한다 그러므로 丙坐는 마땅히 穴 版局이 어덕이 높고 뚜렷하게 나타나야 되고 좀게 나타나는 봉우리가 되어야 吉地가 되는 것이다. 穴深은 三尺 七寸이 吉하다

(十二) 午坐는 말(馬)이다. 午坐의 山勢는 넓은 곳은 穴이 아니고 穴이 좁고 (山脈을 말함이다) 모래흙이 혼합된 土質에 主峰이 되는 山이 살

明堂吉地가 되다. 穴深은 四尺七寸이 吉하다

— 314 —

이 빠져서 날카로운 산이 명당 흉地이다. 살찐산은 (山肥) 牛山이라 하고 산수(山瘦)산이 늙은 것처럼 살이 빠진 산은 午(馬)山이라 칭한다.

(十二). 丁坐는 장(獐노루)이다. 노루도 발다리는 짧고 뒷다리는 길다. 그러므로 山마루(穴版局)가 急하게 생겼고 특 튀어나와야(突出) 되고 좁은 산등이 되면 吉地이다.

(十三). 未坐는 염소(羊)이다. 염소는 머리에 힘이 들어 있다. 山峯이 우뚝솟은 산이 되어야 吉地이며 穴在頭頂이란 말이 있드시 山이 높으며 穴深은 四尺五寸이 吉하다.

(十四). 坤坐는 자라이다. 자라는 바다에서는 빠르다. 또 坤坐山은 濕處 즉 濕한 듯하게 땅이 축축한 곳이 되어야 吉地가 되며 穴深은 三尺 五寸이 吉하다.

(十五). 申坐는 잔나비(猿)는 항산 높은 곳에 있다. 그러므로 高原地帶의

(申) 山이어야 되고 前後이 廣闊하고 左右山勢가 환산쪽 같은 峯이 있으면 吉地이며 穴深은 三尺九寸이 吉하다

庚坐는 까마귀(烏)이며 까마귀도 主山峯이 高大하고 栢木나무에 앉아있는 취미를 가지고 있다 그러므로 穴 뒤어나오고 좋고 앞 句이 광활하여야 하고 土色이 黃土이면 眞吉地이다 穴深은 一尺五寸이 吉하다

(酉) 酉坐는 닭(鷄)이다 닭은 家畜物이므로 人家近處 田邊이면 되는데 山의 줄기(穴의 版局)는 좋으며서 돌출하고 道路가 멀어야 吉地이며 穴深은 四尺二寸이 吉하다

(戌) 辛坐는 꿩(雉)이다 꿩은 山穴이 높은 곳에 있으며 山峯이 좋고 壙内가 發하고 砂土가 混合되어야 吉하다. 꿩은 방울소리를 싫어 하기 때문에 穴深은 四尺五寸이 吉하다

(亥) 戌坐는 개(狗)의 坐所가 되는데 穴版局이 山支(산밑 뿌리)가 평

(主) 乾坐는 승량이(狼=늑대)이다. 개와 비슷한데 느린것 같으나 개보다 더 영리하며 高原地帶로만 다니는 動物이다 그러므로 高原地의 乾坐가 吉하다. 穴深은 四尺二寸이 평하고 惡하게 낭떨어지가 없어야 되며 窩라야 吉하다. 穴深은 三尺九寸이 吉하다

(主) 亥坐는 돼지(猪)인데 돼지는 낮고 습기 있는 곳을 좋아한다. 그러므로 濕處가 되는 穴版局이 吉하다. 穴深은 三尺八寸이 吉

(主) 壬坐는 제비(燕)이다. 제비는 높은 곳을 좋아 한다. 그러므로 高處산형에는 壬坐가 吉하며 앞은 숙머리를 쌓은것처럼 낭머러지가 되고 뒤에는 半月처럼 山形이 되고 앞이 광활하게 되고 案山들이 꽃과 같이 보이면 大吉地이며 穴深은 三尺八寸이 吉하다

(丑) 癸坐는 박쥐이데 낮에는 보지 못한다. 그러므로 墓坐 뒷山이 높고 수어진 것이 있어야 되고 穴深은 四尺二寸이 吉하다

三. 年別 坐向 作法

○ 每年 年運에 따라 吉坐 凶坐가 달라지는데 그 早見表는 다음과 같다

○ 辰丑戌未年에는 壬子癸丑丙午丁未坐가 吉하다

○ 子午卯酉年에는 艮寅甲卯坤申庚酉坐가 吉하다

○ 寅申巳亥年에는 乙辰巽巳辛戌乾亥坐가 吉하다

四. 移葬 吉凶年 見法

위의 도표를 보고 六十二歲의 (亡人의 年令) 男子의 吉凶을 보면 大火(十歲)、小水(二十歲)、(三十歲)、小火(四十歲)、大水(五十歲)、大金(六十歲) 小金 六十一歲는 大水 六十二歲는 小火凶이 되므로 移葬이 不吉하다.

女子는 小火에서 小金 小水 大火式으로 逆行

하는데 大火·小火·小金은 凶年이 되고 大金·大水年에는 移葬이 吉年이 되다.

第四章 葬禮日 및 下棺時 作法

一. 壬·子·癸의 三坐로 墓作을 할때에는 申子辰 巳酉丑 日時를 擇함

例 : 壬辰日 庚申時는 申子辰 三合이 되는데 壙中에 壹星이 온다는 吉日時가 되며 丙申月 乙巳日 丁酉時가 되다면 乙·丙·丁 三奇 吉星(四柱秘典 陰陽金書 參照)이 照臨하여 子孫孝出 富貴가 兼 全한다 三合은 父忠 子孝하는 것이고 乙庚 干合은 高官出의 뜻을 가지고 있고 財産이 蓄財 되다(똑히 陰陽金書를 參照할것)

二. 丑·艮·寅의 三坐로 墓作을 할때에는 寅午戌月日時가 吉하며 大貴 出하며 亥寅日時는 合이 되며 高官이나 大富가 되며 寅午 合이 되면 子孫이 昌盛하다 寅이 午를 보면 食神이 되다

三. 甲·卯·乙의 三坐일때는 申子辰 寅午戌 月日時를 잡으면 吉하고 萬若 甲日 丙時에 下棺時를 잡았다면 食神은 大富되는 日干과 時가 된다. 가령 丙戌生이(七人) 乙坐로 坐를 定했다면 山坐 乙木이 丙과의 관계를 六親으로 定한다. 그래서 傷官時가 되어 吉時 傷官은 子孫이며 吉日이 되고 時가 丁時라면 傷官이 되니 가 된다.

四. 辰·巽·巳의 三坐일때는 辛酉月 己丑日 己巳時면 巳酉丑 三合이 되어 五庚明 吉星이 壙內에 照臨한다 하여 吉하다. 또 辛酉日 己丑時이면 己辛이 食神이 되어 大富가 된다 山은 方을 生해주는 것이 吉이고 方은 時를 生해주는 것이 吉하 고 時는 日을 生해주고 日은 月을 生하는 것이 吉하고 月은 年 을 生하는 것이 吉하다. 또한 巳坐 丁亥生(七人)이 되면 祿馬가 되어 吉하고 丁亥生이 壬

子日이 葬禮日이 되면 丁壬 合이 되고 甲月 未時가
下棺時 또는 入棺時라면 天乙貴人이 되다. 正官·正財가 되면 富
貴하며 天乙貴人은 名賢君子가 出生하다.

五. 丙·丁의 三坐일때는 亥卯未日이나 時가 吉하다.
가령 丁卯月 甲午日 壬申時라면 丁壬 合이 되며 正官이 되며
正財(地支相對)도 되고 丁午는 祿이 되다. 萬若 七命人이 己亥生이
라면 丁亥가 되어 天乙貴人이 되고 甲己는 正財 正官이 되어 富
貴가 兼全하다. 또 七命人이 辛丑生이면 方辛은 午坐와 天乙貴人이
되고 丑午는 火土相生이며 印綬가 되다. 그리므로 子孫이 孝道하고
크게 昌盛하다.

六. 未·坤·申의 三坐는 申子辰 亥卯未日이나 時를 잡아서 使用하면
吉하다.

例 甲辰月 壬子日 丁酉時이면 辰子 準三合이 되어 吉하고 日干과

時干이 丁壬合이 되어 正官이 되고 辰과 子合이 되것으로 六神을 보니 正財이다 또 未坐에 甲辰月은 天乙貴人이며 亡人 己酉生이면 甲己合이므로 正官이 되어 吉하다

七. 庚·酉·辛의 三坐일때는 寅午戌 申子辰 月 日 時를 擇하면 吉하다. 가령 丙辰月 甲寅日 庚午時를 使用하면 丙甲은 食神이며 甲戊庚의 天上三奇가 되면 聖人君子必出이라 하였으니 葬事后 五年乃至 九年以內에 大發福한다

八. 戌·亥·乾 三坐일때는 寅午戌 巳酉丑 月 日 時를 擇하면 吉하다 가령. 甲寅月 丁亥日 丙午時라면 寅午 準三合이 되어 吉하다

擇日이란 간단하게 생각하는 경향이 많은데 그렇지가 않다. 葬擇은 萬年幽宅이며 家擇은 不過幾百年이라 하는데 擇日은 大吉이 없다 어느 누구라도 吉日을 擇하려 하지만 吉日이란 주어진 輿件에 따라 공평하지 못하기 때문에 無害하면 使用하는 것이 順理인 것이다

第五章 四方山및 吉砂와 凶砂

1. 四方山의 吉凶

(一) 乾方山은 西北間이며 天柱라 하다. 高大하고 肥滿하면서 山의 뒤로 穴이 있으면 長壽하는 吉山이 되며 子孫이 官祿으로 出世한다

(二) 坎方山은 正北方이며 높고 크고 살찐 것같이 보이면 子孫이 忠孝하고 妻德이 있다. 萬若 坎方山(龍)이 낫고 작으며 살이 빠진 여윈 것같이 보이면 北쪽에서 寒風이 불어오므로 財敗가 많고 穴後가 坎方山이 되면 短命하다

龍砂(山에 줅이나 돌=자갈 등이 흘러 내려서 草木이 없는 골짜기가 된것)가 있으면 財貪하며 虎砂(山에 작은 돌이나 자갈이 여기저기 흩어져있어서 마치 쥐가 파먹은자리 같이 보이는 것)가 있으면 次子들이 되는일이 없고 平生 困苦하다

(三) 艮方山은 東北間方이며 少男에 該當하다. 天市라고 부르기도 하는데

艮方山이 높고 크며 살이 쪘으면 富者가 되고 長壽하며 子孫昌盛하고 每事吉하다

萬若 낮고 작고 모나고 찌리고 얼룩불룩 끝이 나서 凶하게 보이면 風病患者가 생긴다

(四) 震方山은 正東方이며 높고 크고 肥滿하게 생겼으면 多男하고 女子는 적게 出産하고 武官이 배출된다

震方山이 작고 낮으며 빈약하게 보이면 多生女하고 生男은 적게 하고 집안이 잘 되지 않는다. 또 震方山에 龍砂가 있으면 養子는 短命하고 子孫 不盛하고 과부가 생긴다者가 있다.

(五) 巽方山은 東南間方이다 高大 秀麗하면 子孫昌盛하며 官祿으로 成功하고 六秀(艮丙巽辛兌丁의 六峯을 말함)가 되면 大富 大貴하다

巽方山이 낮고 작으며 凹型이 되면 女子들이 急殺되고 巽方山上의

로 遠山이 淸秀하면 外戚이 잘되고 富者가 되다

(六) 離方山은 正南方이며 陰에 屬하고 夏至와 같은 뜻을 가지고 있다
離方山이 높고 크고 肥大하면 眼疾과 憂患이 끊이지 않는데 主로
中間女息 또는 婿族이 不利하다

(七) 坤方山은 西南間이며 老母와 같다、坤方山이 高大하며 肥滿하게 생
겼으면 婦女들이 長壽하고 財産의 經濟權도 婦女子들이 掌握하고
蓄財도하며 男子들은 虛弱하다

(八) 兌方山은 正西方이며 少女라고도 하며 (亥震庚은 三吉方이기
도 하다、兌方山이 秀麗하면 財産이 富者되고 官祿을 얻고 長壽
하며 兌方山이 高大하면 文武出生되고 富貴되고 兌方山이 낮고 작
으면 女子들이 短命하고 女多하고 生男에 근심이 있다

○ 坐向이 正北 正南向은 南山이 高大하면 財風多有며 正東向 正西
向일때 兌方山이 高大하면 (厭穴이 되다)서 水流前面이 되면 다리

不具者가 된다

○ 四維八千山(東西南北)이 모두 높고 惡하지 않으면 登科하다

○ 三吉方은 亥·震·庚 三峯이며 六秀吉方은 艮·丙·巽·辛·兌·丁 을 말 하는데 이것들을 統稱하여 三吉六秀 또는 催官龍이라고도 하는데 富貴 雙全하는 大吉方이 된다

二. 吉砂와 山砂

(一)

吉砂란 衛士砂라는 것이 있는데 戊己峰이 높게 우뚝 솟아 있고 水口에 모래 자갈이 많이 있으면 易術하는 術客이 탄생한다

醫砂란 靑龍方 밖으로 針같은 봉우리가 있으면 의사가 탄생되며

玄武의 뒤에 멀리라도 雙峰이 있든지 墓 뒷山에 雙峰이 있으 면 兄가 어질다

도 墓앞에 절하는 것처럼 보이는 山이 있으며 午未丁方山峰이 北

向을 하고 있으면 忠臣이 출생 되다. 또 壬丁方水가 玄字로 흘러가면 烈女가 생긴다.

乾艮方峰이 절하는 듯 보이고 艮方에 맑은 물이 있으면 孝子가 出生하다. 또 卯巽方의 長江水가 흘러오면 박사가 출생하며 또한 墓 右白虎方峰이 특별하게 있는데 巽方山峰이 더 높고 물이 巽方에 있으면 부마(임금의 사위)가 생긴다. 巽方에 나비 눈섭같은 山(길고 가느다란 山)이 있으면 王妃가 出生되다. 또 主山이 鳳山같이 보이고 墓 前面에 玉印이 있으면, 王妃가 出生되다. 또 主山에 병풍처럼 둘러져있고 三台가 있으면 長官이 三名 씻이나 타생되다. ·長方山이 높으면 富하고 卯艮方에 長江水가 맑고 넘게 흐르면 學士 탄생하고 丙丁方의 靑龍方과 案山方에 뾰쪽한 山이 있으면 文筆峰이라 하다 丙丁方의 山이 높으며 춤추는 것같이 보이면서 三角峰이 있다면 壯元及第한다 乾坤艮巽方에 모두 山이

있으면 福多하지만 어느 한 個方이라도 山이 없으면 財敗한다

艮巽兌方에 山이 높으면 富貴하고 子午方에 山이 모두 있으면

夫婦가 吉하다 巽離兌方이 높으면 女子가 貴하게 되다

丙午丁方에 山이 모두 있고 높으면 子孫이 官祿으로 成功한다

申方에 三峰이 있으면 五年內로 大貴한다 丁方에 山이 있으면

文章이 多出하고 午未方에 山이 보는것 같이 賢哲하고 子孫

이 多出하며 戌亥方山이 있으면 富貴한다.

(二) 凶砂란

· 西方의 山이 거리가 가깝게 있으면 大凶하여 가정이 망한다

· 艮方의 가까운 거리에 山이 있으면 근심걱정이 항상 많다

· 戌方山이 近處에 있으면 長子가 손하고 도적이 침입한다

· 寅方山이 있으면 獄死를 한다

· 巳午未方에 近山이 있으면 獄死한다

- 卯巽方에 山이 있으면 큰며느리가 피질을 얻어 고생한다.
- 辛方山이 近方에 있으면 도적이 생긴다.
- 乾山이 近方에 있으면 惡疾이 항상 끊이지 않는다.
- 子丑方山이 있으면 도적으로 망한다.
- 乾方山이 있고 卯方山이 있든지 子山에 卯方水나 坤山에 艮巽方水나 辛山에 午方水나 巽方山에 辰方水나 巽山에 午方水가 있으면 모두 小兒가 死亡한다.
- 南方에 金字같은 金山이 있고 東에 土山 西方에 木山이나 北方에 火山이 있으면 山하다 五星殺制라 稱한다
- 辰戌丑未山이 높으면 四殺천진이라 하여 凶하며 丙午丁方이 낫은 것은 오목하게 생겼으면 四金凹라 하여 凶하고 또 辰戌丑未山이 三大低라 하여 山하고 乾坤艮巽方에 돌무덤이 있는 것은 四神바이라 하여 財敗하는 山方이 된다.

· 申方이 옴폭 들어갔으면 戰死하고 子方이 허술하면 섬섬이 惡하다
· 祿存과 破軍方에 凶한 암석이나 돌무덤같은 것이 있으면 고자가 난다. 또 兄方에 물이 흐르고 案山에 봉이 있으면 雙胎를 낳는다. 또 巳方에서 오는 물이 癸方으로 나가면 뱀에 물린다
· 庚酉申方에 찰남과 같은 돌이 있으면 전쟁중에 사망하며 坤方에서 바람이 艮方으로 불어오면 産中에 死亡하며 未坤申方이 虛하고 들이 출렁거리면 風病이 생긴다
· 토山의 급은 것이 入首되면 벙추가 出生한다
· 靑龍山 끝으로 中間쯤 물이 나오면 다리가 끊어진것과 같으니 절름발이 不具者가 생긴다. 乾子方에 돌무덤이 있으면 명인이 나오고 靑龍에 작은峰과 불어 있으면 양자를 하게 된다. 白虎山이 작은 山과 같이 불어 있으면 間夫를 두고 있는 婦人이 생긴다.

第六章 窺山을 엿보는 法

一. 壬子亥方은 五行으로는 水星에 배속되어 있으며 壬子亥方에 山이 높고 살이 찌고 우아하게 생겼으면 반드시 그집안 子孫中에 武士가 배출되고 長壽한다

二. 甲卯乙은 三木이 되는데 甲卯乙方 山이 高大하며 秀麗하고 없으면 文武로 國祿을 먹는 子孫이 생긴다

三. 庚酉辛은 三金星에 속하며 庚酉辛方山이 龍砂가 없고 高大하고 秀麗하면 王妃 또는 富貴를 하게 된다

四. 艮坤戌은 三方 모두 土星에 속하며 艮坤戌方山이 高大하고 虛하지 않으며 惡石이 없으면 大富豪家가 되다.

五. 丙午丁 三方은 火星에 속하는데 丙午丁方에 高大秀麗하며 龍砂가 없고 凹缺이 아니면 家門이 發되다.

六. 寅甲巳方峰이 高大하면 代代로 富貴功名하여 榮華가 넘친다

七. 乙辰巽戌方峰이 高大하고 凹型 龍砂가 없으면 大法官이 배출되고 家門이 興旺하다

八. 癸丑未方峰이 작으며 秀麗하지 못하고 불품이 없으면 疾病이 많고 도퇴으로 인하여 死亡한다.

九. 癸辛方峰이 허약하고 불품이 없으면 財産이 흐터진다

十. 丙午丁方峰이 낮고 불품이 없으면 식구중 도적이 생긴다

第七章 岩石으로 吉凶見法

一. 岩石=땅에 돌산같이 되것 · 立石=땅위에 우뚝 솟은 것
 · 壬亥方에 흙웅 바위가 서있으면 代代 富貴하고 큰돌이 땅에 묻혀 있으면 眼疾이 생기고 財産이 撤敗하다

二. 坎癸方에 立石이면 兄弟가 登科하고 岩石이면 과부가 생기고 음난한

女子가 생긴다

三. 艮方 立石은 孝子·忠臣이 배출 되고 岩石도 吉하다

四. 丑方 立石은 富貴하나 短命하고 岩石이 있으면 萬事大凶하다

五. 靑龍上(左側山) 立石은 武官으로 成功하는데 中途에서 주춤하다

六. 白虎(右側山)山 立石은 사기 당하고 百事不成이다

七. 寅方 立石하고 水來하면 小富는 하나 家門에 風破가 많고 孤獨하다

八. 丑方에 岩石이 있고 水來하면 큰 도적이 생기며 음란하고 客死

九. 寅申巳亥方에 立石은 萬事 敗하고 子孫이 끓어지는 大凶石이다

十. 辰方 立石은 子方龍砂가 있으면 短命하고 비명에 간다

十一. 巽方 立石은 文筆家로 成功하는 子孫이 생기고 岩石이 있으면 眼疾等 疾病이 不絕하다

十二. 辰巽方 立石(높은 立石)은 必是 子孫들이 酒色으로 急死하다

溺死·火災·官訟等 不絕하다

十三. 午未方 立石(三尺정도)은 子孫中에 賢哲한 人物이 생긴다

十四. 墓地下의 立石은 當年發福 官祿을 얻고 子孫이 吉하다

十五. 庚兌方에 立石 三峰이 있으면 忠臣 탄생한다 岩石도 吉하다

十六. 辛方의 立石은 文章家 탄생하고 岩石은 女子가 淫乱하다

十七. 乾坤이 머리같은 형체의 돌이 서 있으면 風病 癌病이 생긴다

十八. 戌亥方의 立石은 多子孫이 子孫、短命等 子孫에게 凶事가 不絶한다
     子孫 도 ??질하고 子孫이 登科之射揚名하고 岩石이 있으면 獄死하

第八章 見峰砂吉山

一. 艮坐地에서 보아 丙丁方峰이 高大秀麗하면 大富에 名振四海한다

二. 艮坐의 丁辛方峰砂가 高秀하면 三人의 長官이 배출한다 (神童砂)

○ 丁亥庚方砂가 秀麗하면 兵術大家 탄생

○ 丁峰이 높으면 財産多畜되고 長壽貴人이 탄생한다

第九章 八方風 出入凶吉

一、 葬地 前方이 虛하여 前方風 來入하면 貪窮하게 되다

二、 葬地 後方이 虛하여 風來侵을 받으면 山이 없으면 子孫이 短命하다

三、 靑龍方이 虛하여 받風받 山이 없으면 長子가 死는하거나 夫婦間

또、 庚兌巽辛方峰이 秀麗하면 將軍이 출생한다

八、 乾坐에 午方峰이 高大 秀麗하면 登科하고 富者가 되다

七、 兌坐에 丁方峰이 秀麗하면 長壽하고 神童을 誕生하다

六、 亥坐에 丙丁方峰이 秀麗하면 將軍이 三人以上 배출하다 (神童砂)

五、 申亥坐에 巽峰이 高大 秀麗하면 祭主는 많히 登科하다

四、 丙丁坐山에 亥艮方峰이 秀麗하면 田·家 모두 昌盛하다

三、 震坐에 庚方山 峰이 高大秀麗하면 兵權을 掌握하는 人物이 배출되다

○ 辛峰이 秀麗하고 높으면 財物이 旺盛하여 大富하다

에 死別한다

四. 白虎方이 虛하여 風侵이 甚하면 次子가 死亡하거나 財敗한다

五. 兩肩方이 虛하여 防風을 하지 못하면 어깨를 傷하여 名譽와 財産이 敗한다

六. 兩足方으로 불어오는 바람을 막을 山이 없으면 財損, 敗家가 심하다 이런 경우에는 비석이나 방패를 세워 防風하는 方法도 있다

七. 艮方으로 風來侵하면 凶惡하여 家敗한다

八. 寅方으로 風來하면 風病도 財敗한다

第十章 殺風侵入으로 因한 被害

一. 壬亥山으로 艮方에서 風來하면 子孫이 貧困하다

二. 坎山으로 艮方에서 風來하면 발병을 자주한다

三. 坎山으로 巽方에서 風來하면 酒色으로 亡한다

四. 艮山으로 巽風이나 艮風이 불어오면 長病을 앓는다

五. 巳酉丑山으로 乾戌方風이 불어오면 子孫이 敗亡 敗絕되다 그리고 과부 홀아비가 많이 생긴다.

六. 甲山으로 庚風이 불어오면 많은 사람이 죽고 財敗한다.

七. 卯山으로 乙方風이 불어오면 盲人이 되거나 出生한다

八. 卯山으로 乾方風이 불어오면 官職을 罷하고 失職하다

九. 卯山으로 坤風이 불어오면 頭風으로 고생한다

十. 坤山으로 卯方風이 불어오면 燒死하거나 火災를 당한다

十一. 坤山으로 艮方風이 불어오면 客死하다

十二. 坤山으로 乙方風이 불어오면 子孫이 敗絕되다

十三. 兌山으로 卯方風이 불어오면 이장해야 하다. 그대로 두면 棺이

十四. 坤山으로 坎風이 불어오면 火災나 燒死당하다. 또 棺內에 벌레가 많다

五. 乾山으로 午方風이 불어오면 風病이 아니면 간질병자가 생긴다
六. 艮山으로 午方風이 불어오면 머리는 둔하고 下體는 不具가 된다

第十一章 舊墳의 吉凶

오래된 분묘로 그 家門과 墳墓의 吉凶을 아는 法이다. 見法은 方位의 낮은것과 空虛를 가지고 알아낸다.

一. 壬方(舊墳에서)이 낮든가 空虛하면, 水患者(肝臟·腎臟病)가 있고 壬方에 우물이나 샛물이 있으면 棺은 벌레가 害하였고 지네(蜈)가 들어 있다

二. 子方이 낮고 空虛하면 無財하고 子方에 井·泉水가 있으면 棺이 물에 떠 있다

三. 癸方이 낮고 空虛하면 棺에 물이 들어 있으며 棺도 물에 떠 있다

四. 丑方이 낮고 空虛하면 水入官이 되어 있고 지네가 棺속에서 절부

질하는 것같은 소리를 내고 있으며 丑方에 八字式으로 개울이 두
개의 水路가 되어 흐른다면 棺속에 쥐가 드나들고 있다

五. 艮方이 낮고 空虛하면 不治病者가 생기며 艮方에 우물이나 개울
물이 있으면 簾內에 바람이 들어 온다

六. 寅方이 낮고 空虛하면 무덤은 무너져서 이즈러졌고 寅方에 우물이
나 개울들이 있으면 蜘蛛虫 簾春磨簾(지즉충 염롱마염)이라 거미
들이 모여서 쿵당거리는 소리가 크게 나고 있으리라

七. 甲方은 寅方과 같다 또 甲에 八字式으로 水路가 두갈래로 흐르면
蛇簾可伯(사렴가파)라 뱀이 있을가 두렵다

八. 卯方이 낮고 空虛缺이 되면 孤獨 또는 寡婦가 생기며 夫婦運이
凶하다

九. 乙方에 井·川水가 入來하면 棺속에 지내가 들어 있다

十. 辰方에 井·川水가 있으면 흙虫들이 棺을 갈가먹고 있다 또 辰方

十. 巽方에 井·川水가 있으면 棺속에 들어 있다
十一. 巳方이 낮고 空虛하면 돌이 棺속에 들어 있다
十二. 巳方이 낮고 空虛하면 뱀이 棺속에 지내가 들어 있고 巳方에 井·川水가 흐르고 있으면 棺속에 지내가 들어 있으며 巳方에 八字式으로 물이 흐르면 뱀이 침범하다
十三. 午方이 낮고 空虛하면 火災로 滅亡한다
十四. 丙方에 井·川水가 있으면 棺內有風이다
十五. 丁方에 八字式으로 물이 흐르면 棺속에 뱀이 드나든다
十六. 未方이 낮고 空虛하면 家田이 다 없어진다
十七. 坤方이 낮고 空虛하면 母先死亡하며 坤方에 井·川水가 있으면 지내가 들어 있다
十八. 申方이 낮고 空虛하면 長孫이 죽고 井·川水가 있으면 벌래들이 棺을 갈가먹고 있다

에 八字式으로 물이 흐르면 棺이 물에 떠 있다 (水入浦棺)

九. 庚方은 아무 탈이 없다

二十. 酉方이 낫고 空虛하면 婦女空房이 되며 또 井·川水가 있으면 별 래들이 棺을 갈아먹고 있다

卅一. 辛方이 낫거나 낭떠러지가 되어 있으면 婦女子들이 음란하며 또 井·泉水가 있으면 벌레들이 棺속에 들어 있다

卅二. 戌方이 낫거나 낭떠러지가 되어 있으면 婦女子들이 음란하며 또 井·泉水가 있으면 벌레들이 散体를 갈아 먹는다

卅三. 乾方이 空虛하고 낭떠리지가 있으면 父先亡한다. 또 八字式으로 들이 흐르면 뱀이 드나 든다

卅四. 亥方이 낫고 空虛하면 長病으로 凶하며 井·泉水가 있으면 해골 갈아먹는 소리가 절구질하는 듯한 소리와 같다

卅五. 青龍山과 白虎山이 相冲이 되면 兄弟間에 不和하다 또 青龍山에 砂나 낭떠러지·空虛한 곳이 있으면 子孫이 死刑을 당하다. 또

一、 青龍山 外地에 (青龍山이 겹겹이 되면) 有峰이면 子孫이 橫財를 한다

二、 青龍山이 頭大하면 妻德이 있고 青龍山에 돌이 우뚝 솟아 묘봉을 찌를듯이 보일때는 子孫이 많이 死亡하거나 不具者가 생긴다

三、 青龍山에 龍砂가 있으면 (모래돌들이 많이 쌓여 있는것) 長孫이 不盛한다

四、 青龍方山에 바위가 있으면 子孫中에 壯士가 생긴다

五、 白虎山內에 砂가 있으면 次子孫들이 不盛하며 白虎方山에 돌 자갈 무덤이 두둥강이가 난것처럼 허리가 끊어져 있으면 子孫中에 獄死 當하는 者가 생긴다

六、 坤乙方에서 水流하여 墳墓 正面向으로 (朝堂)오면 棺속에 검은 연기와 섞은 물이 잠겨 있다

七、 巽巳方으로 물이 흘러와서 墓所正面으로 오면 棺內에서 어름과 같이 찬기운을 만하고 있다

八、 甲乙方외 골짜기가 길면 長子 長孫이 死亡하다

三○. 巽方의 山谷이 長谷(골개 이상)이 되면 外孫이 不盛한다

三一. 艮寅方의 골짜기가 길면 子孫中에 盲人이 생긴다

三二. 癸丑方에서 水流하여 墓峯 正面으로 흘러오면 男子가 六손(손가락大 껜)이가 생긴다

三三. 坐山(墓峯 뒷면)에 모래나 혹, 돌무덤이 있으면 子孫이 목매어 죽는 일이 생긴다.

三四. 巽辛方山이 머리가 끊어졌으면 百代를 官祿이 없다

三五. 巽辛方峯이 高大 秀麗하면 子孫이 文·富 兼成한다

三六. 丙午方峯이 高大 秀麗하면 子孫이 登科한다.

三七. 墓坐 뒷山이 둥근 봉우리가 되면 子孫이 官職으로 大成한다

三八. 巽方으로 방위쪽으로 둥근 산의 봉우리가 있으면 子孫이 수사판 이 되다

三九. 辰戌丑未方 四方이 모두 큰산이 있으면 子孫이 大富한다

四. 子午卯酉의 四個方이 모두 둥근 봉우리가 되면 子孫이 귀하다

三. 坐 뒷山에(主山) 바위가 있으면 子孫中 판ㅅ자가 생긴다 요즈음 말로 스포츠로 이름을 날린다

三. 破軍方에서 得水하며 破軍으로 破(山去方을 말함)가 되면 樑속에 누런색의 이끼가 끼어있고 물이 들어 있으며 貪狼破가 되면 물이 잠겨 있으나 先凶後吉이 된다. 祿破는 누렇고 벌레가 들어 있으며 누렇고 흰 버섯이 들어 있으며 凶하다 巨文破는 누런 안개와 버섯이 들어 있어 凶하나 故鄕을 떠나면 吉하다
文曲破가 되면 武人, 運動選手로 揚名하는 子孫이 생기며 先凶後吉 하다 廉貞方으로 破가 되면 木根, 벌레, 물이 들어있어 不孝하고
他鄕에서 고생한다
武曲破는 벌레, 버섯이 있으며 인연이 없다
伏吟破는 벌레, 버섯이 있으며 火災를 당하다

— 344 —

三. 祿存方으로 得水하여 祿存破는 無關하다. 貪狼破는 흰 벌레와 물이 들어 있다 財는 있으나 不意의 病으로 死亡한다. 이럴때에는 移葬이 吉하고 누런 벌레와 버섯이 있으며 凶하다.

巨文破는 벌레·물이 있으며 天死하며 敗財되다

文曲破는 남녀가 國王의 부마나 왕자비가 되어 부귀가 겸비되어 있다 廉貞破는 木根·水火氣·뱀·벌레가 들어 있다 또 子孫中에 득옥 되거나 횡사하다. 武曲破는 흰 벌레가 있으며 敗財短命하다

伏吟破는 벌레·火炎이 들어 있어 家敗하고 六畜農業도 亡한다. 當代에 大成하다 破軍破는 누런 벌레가 있으며 初富 后貪하다

四. 貪狼得하여 貪狼破가 되면 붉은 나무뿌리가 骨을 감고 있으며

祿存破는 흰 벌레와 버섯이 있으며 凶하다

巨文破는 衣食自足하며 官職으로 成功된다. 文曲破는 長官이 되며

富貴功名하다. 廉貞破는 나무뿌리가 있고 土災 火災가 있으며 先

吉後凶하다. 武曲破는 財多하고 武官이 多出하다. 伏吟破는 火災를 當하며 先吉後凶하다

巨文方 得水하여 巨文破는 官祿成功하며 破軍破는 黃虫과 버섯이 들었으니 敗家한다. 祿存破는 白虫, 木根, 개미, 버섯등이 들었고 天死한다. 財貪하다. 貪狼破는 부귀功名하며 武官이 出生한다

文曲破는 官祿의 家門이 되다. 廉貞破는 개미, 쥐, 나무뿌리가 들어 있으며 뱀에 물리고 死亡한다

巫. 火災를 당하며 敗亡한다.

文曲得水하여 文曲破는 學者와 工科發明家가 多出되지만 官職으로 成功은 없다. 破軍破는 文章은 出衆하나 財産을 얻지 못한다. 三代后에 富貴한다. 祿存破는 實貴大吉하다 玉堂의 貴人方이라고도 한다. 貪狼破는 國家考試 首席合格者 배출한다. 巨文破는 將軍出하고 富貴한다. 廉貞破는 木根이 뼈를 억엇으니 귀머은 子孫이

— 346 —

出生되고 獄死도 한다、武曲破는 代代로 文、武官職者 多出하지만 成功以後 火災로 死亡한다、

四、廉貞得에 廉貞破는 木根이 骨을 감고 있으니 獄死한다
破軍破는 木根、黃虫이 있어 死亡한다、
祿存破는 木根、灰虫이 나오고 盲人出하고 골수염환자가 생긴다
貪狼破는 木根、개미를 있고 家門이 멸망한다
巨文破는 木根이 있어 음란한 子孫이 多出한다
文曲破는 木根、개미、火氣、물이 있으며 사기꾼 폭력배가 생긴다
伏吟破는 木根、火炎이 들어 있으니 火災로 亡한다
武曲破는 木根이 뒤엉켜 있어 大亡하다

五、武曲得水에 武曲破는 將軍多出하고 破軍破는 흰안개、木根、벌래、물이 들어왔으며 不成客死한다、祿存破는 흰안개、木根、벌래、물이 들어왔으 며 凶死한다、巨文破는 文、武官 多出한다

文曲破는 文·武官이 多出하고 代代로 富하다, 廉貞破는 木根이 들어있어 先吉後凶하다. 伏吟破는 火氣가 들어있어 火災로 筆出하다

貪狼破는 子孫이 昌盛하고 武官이 代代로 輩出하다

破軍破는 水·火氣가 들어 있으며 客死하다. 交通事故로 死亡하다
伏吟破는 火炎이 들어 있어

咒

富者된다.
巨文破는 富貴功名 子孫의 德이 있다.

文曲破는 高等考試首席合格者 배출된다. 祿存破는 불과 불의 기운이 들어있으니
어 있어 죽는다. 武曲破는 武官이 多出하다
敗財하여 亡하다.

第十二章 水流의 形態로 보는 吉凶

一. 水流의 形態가 三曲 또는 三曲 以上으로 굴어져서 순란하게 물이
흐르는 것이 보이는 것은 子孫昌盛 富貴한다

二. 큰 강물이 흘러서 葬地 前面으로 흘러오면 재산이 태산같이 불어난다

三. 갈지자(之) 式으로 또 玄武와 같이 물이 흐르는 것이 보이면 博士가 배출 된다

四. 물이 흐리게 보이면서 깨끗하지못한 물이 흐르면 자손이 총명하지 못하다

五. 높은 곳에서 急히 쏟아저 내려와서 급히 흘러내려가면 재산이 패하고 가정이 망한다.

六. 물이 川물와 같이 三路水가 흘러나가면 財敗한다

七. 直來直去水는 사람이 害를 당하니 人口가 준다

八. 左側에서 물이 흐르면 長子가 조난을 당한다

九. 右側에서 물이 흘러가는 것은 幼兒에게 害롭다

十. 墓地前面 中間에서 나가는것 같이 물이 흘러가면 中間子孫들에게 害가 미친다.

十二. 坐地를 물이 와서 역과하는 식으로 흘러오는 것같으면 子孫이 敗 絶한다.

十三. 棺의 허리를 충동할 정도로 허리 있는 곳으로 물이 흘러오는 것 같으면 과부가 생긴다

十四. 八字와 같이 물이 흘러서 墓所를 向해 오는것 같이 보이면 재산

十五. 友方에서 八字形으로 흐르는 물이 길게 흐르는 것이 보이면 子孫 이 大吉하다

十六. 白虎方에 水路가 雄壯하게 大水流면 中間子孫이 死亡한다

十七. 靑龍方에 水가 있고 乾方水가 또 있으면 子孫中에 狂人이 생긴다

第十三章 舊占墓에 물이 들어 있음을 아는 法

一. 墓의 坐向이 辰戌丑未坐이거나 辰坐에 戌向이 되고 戌方에서 水流

하여 戌方으로 오는 것같이 되면 入墓三年内에 沈水되다

二. 子午卯酉坐가 될때에도 子坐午向에서 물이 들어 오는 것같이 되며 三年以内에 침수되며 卯坐 酉向일때 酉方에서 正面으로 오는것 같은 물줄기가 있으면 子坐 午向과 같은 뜻이 되고 墳墓가 墳墓의 周圍보다 낮아 빗물이 고일 정도이면 침수가 된다

三. 墓封墳 左右에 青菩가 끼었으면 침수 되었고 入首가 마당처럼 넓고 평탄하면 침수가 된다

第十四章 尸身이 썩지 않고 있는 坐向 또는 骨消生

一. 墓坐가 艮坐이고 乙辰方이 막히폐가 없고 바람이 와서 봉분을 쓸고갈 정도이고 午方에 물이 있고 乾亥方도 空虚 또는 水流去하면 千年이 되어도 시체가 썩지 않는다

이는 子孫에게 大凶하며 急殺 · 風病 · 간질病 · 溺死 · 狂病등으로 因하

여 大敗는 한다

二. 骨이 消散되는 坐는

壬坐에 坤申方의 바람이 막힌 곳이 없고 또 子坐에 寅方에서 맑은 바람이 불어오도록 막힌 곳이 없고 또 卯坐에 乙辰方風이 불어오는 것을 막아줄 그 方位에 山이 없드지 殺風이 불어온다고 해서 뼈까지 깨끗이 消滅되어 散在되니 子坐도 東·西·南·北으로 散滅한다

第十五章 墓 속에 뱀이 들어 있는 坐

一. 墓에 辰巳方에 蛇頭와 같은 砂角(땅돌)이 되어서 墓의 封墳 前面으로 向하고 있으면 封墳內에 뱀이 들어 있다

二. 坐가 甲이 되는 墓일때 乾亥方이 空虛하고 川水가 橫流하면서 辰巳方에 泉井이 있어도 入蛇한다

二. 巳方으로 侵入하면 葬禮後 六年以內에 喪事 또는 長孫이 死亡한다

二. 巳方으로 侵入하면 葬禮后 六年以內에 長子 또는 長孫이 死亡한다 坐가 甲이 되는 墓일때 乾亥方이 空虛하고 川水가 橫流하면서

第十六章 屍體 도망간 墓 아는 法

一. 乾甲坐에 壬方으로 水流出去하여 破가 되면 屍體가 옮겨저서 坤方 八百 九百一尺 下에 있다

二. 庚亥未坐에 艮方이 破가 되면 屍體(白骨)가 옮겨저서 坤方 八百尺 下에 있다

三. 庚亥未坐에 寅方이 破가 되면 白骨이 無形이 되었으나 吉地 딴 곳으로 移葬하면) 無形이었던 白骨이 還生된다

四. 乾甲坐에 艮方이 破가 되면 白骨이 散骨되고 보이지 않는다

— 353 —

第十七章 養子를 두는 墓地

一. 艮寅山에 卯坐 坤破는 八代 養子를 둔다
 財福은 貪하지만 間或 官祿으로 出世하는 者도 있다

二. 巽巳山에 午坐 乾破는 七代 養子를 두는 곳이다
 그러나 財福이 있고 養子孫이 出世는 한다

三. 坤申山에 酉坐 艮破가 되면 九代를 養子를 두게되는 凶地이다
 그러나 財福이 있고 養子孫이 出世는 한다

四. 乾亥山에 子坐 巽破가 되면 六代를 養子를 두게 된다
 그러나 財福이 있고 官職으로 出世하며 四大 養子는 明堂을 차지
 하게도 된다.

— 354 —

第五編 墓葬地 吉凶作法

第一章 綜合 見法

첫째로 山의 형태를 본다. 산이 많고 험준하고 높으며 물이 急流
로 흐르는 것이 山이 섬이살 정도로 흐르면 葬地가 되지 않으며 亲취을
지울 곳이 되고 惡山이 없고 土厚하고 土色이 윤택하고 붉은 색이
진하게 나며 언덕이 잘 생기고 어덕 뒷山이 병풍처럼 둘러친것 같이
생긴 산이 있으면 吉地가 되며 君子가 많이 배출 한다
그러나 地盤(版局)이 甚하게 石多하며 山川이 峻急하게 생겼으면
小人이 多出하니 吉地가 되지 못함을 잘 살펴야 한다
들째로 山水의 흐름이 吉方에서 흐르는가를 살피
고 山方水가 많고 吉方水가 적어 凶方에서 흐르는가를 살피
보이지 않는 식으로 合流하거나 쓸어버리는 식으로 흘러가면 그자리는

不吉한 자리가 된다

이러한 때에는 큰 도난을 당하여 망하고 큰 재앙을 받는다. 그러나 凶方의 水가 흐르는 것이 墓峯頭에서 보이지 않으면 해를 받지 않는다

셋째로 凶方의 山水路가 보이는데 吉方山水가 보이지 않을때는 凶地이므로 墓所로 適合하지 못하며 左右에 惡石이 있든지 殺名이 불은 凶風이 불어오든지 하면 凶地이며 刀石 冲砂와 八方調密한 곳이지 아니지를 살펴서 明堂인지 無害地인지를 알고 坐向을 定하는 것이다

第二章 山과 坐의 吉凶見法

一. 子山 일때

子山에 卯坐이며 左右前面에 언덕(낭떠러지)이 되며 子孫이 夭死

子山에 午坐가 되면 相冲이 되는데 五年內에 夫婦 死別한다

子坐인데 午方에 龍砂(묘에 자갈의 무덤)가 있으면 子午冲이 되어서

不具者가 생기고 혹 귀머운 자손이 생긴다

子山이 坤未申으로 곧게 山줄기가 뻗어 있으면 甲年되는 해는 가정

에 不吉한 일이 생긴다.

子山에 坤未申坐가 되면 空난이 되여 不吉하다

二. 丑山 일때

· 丑山에 辰坐이면 巨富의 財產을 갖게 되다
· 丑山에 庚坐이면 登科出世하고 子孫이 배출된다
· 丑山에 寅卯坐가 되면 財盛하여 火히 大吉하다、
· 丑山에 丑坐 또는 辰坐이며 未戌方에 石物이 있으면 도회지에서 큰 집 짓고 富者로 생활 한다、

三. 寅山 일때

· 寅山에 亥坐가 되면 子孫昌盛 大吉하다
· 寅山에 辛戌午坐가 되면 成功 大吉하다、

· 寅山에 亥生、子、丑坐가 되면 財盧 富貴하다.

· 寅山에 丁、亥坐이며 丁亥方에 石角이 튀어나와 있으면 天德으로 또는 官祿으로 成功하며 考試合格도 한다

四. 卯山일때

· 卯에 午坐이면서 午方의 언덕이 끊어져 있으면 子孫이 惡死하고 財産이 敗한다.

· 卯山에 丁未乾亥坐(局)이면 一子 以上의 子息은 死亡한다

· 卯山에 戌亥生이면 回甲을 넘기지 못하고 短命하다

· 卯山에 午、巳坐가 되면 多子孫하고 多財福하여 吉하다

· 卯山에 坤、申坐이면 申年에 考試合格者가 생긴다

· 卯山에 子坐이며 子方에 언덕이(낭떠러지) 있으면 子孫中에 狂人이 생긴다

五. 辰山일때

· 辰山에 丑、寅、卯坐가 되면 子孫 昌盛하고 富貴功名한다

· 辰山에 未·辰生이며 辰方에 石角(뾰족바께 우뚝 솟은돌)이 있으면 長官이 배출한다. 以外의 坐는 水流에 따라 정하다.

六. 巳山일때

· 巳山에 申坐이면 巳申合이 되어 四兄弟中에서(祭主의) 多孫이 昌盛.
· 巳山에 辛坐이면 武官이 배출된다.
· 巳山에 申·午·未坐가 되면 富貴 多子孫한다.
· 巳山에 癸丑坐나 酉坐이면 葬事后 一年에 大發福한다.

七. 午山일때

· 午山에 卯坐이면 子孫은 많으나 財産은 貪하다.
· 午山에 辛戌寅坐(入首)이면 當年發福 富貴한다.
· 午山에 丑寅艮坐이면 後孫에게는 凶하다.
· 午山에 卯亥辰巳坐이면 富者가 된다.
· 午山에 乾戌坐(入首) 그대로 山이 길게 山등이 되어나

- 누어있는 것같이 되면 亥年에 高官昇進 或은 高試合格하는 子孫있다.
- 午山에 酉坐이며 酉方이 언덕이 되면 (絶源) 五年以內에 子孫이 死은 하고 햇볕 피워즐 사람이 없다
- 午山에 子坐이면 子午가 相冲이 되어 재앙이 자주 있고 敗家亡身한다
- 午山에 午坐이면 子方에 龍砂가 있거나 酉坐이면서 卯方에 龍砂(자갈 무덤)가 있으면 놀아가 생기며 手足不具者도 생긴다

八. 未山 일때

- 未山에 未坐이며 戌坐이면 財産을 이루는 局(坐)이라고 하며 大吉地 가 된다
- 未山에 戌坐 및 申酉坐이면 子孫昌盛하고 成功順調한다

九. 申山 일때

- 申山에 乙辰子坐이면 申酉坐는 一帶는 成功하지만 二帶는 成功하지 못한다
- 申山에 癸生이며 癸方에 큰 돌이 튀어나와 있으면 高等考試合格하며

大成功하는 子孫이 出生한다

十. 酉山일때

· 酉山에 癸丑巽巳坐가 되면 葬事 一年後면 大發福한다.
· 酉山에 艮丑癸生이며 酉方에 길다란 山이 連續되어 있으면 寅年에 高等考試合格하는 子孫이 나타난다
· 酉山에 子方이며 또 子方에 龍砂가 있으면 手足의 不具가 되고 或 은 거머운 子孫이 생긴다

十二. 戌山일때

· 戌山에 未坐이면 財産이 必成한다
· 戌山에 申酉坐가 되면 富貴하며 大吉地되다
· 戌山에 丙坐며 丙方에 石角이 튀어나와 있으면 少年時節 三十才內外 에 官祿및 考試에 合格하는 子孫이 있다
· 戌山에 亥、酉坐나 午未丁坐가 되면 大吉地이며 午未丁亥酉方에 언덕

(낭떠러지)이 있어도 吉地가 된다

十二、亥山일 때

・亥山에 寅坐이면 子孫이 昌盛하다
・亥山에 子、丑坐이면 財旺하며 子孫 昌盛하다
・亥山에 未、甲、卯坐이면 即時 發福하여 大科하며 官祿으로 大成하다
・乾亥山에 癸坐 丑坐가 되면 無子孫하며 未年에 獨守空房하다

十三、乾山일 때

・乾亥山에 丁未坐이면 子孫이 夭死하고 大凶하다、

十四、坤申山일 때

・坤申山에

第三章 葬地(墓)方位見法

一、乾向에서 乾方으로 山이 뻗어와서 山의 머리가 되는 곳을 入首라 하는데 入首하여 亥生로 墓峯頭를 作峯하면 三人의 長官이

二. 乾向에서 와서 乾方으로 入首하여 戌生하면 三年內에 子孫이 모두 死亡하고 絕孫이 된다

三. 乾向에서 와서 辛方으로 入首하여 酉坐하면 郡守 市長等 六名의 高官戰死者가 輩出된다、

四. 壬向에서 와서 丑方으로 入首하여 子坐하면 부마감이 출생한다

五. 壬向에서 와서 戌方으로 入首하여 亥坐하면 小科 小富 되고 酒色 을 좋아 하다가 망하는 子孫이 있다

六. 壬向에서 와서 丑方으로 入首하여 癸坐하면 婚姻福이 있고 先富 後貧 하다

七. 亥向에서 와서 乾方으로 入首하여 乾生하면 萬代吉地가 된다

八. 亥向에서 와서 乾方으로 入首하여 壬坐로 峯頭하면 子孫昌盛하며 孝子 出生한다

九、子向에서 또는 癸向에서 와서 癸方으로 入首하여 子坐하면 先貧
後富하다

十、子向이나 艮向에서 와서 子方으로 入首하여 壬坐하면 子孫의 運이
凶하여 養子를 두어야 할 정도로 孫이 貴하다.

十一、子向에서 와서 子方으로 入首하여 壬坐하면 女子는 淫乱하여 슬장
수로 나가게 된다

十二、癸向에서 와서 坎方으로 入首하여 子坐하면 富貴 登科하다

十三、癸山이며 癸方에서 入首하여 丑坐로하면 시체는 육탈 잘하고 黃骨
로 保存이 잘되는 吉地이나 無子孫하다

十四、癸山에 丑方入首하여 艮坐가 되면 大富으로 출세하는 자손 必生、

十五、丑山에 丑方入首하여 癸坐가 되면 바로 부자가 되는것 같으나 결
실은 급속적으로 실패하여 乞人이 된다

夫、丑山에 艮方에서 入首하여 艮坐가 되면 必出高官이다.

七. 艮方에서 入首하여 표坐가 되면 地方長官 三人이 출생된다.

六. 艮方에서 入首하여 寅坐가 되면 瘡病이 생기며 음란하여 가정이 망한다

九. 寅方에서 와서 寅坐가 되면 貴는 있으나 음란하여 재산이 탕진되다

五. 乙方에서 와서 寅坐가 되면 가난을 면하고 富者가 된다

三. 寅方으로 와서 艮坐가 되면 速發 成功한다

三. 寅方에서 와서 甲坐가 되면 子孫中 狂人이나 폭력배가 생기는 정은 敗한다.

三. 丙方쪽에서 와서 乙方으로 入首하여 卯坐로 하면 富貴하는 吉地,

丗. 卯山의 卯方에서 와서 乙方하여 卯坐하면 最貴賓이 訪問을 한다

五. 卯方으로 入首하여 乙坐로 作峯하면 富貴하나 短命하다.

六. 卯方에서 入首하여 甲坐가 되면 先富後貧하는데 財富할때 移

葬하면 後貧을 면한다.

27、卯方入首하여 辰坐로 하면 三年内 쌍生 貴子 得하다

26、辰方으로 入首하여 辰坐로하면 一人之下 萬人之上의 人物이 出生、

29、辰方으로 入首하여 甲坐로하면 食小事煩 하상 빈한하다、

30、辰方으로 入首하여 乙坐가 되면 富貴榮華를 누리다

31、丙方쪽에서 와서 午方으로 入首하여 丙坐로 하면 高官大爵이 出現、

32、丙方에서 와서 丁方으로 入首하여 丙山에 丙坐가 되면 末年까지 高官의 榮光을 누린다

33、丙方에서 와서 丙方으로 入首하여 丙坐가 되면 三人이 官職으로 成功한다、

34、申方에서 와서 甲山이 되고 寅方으로 入首하여 甲坐가 되면 狂人이 생기고 乞食을 하게 되다

35、甲方으로 入首하여 卯坐하면 永久히 富貴가 持續되고 大吉地

36、甲方으로 入首하여 辰坐가 되면 富貴榮華를 누리게 되다

一, 巽巳山으로 巽巳向에서 와서 乙方으로 入首하여 卯坐하면 大統領 秘書室長(都承旨)格의 高官이 出生한다.

二, 巽巳向에서 와서 辰方으로 入首하여 乙坐가 되면 富貴가 兼全한다.

三, 巽巳向에서 와서 巽方으로 入首하여 乙坐로 하면 財貪하여 결혼 乞食을 하게 되다

四, 巽方으로 入首하여 巳坐로 하면 火災로 亡한다

五, 巳方으로 入首하여 巽坐로 하면 富貴榮華 子孫昌盛한다.

六, 巳方으로 入首하여 丙坐로 하면 官災를 當하고 狂病患者 생기다.

七, 丙向에서 와서 丁方으로 入首하여 丙坐하면 葬事後 直時 發福하여 大統領 補佐官 或은 大統領의 德을 받게 되다

八, 午方으로 入首하여 丁坐가 되면 兄弟間에 粉亂이 極甚하고 음란하여 敗家亡身한다、

九, 坤方으로 入首하여 未坐로 作墳하면 흉장사로 파란을 겪는다.

-367-

㘦、丙方으로 入首하여 巳坐로 하면 先貧後富한다、

㘦、丁方으로 入首하여 丁坐하면 男女 모두가 음란하여 口舌조리 흉타

㘦、丁方으로 入首하여 未坐하면 富貴官祿으로 大成한다、

㘦、申方으로 入首하여 坤坐하면 代代로 官祿을 먹는다、

㘦、申方으로 入首하여 庚坐로하면 先富後官職으로 成功하며 將星級이 輩出되는등 代代로 官祿을 먹는다

㘦、酉方으로 入首하여 酉坐로 하면 一人之下 萬人之上의 貴人이 탄생 되는 大吉地이다

㘦、酉方으로 入首하여 申坐로 하면 武官으로 出世한다

㘦、酉方으로 入首하여 辛坐로 하면 女出 女將軍하고 高等考試合格 하는 子女가 있다

㘦、坤方으로 入首하여 坤坐로 하면 富貴 功名한다、

㘦、坤方으로 入首하여 申坐로 하면 盜賊으로 損害보고 사기 당하여

— 368 —

敗家 말신 하다

五. 庚方으로 入首하여 申坐로 하면 家患이 不絶하고 精神病患者가 생긴다

六. 庚方으로 入首하여 酉坐하면 代代로 科擧及第한다

七. 未方으로 入首하여 坤坐로 하면 富貴功名한다

八. 未方으로 入首하여 丁坐하면 子孫有德하고 財產多蓄된다

九. 未方으로 入首하여 申坐하면 財貪하다

十. 戌方으로 入首하여 辛坐로 하면 半凶半吉하다

十一. 戌方으로 入首하여 乾坐로 하면 富貴登科하다

十二. 戌方으로 入首하여 亥坐로 作墓하면 官職으로 出世하지만 女子 들이 음란하다.

十三. 戌方으로 入首하여 壬坐로 墓를 쓰면 富貴가 兼全하여 그 榮華가 오래 지속 된다

第四章 明堂이란 무엇인가?

明堂이란 山이 햇빛이 잘 드는 곳을 "明"이라 하고 물이 흘러서 水田이 잘 되는 것을 "堂"이라 하며 主山이 높고 하늘을 찌를듯이 높이 솟아서 太陽을 많이 받는 山을 "明"이라고 하며 여러곳의 물이 한곳으로 모여서 큰 웅덩이를 만드는 곳이 "堂"이라 한다.

左側의 山은 靑龍이라 하였고 右側의 山은 白虎라 하며 後立山은 玄武라 하고 前面의 山은 朱雀이라 한다.

一, 作穴法 (山의 穴脈을 보는 法)

山이 누어있는 곳은 누운 그대로 穴脈을 보며 山이 落源(언덕이 되어 낭떠러지의 山)과 굽은 山、구부러진 山 等을 살피는 것이며 山의 穴脈에 좋은 穴이 있고 凶하게 되는 鬼穴이 있다、穴後에 突峰(특 뒤어나온 봉우리)이 있던가 後徒生砂(뒤에 있는 山의 자갈 무덤)가 있으면 有鬼凶穴이라 한다.

吉地란 穴後에 멀리있는 다른 山이 아름답고 화려하게 보이는 山이 있으면 吉地가 되는 것이다. 또 龍虎 左右山 墓峯을 向하여 보는 것 같이 龍砂가 있으면 曜星이라 하며 墓地版局을 案山이라 하는데 案山 밖에 멀리 보이는 遠山 高峯을 官星이라 하며 水口에 獨立 되어 있는 峯은 華盖라 하고 雙立峯은 日月捍門星이라 한다

二, 不葬地 (묘를 쓸수 없는곳)

(一) 草木이 자라지 않는 붉은 山은 童山이라 하며 墓를 쓰지 않는다

(二) 山이 끊어지거나 무너져서 穴脈이 끊어진 山은 斷山이라고 하며 凶地이니 墓를 쓰지 않는다.

(三) 돌산이며 돌무덤이 많은 곳은 石山이라 하는데 凶하다, 그러나 돌 과 돌 사이에 흙이 살이 쩌있는 곳은 墓를 쓸수 있다

(四) 山이 홀로 봉우리가 되어 있으면 獨山이라 하여 凶地이나 山의 左右에 멀리에서라도 이 獨山을 호위하고 得水破가 吉하면 墓를 쓸수 있다

(五) 靑龍이 있어도 穴이 없으면 不吉하다, 穴이란 山이 이어져 있어야 한다

(六) 칼등같은 山은 地師가 害를 당하게 된다

(七) 바람을 살피며 案山이 없으면 凶地이다

(八) 凶한 돌이 穴이되는 위치에 있으면 凶地이다

(九) 철 뒷山이 凶하고 앞이 凶하데 거리가 떨어지면 吉하다

(十) 남이 墓를 썼던 곳에 다시 사용하면 凶하다.

(十一) 물 소리 바람소리가 시끄럽게 들리는 곳은 凶地이다

(十二) 主山은 높으지 않으면 凶地이다 또 左右의 山이 뾰족하게 싸우는 것 같으면 凶地이다. 싸운다는 것은 左右 양쪽에서 뾰족하게

(三) 墓 左右 穴場所폭으로 들여다 보는것 같은 것을 말한다.

(四) 墓 左右의 山의 끝이 꼬부라져서 병신 같은 다리가 될때는 凶地이다 (墓地 안으로 구부러진것)

(五) 山봉우리가 없으면 凶地이다

(六) 山이 비탈이 날카롭게 경사되어 穴이 없는 곳은 凶地이다

(七) 穴에 道路가 나서 穴이 끊어진 곳에는 不吉하다.

(八) 山이 뽀족하게 드러난 곳에는 葬事하지 못한다

(九) 破한 곳은 凶하다 山에서 흐르는 물이 길(道)에는 凶하다

(十) 流射困伏된 곳은 凶地이다

(十一) 暗亂水石地에는 凶地이다.

第五章 墓向見法및 吉凶判斷(四局및合局法)

※ 生方水가 墓方으로 흐르는 圖表

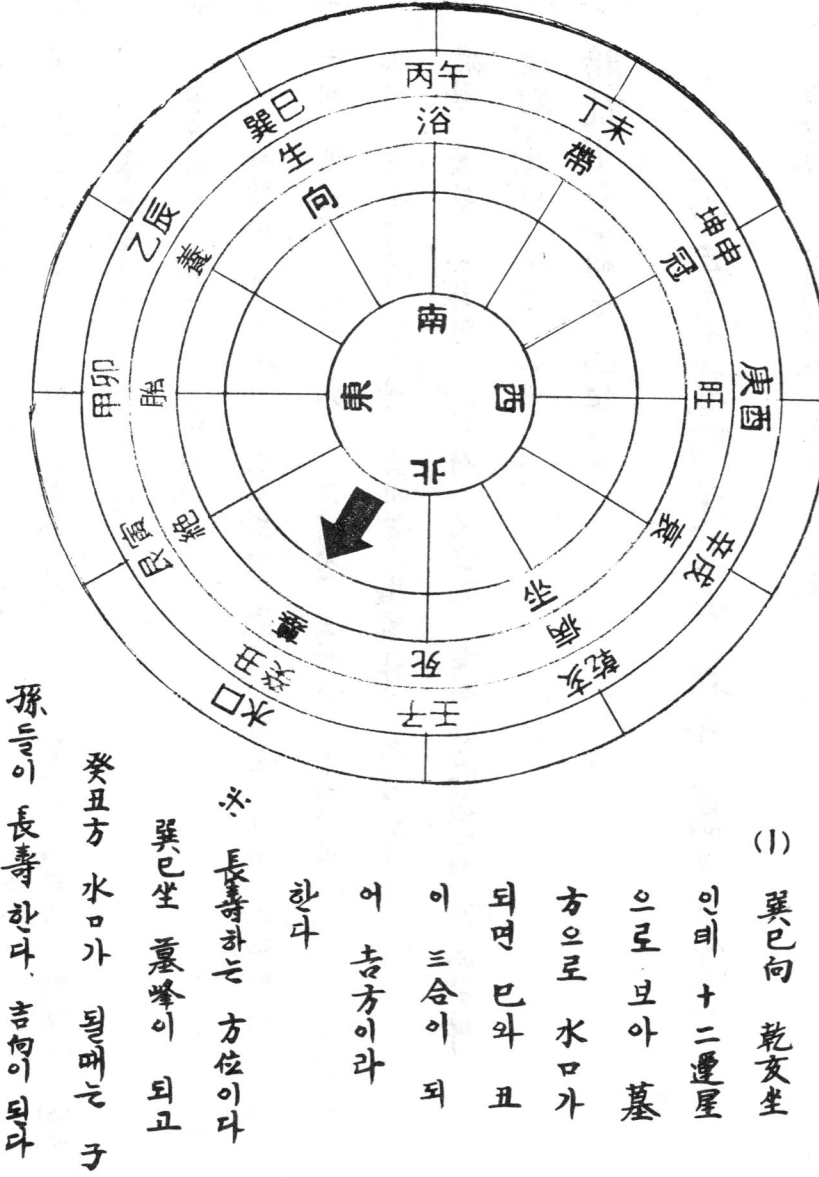

(1) 巽巳向 乾亥坐
  인데 十二運星
  으로 보아 墓
  方으로 水口가
  되면 巳와 丑
  이 三合이 되
  어 吉方이라
  한다

※ 長壽하는 方位이다
  巽巳坐 毫峯이 되고
  癸丑方 水口가 될때는 子
  孫들이 長壽한다. 吉向이 된다

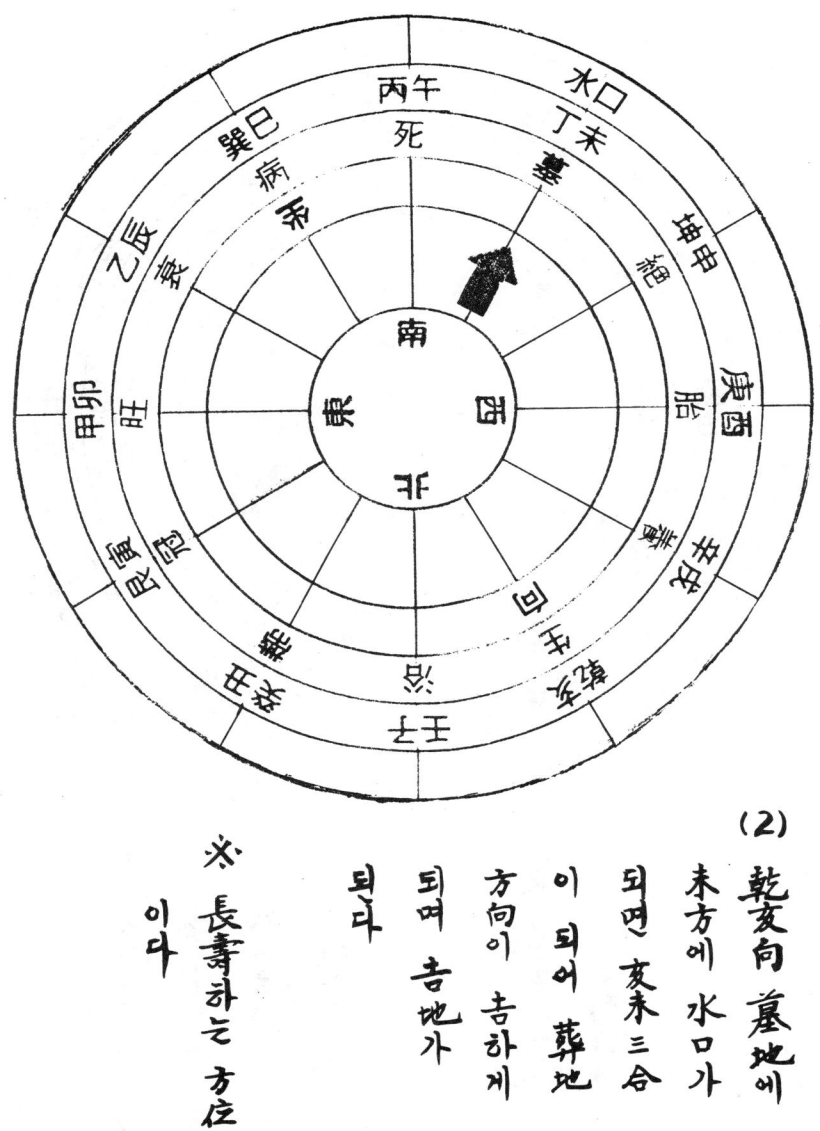

(2) 乾亥向 墓地에
未方에 水口가
되면 亥未三合
이 되어 葬地
方向이 吉하게
되며 吉地가
된다

※ 長壽하는 方位
이다

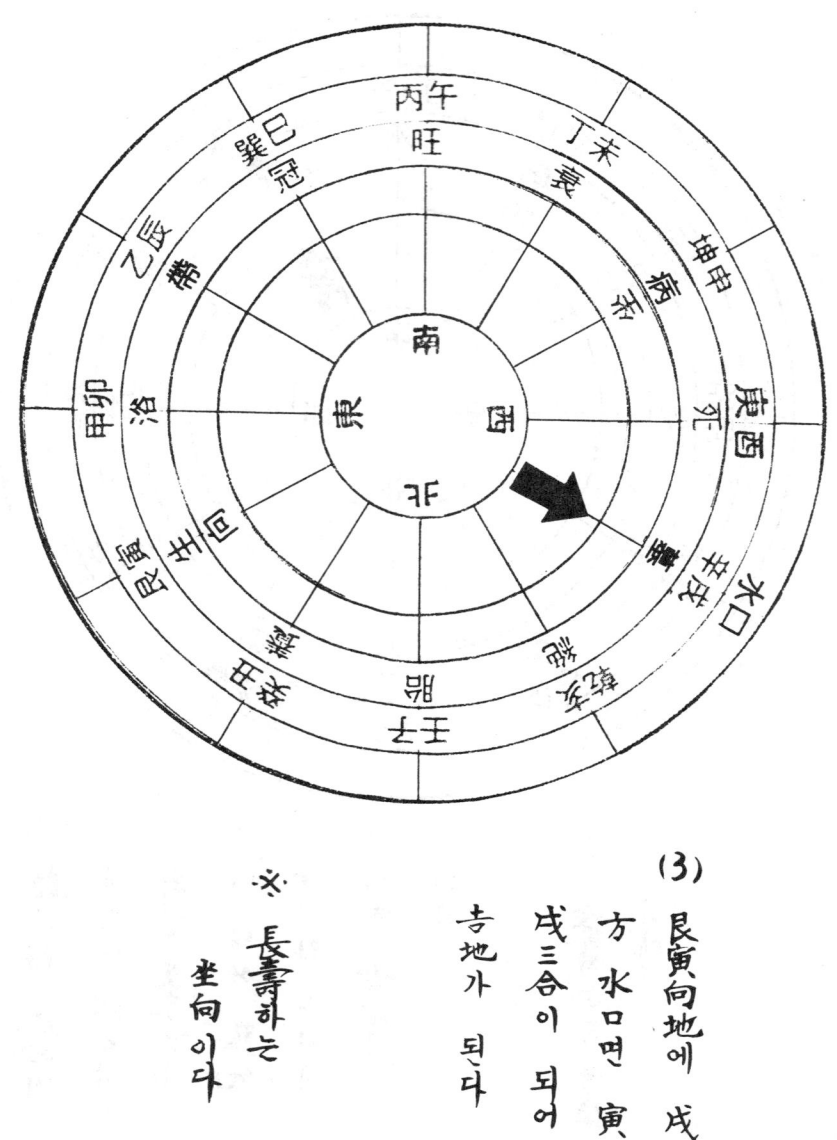

(3) 艮寅向地에 戌方 水口면 寅、戌 三合이 되어 吉地가 된다

※ 長壽하는 坐向이다

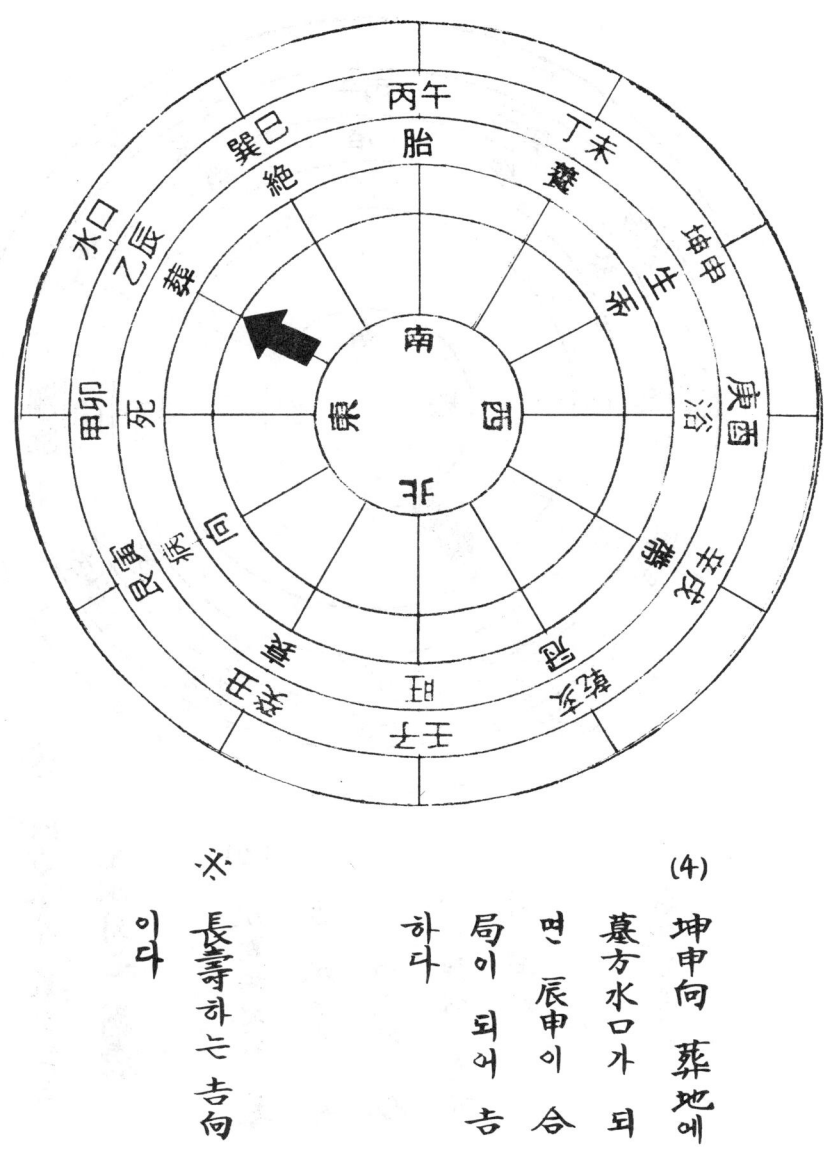

(4) 坤申向 葬地에 墓方水口가 되면 辰申이 合局이 되어 吉하다

※ 長壽하는 吉向이다

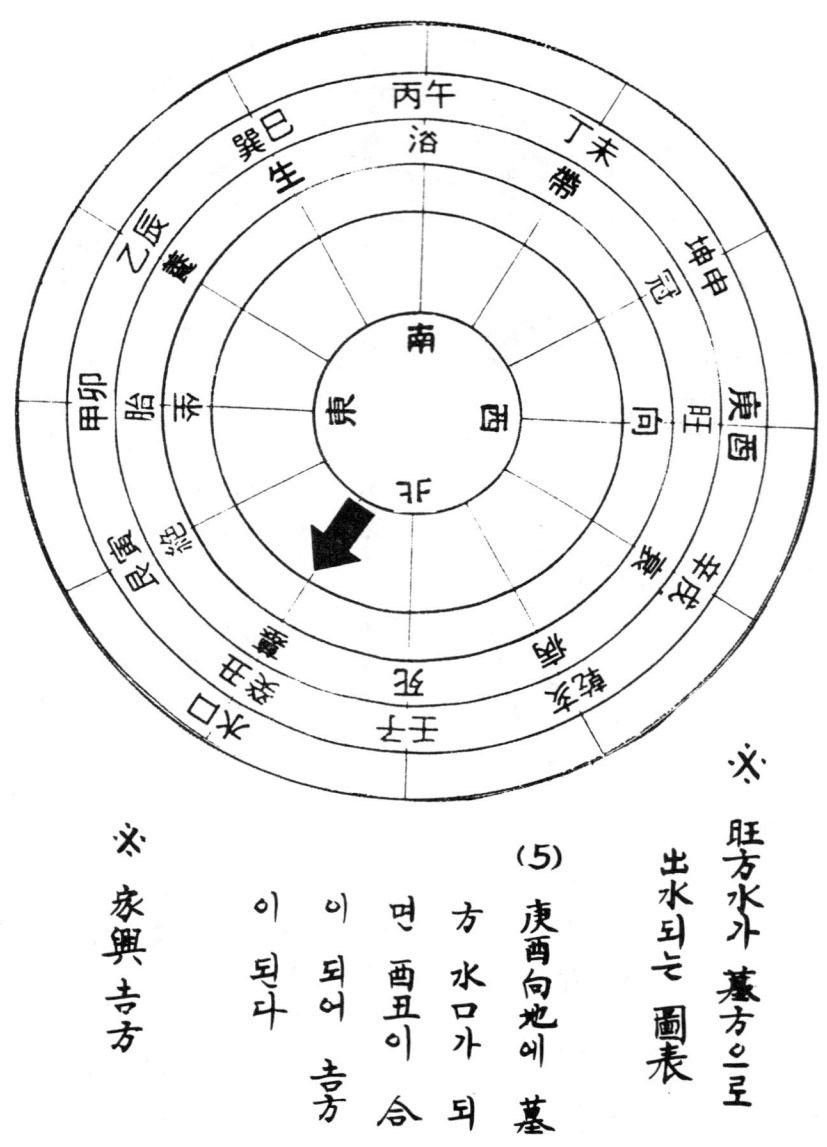

※ 旺方水가 墓方으로
出水되는 圖表

(5) 庚酉向地에 墓
方 水口가 되
면 酉丑이 合
이 되어 吉方
이 된다

※ 家興吉方

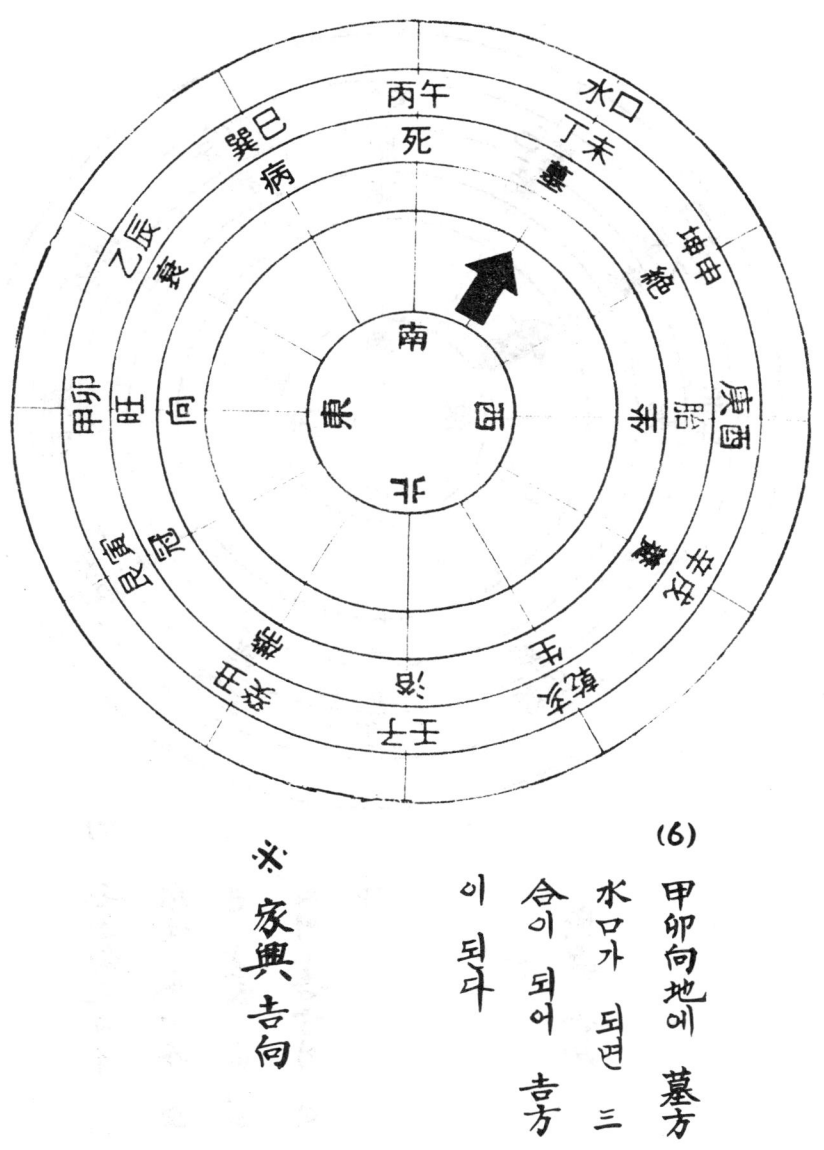

(6) 甲卯向地에 墓方 水口가 되면 三合이 되어 吉方이 된다

※ 家興 吉向

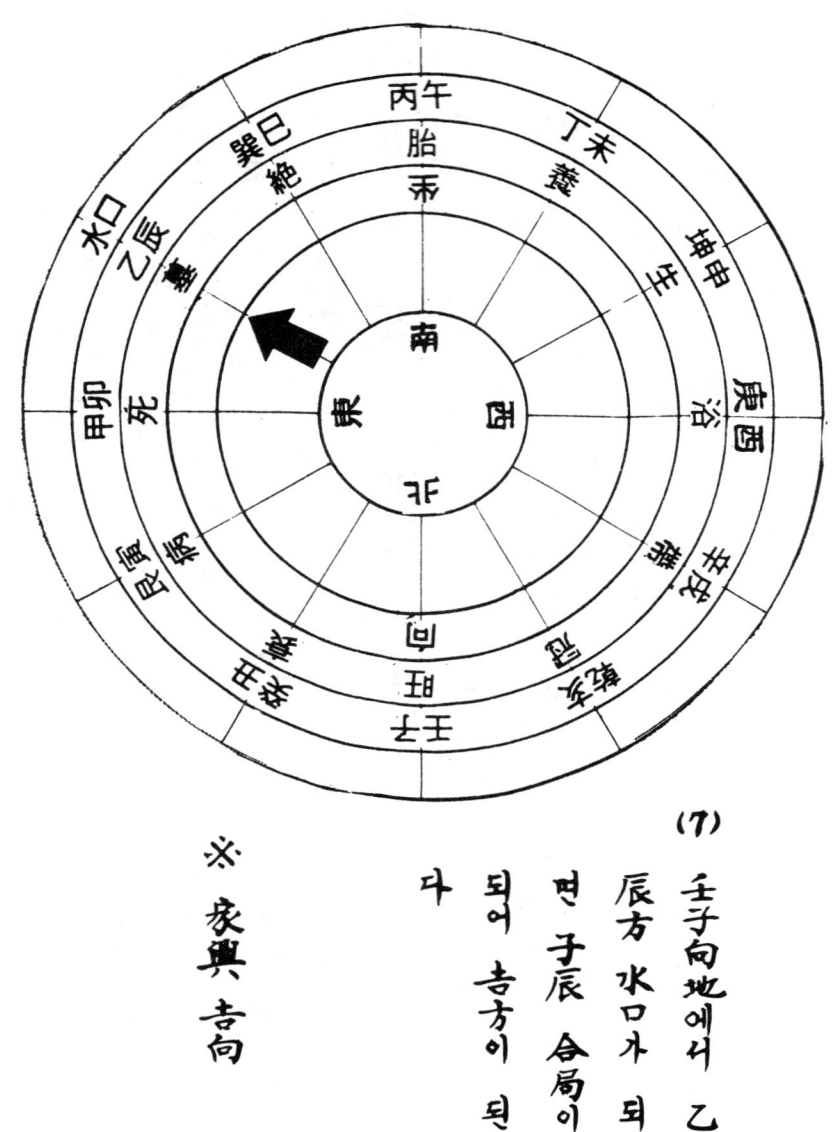

(7) 壬子向地에서 乙辰方 水口가 되면 子辰 合局이 되어 吉方이 된다

※ 亥輿 吉向

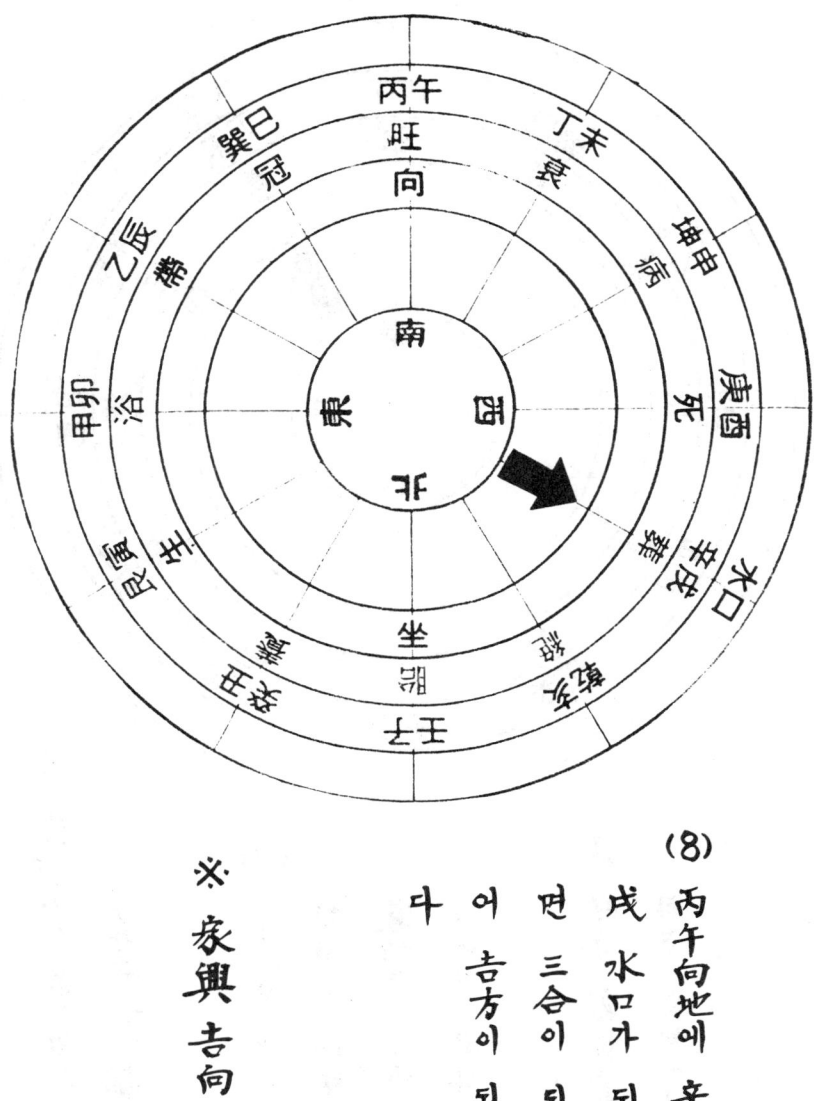

(8) 丙午向地에 辛
戌 水口가 되
면 三合이 되
어 吉方이 된
다

※ 家興 吉向

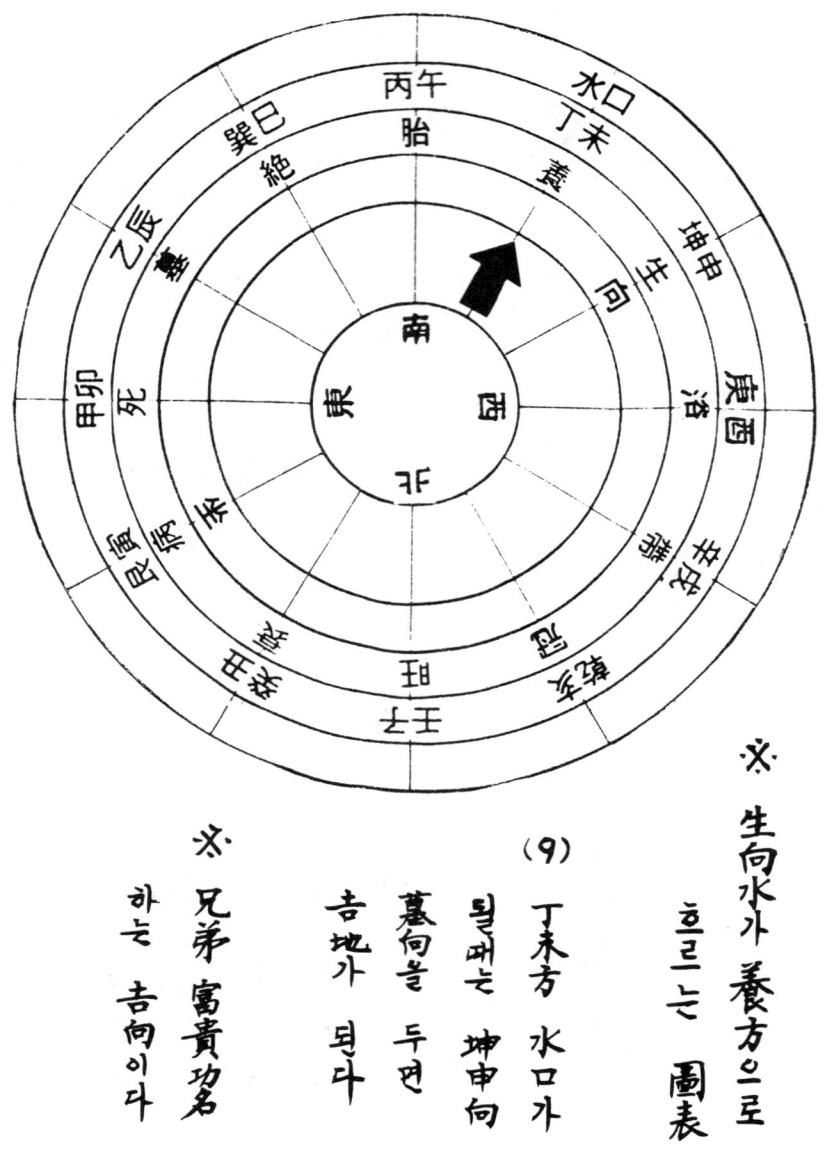

※ 生向水가 養方으로
 흐르는 圖表

(9) 丁未方 水口가
될때는 坤申向
墓向을 두면
吉地가 된다

※ 兄弟 富貴功名
 하는 吉向이다

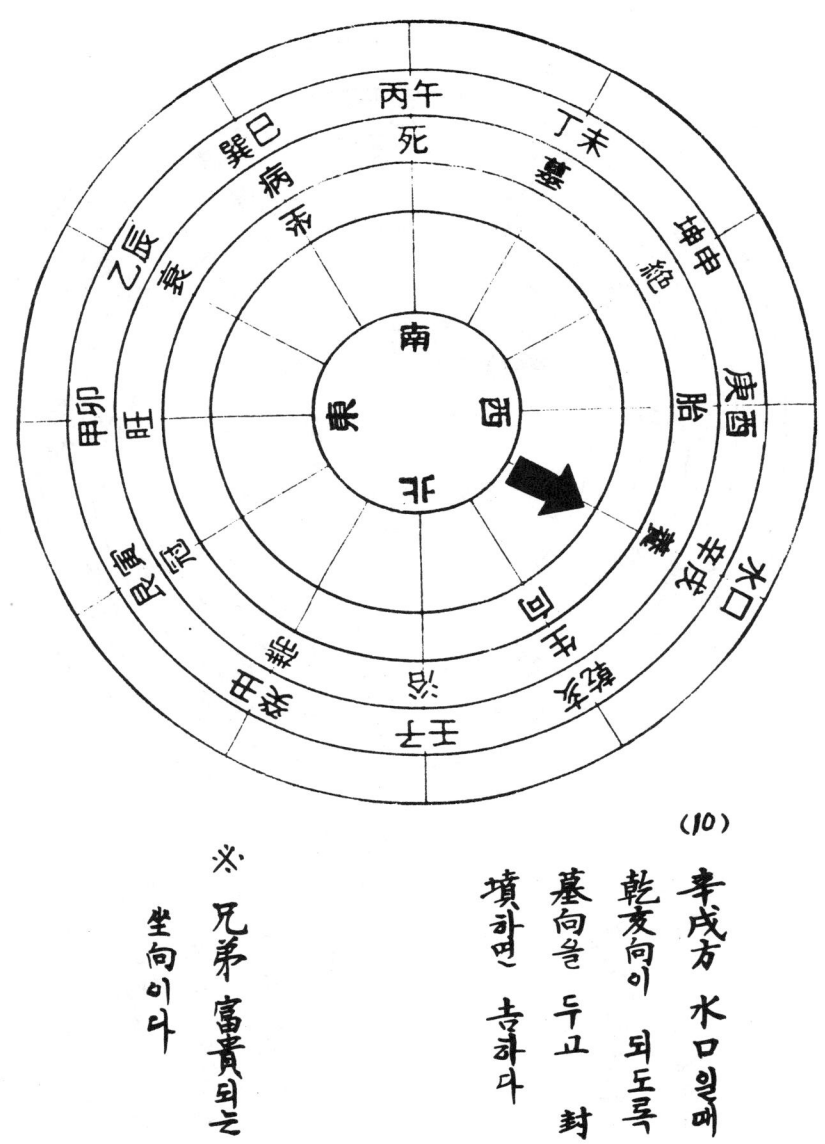

(10) 辛戌方 水口이면
乾亥向이 되도록
墓向을 두고 封
墳하면 吉하다

※ 兄弟 富貴되는
坐向이다

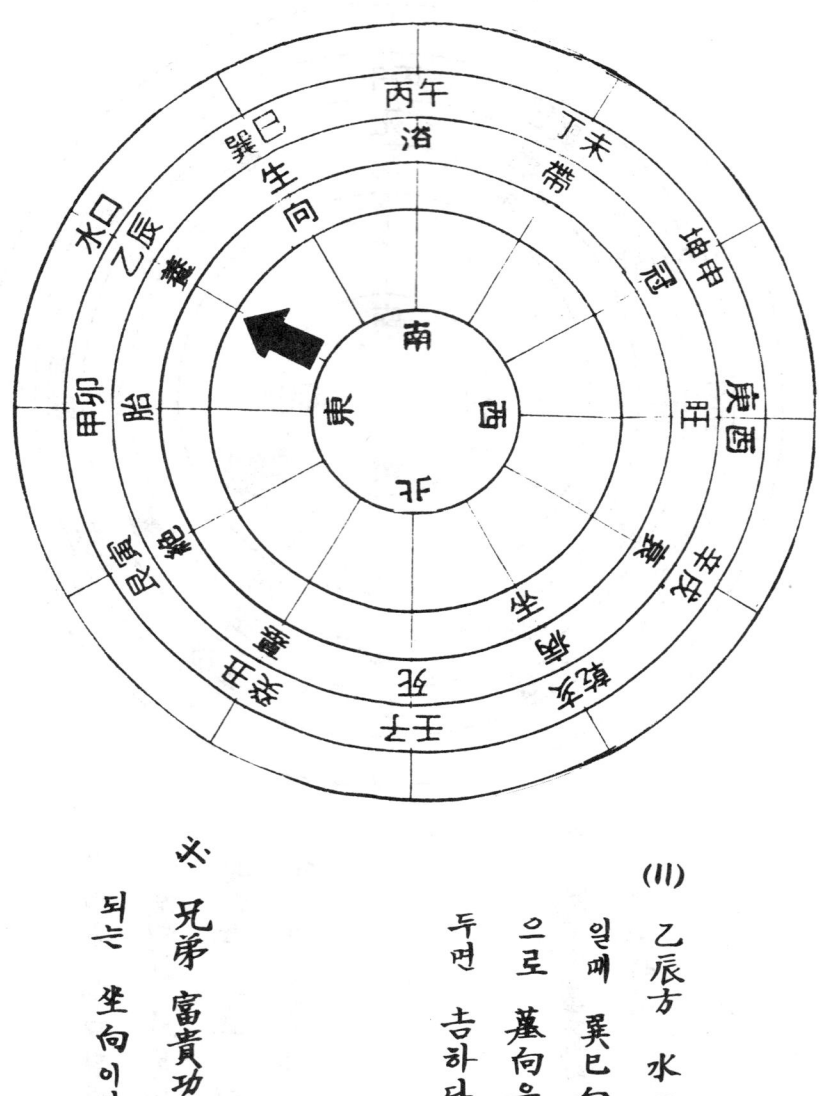

(11) 乙辰方 水口
일때 巽巳向
으로 葬向을
두면 吉하다

※ 兄弟 富貴功名
되는 坐向이다

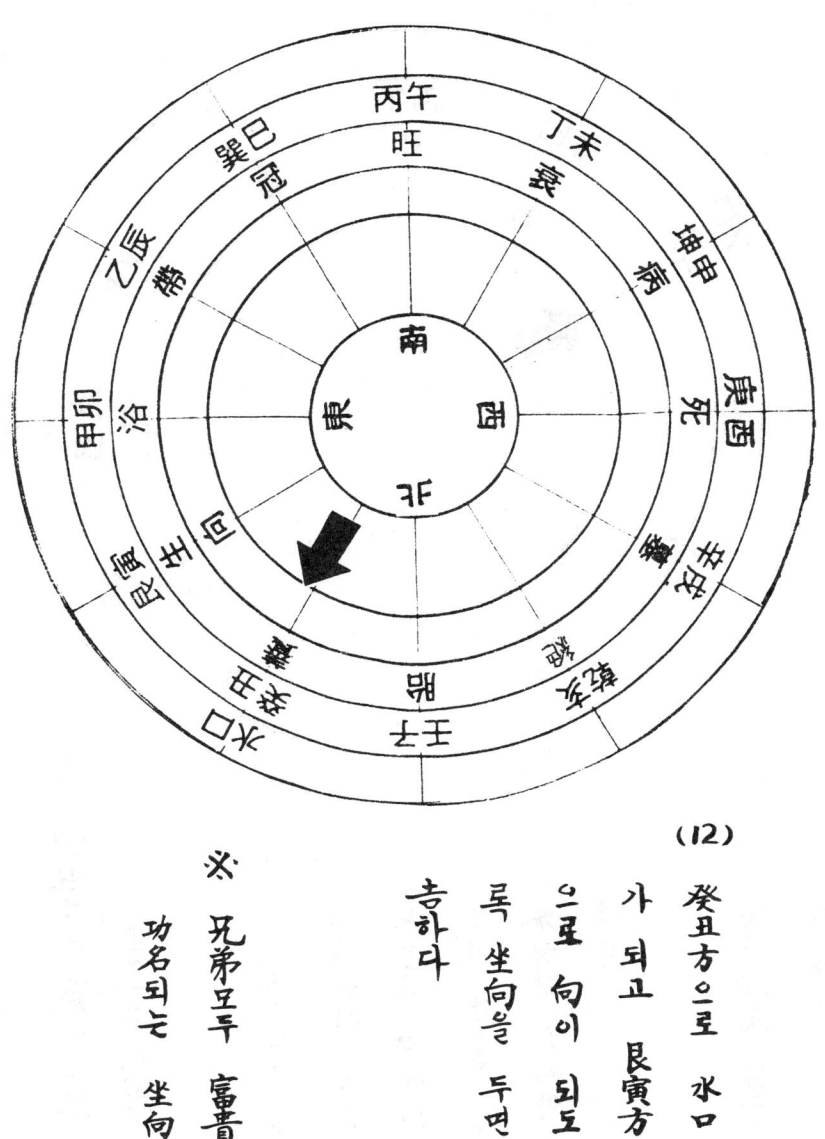

(12) 癸丑方으로 水口가 되고 艮寅方으로 向이 되도록 坐向을 두면 吉하다

必 兄弟모두 富貴 功名되는 坐向

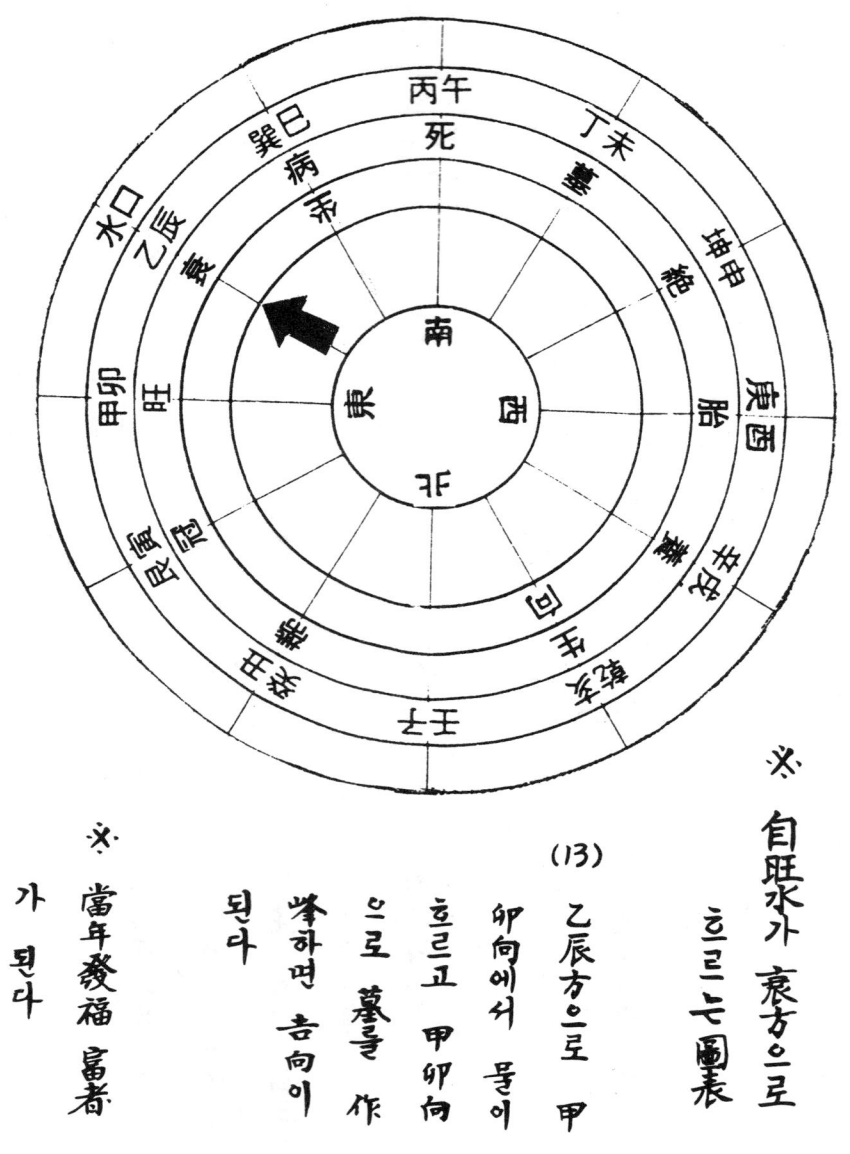

※ 自旺水가 衰方으로 흐르는 圖表

(13)

乙辰方으로 甲
卯向에서 물이
흐르고 甲卯向
으로 墓를 作
峰하면 吉向이
된다

※ 當年發福 富者
가 된다

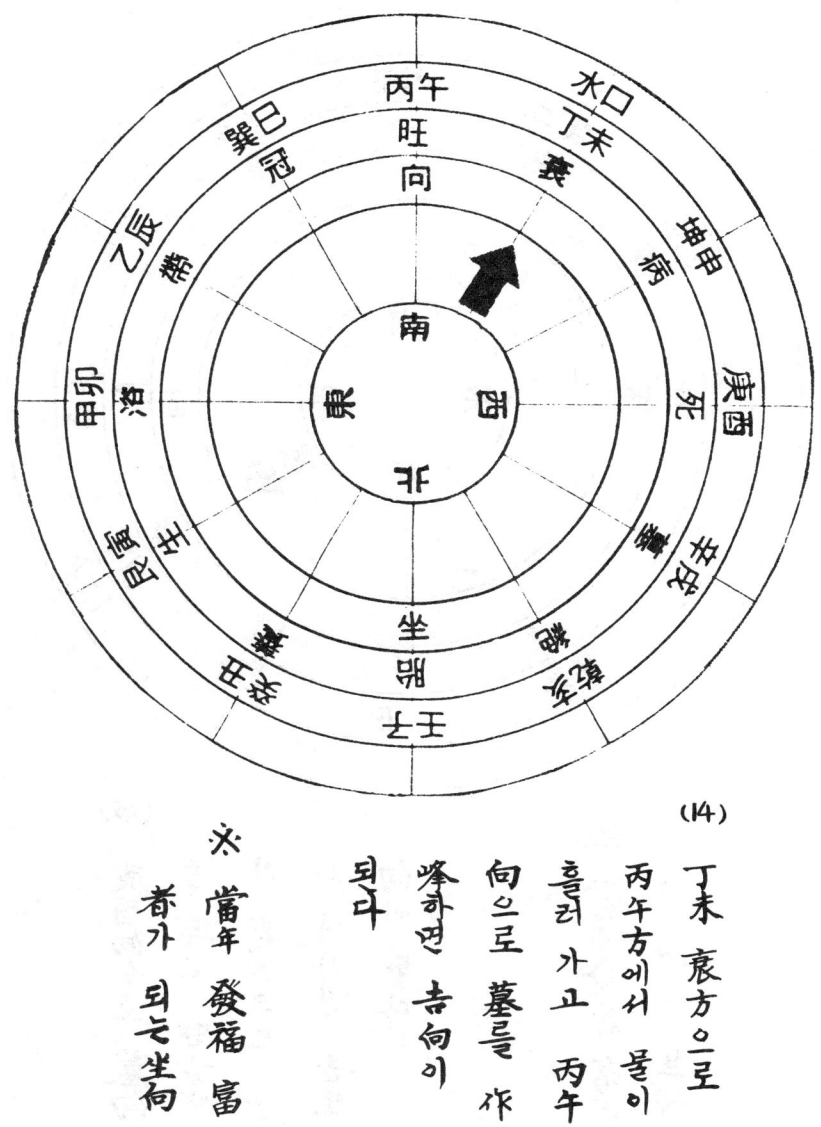

(14)

丁未 衰方으로 丙午方에서 물이 흘러 가고 丙午 向으로 墓를 作向으면 吉向이 되다

※ 當年 發福 富者가 되는 生向

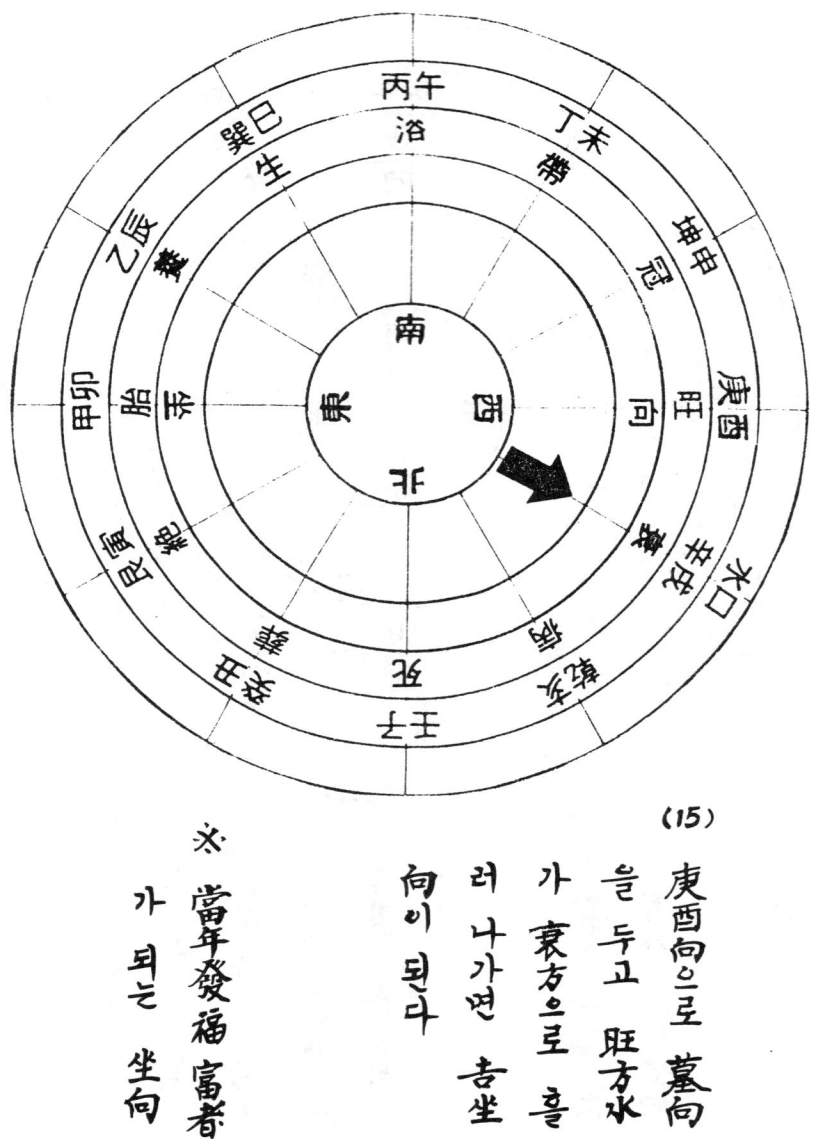

(15)

庚酉向으로 墓向을 두고 旺方水가 衰方으로 흘러 나가면 吉坐向이 된다

※ 當年發福 富者가 되는 坐向

— 388 —

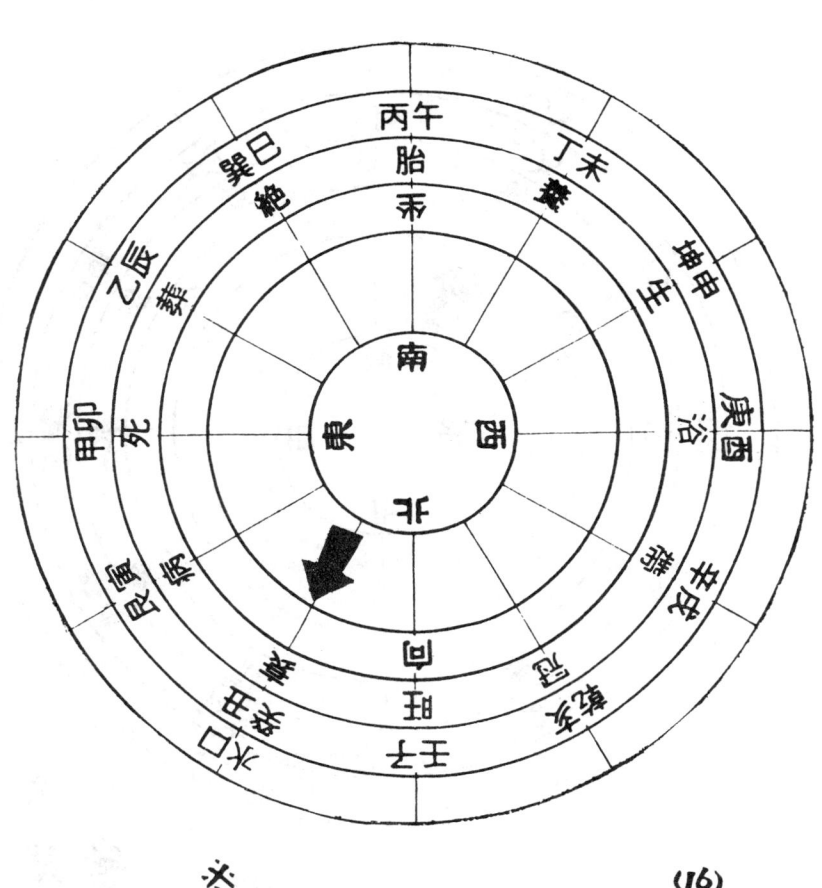

(16)
向이 旺方이 되고 旺方水가 衰方으로 흘러 나가면 吉向이 된다

※ 當年發福 富者가 되는 坐向

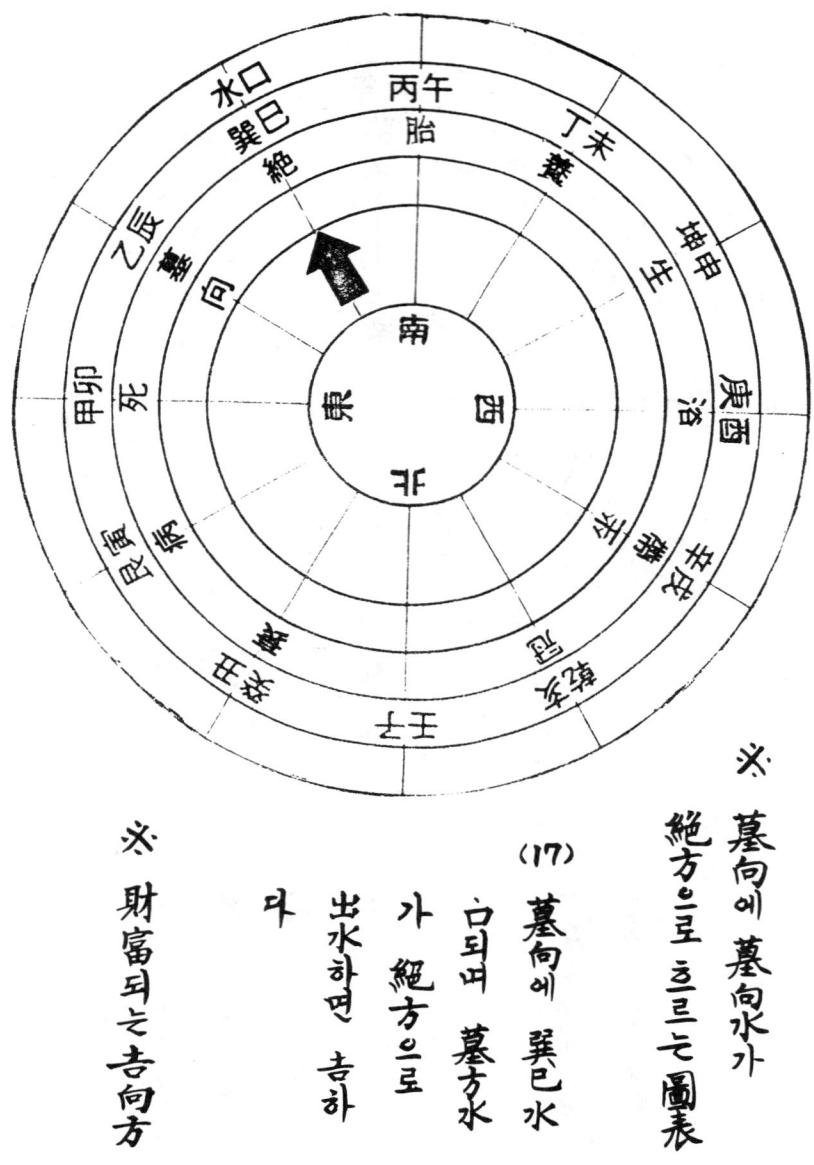

※ 墓向에 墓向水가 絶方으로 흐르는 圖表

(17) 墓向에 巽巳水 口되며 墓方水 가 絶方으로 出水하면 吉하 다

※ 財富되는 吉向方

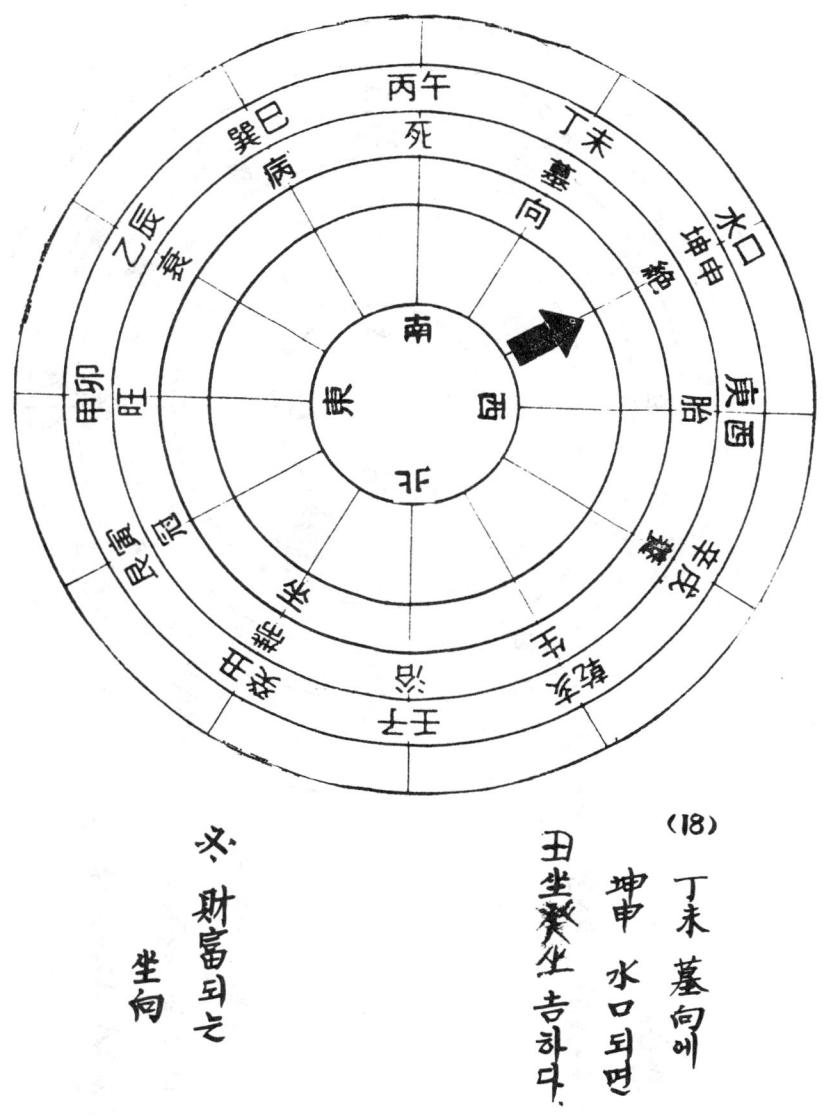

(18) 丁未 墓向에
坤申 水口 되면
丑生 癸坐 吉하다.

※ 財富되亡
生 向

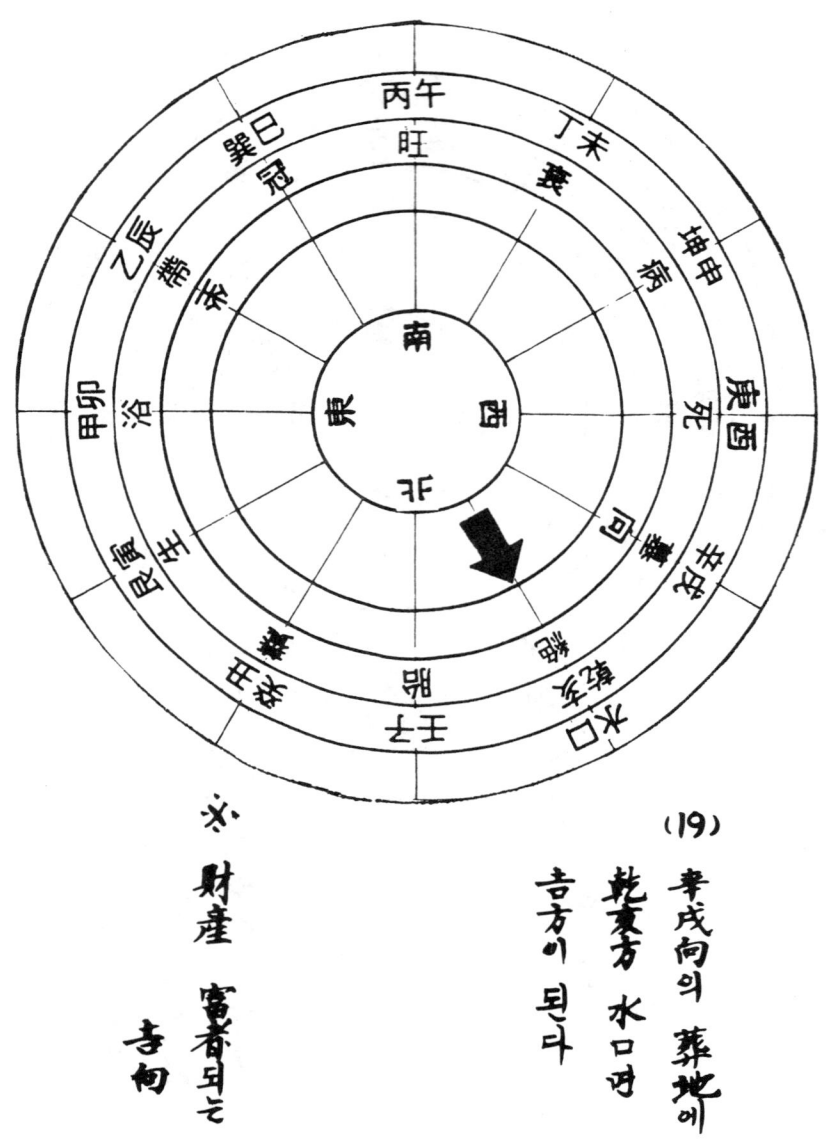

(19) 辛戌向의 葬地에
乾亥方 水口면
吉方이 된다

※ 財産 富者되는
吉向

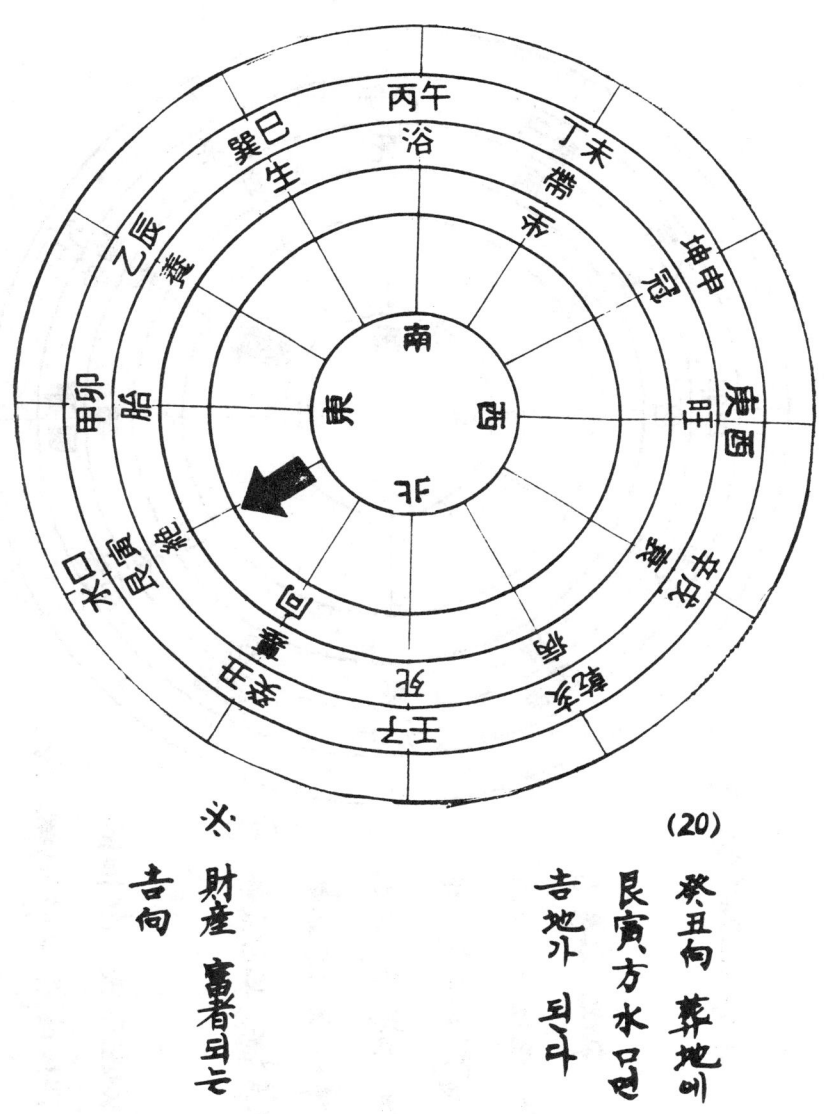

(20) 癸丑向 葬地에
艮寅方水口가
吉地가 되나

※ 財産 裏春되는
吉向

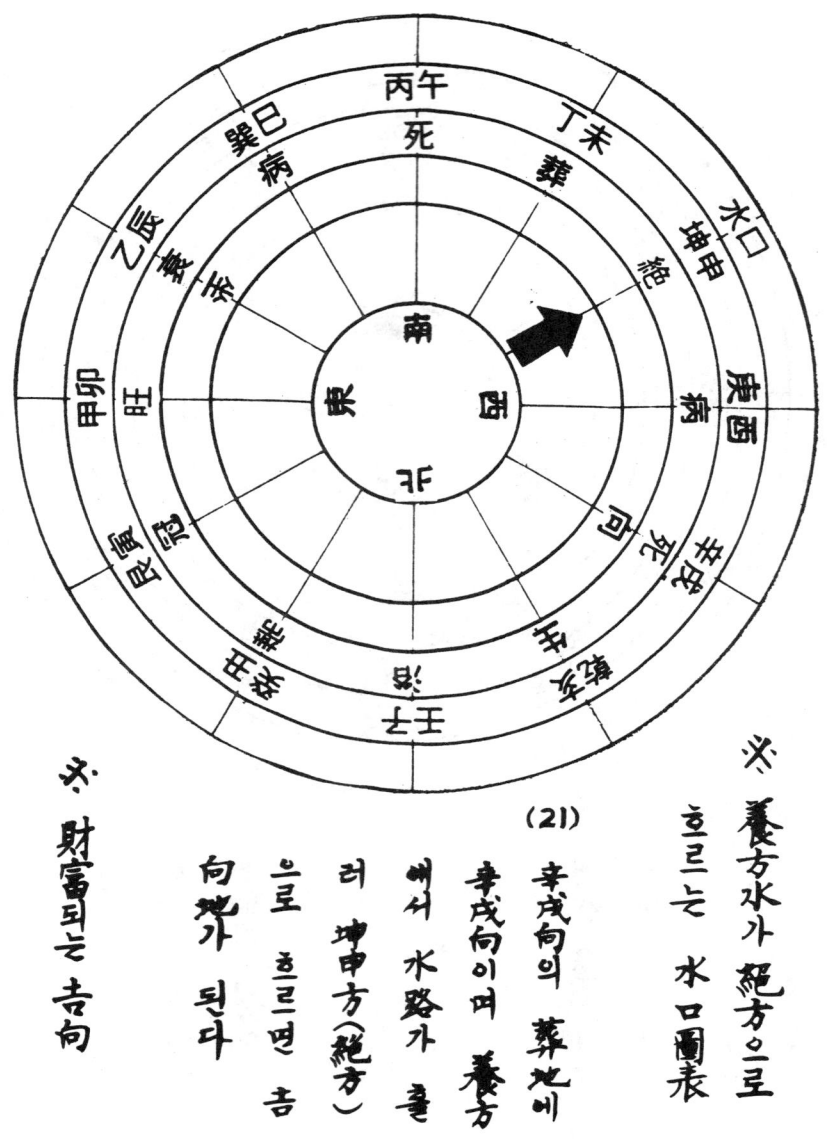

(21)

※ 養方水가 絕方으로 흐르는 水口圖表

辛戌向의 葬地에 辛戌向이며 養方에서 水路가 흘러 坤申方(絕方) 으로 흐르면 吉 向地가 된다

※ 財富되는 吉向

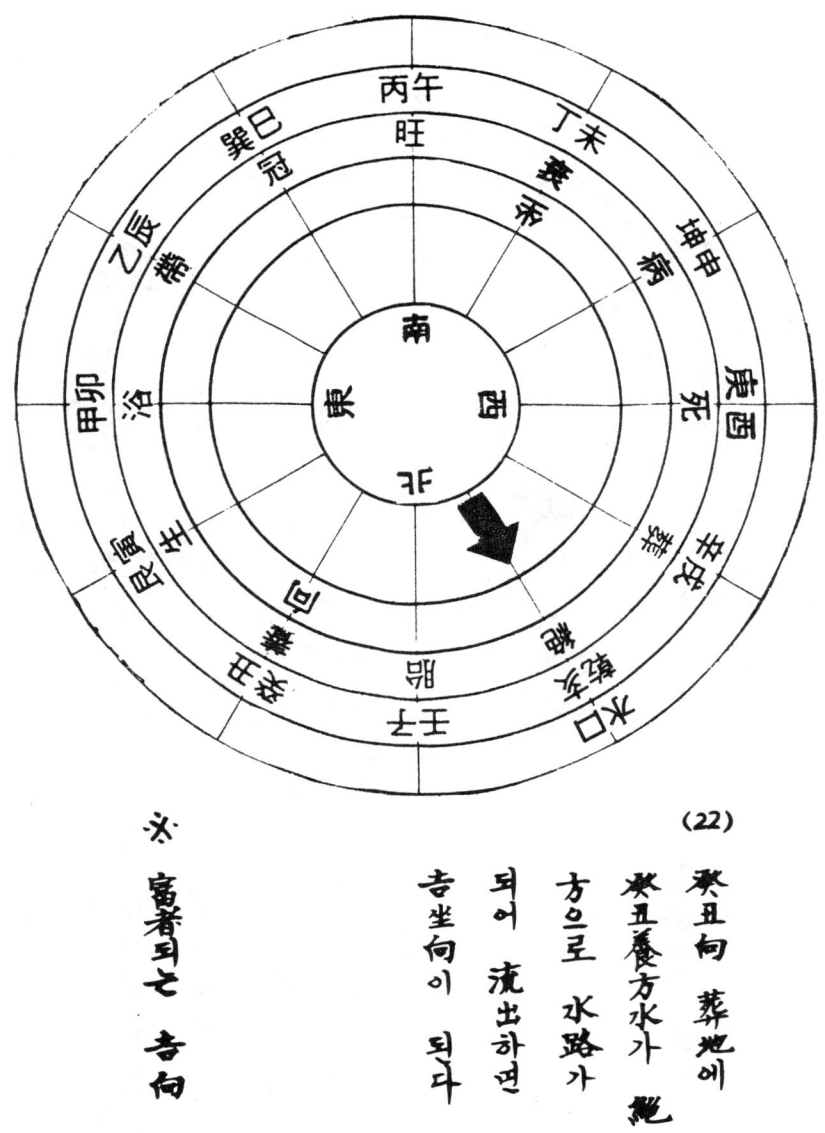

(22) 癸丑向 葬地에
癸丑養方水가 艮
方으로 水路가
되어 流出하면
吉坐向이 되다

※ 富者되는 吉向

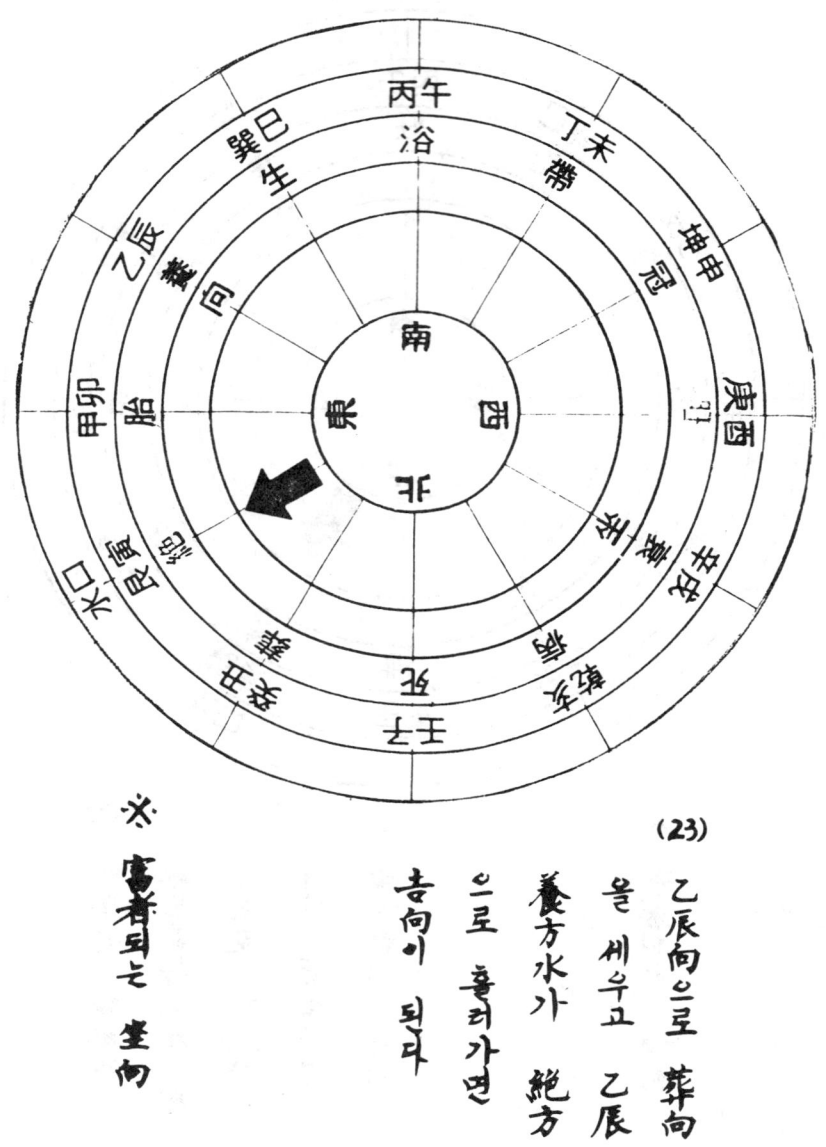

(23)
乙辰向으로 葬向
을 세우고 乙辰
養方水가 絕方
으로 흘러가면
吉向이 된다

※ 富者되는 坐向

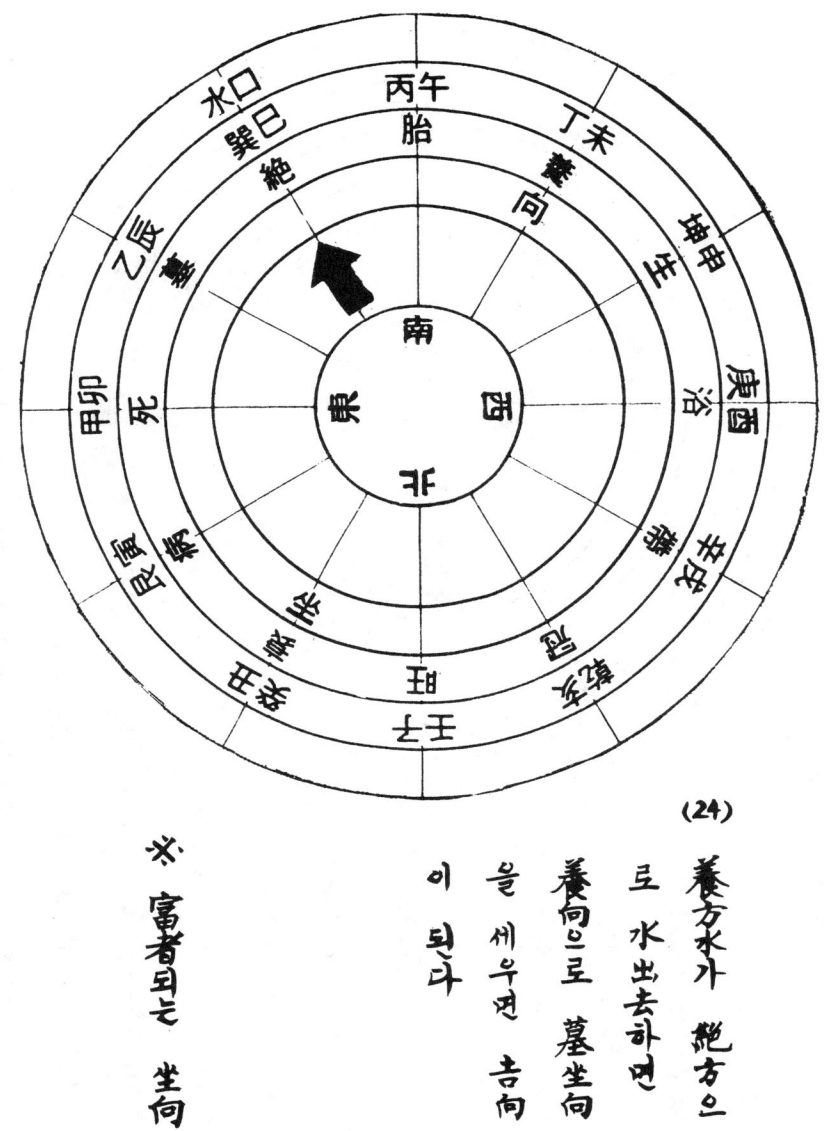

(24) 養方水가 絶方으로 水出去하면 養向으로 墓坐向을 세우면 吉向이 된다

※ 富者되는 生向

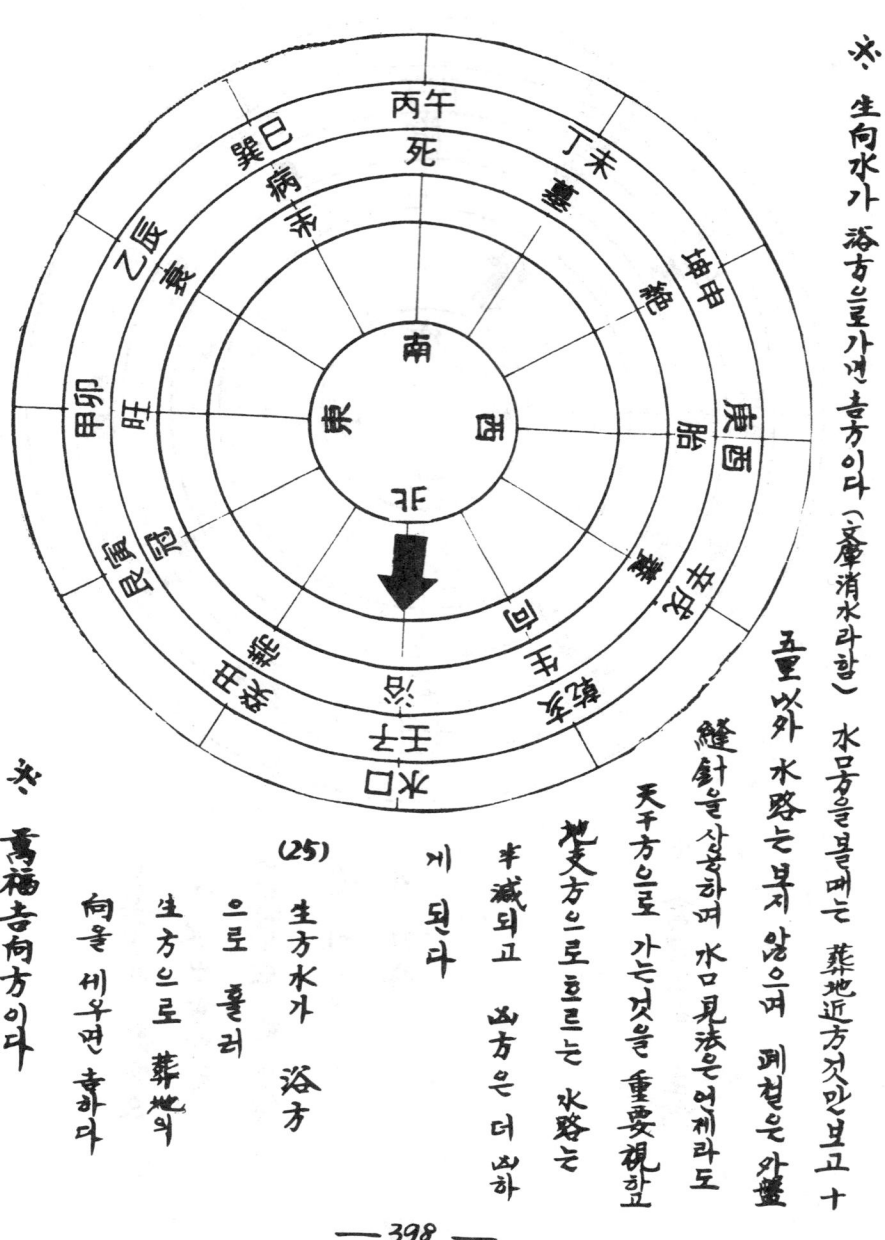

※ 生向水가 浴方으로가면 흉方이다 (牽牛消水라함) 水口方을 볼때는 葬地近方것만 보고 十五重以外 水路는 보지 않으며 羅針은 外盤縫針을 사용하며 水口見法은 어체라도 天干方으로 가는것을 重要視하고 地支方으로 흐르는 水路는 半減되고 凶方은 더 凶하게 된다

(25) 生方水가 浴方
으로 흘러
生方으로 葬地의
向을 세우면 吉하다

※ 萬福吉向方이다

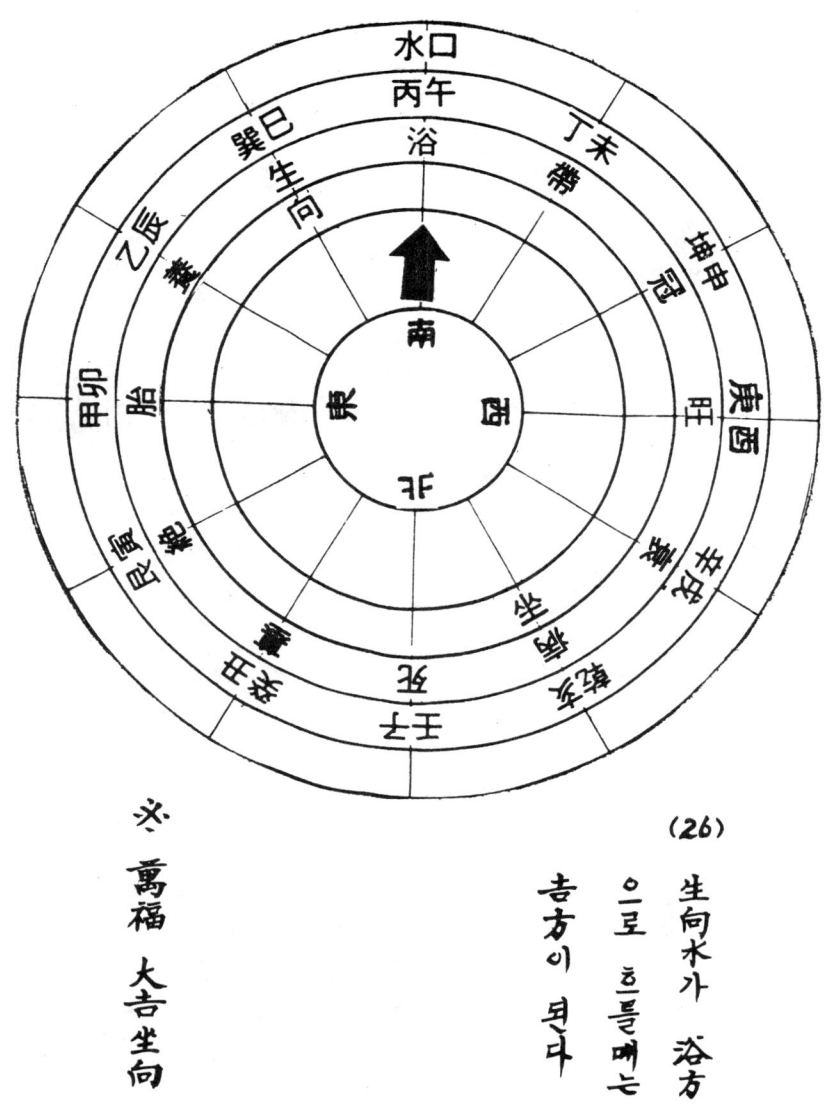

(26) 生向水가 浴方
 으로 흐를때는
 吉方이 된다

※ 萬福 大吉坐向

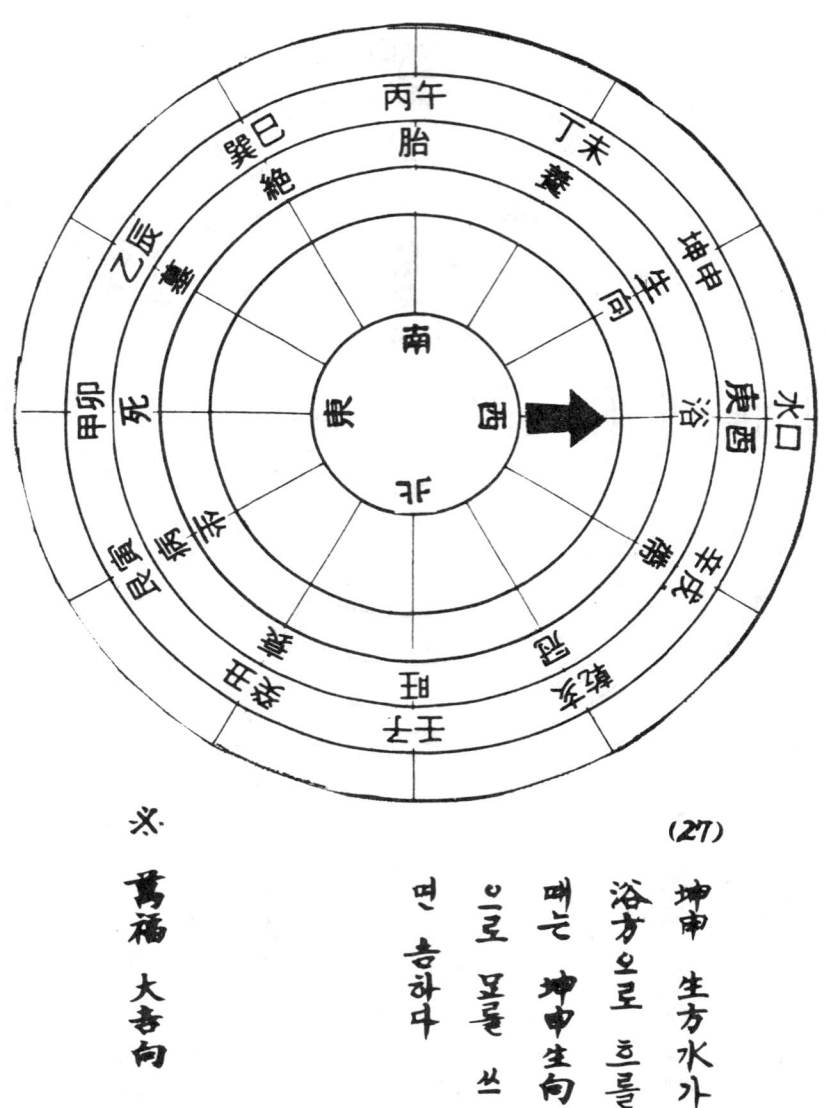

(27)
坤申 生方水가
浴方으로 흐를
때는 坤申生向
으로 묘를 쓰
면 吉하다

※ 萬福 大吉向

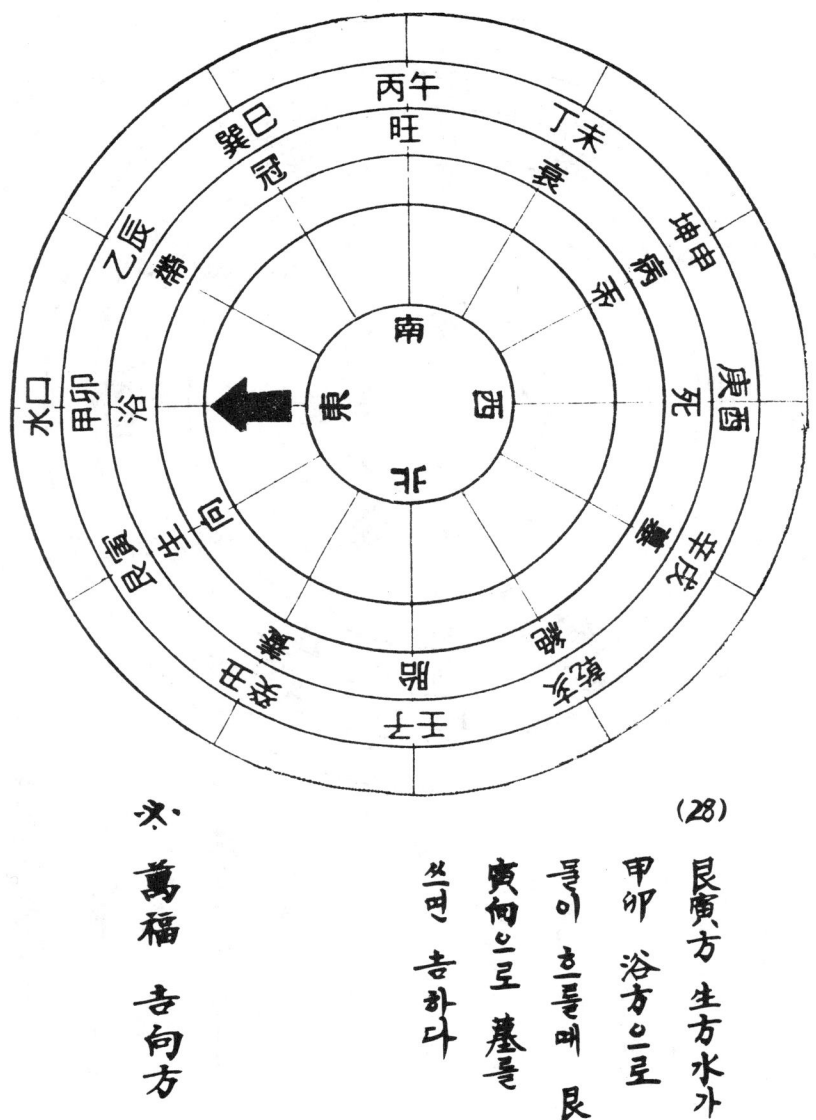

(28)

艮寅方 生方水가
甲卯 浴方으로
흐리 흐르를때 艮
寅向으로 墓를
쓰면 吉하다

水 萬福 吉向方

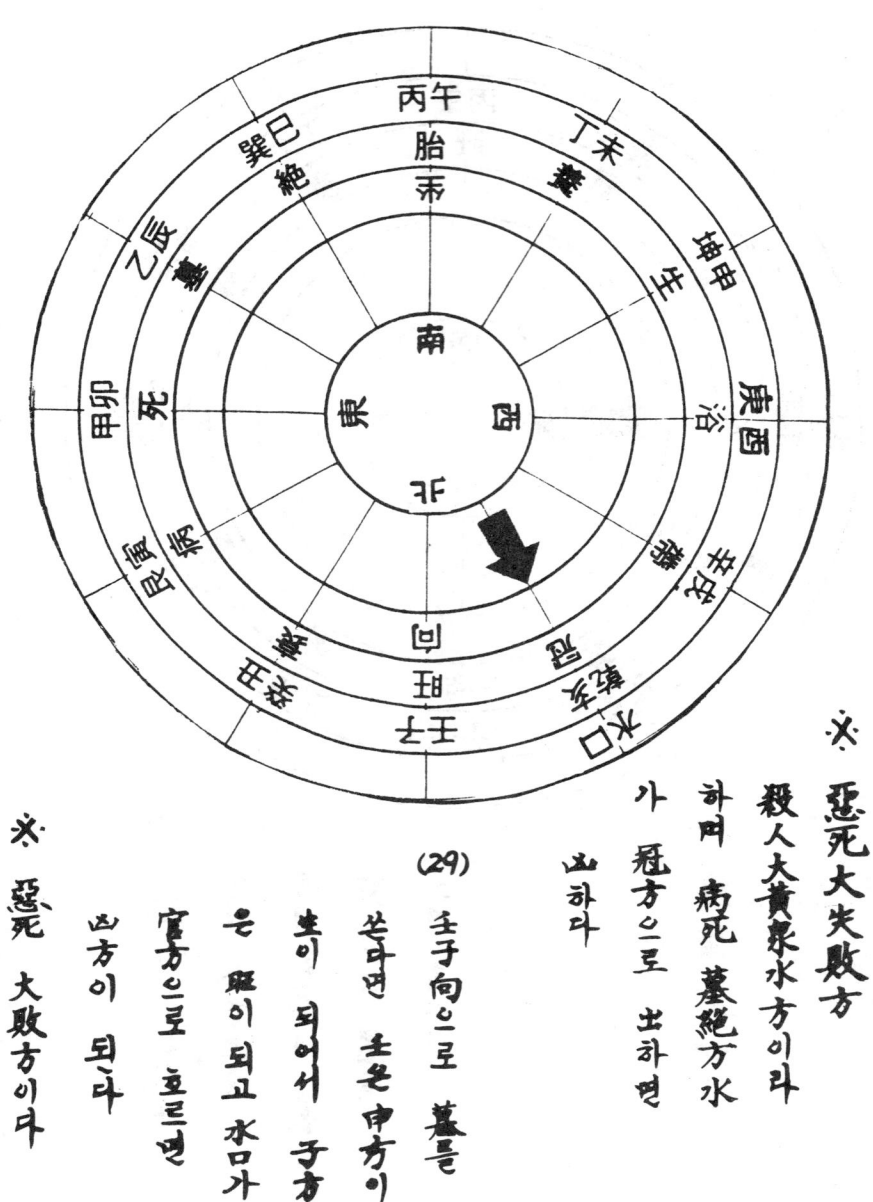

(29) 壬子向으로 墓를 쓴다면 壬은 申方이 되어서 子方은 旺이 되고 水口가 官方으로 흐르면 凶方이 된다

※ 惡死 大敗方이다

※ 惡死大失敗方
殺人大黃泉水方이다
하면 病死 墓絶方水
가 冠方으로 出하면
凶하다

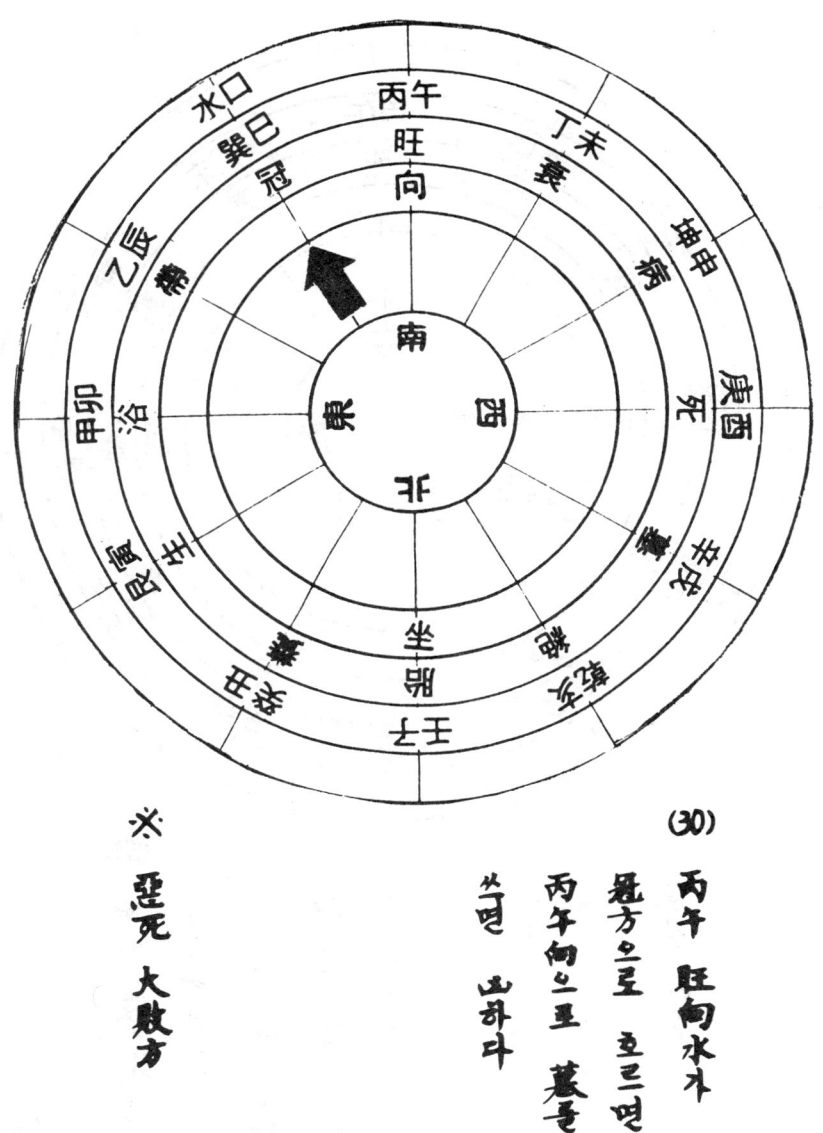

(30) 丙午 旺向水가
墓方으로 흐르면
丙午向으로 葬을
쓰면 山이나

※ 惡死 大敗方

— 403 —

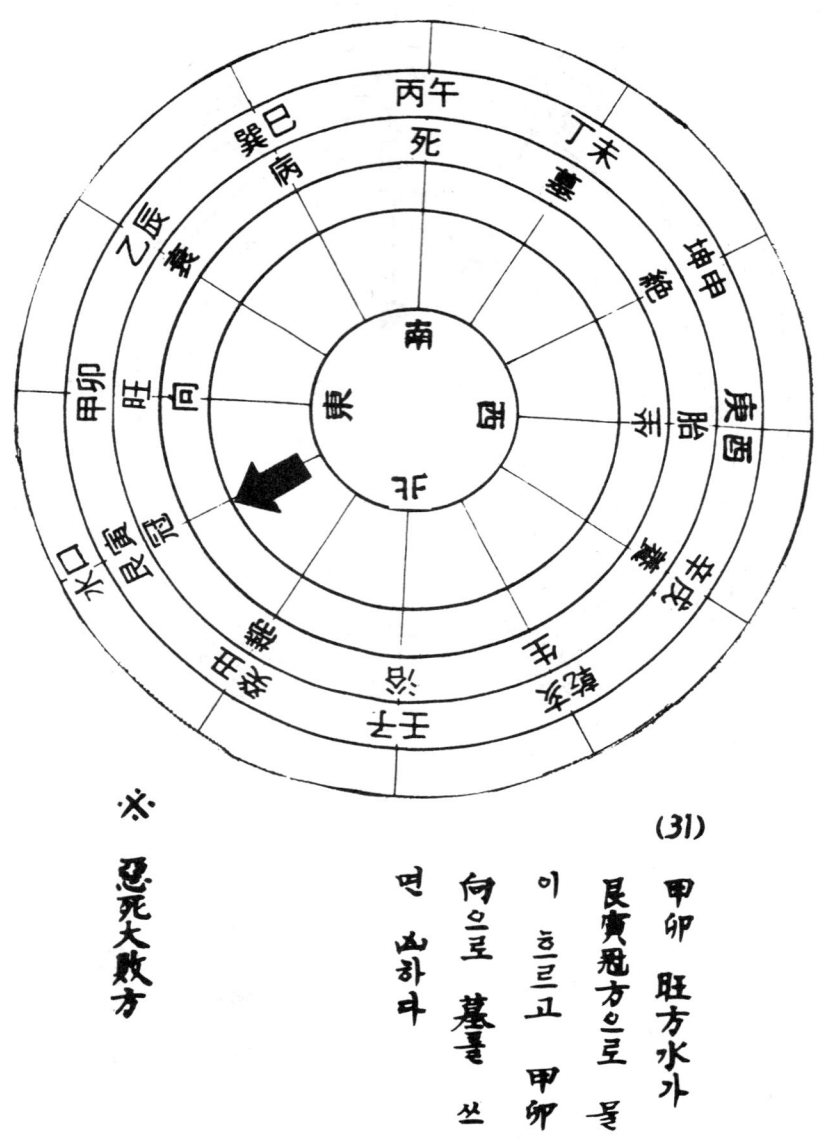

(31) 甲卯 旺方水가
艮寅冠方으로 틀이흐르고 甲卯
向으로 墓를 쓰면 山하다

※ 怨死大敗方

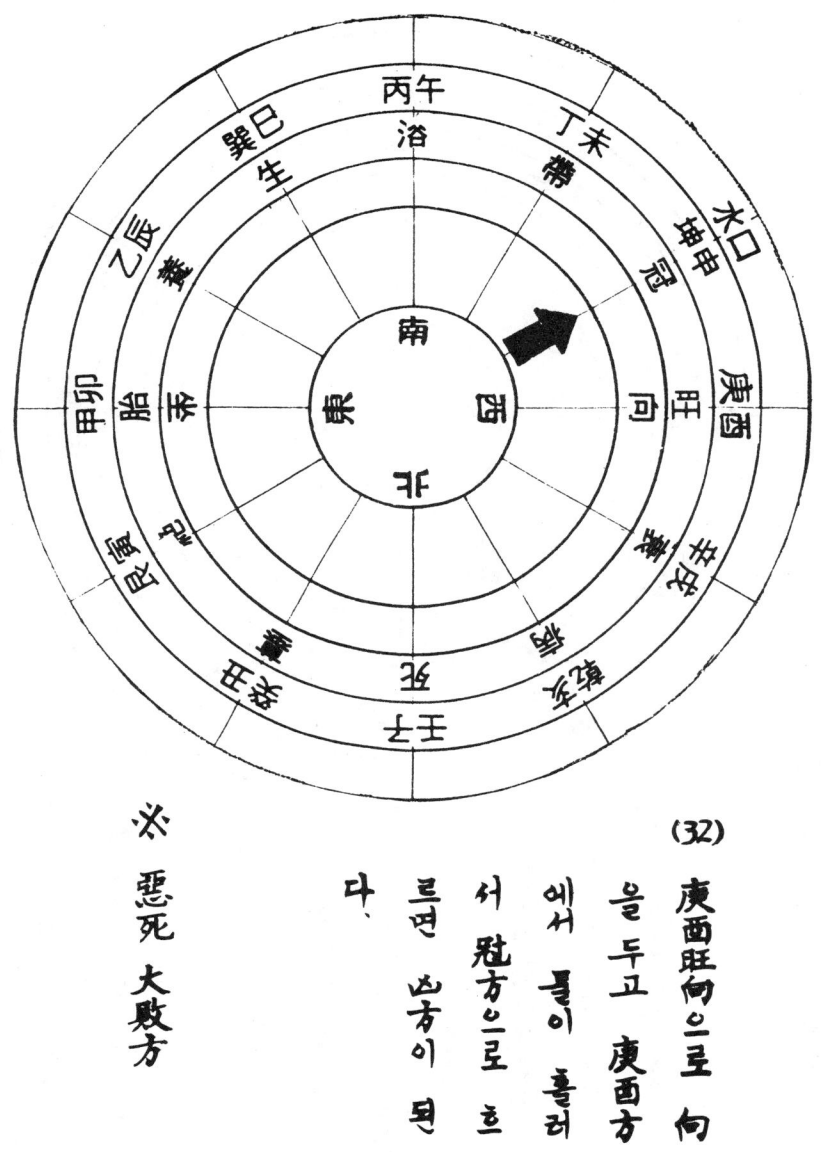

(32) 庚酉旺向으로 向을 두고 庚酉方에서 물이 흘러서 乾方으로 흐르면 凶方이 된다.

※ 惡死 大敗方

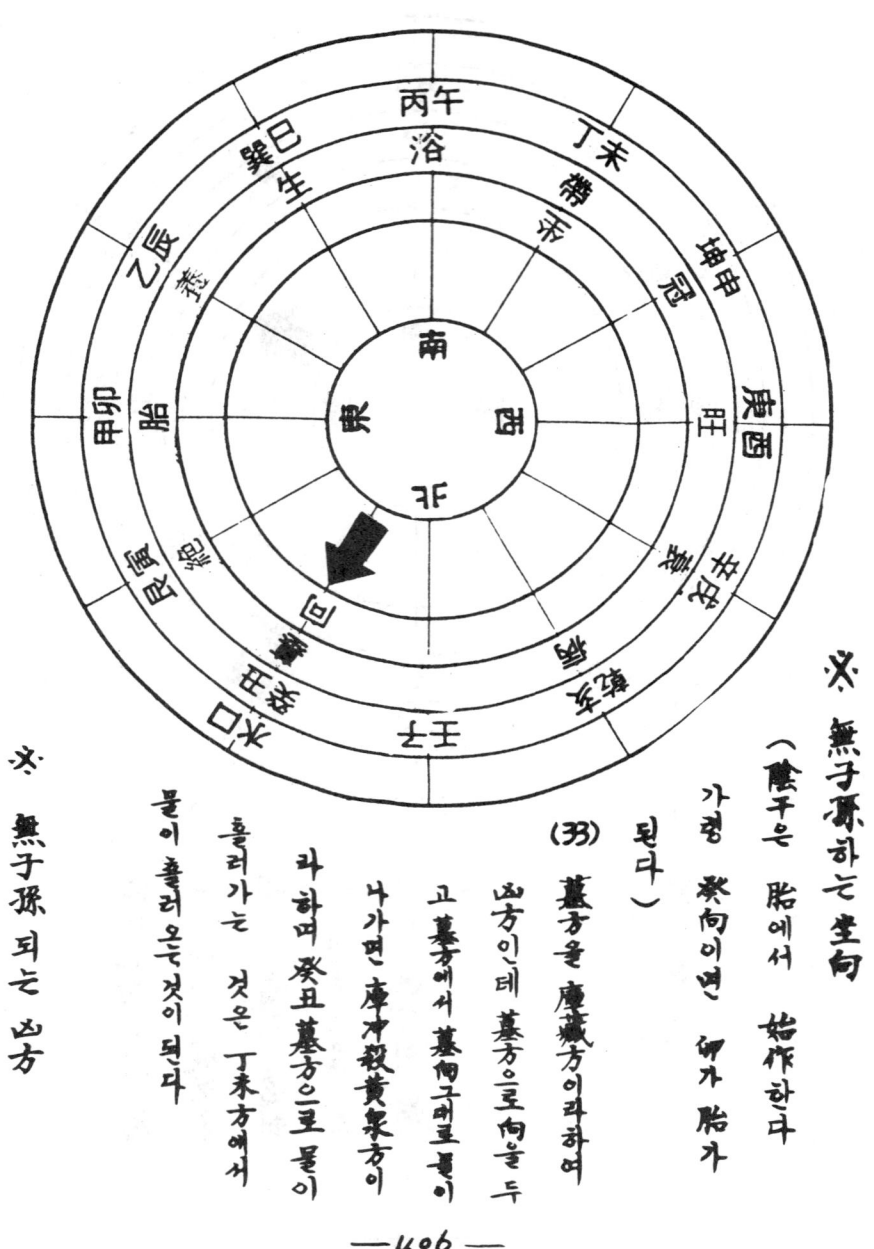

※ 無子孫하는 坐向

(陰干은 胎에서 始作한다

가령 癸向이면 巳가 胎가 된다)

(33) 墓方을 塵藏方이라하여 凶方인데 墓方으로 向을 두고 墓方에서 墓向구태로 물이 나가면 庫沖殺黃泉方이라하며 癸丑墓方으로 물이 흘러가는 것은 丁未方에서 물이 흘러 오는 것이 된다

※ 無子孫되는 凶方

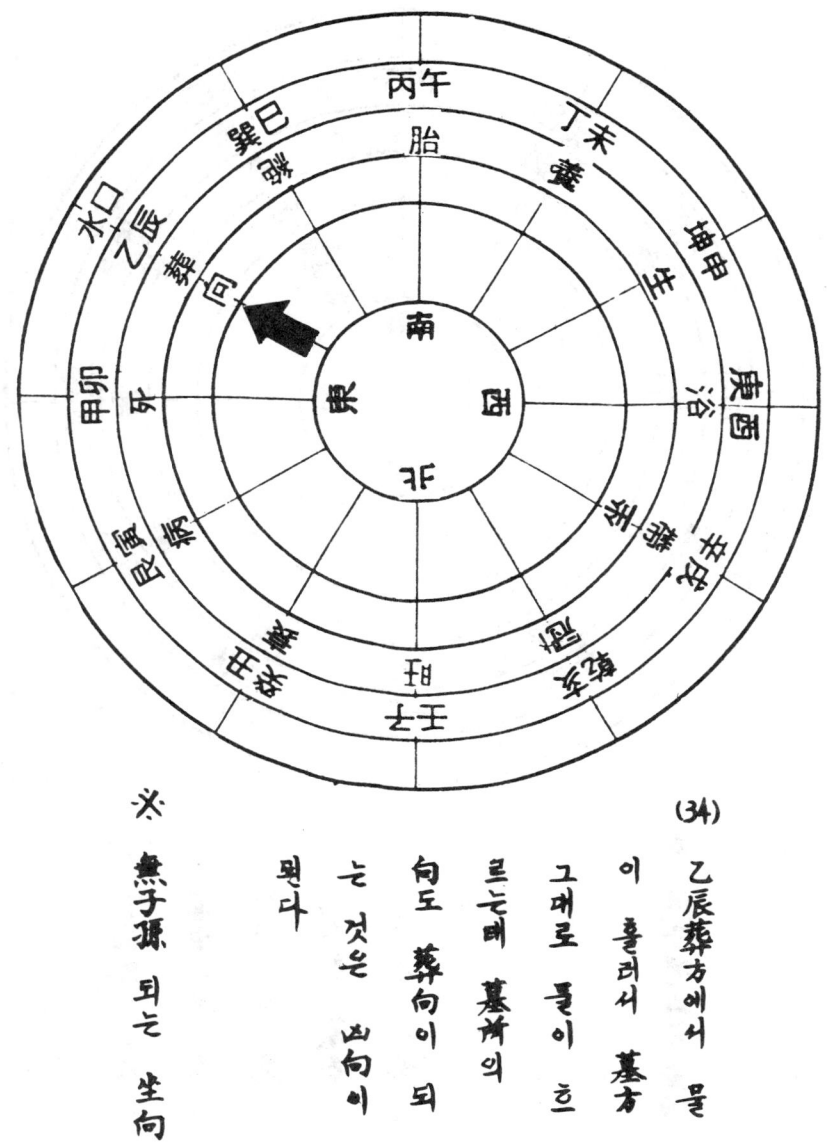

(34)
乙辰葬方에서 물이 흘러서 墓方 그대로 물이 흐르는데 墓葬의 向도 葬向이 되는 것은 山向이 된다

※ 無子孫 되는 坐向

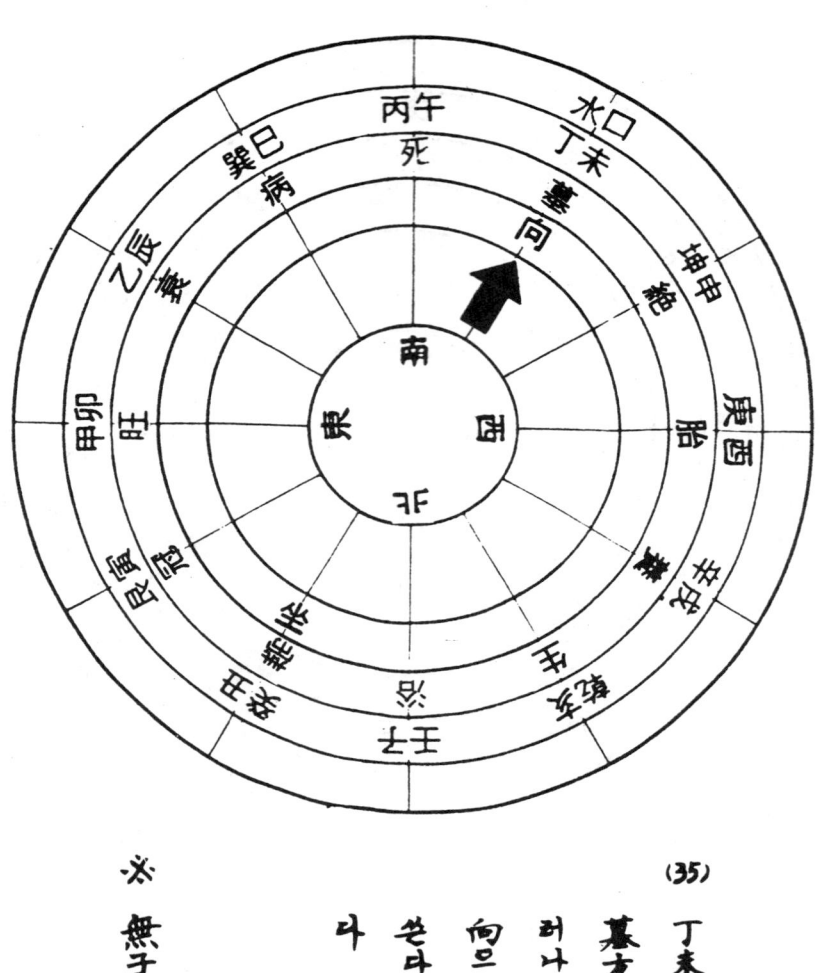

(35) 丁未墓方水가 墓方으로 들러나가고 墓를 向으로 墓를 쓴다면 山이 된다

※ 無子孫되는 坐向

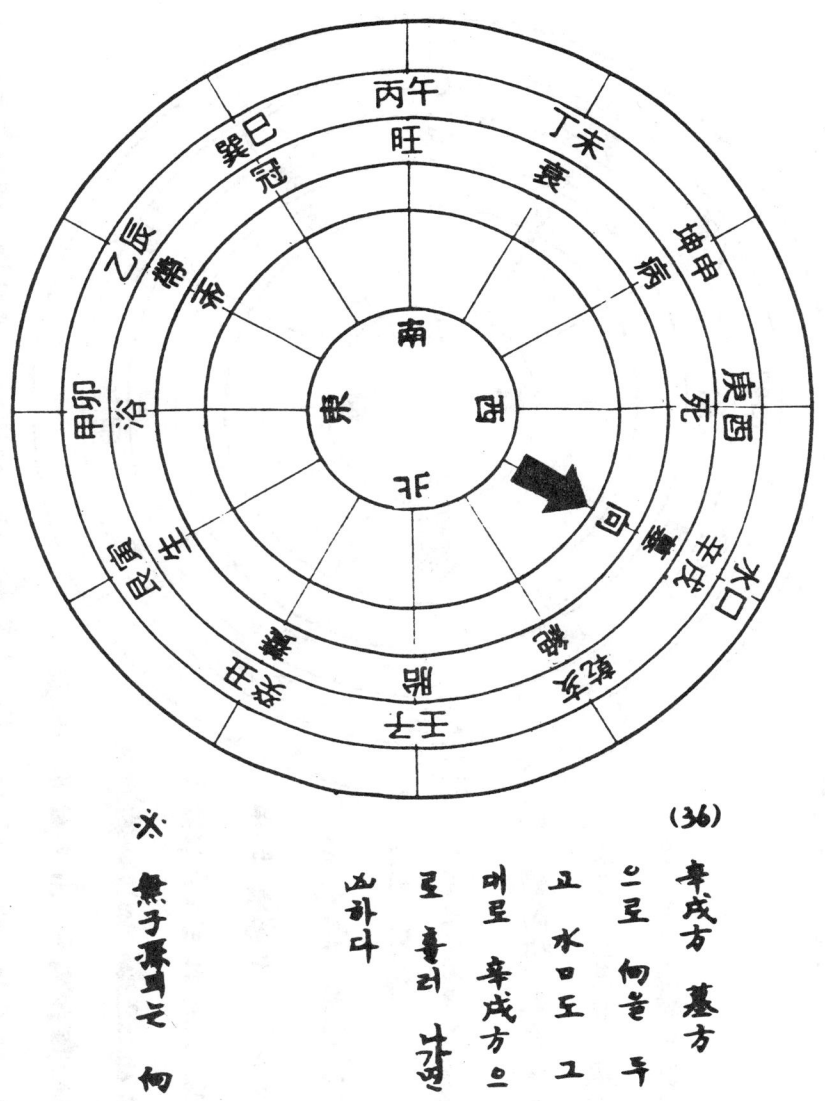

(36) 辛戌方 墓方
으로 向을 두
고 水口도 그
대로 辛戌方으
로 흘러 나감
이라

※ 無子孫自己 向

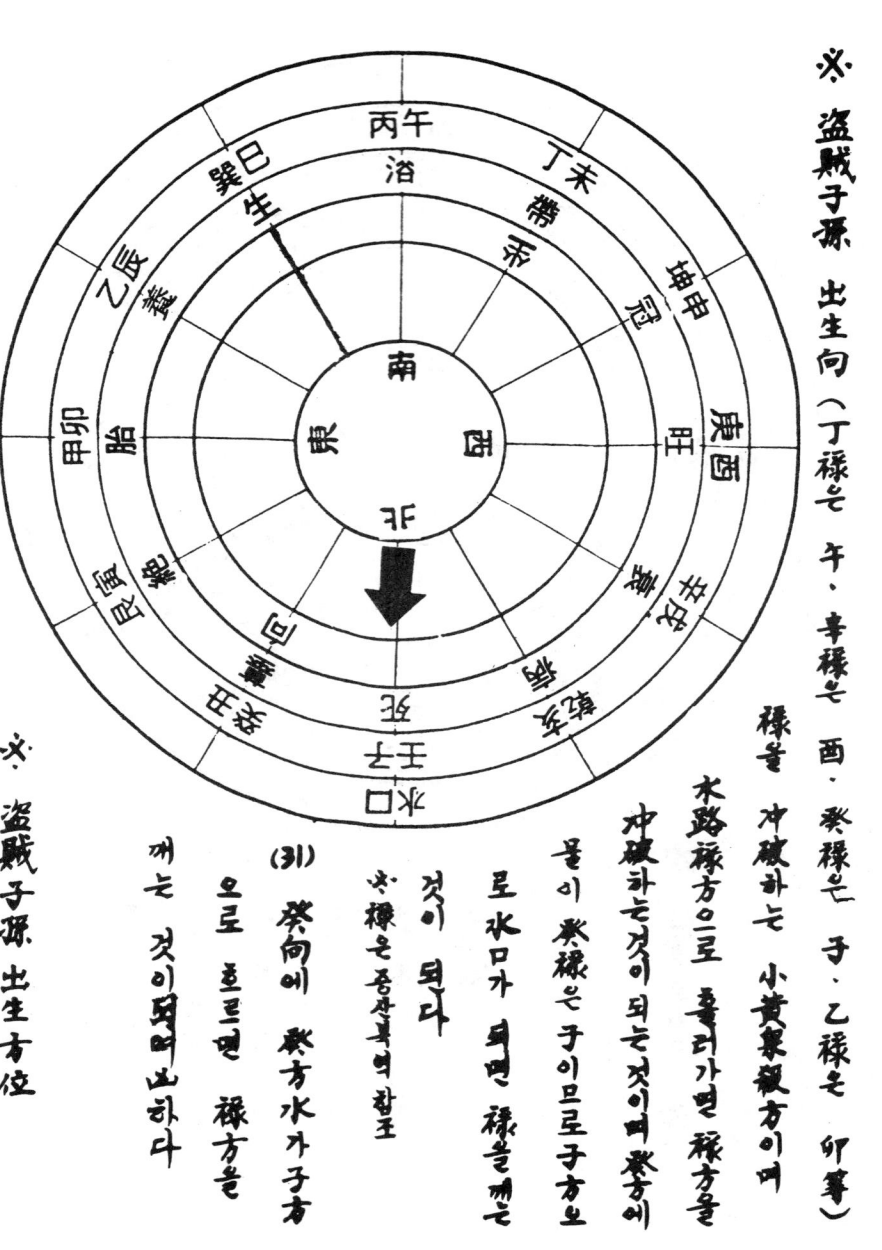

※ 盜賊子孫 出生向 (丁祿은 午, 辛祿은 酉, 癸祿은 子, 乙祿은 卯등)

祿을 冲破하는 木路祿方으로 물이 癸祿은 子이므로 子方으 로 水口가 되면, 祿을 깨는 것이 된다

(31) 癸向에 祿方水가 子方 으로 흐르면 祿方을 冲破하는 것이 되는데 癸祿은 子이므로 이 때는 돌리가면 祿方을 冲破하는 것이 되며 小黃泉祿方이며 ※ 祿은 음양복의 합도 깨는 것이며 山하다

※ 盜賊子孫 出生方位

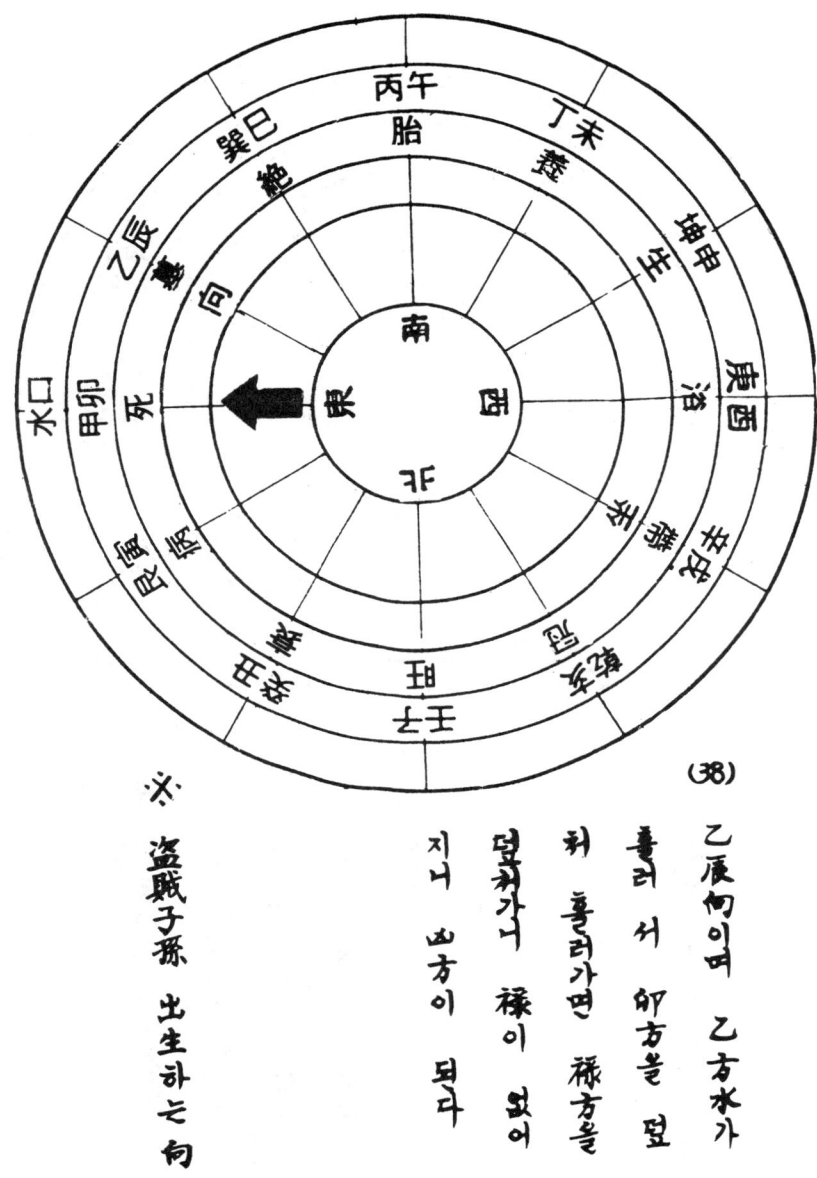

(38)

乙辰向이며 乙方水가
흘러서 卯方을 돌
아 흘러가면 祿方을
얻쳐水가 祿이 있어
지구 山方이 된다

※ 盜賊子孫 出生하는 句

— 411 —

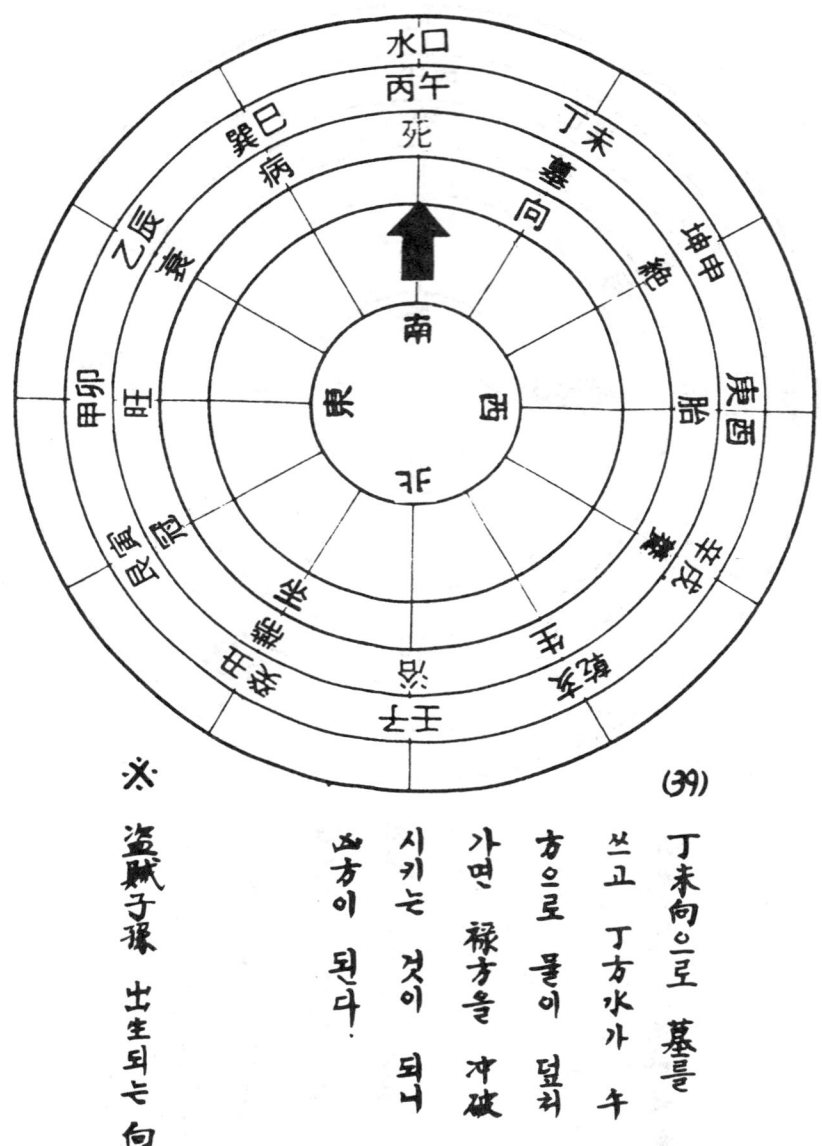

(39) 丁未向으로 墓를 쓰고 丁方水가 午方으로 물이 덮쳐가면 祿方을 冲破시키는 것이 되니 山方이 된다.

※ 盜賊子孫 出生되는 向

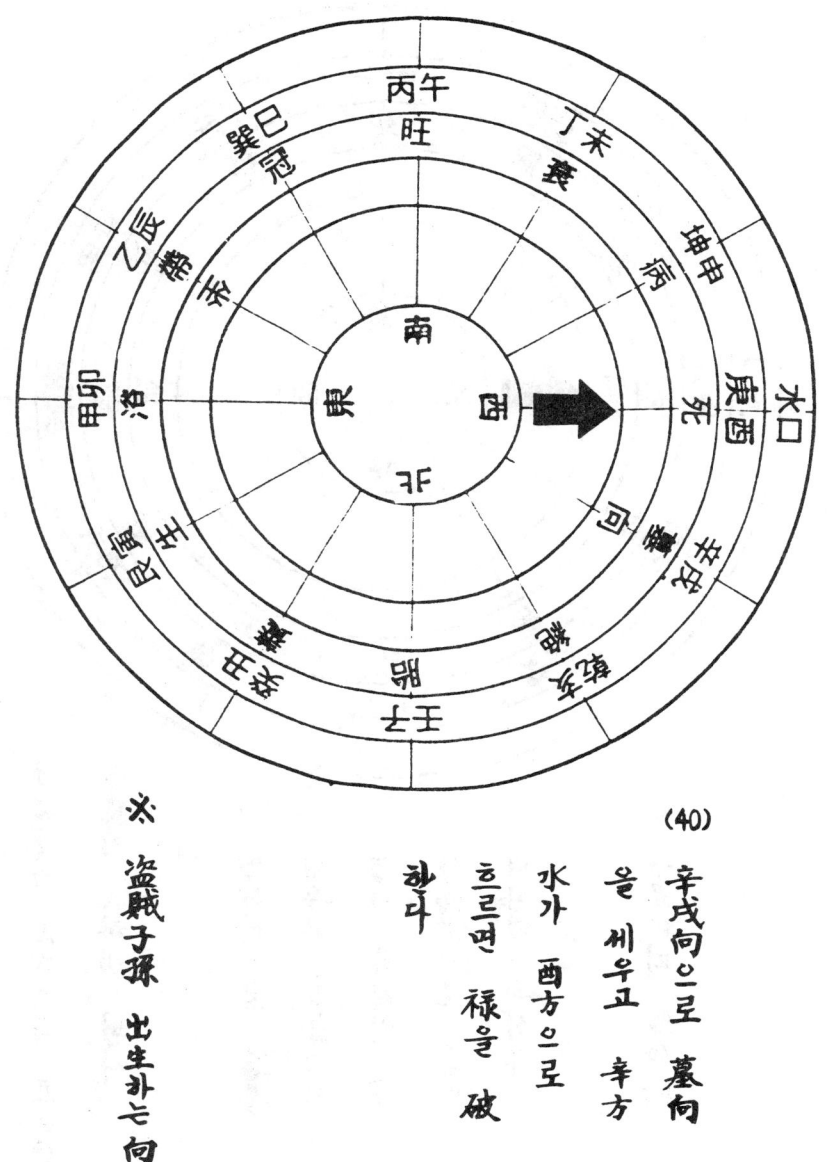

(40)
辛戌向으로 墓向을 세우고 辛方 水가 酉方으로 흐르면 禄을 破하다

※ 盜賊子孫 出生하는 向

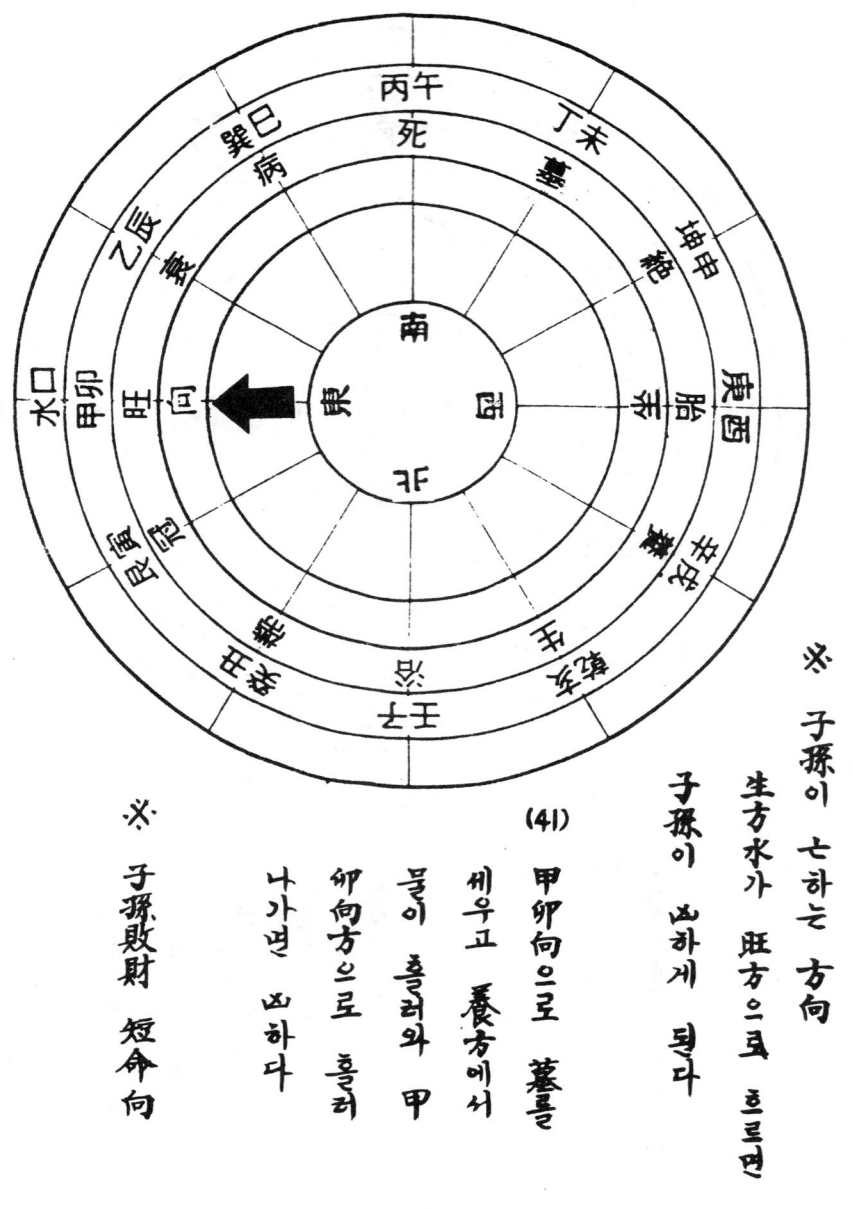

(41)

※ 子孫이 亡하는 方向
生方水가 旺方으로 흐르면
子孫이 凶하게 된다

甲卯向으로 墓를
세우고 養方에서
물이 흘러와 甲
卯向方으로 흘러
나가면 凶하다

※ 子孫敗財 短命向

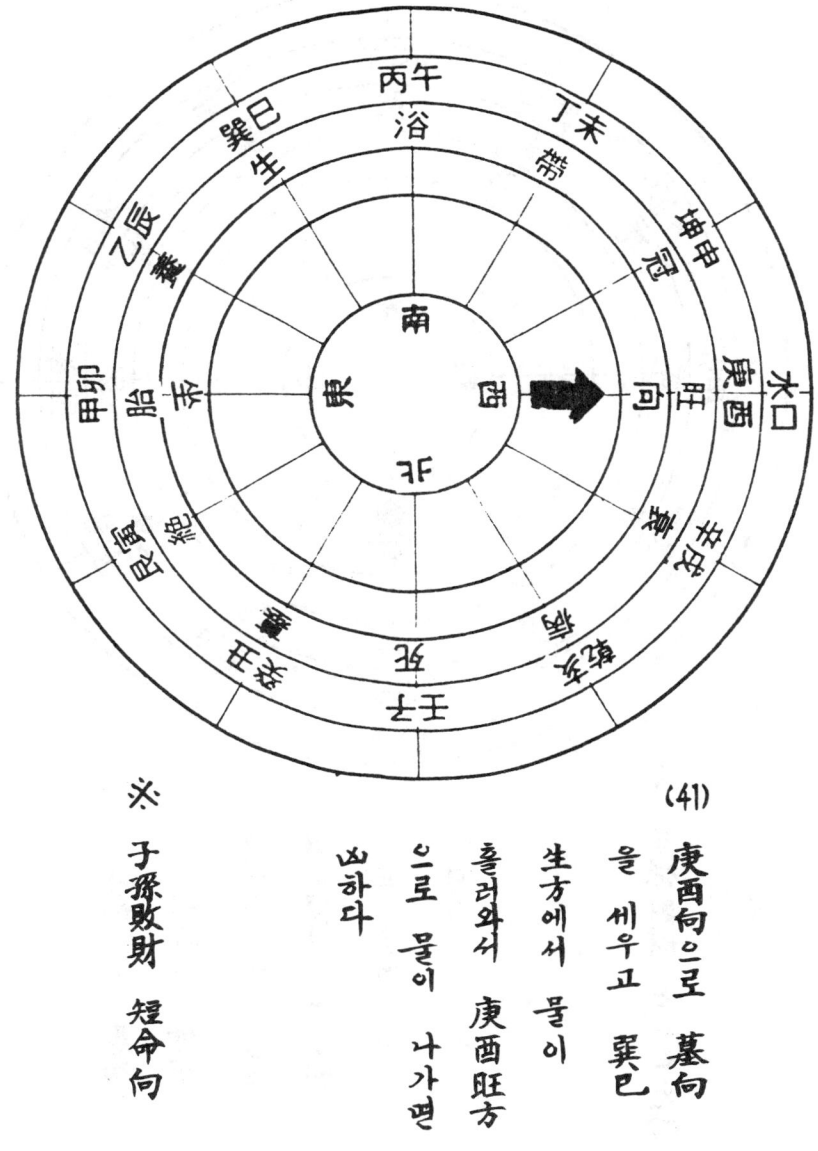

(41)
庚酉向으로 墓向
을 세우고 巽巳
生方에서 물이
흘러와서 庚酉旺方
으로 물이 나가면
凶하다

※ 子孫敗財 短命向

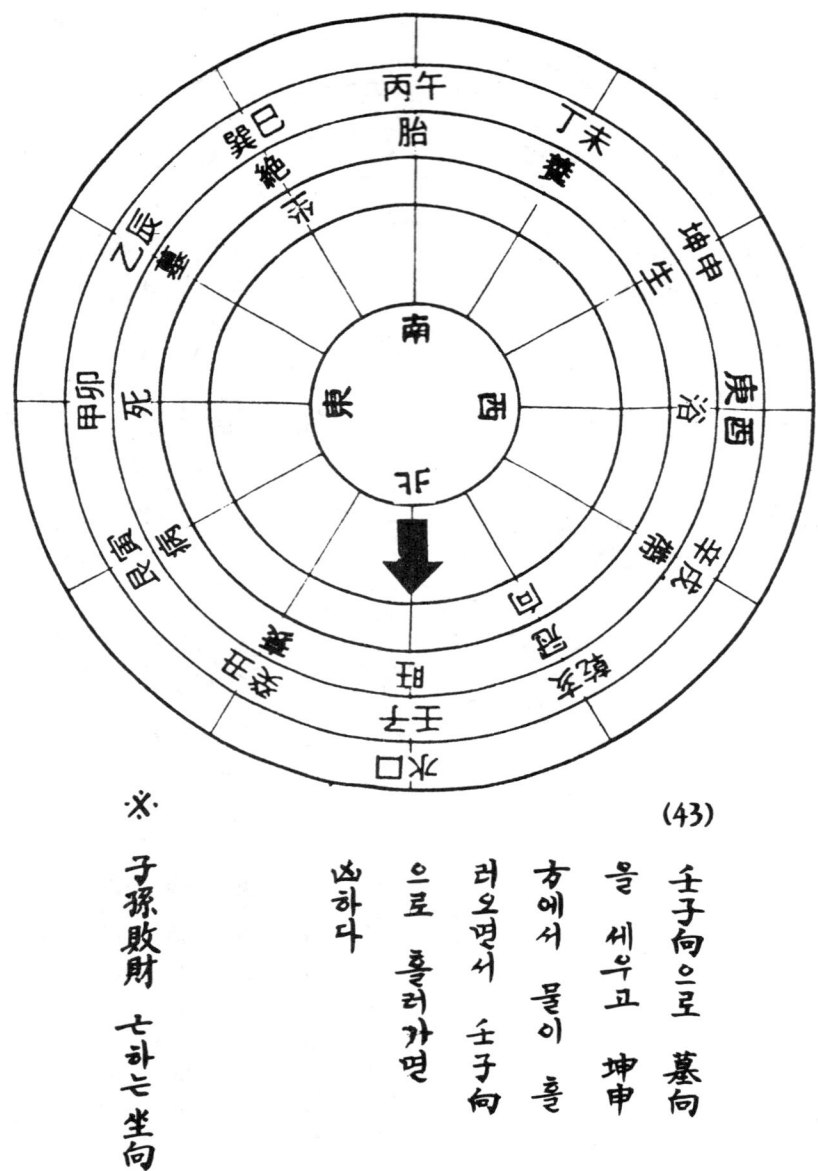

(43)
壬子向으로 墓向
을 세우고 坤申
方에서 물이 흘
러오면서 壬子向
으로 흘러가면
凶하다

※ 子孫敗財 亡하는 坐向

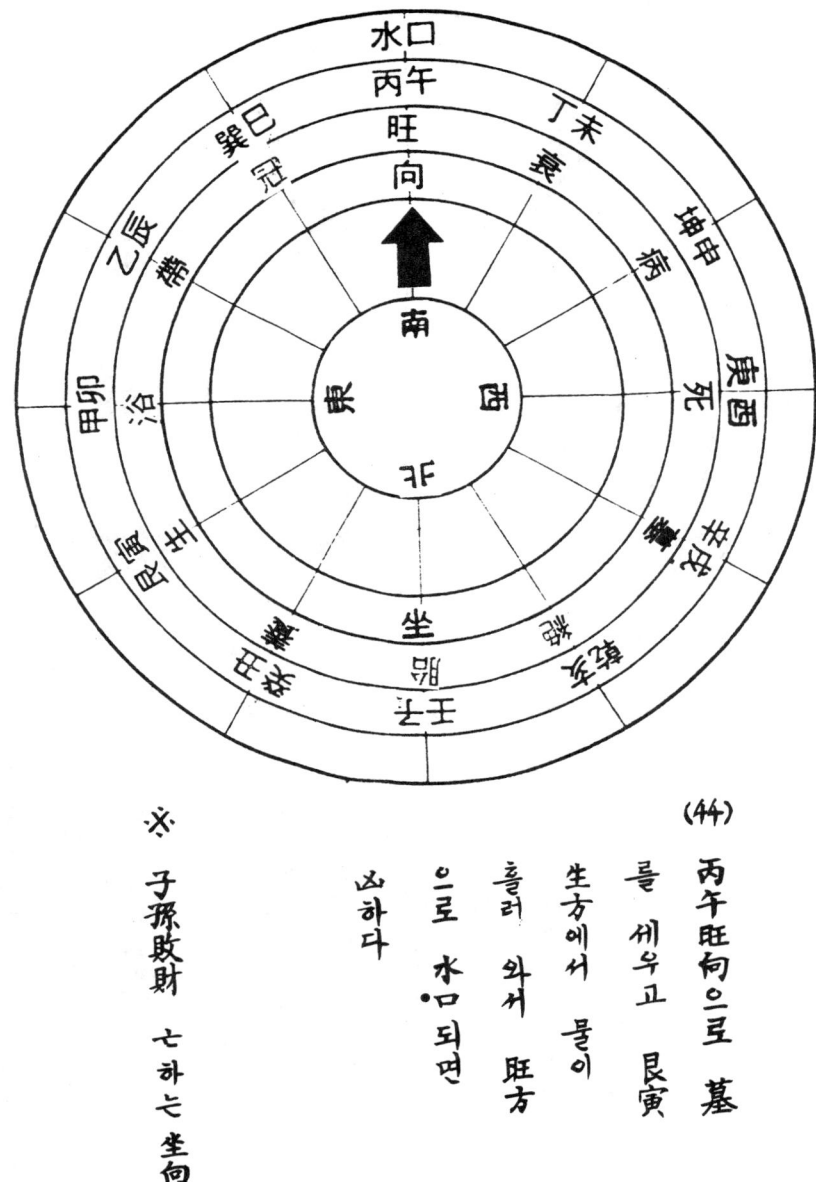

(44) 丙午旺向으로 墓
를 세우고 艮寅
生方에서 물이
흘러 와서 旺方
으로 水口되면
凶하다

※ 子孫敗財 亡하는 坐向

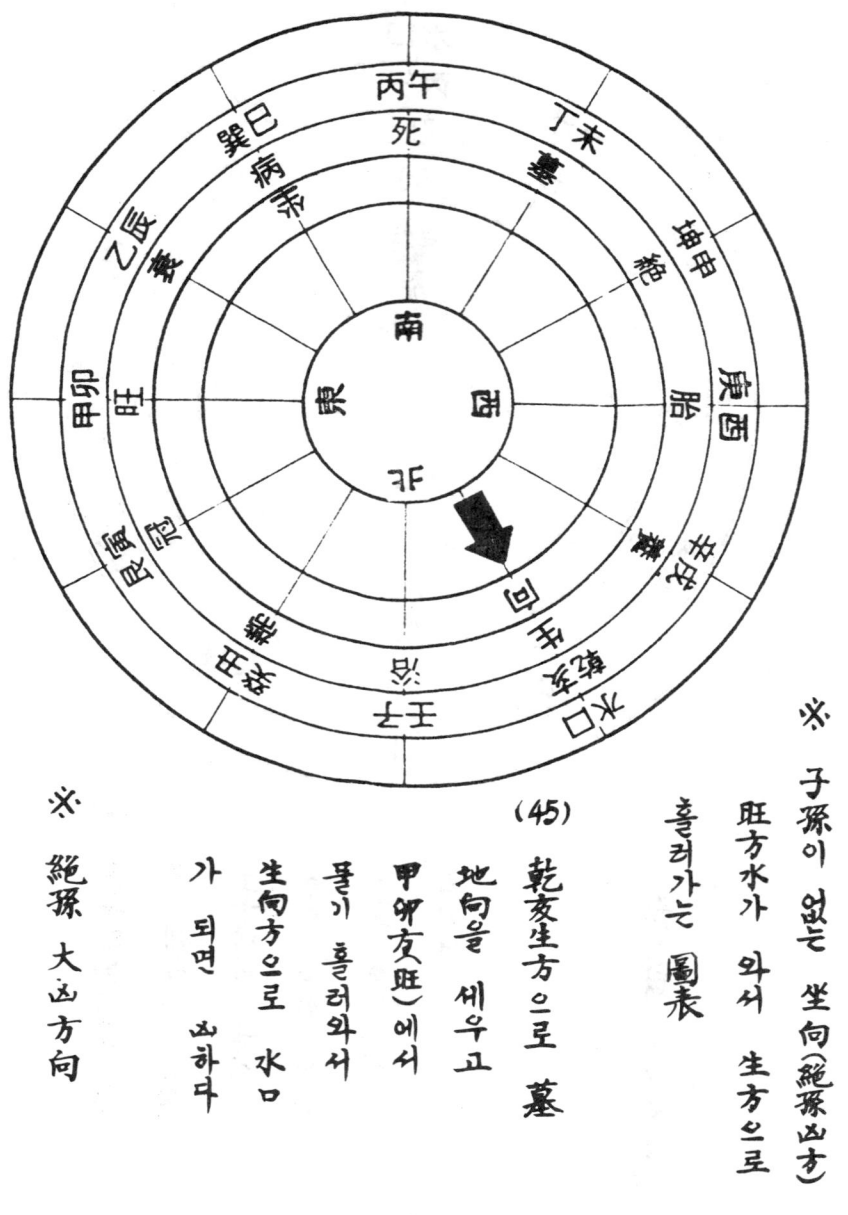

(45)

乾亥生方으로 墓
地向을 세우고
甲卯亥旺)에서
물이 흘러와서
生向方으로 水口
가 되면 凶하다

※ 絶孫 大凶方向

※ 子孫이 없는 坐向(絶孫山方)
旺方水가 와서 生方으로
흘러가는 圖表

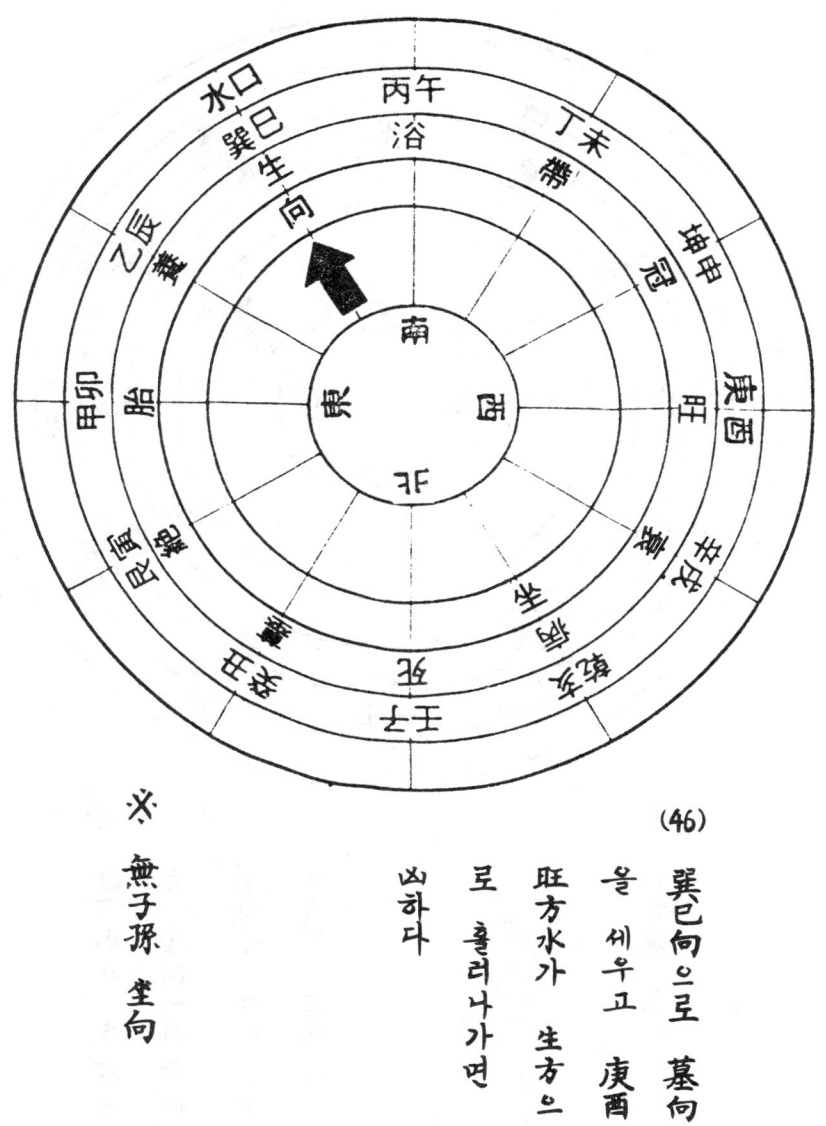

(46)

巽巳向으로 墓向 을 세우고 庚酉 旺方水가 生方으 로 흘러나가면 凶하다

※ 無子孫 坐向

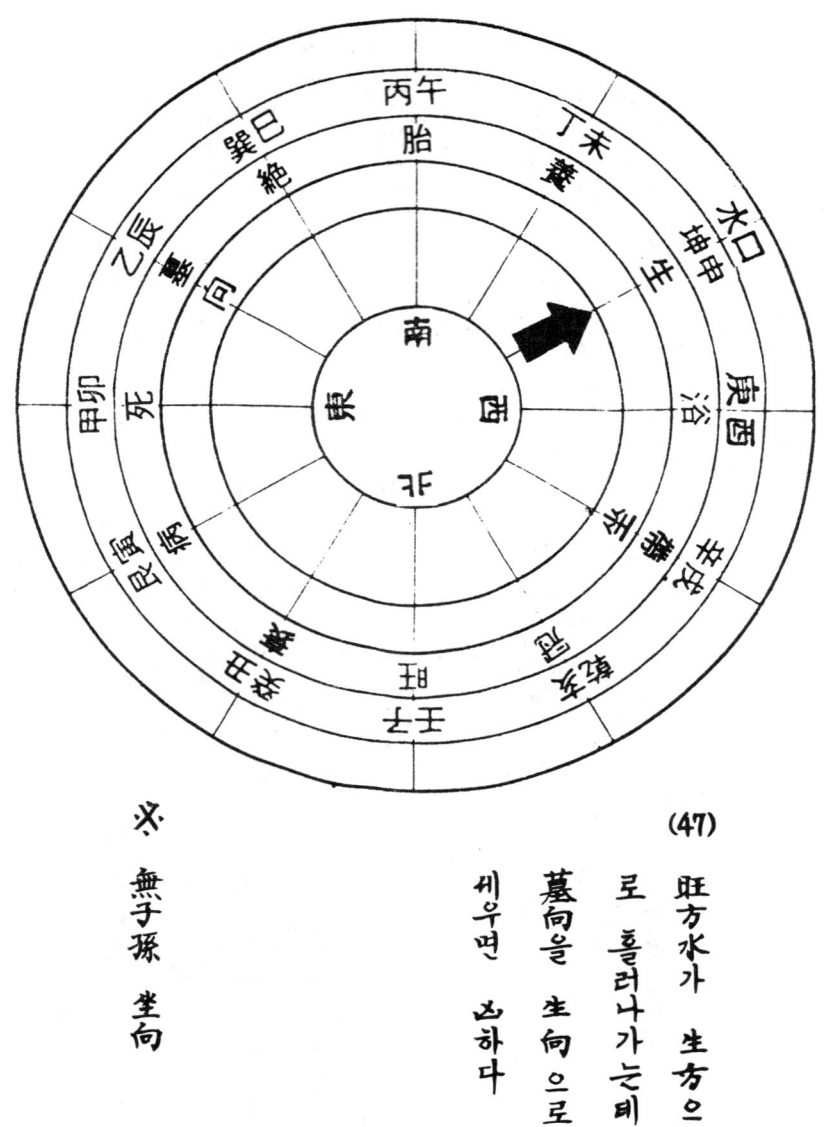

(47) 旺方水가 生方으로 흘러나가는데 墓向을 生向으로 세우면 凶하다

※ 無子孫 坐向

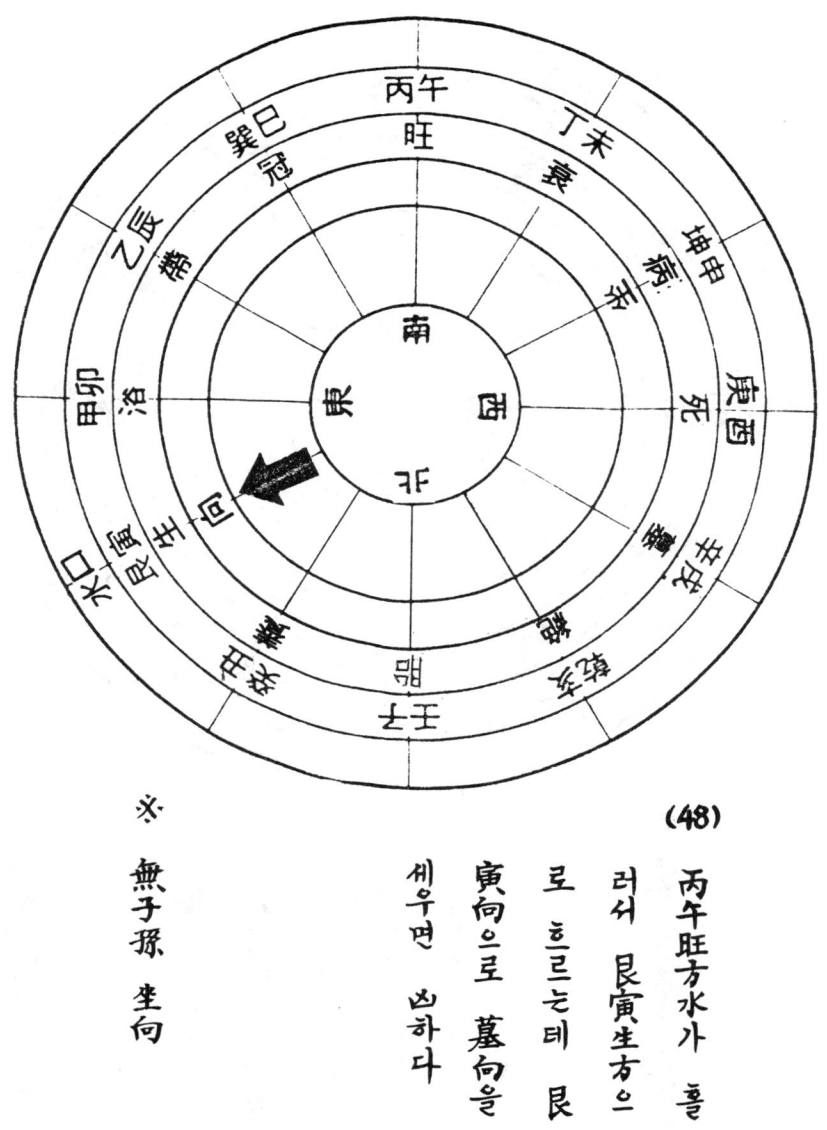

(48)
丙午旺方水가 흘러서 艮寅生方으로 흐르는데 艮寅向으로 墓向을 세우면 凶하다

※ 無子孫 坐向

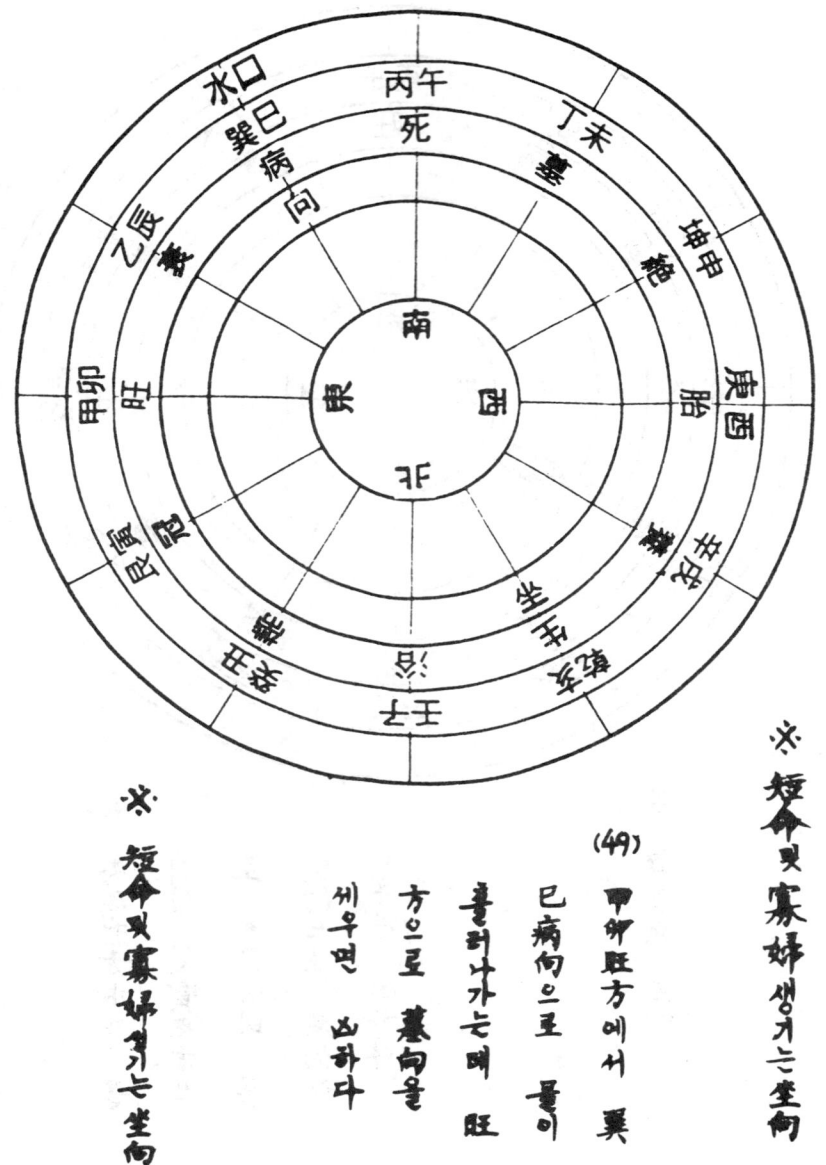

(49) 甲卯旺方에서 巽 巳病向으로 물이 흘러나가는데 旺方으로 墓向을 세우면 凶하다

※ 短命및寡婦생기는 坐向

※ 短命및寡婦생기는 坐向

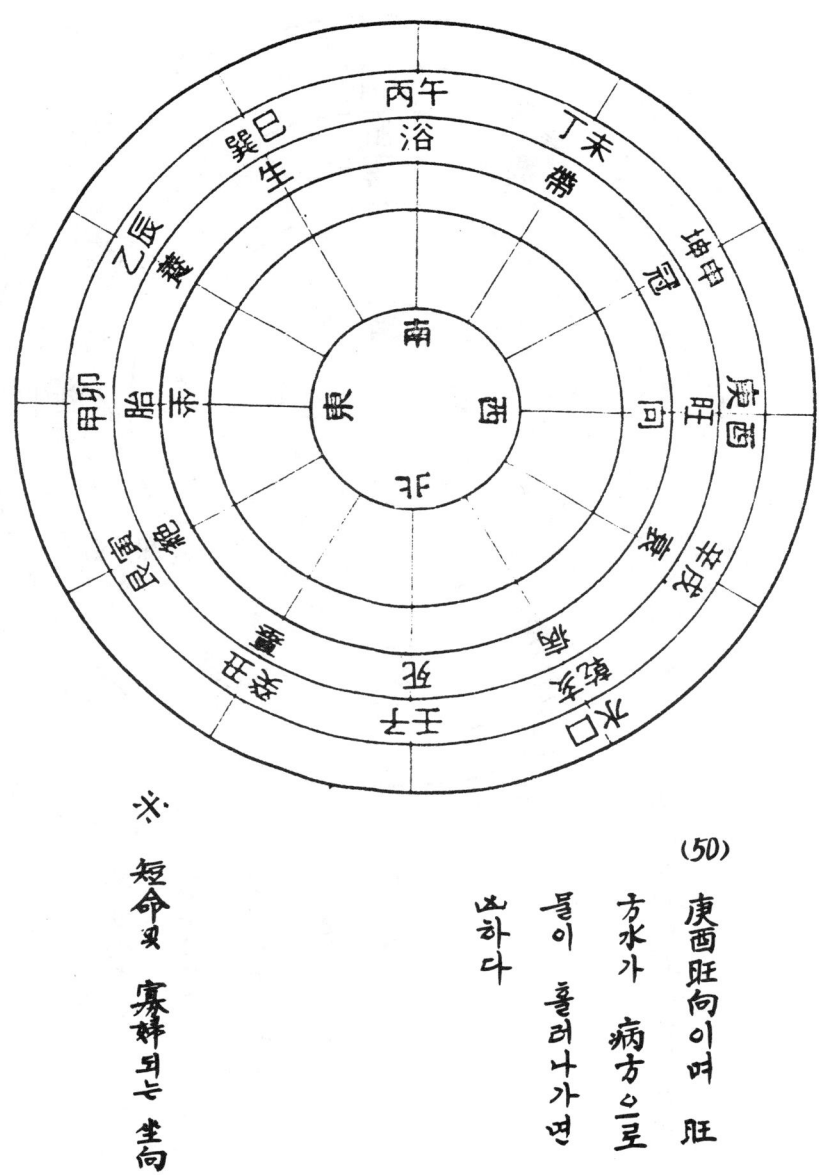

(50) 庚酉旺向이며 旺
方水가 病方으로
흘러나가면
凶하다

※ 短命及 寡婦되는 坐向

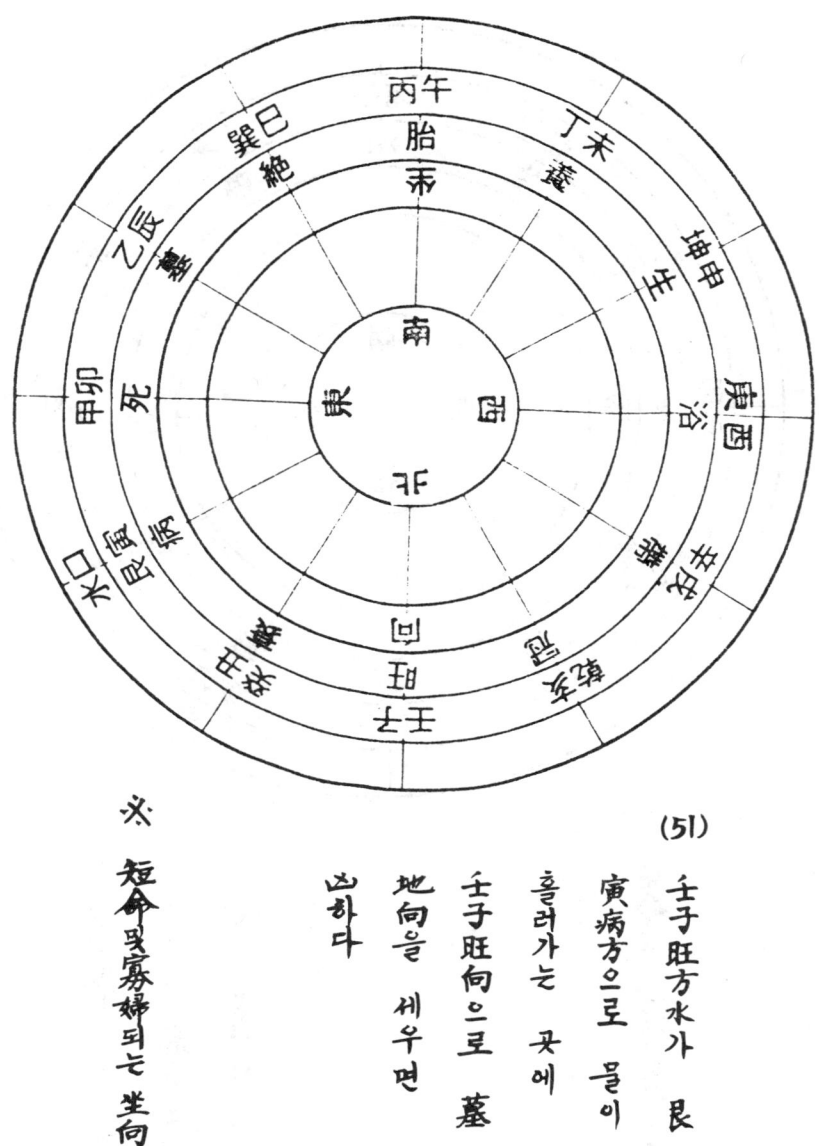

(51)
壬子旺方水가 艮
寅病方으로 물이
흘러가는 곳에
壬子旺向으로 墓
地向을 세우면
凶하다

※ 短命및寡婦되는 坐向

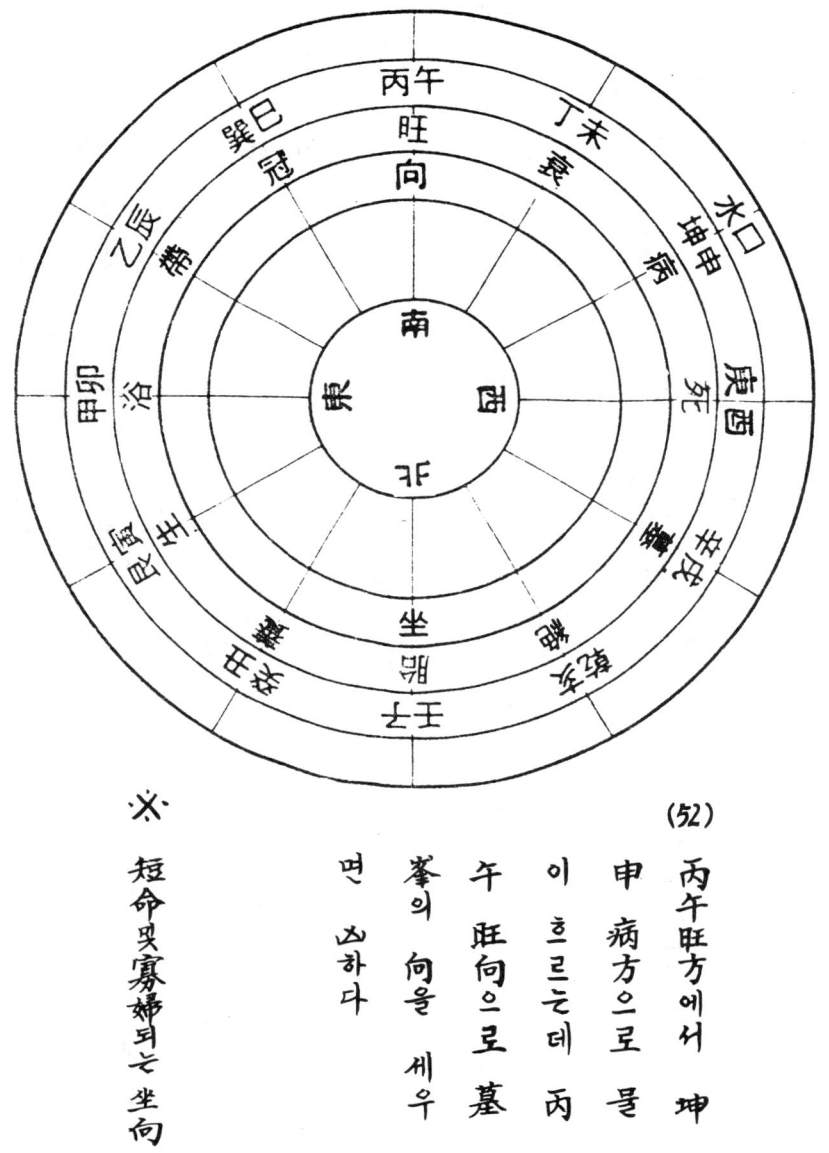

(52) 丙午旺方에서 坤申 病方으로 물이흐르는데 丙午 旺向으로 墓峯의 向을 세우면 凶하다

※ 短命및寡婦되는 坐向

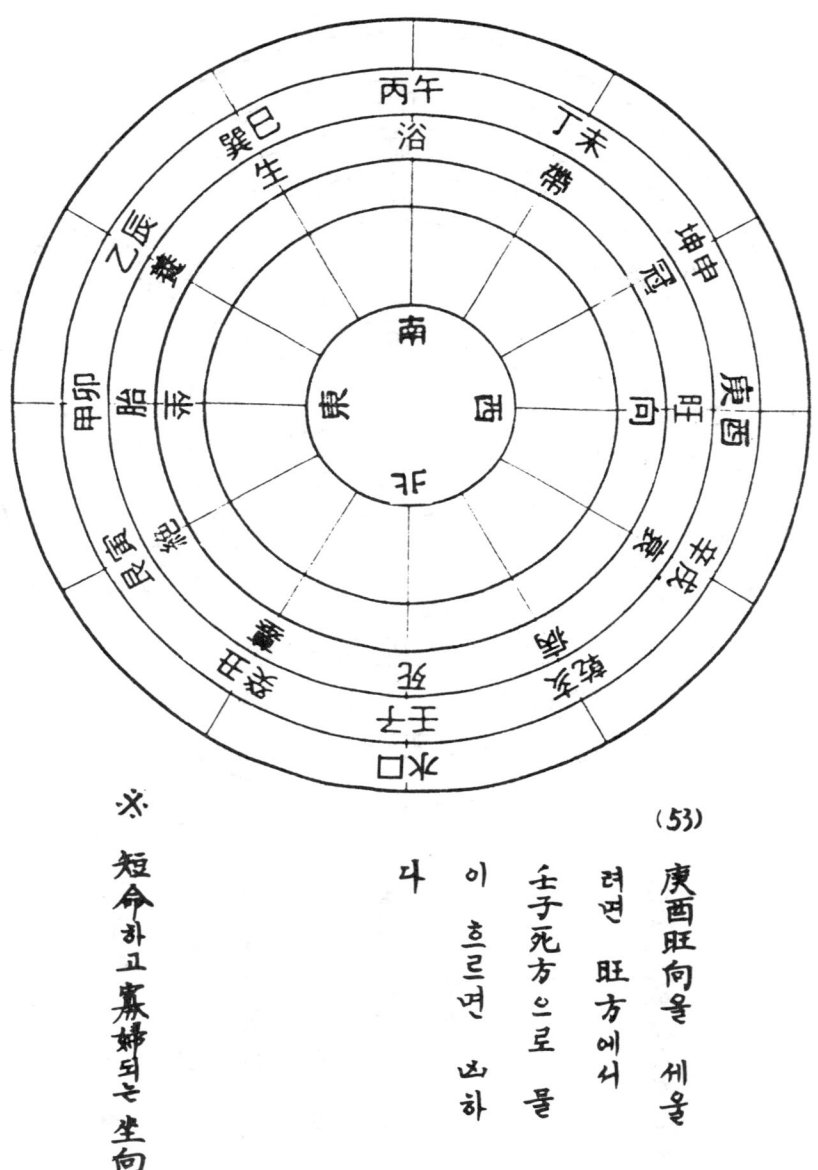

(53) 庚酉旺向을 세울
려면 旺方에서
壬子死方으로 물
이 흐르면 山하
다

※ 短命하고 寡婦되는 坐向

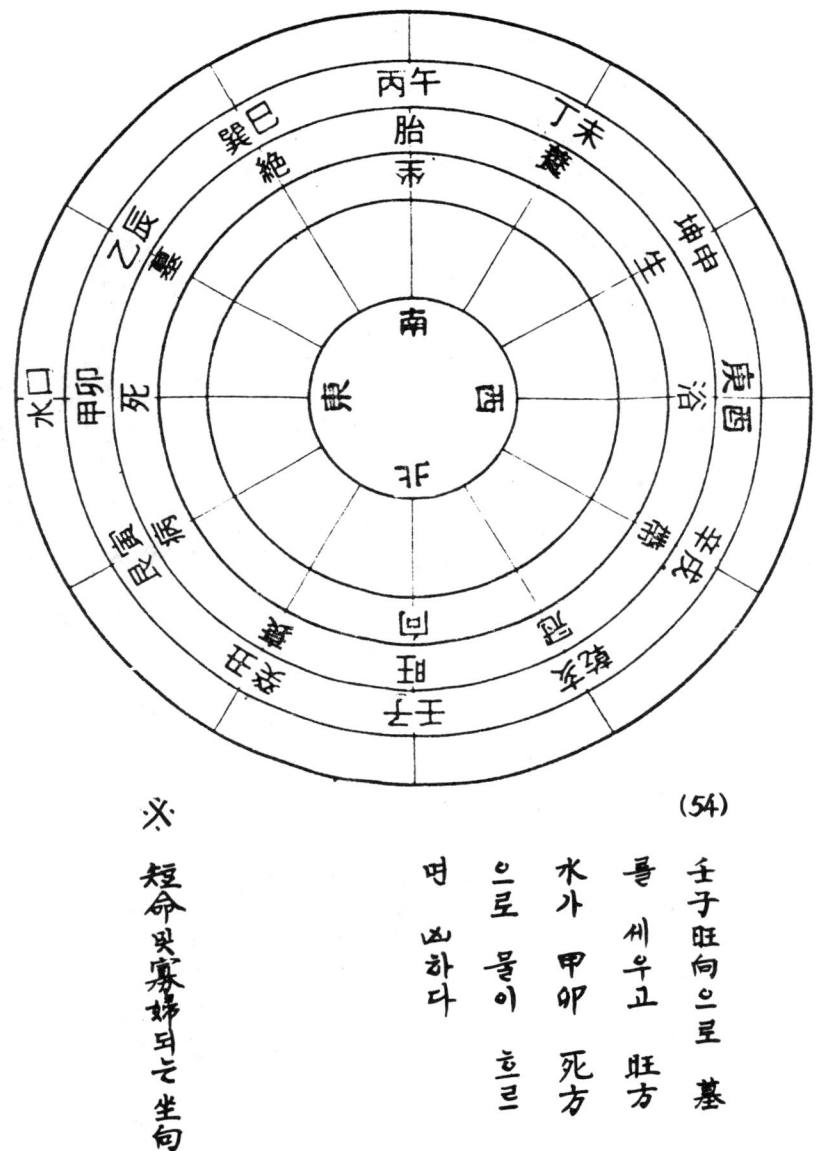

(54) 壬子旺向으로 墓를 세우고 旺方 水가 甲卯 死方으로 물이 흐르면 凶하다

※ 短命및寡婦되는 坐向

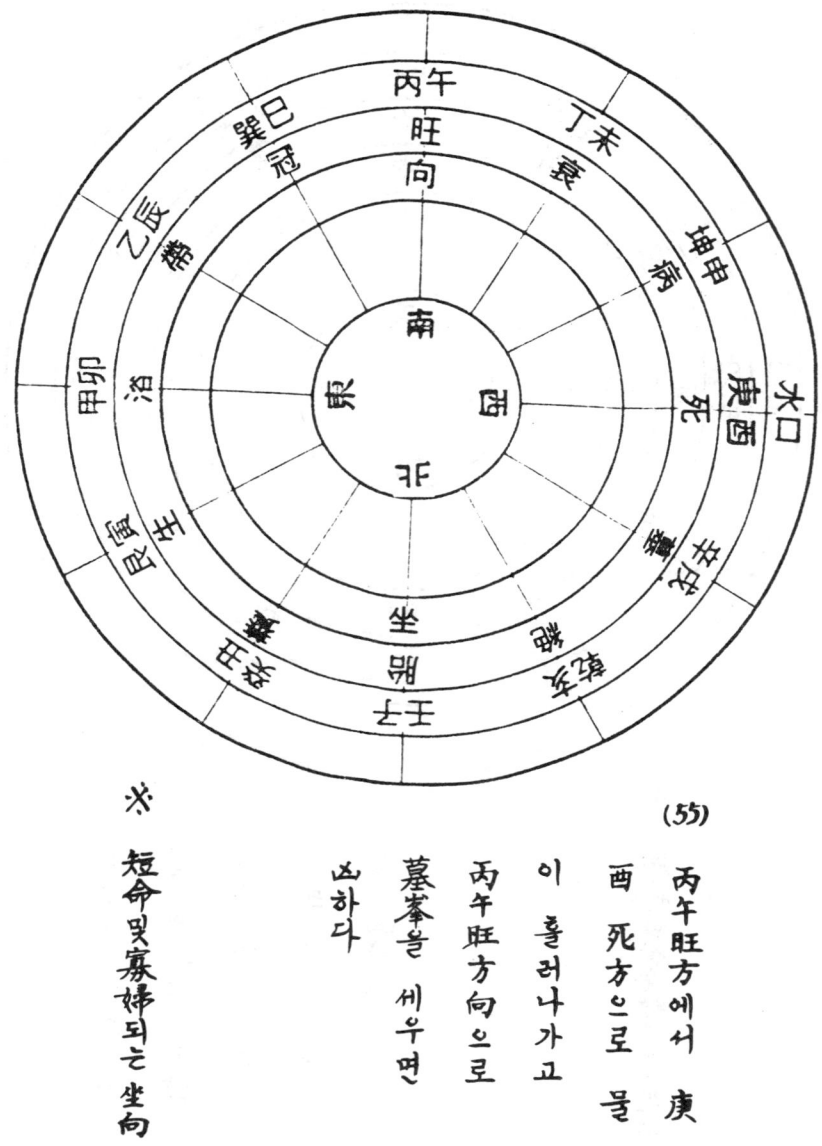

(55) 丙午旺方에서 庚
西 死方으로 물
이 흘러나가고
丙午旺方向으로
墓峯을 세우면
凶하다

※ 短命및寡婦되는 坐向

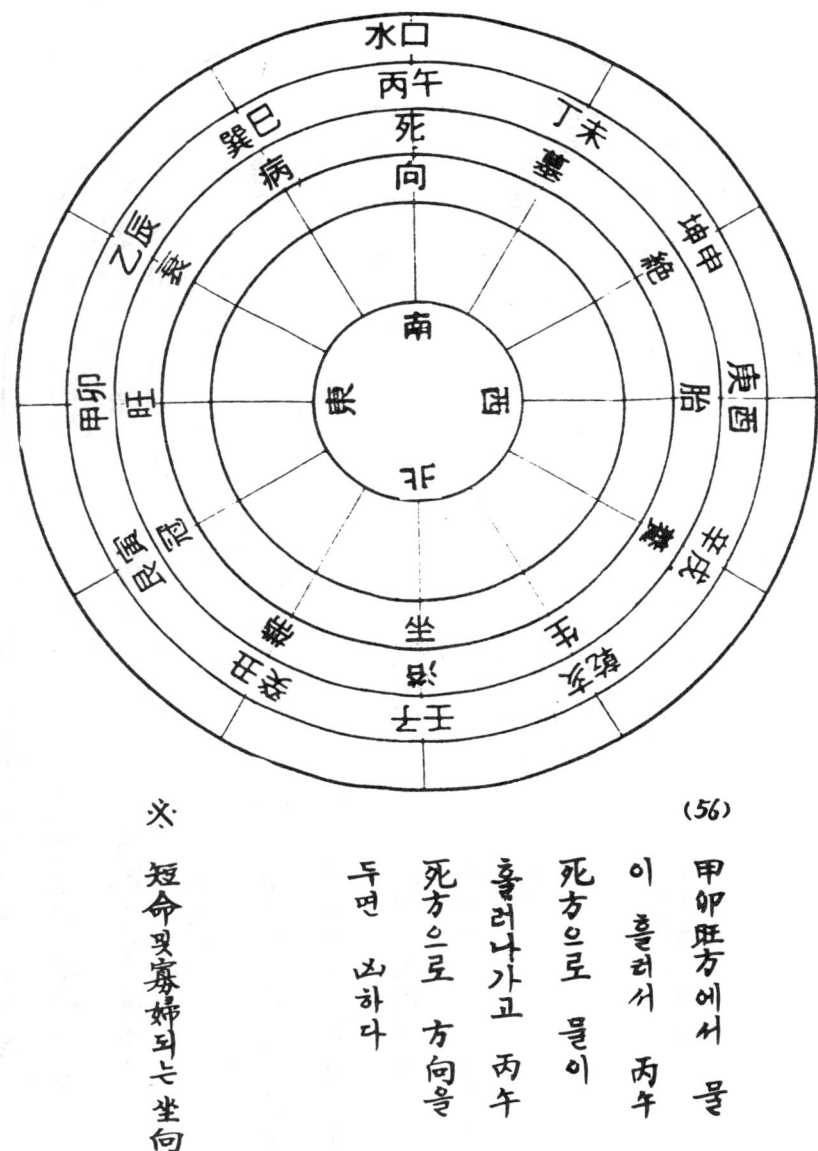

(56)

甲卯旺方에서 물이 흘러서 丙午 死方으로 물이 흘러나가고 丙午 死方으로 方向을 두면 山하다

※ 短命및寡婦되는 坐向

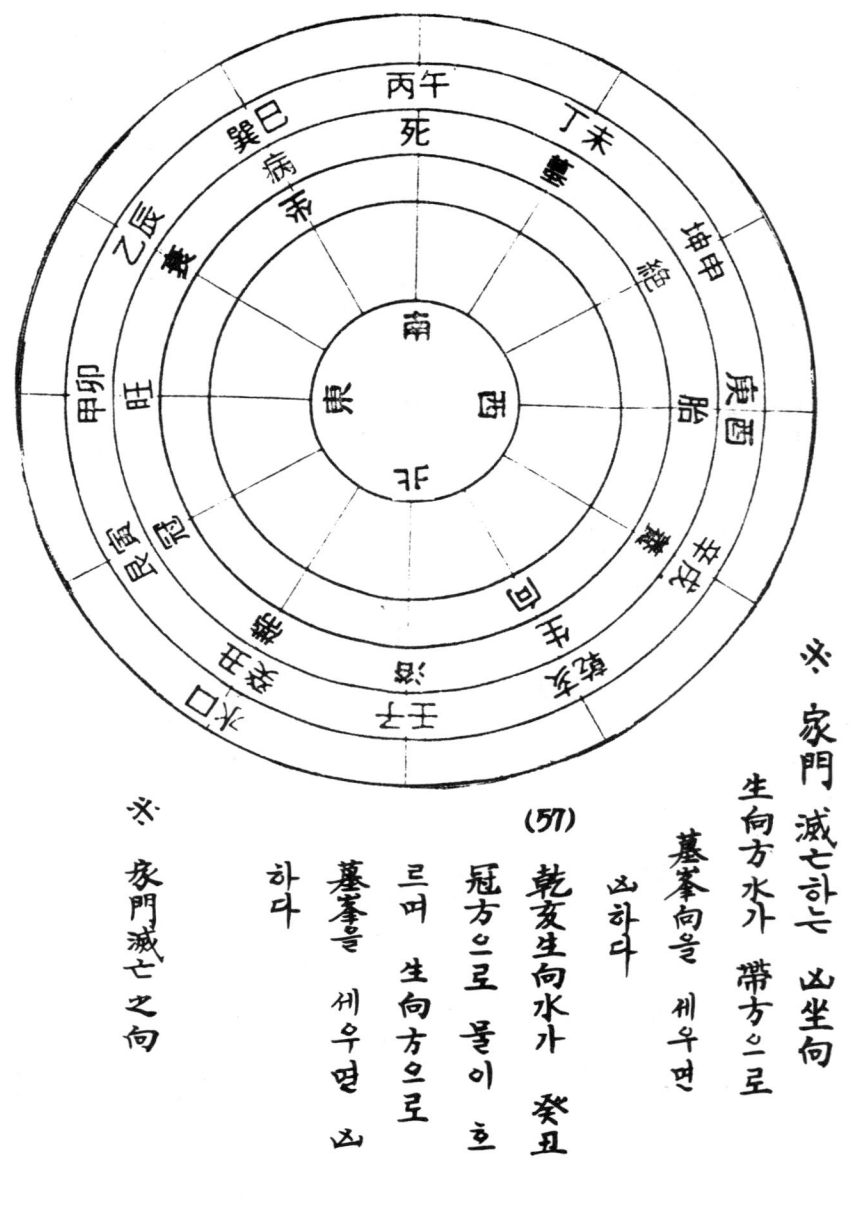

※ 家門 滅亡하는 凶坐向

生向方水가 帶方으로
墓峯向을 세우면
凶하다

(57) 乾亥生向水가 癸丑
冠方으로 들이 흐
르매 生向方으로
墓峯을 세우면 凶
하다

※ 家門滅亡之向

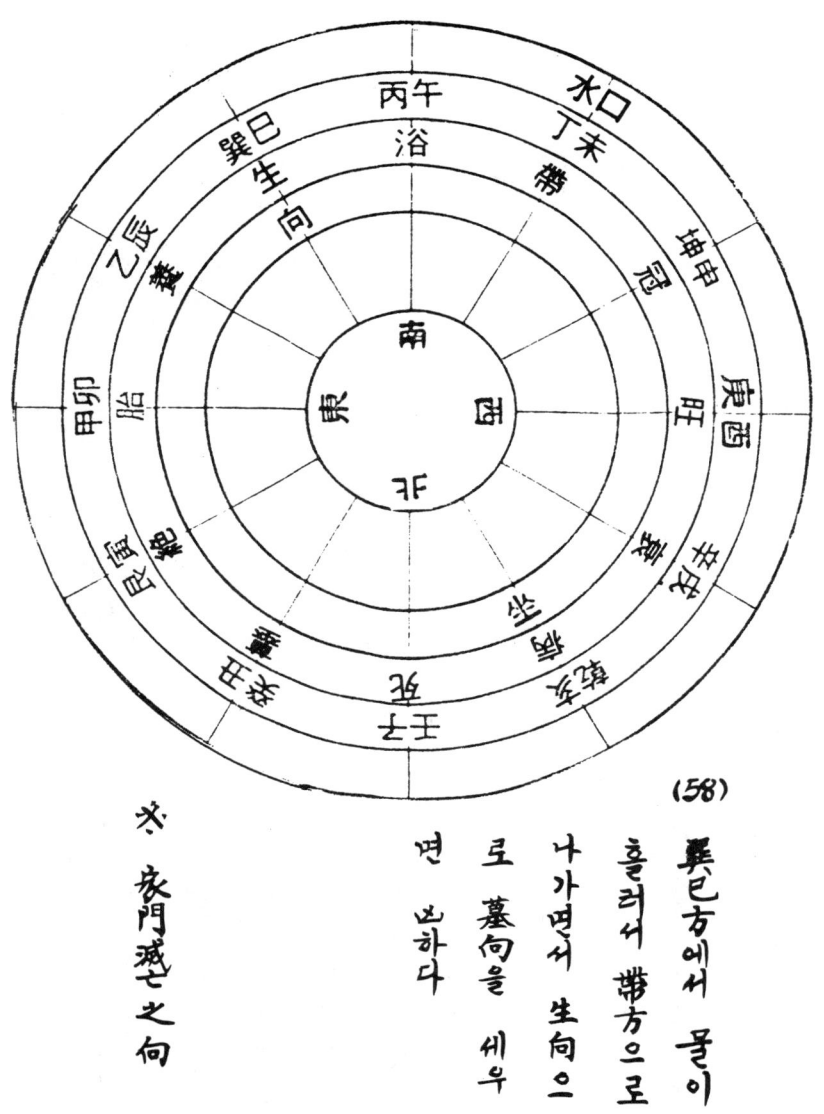

(58) 巽巳方에서 물이
흘러서 帶方으로
나가면서 生向으
로 墓向을 세우
면 凶하다

※. 庫門破之向

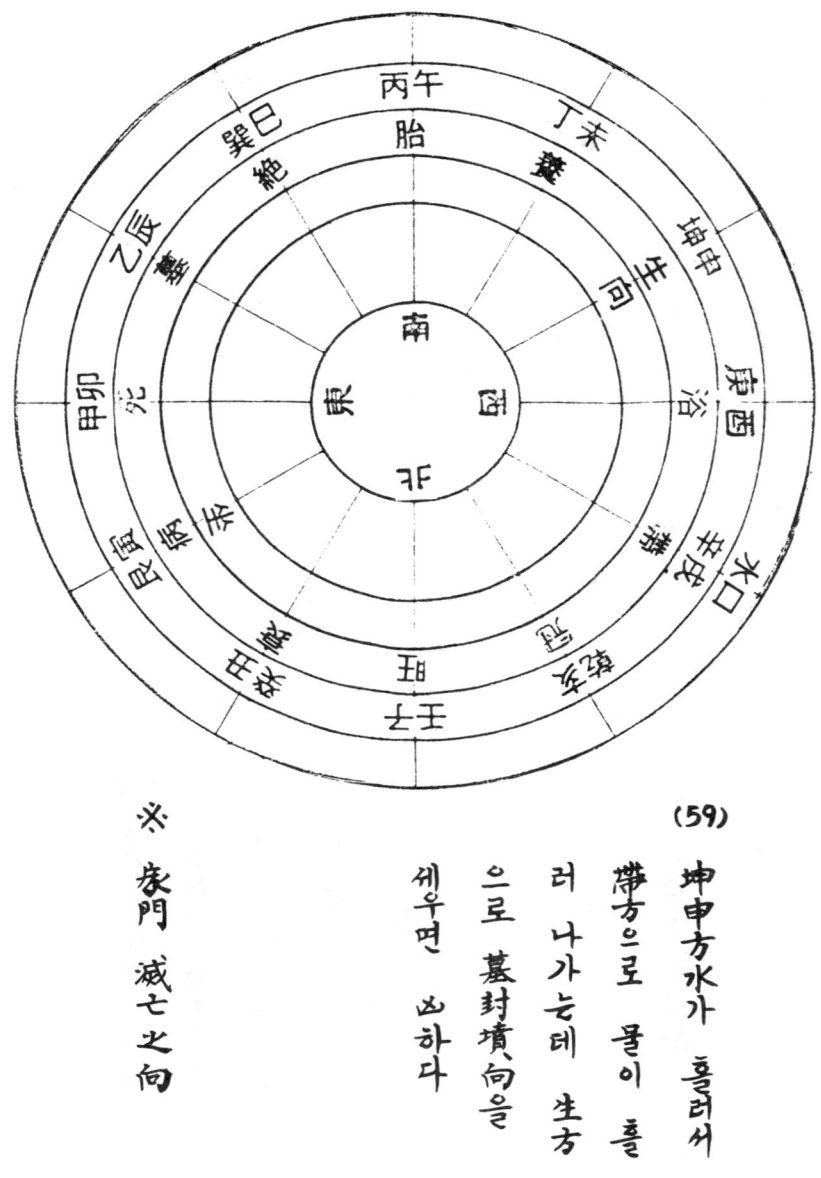

(59)
坤申方水가 흘러서
帶方으로 물이 흘
러 나가는데 生方
으로 墓封墳 向을
세우면 凶하다

※ 家門 滅亡之向

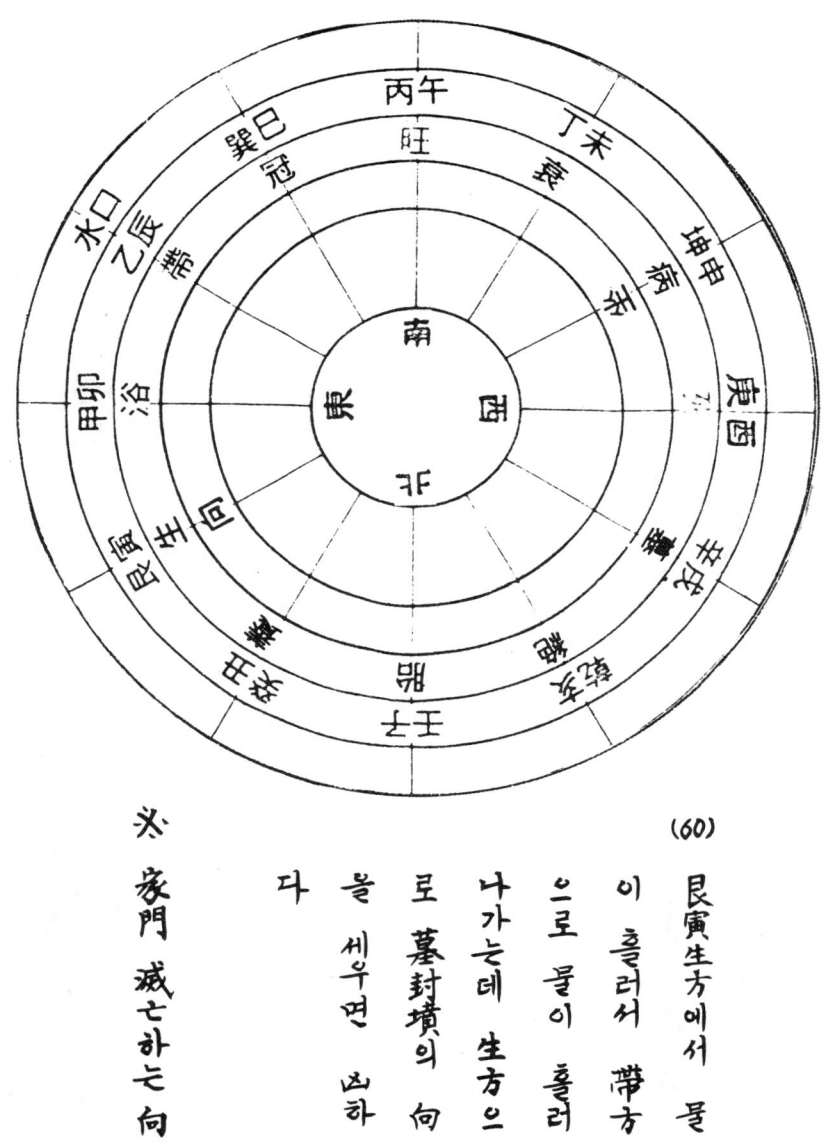

(60) 艮寅生方에서 물이 흘러서 帶方으로 물이 흘러나가는데 生方으로 墓封墳의 向을 세우면 山하다

※ 家門 滅亡하는 向

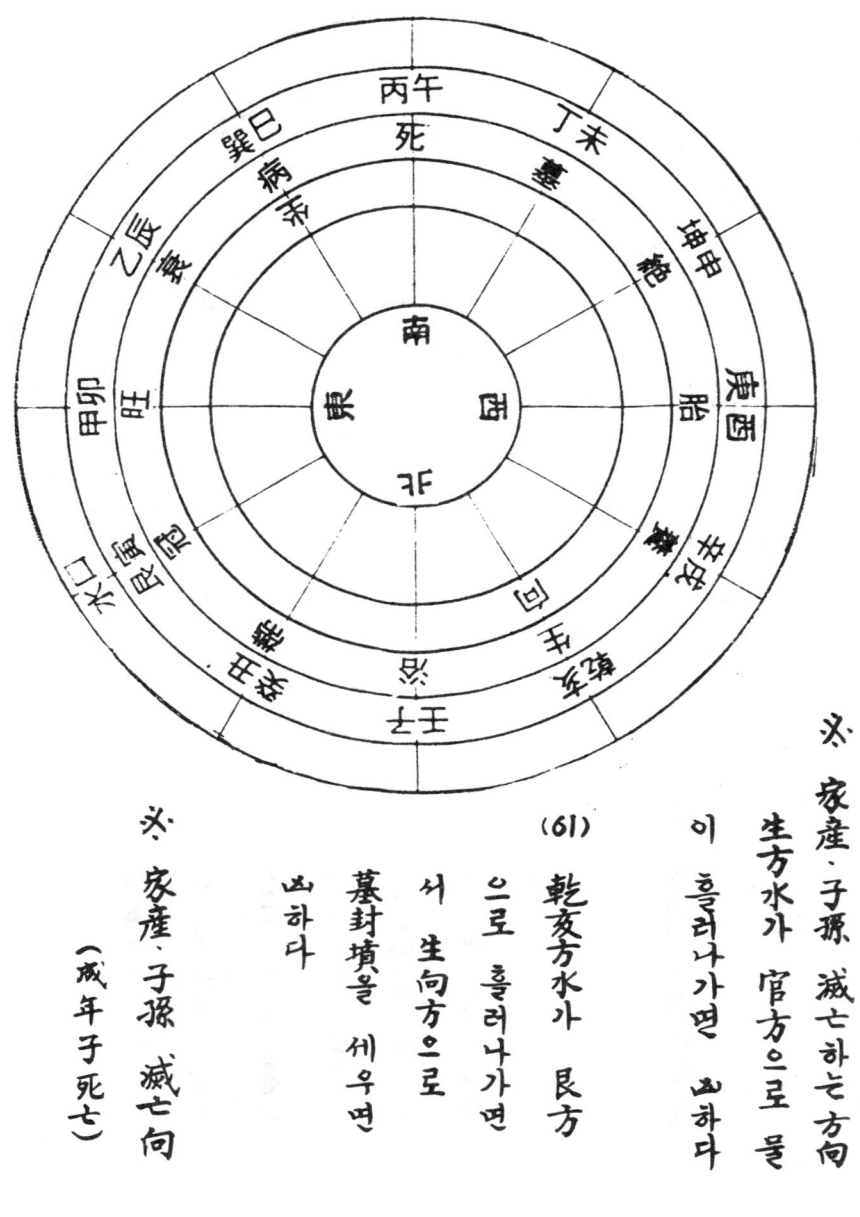

(61) 乾亥方水가 艮方으로 흘러나가면 生向方으로 墓封墳을 세우면 必하다

必 家産, 子孫, 滅亡向
(滅年子死亡)

必 家産, 子孫, 滅亡하는 方向
生方水가 官方으로 물이 흘러나가면 必하다

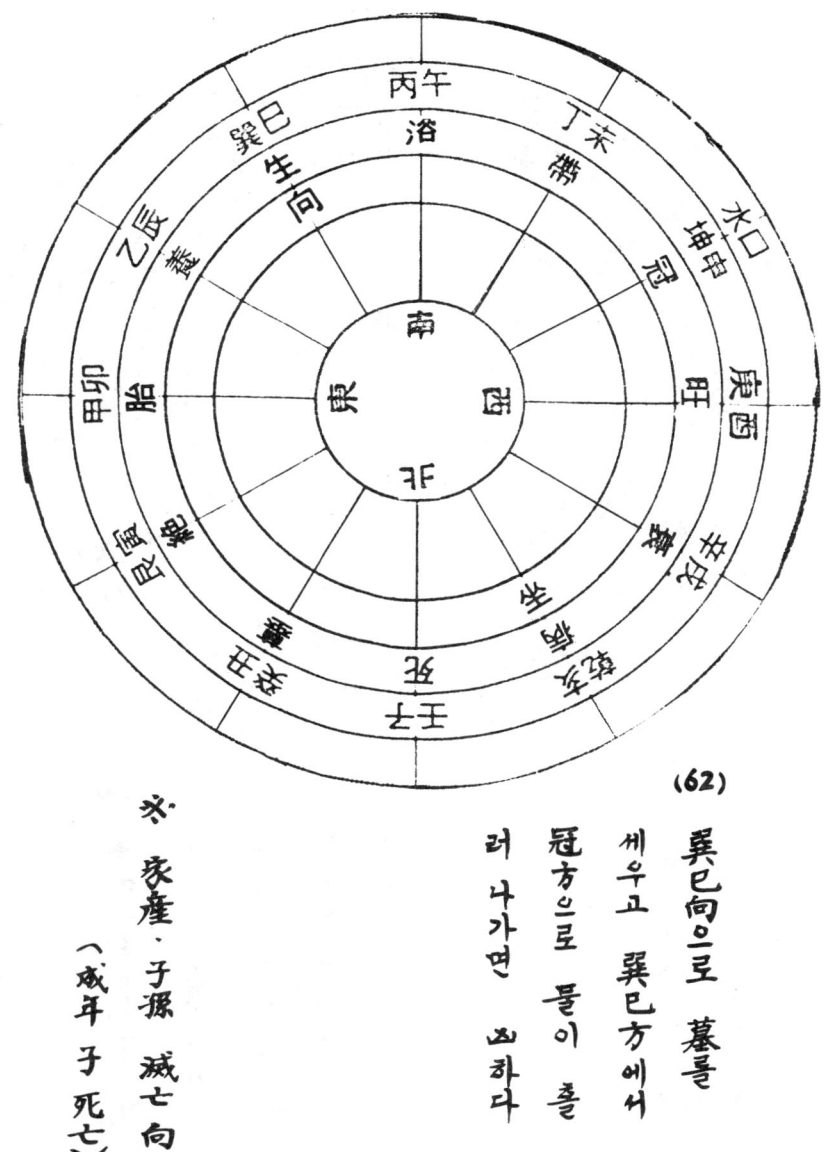

(62) 巽巳向으로 墓를
세우고 巽巳方에서
冠方으로 물이 흘
러 나가면 凶하다

※ 家産, 子源 滅亡 向
(成年子死亡)

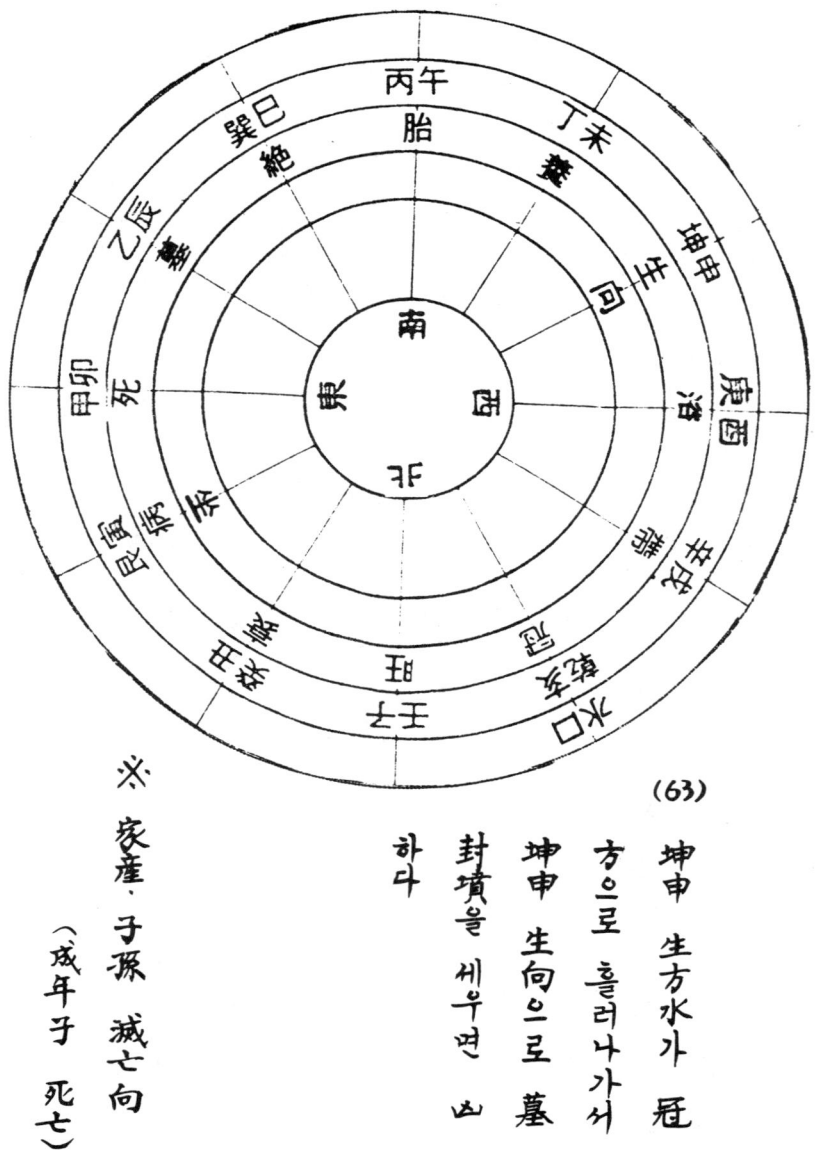

(63) 坤申 生方水가 冠
方으로 흘러나가서
坤申 生向으로 墓
封墳을 세우면 山
하다

※ 家産·子孫 滅亡
(成年子 死亡)

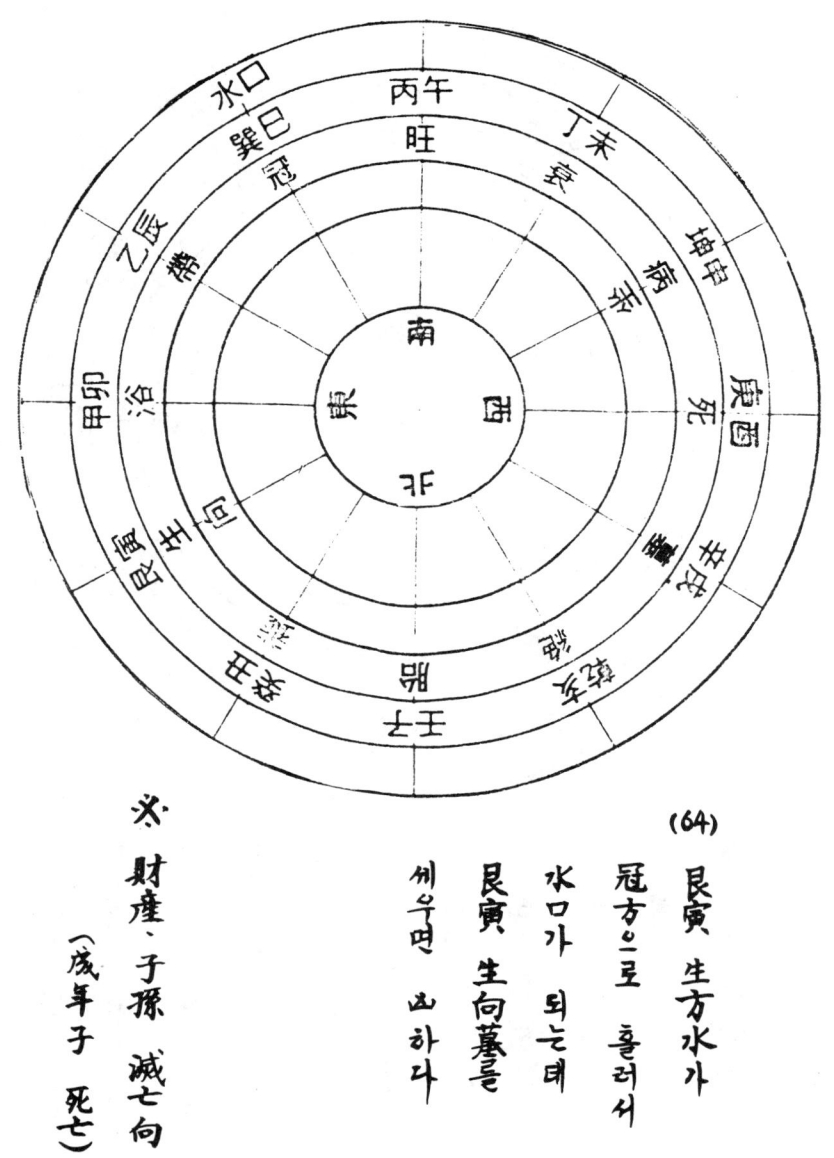

(64) 艮寅 生方水가

　　冠方으로 흘러서

　　水口가 되는데

　　艮寅 生向墓를

　　세우면 山하다

　　財産、子孫 滅亡 向

　　(成年子 死亡)

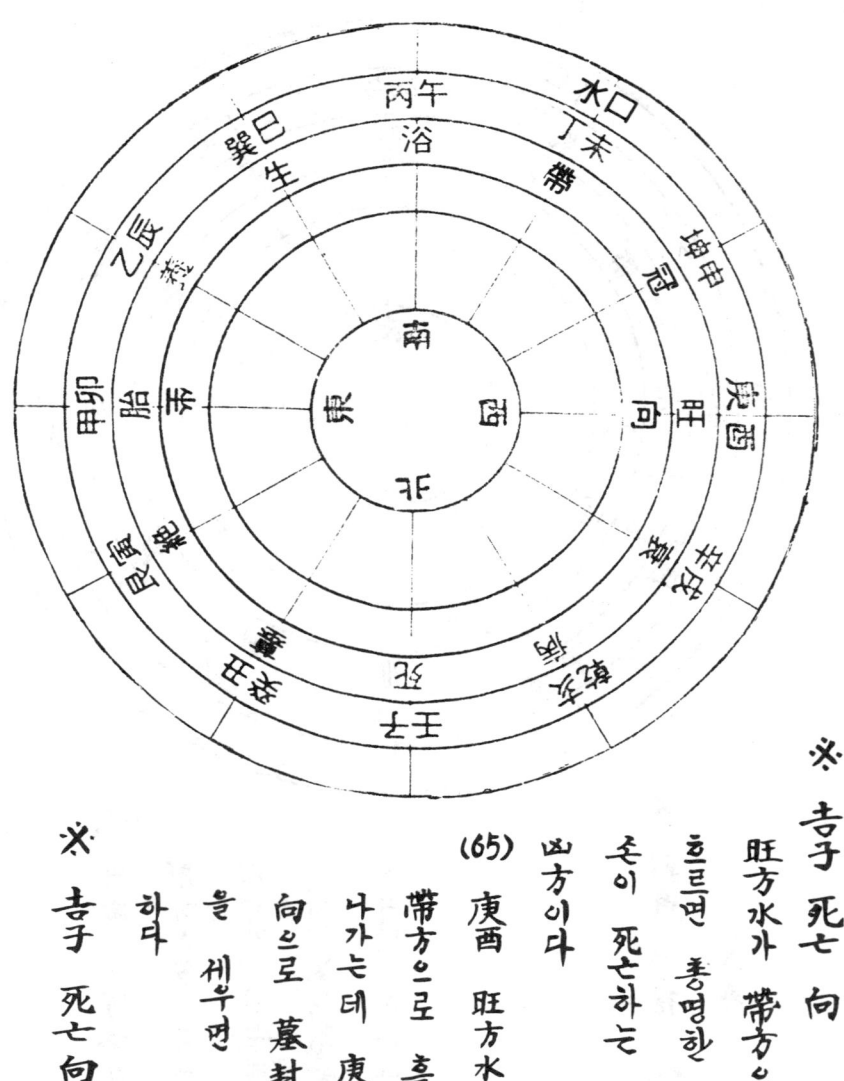

(65) 庚酉 旺方水가 帶方으로 나가는데 庚酉 向으로 墓封墳을 세우면 凶하다

※ 吉子 死亡 向

※ 吉子 死亡 向 旺方水가 帶方으로 흐르면 총명한 자손이 死亡하는 大凶方이다

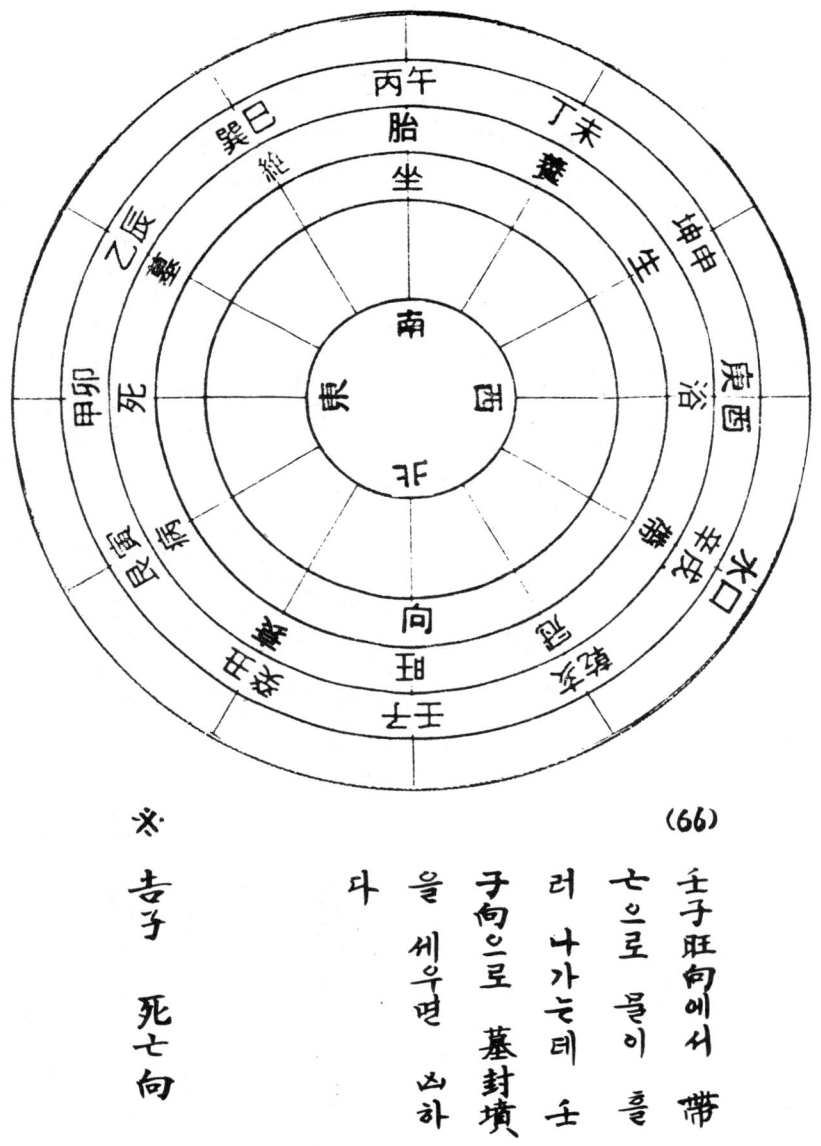

(66) 壬子旺向에서 帶七으로 물이 들러 나가는데 壬子向으로 墓封墳을 세우면 山하다

※ 吉子 死七向

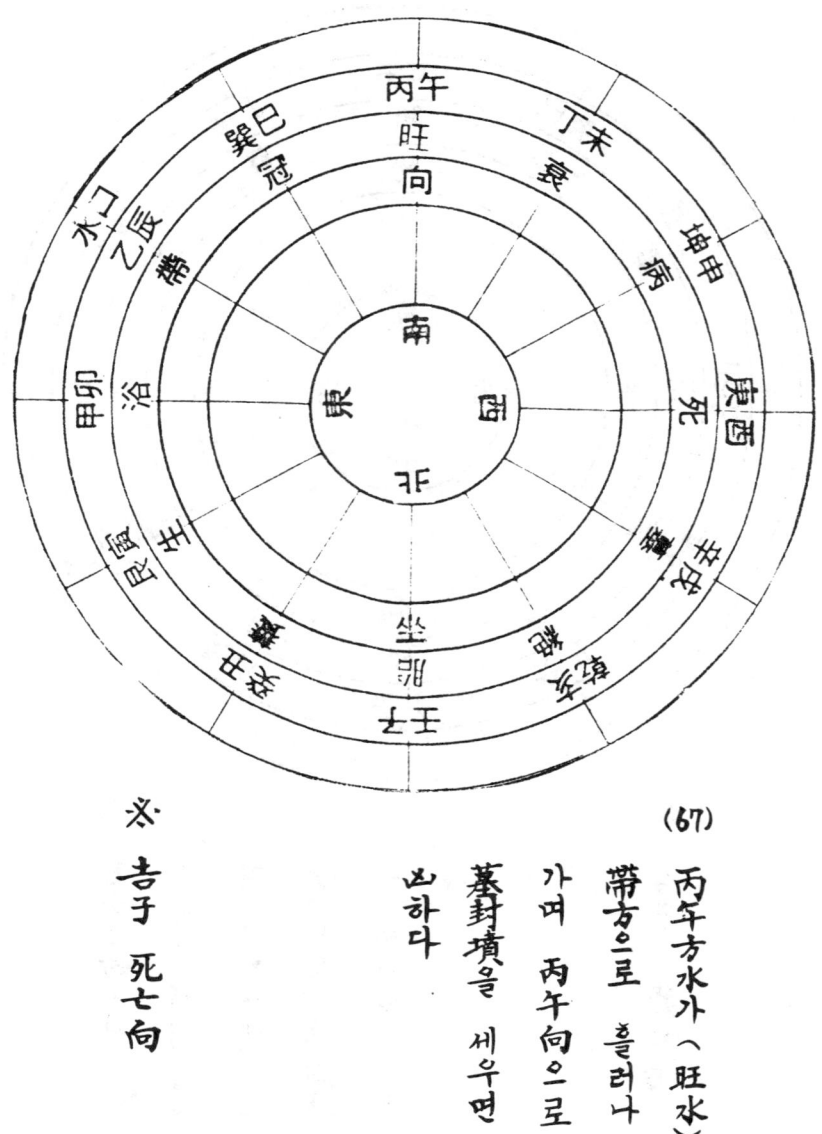

(67) 丙午方水가 (旺水)
帶方으로 흘러나
가며 丙午向으로
墓封墳을 세우면
凶하다

※ 吉子 死亡向

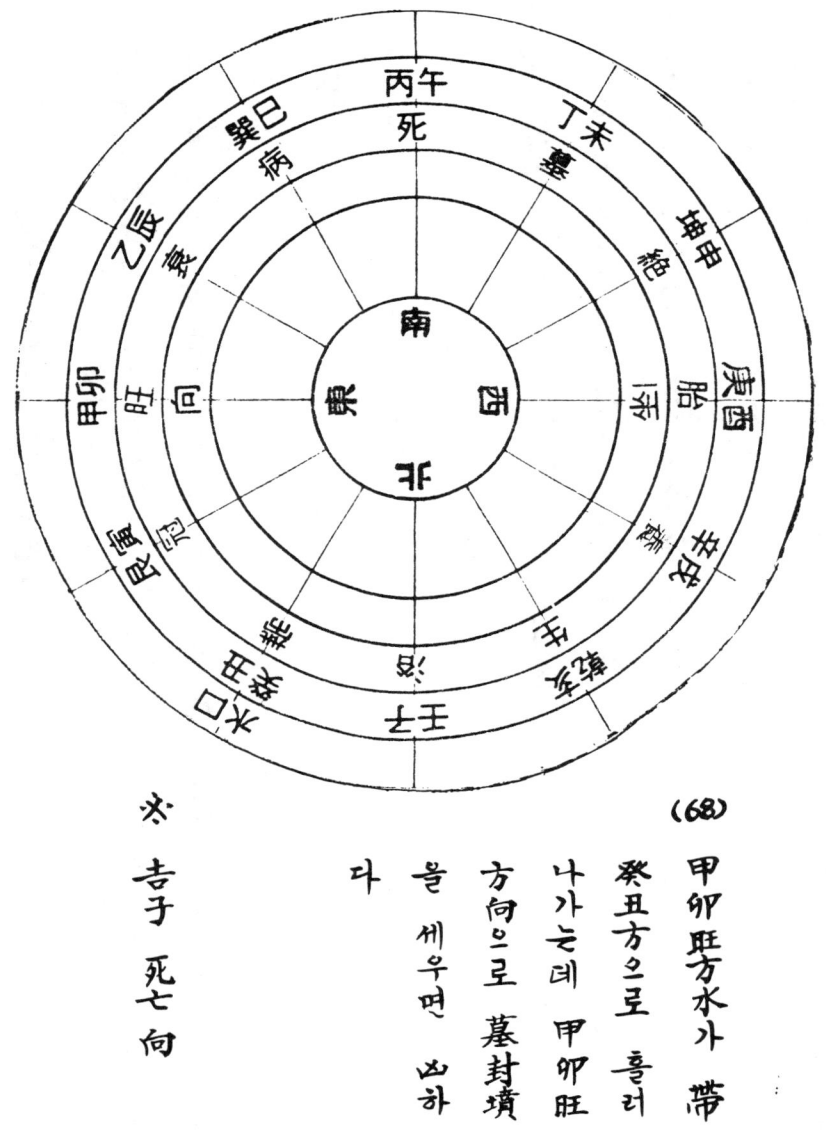

(68) 甲卯旺方水가 帶
癸丑方으로 흘러
나가는데 甲卯旺
方向으로 墓封墳
을 세우면 山하
다

※ 吉子 死七 向

第六章 踏山歌

墓峰을 作立할 때는 七尺되는 青木을 들고 흙을 다져서 雜蟲과 天水가 들어가지 않도록 하는데 노래로서 힘들이지 않게 부르는 踏山歌가 있다

踏山歌

여보시오 喪主님네 天下明堂 여기로다
主山이 높고 높아 萬鍾을 울릴거요
甲卯峰이 높고보니 三聖八賢 날 자리요
丙丁峰이 높고보니 白髮父母 長壽하고
巽辛峰이 높고보니 玉堂翰林 날 자리요
坤艮峰이 높고보니 皇后王妃 날 자리요
艮寅峰이 높고보니 七歲男兒 登科比요

庚兌峰이 높고보니 天下名將 날 자리요
子午卯酉 四正峰은 나라님의 畢生地오
乾坤艮巽 四胎峰은 萬古英雄 날 자리오
寅申巳亥 四生峰은 賢人達士 날 자리오
甲庚丙壬 四順峰은 萬古女將 날 자리오
乙辛丁癸 四强峰은 天下力士 날 자리오
辰戌丑未 四藏峰은 石崇巨富 날 자리오
艮寅龍이 丙午돌아 辛戌坐가 되고 보면
없다고 恨嘆마라 寅葬卯發 여기로다
乾亥龍이 丁未돌아 甲卯坐가 되고 보면
아들없다 恨嘆마라 不逾當年 生貴子라
巽巳向이 庚兌돌아 癸丑坐가 되고 보면
三代白頭 恨嘆마라 代代政丞 여기로다

坤申龍이 壬坎돌아 乙辰坐가 되고보니
皇后揀選 거전마라 三代皇后 날 자리다
어화 세상사람들아 修德積善 明堂이다.

第七章 墓坐水去秘法

一. 五行配屬陰陽

- 金五行 (陽 = 乾 庚 申
         陰 = 辛 酉)

- 土五行 (陽 = 辰 戌 艮
         陰 = 丑 未 坤)

- 木五行 (陽 = 甲 寅
         陰 = 巽 乙 卯)

· 水 五行 ┌ 陽 ＝ 壬 子
　　　　 └ 陰 ＝ 癸 亥

· 火 五行 ┌ 陽 ＝ 丙 午
　　　　 └ 陰 ＝ 巳 丁

二, 九星胞胎五行

(一) 貪狼(吉星)은 木星이며 多子孫 文章되고 當年에 吉하다

(二) 巨門(吉)은 土星이며 多子孫 文章 科甲으로 三年後부터 發福

(三) 祿存(半凶半吉)은 土星이며 十五年後 發福 女子 必貴

(四) 文曲(半吉)은 水星이며 十九年後 發福 文章 才士 出

(五) 廉貞(不吉)은 火星이며 二十年後 發福 慶事重々

(六) 武曲(吉)은 金星이며 十五年後 發福 多子、文章、富貴

(七) 破軍(不吉)은 火星이며 七年後부터 武將受勳

— 445 —

(八) 左輔(半吉)은 水星이며 十一年後부터 巨富가 된다

(九) 右弼(半吉)은 水星이며 十一年後부터 巨富가 된다

三、墓安葬坐

註=乾甲坐이데 貪狼方에서(坎癸申辰方) 得水하면 當年發福하여 多子孫되고 文章으로 成功한다. 또 坤坐일때(坤乙은 同一) 坎方이나 癸方 또는 申辰方中 어느方에서 水流去하면 廉貞이 되며 二十年後부터는 不吉해 진다는 凶方位가 되다

(一) 乾、甲坐일 때 (天卦)

　坎癸申辰方은　貪狼　木方
　兌丁巳丑方은　祿存　土方
　艮、丙 方은　破軍　火方
　艮、丙 方은　文曲　水方

　震庚亥未方은　巨門　土方
　离壬寅戌方은　武曲　金方
　巽辛 方 은　祿存　土方
　坤乙 方 은　廉貞　火方

(二) 坤、乙坐 일때 (地卦)

兌丁巳丑方은　破軍　火方
巽、辛　方은　輔弼　水方
震庚亥未方은　武曲　金方
坎癸申辰　方은　武曲　金方
艮、丙　方은　祿存　土方
坎癸申辰方은　廉貞　火方
震庚亥未方은　破軍　火方
兌丁巳丑方은　輔弼　水方
坤、乙、方은　武曲　金方
巽、申、方은　文曲　水方
乾、申、方은　巨門　土方

(三) 壬离寅戌坐 일때

壬离寅戌方은　貪狼　木方
艮、丙、方은　貪狼　木方
坤、乙、方은　貪狼　木方
兌丁巳丑方은　祿存　土方
震庚亥未方은　武曲　金方
坎癸申辰方은　巨門　土方
兌丁巳丑方은　廉貞　火方
坤、乙、方은　破軍　火方

(四) 坎癸申辰坐 일때

坎癸申辰方은　輔弼　水方
震庚亥未方은　武曲　金方

(五) 兌丁巳丑 坐 일때

乾、甲方은　貪狼、木方
震庚亥未方은　文曲　水方
乾、甲、方은　武曲　金方
艮、丙、方은　輔弼　水方
离壬寅戌方은　輔弼　水方
巽、辛、方은　武曲　金方
离壬寅戌方은　祿存　土方
巽、辛、方은　貪狼　木方
艮、丙、方은　巨門　土方
乾、甲、方은　文曲　水方
乾、甲、方은　破軍　火方
巽、辛、方은　廉貞　火方
离壬寅戌方은　巨門　土方

(六) 艮丙 坐 일때

震庚亥未方은　貪狼　木方
坎癸申辰方은　祿存　土方
艮、丙、方은　廉貞　火方
兌丁巳丑方은　巨門　土方
坤、乙、方은　文曲　水方
离壬寅戌方은　破軍　火方

(七) 巽 辛坐일때　輔弼　水方

　兌丁巳丑方은　貪狼　木方

　坤、乙、方은　祿存　土方

　巽、辛、方은　廉貞　火方

　坤、乙、方은　輔弼　水方

　震庚亥未方은　巨門　土方

　坎癸申辰方은　文曲　水方

　艮、丙、方은　武曲　金方

(八) 震庚亥未坐일때

　艮、丙、方은　貪狼　木方

　乾、甲、方은　祿存　土方

　兌丁巳丑方은　武曲　金方

　坎癸申辰方은　破軍　火方

　巽、辛、方은　巨門　土方

　离壬寅戌方은　文曲　水方

　震庚亥未方은　廉貞　火方

(九) 戌乾亥坐일때　貪狼　木方

　未坤申、方은　貪狼　木方

　壬子癸方은　巨門　土方

(十) 未坤申坐일때

庚酉辛方은　祿存　火方

甲乙卯方은　文曲　水方

甲卯乙方은　破軍　火方

庚酉辛亥은　輔弼　水方

壬子癸方은　廉貞　火方

未坤申方은　武曲　金方

丑艮寅方은　祿存　土方

辰巽巳方은　文曲　水方

戌乾亥方은　貪狼　木方

丙午丁方은　巨門　土方

(十一) 丙午丁坐일때

壬子癸方은　貪狼　木方

庚酉辛方은　巨門　土方

甲卯乙方은　文曲　水方

戌乾亥方은　廉貞　火方

丙午丁方은　武曲　金方

丑艮寅方은　祿存　土方

未坤申方은　巨門　土方

辰巽巳方은　輔弼

(十二) 壬子癸坐일때

丙午丁方은　貪狼　木方

戌乾亥方은　巨門　土方

(十三)

甲卯乙坐 일때

辰巽巳方은 祿存 土方
未坤申方은 廉貞 火方
庚酉辛方은 破軍 火方
丑艮寅方은 文曲 水方
壬癸子方은 武曲 金方
甲卯乙方은 輔弼 水方

辰巽巳方은 貪狼 木方
丙午丁方은 祿存 土方
庚酉辛方은 廉貞 火方
未坤申方은 破軍 火方
丑艮寅方은 巨門 土方
戌乾亥方은 文曲 水方
甲卯乙方은 武曲 金方
壬子癸方은 輔弼 水方

第八章 山龍의 太祖山과 小祖山의 區別

山은 어느 것이라도 우선 元山 다시 말해서 사람도 조상이 있듯이 山도 祖上이 있다. 太祖山이 山의 祖上인데 山의 모든 吉凶의 운세를 알수있는 것이 太祖山의 생김을 보고 알수 있으며 山中에 제일

太祖 小祖山圖

小祖山이 없는 山圖

큰 峯이 太祖山이라고 보면 되는 것이다. 또한 형상 太祖山에는 안개가 있으며 또한 그만큼 산의 上峯이 되는 것을 말한다. 小祖山이란 太祖山보다 낮은 것의 版局이 되는 山을 말하는 것이며 太祖山에서 高大하고 墓를 쓸수 있는 곳의 版局이 되는 山을 말할수 있으며 穴을 맺는 것이며 山이라고도 말하祖山과 가까이 있는 山의 형태를 그림을 보고 이해하기 바란다

小祖山 앞에 穴이 ○표현곳이 바로 版局이라고도 하며 明堂터라고도 한다 특히 太祖山에는 葬地가 되지 못한다

第九章 五行山形과 吉凶墓地

五行 金木水火土가 있는 것과 같이 山形도 五行에 배속되어 있다

- 金山이라면, 고요하게 생겨서 우산을 펴고 있는 것 같은 山
- 土山은 모지고(角) 봉우리가 평평하며 墓地로서는 吉한 山이다
- 木山은 너무 날카롭게 생겼으며 墓地로서는 좋지 않다
- 水山은 물거품이 물위에 떠있는것 같은 형태인데 옹종하고 답답한 곳은 凶地가 되어 墓地로서는 좋지 않다
- 火山의 형태는 불이 탈때 불꽃이 하늘로 치솟는 것같은 山 水流道가 山을 돌아야 吉地가 되고 다음의 산형도를 참고하 기 바란다

以上과 같이 金山은 墓地가 있을만 하고 土山이나 水山까지도 잡지 로서 알맞으나 火山과 木山은 쓸만한 곳이 없다.

그러나 左右水와 龍砂등을 보고서 墓를 쓰면 된다

○ 五行 山形圖

火의 山形

木의 山形

金의 山形

土의 山形

水의 山形

다음은 여러가지 形態의 山形에 穴로서의 適合한 位置를 그림으로 소개하니 ○표한 곳의 位置(穴)를 참고하여 實際로 踏山하여 求山하고 또 旣成墓의 版局을 살필때 도움이 되기를 바란다

山形斗 穴의 位置図 一 (○표=穴)

(○표二穴) 山形斗穴의 位置図 二.

慈花
穴花木豐

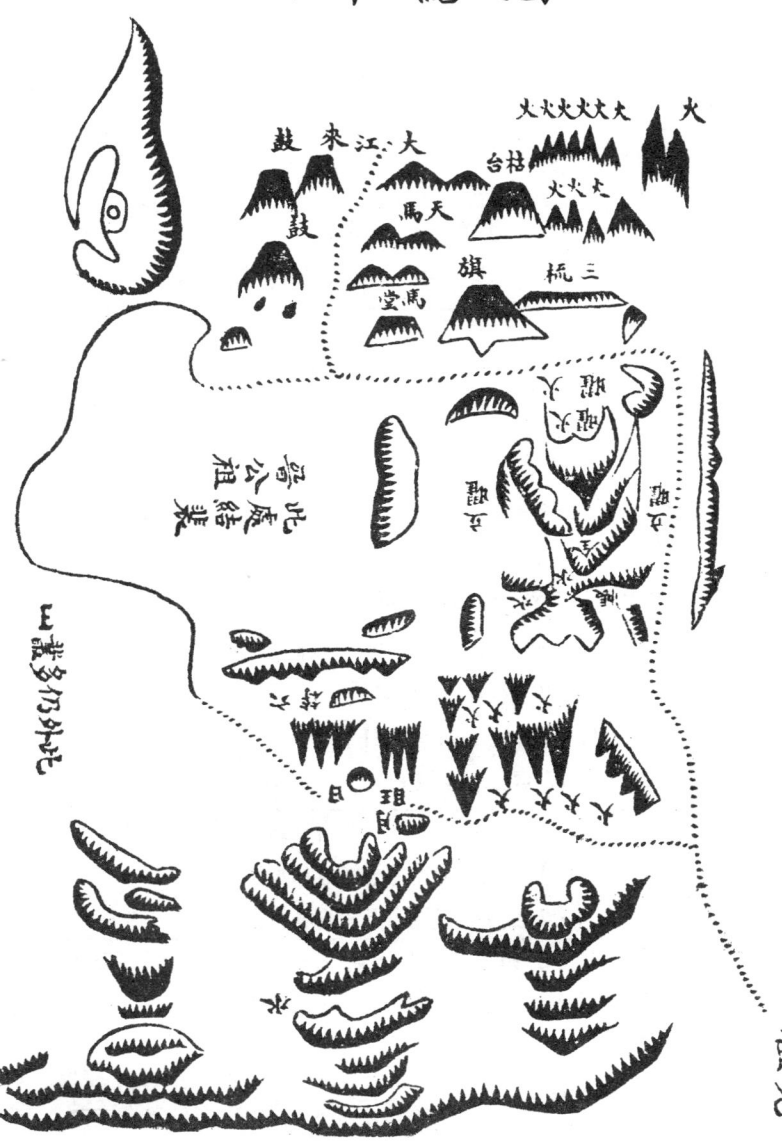

| 판 권 저 |
| 자 소 유 |

풍수비결 【정가:15,000원】

1992년 7월 10일 초판 인쇄
2010년 1월 20일 재판 인쇄
편저자 : 추송학(순식)
발행인 : 추송학(순식)
발행처 : (도서출판)   생활문화사
주소 : 서울시 중구 충무로 5가 36-3
전화 : (02) 2265-6348
       (팩스) 2274-6398
등록 1976년 1월 10일 번호 제2-136호
ISBN 89-8280-025-5   13180